하이데거 철학의 본류 찾기

하이데거 – '존재'와 '시간'

하이데거 철학의 본류 찾기

하이데거 – '존재'와 '시간'

이수정 지음

철학과현실사

서 문

이 책은 하이데거에 대한 연구서이다. 특히 그의 최핵심 개념인 '존재'(Sein)에 대한, 그리고 그 존재와 근본적으로 짝지어진 '시간'(Zeit)에 대한 전문 연구서이다. 이것들이 대체 어떤 것인지, 그 의미의 해명에 초점을 맞춘 것이다. 왜 이 둘이 서로 맞물려 있는지도 밝혀질 것이다. 단 이것은 그의 주저인 《존재와 시간》의 해설에 머물지 않는다. 그의 전후기 사상 전체를 포괄한다. 이른바 초기와 이른바 중기도 다 포함한다. 이 개념 내지 문제 자체의 탐구가 그의 전 생애에 걸쳐 있기 때문이다. 이 책은 그 전체를 한눈에 조망한다. 물론 그 전부는 아니고 그 근간이다. 그 골격이다. 이처럼 그의 양대 핵심을 겨냥하면서 그 전체를 일목요연하게 정리한 하이데거 연구는 의외로 드물었다. 그런 점에서 이 연구가 관심 있는 분들에게 도움이 되기를 기대한다.

하이데거는 참으로 특이한 철학자다. '존재'라는 단어 하나를 100권이 넘는 책으로 풀어낸 것도 그렇고, 그것을 바닥의 바닥까지 파고들어간 것도 그렇고, 관련된 사유들을 철저하게 섭렵한 것도 그렇다. 2,600년의 역사를 관통하면서도 우리 시대인 현대의 문제를 놓치지 않고 날카롭게 꿰뚫어본 것 또한 그렇다. 그리고 무엇보다도 그는 이 문제 자체와 일대일로 직접 대결하면서 그 정체를 자기 식으로 언어화시켰다는 점에서 진정한 철학이 어떤 것인지, 어떤 것이어야 하는지 모범을 보여주기도 했다. 또한 아낙시만드로스, 헤라클레이토스, 파르메니데스 등 초창기 그리스 철학의 언어들, 횔덜린, 릴케, 트라클 등 시작의 언어들, 심지어 고흐, 클레 등 예술작품의 언어들, 그리고 독일인들도 사전이 따로 필요하다고 할 만큼 단어의 원뜻을 헤집는 그 자신의 독특한 언어들 …, 그는 마치 언어의 마술사 같기도 하다. 불교와 도교에까지도 눈길을 주는 그의 사유는 정말 종횡무진이다. 그렇게 그의 사유는 크고 높고 넓고 깊다. 그리고 길다.

그런 점에서 하이데거는 20세기 철학의 가장 강력한 추억의 하나로 손꼽힌다. 가히 압도적이다.

그런데 혹자는 묻는다. "아직도 하이데거?"라고. 이 책은 아마 이런 통속적인 물음이 무색해질 수밖에 없는 이유를 알려줄 것이다. 하이데거는 이미 시대를 초월한다. 완전히 '고전'의 반열에 올랐기 때문이다. 혹은 명예의 전당에 들어갔다고 할까? 그것은 무엇보다도 그의 주제인 '존재'와 '시간'이, 시간과 공간을 (즉 시대와 국가를) 초월한 보편적인 것이기 때문이다. 시대적 상황이나 조류 따위와 무관하게 끊임없이 거듭해 그 원점으로 되돌아가 묻지 않을 수 없는 영원한 주제이기 때문이다. "왜 있는가?" "왜 이러한가?" "왜 만유가 애당초 있고, 이렇게 되어 있고, 이렇게 되어가고 있는가?" "왜 만유는 서로서로 연결되어 있는가?" "왜 시간은 머물러 있지 않은가?" "왜 시간은 유한한가?" … 이런 '왜'들이 우리를 압박하기 때문이다. 하이데거는 그런 압박을 민감하게 포착한 선구자인 셈이다.

이른바 포스트모더니즘이 아무리 거대담론을 백안시해도, 피상적이고 파편적인 이른바 SNS의 언어들이 아무리 맹위를 떨쳐도, 우리 인간이 기계가 아니고 인간인 한, 우리가 이 존재와 시간에서 떠날 수 없는 한, 우리는 이 "왜?"라는 물음에서 완전히 벗어날 수가 없다. 그때가 비록 우리의 인생에서 많지 않고 길지 않은 한순간일지라도.

누군가의 그런 한순간을 위해 이 책은 아마 어느 서가의 한 귀퉁이에서 오랜 인내로 기다릴 것이다. 가볍지 않은 언어들을 그 가슴에 품고.

원래 이 책은 1980년에서 1990년까지 10년간, 필자의 도쿄대학 유학 시절에 박사학위논문으로 조금씩 작성된 것이었다. 일본의 도서관에만 묵혀두는 것이 아까워 그것을 한국어로 옮기고 적지 않은 부분을 수정 가필했다. 일반 독자들을 위해 부분부분 쉽게 풀어쓰기도 시도했다. 그러나 한계는 있었다. 완전히 새로 쓰지 않는 한, 원작의 학문적인 어투는 기본적으로 남아 있을 수밖에 없었다. 넓은 양해를 구한다.

세월이 흘러 이제 나의 사유와 하이데거의 사유 사이에 구별이 모호해졌다. 나는 그와 철저하게 공감했기 때문이다. 따라서 이것은 나의 존재론이기도 하다. 이 모든 과정에서 학문적 치밀함의 진수를 몸소 보여준 스승들이 있다. 강의를 통해 혹은 사적인 대화를 통해 나는 그분들의 숨결을 느끼며 많은 것을 배웠다. 고려대학의 이초식(李初植) 교수님, 서울대학의 소광희(蘇光熙) 교수님, 도쿄대학의 와타나베 지로(渡邊二郎) 교수님, 프라이부르크대학의 프리드리히-빌헬름 폰 헤르만(Friedrich-Wilhelm von Herrmann) 교수님, 하버드대학의 숀 켈리(Sean Kelly) 교수님, 베이징대학의 진시핑(靳希平) 교수님께 감사드린다.

2020년 초봄 다시 서울에서
이수정

차 례

일러두기

1. 본문에서 사용된 부호와 약호의 의미는 다음과 같다.

《 》 　　저작명
〈 〉 　　논문 또는 작품명
" " 　　인용
' ' 　　강조
( ) 　　삽입
[ ] 　　필자의 첨언
… 　　생략. […]은 긴 생략

BZ 　　Beiträge zur Philosophie, (Vom Ereignis) (1936-1938), 2003, GA65.

ED 　　Aus der Erfahrung des Denkens, 1954, GA13 1983.

EH 　　Erläuterungen zu Hölderlins Dichtung, GA4 1981.

EM 　　Einführung in die Metaphysik, 1953, GA40 1983.

FS 　　Frühe Schriften, 1972, GA1 1978.

Fw 　　Der Feldweg, 1953.

Gl 　　Gelassenheit, 1959.

GP 　　Grundprobleme der Phänomenologie, GA24 1975.

HH 　　Hebel — der Hausfreund, 1957.

Hw 　　Holzwege, 1950, GA5 1977.

ID 　　Identität und Differenz, 1957.

LU 　　Die Lehre vom Urteil im Phychologismus, 1913.

Ni 　　Nietzsche, 1961.

SD 　　Zur Sache des Denkens, 1969.

Sf 　　Zur Seinsfrage, 1956.

SG	Der Satz vom Grund, 1957.
SZ	Sein und Zeit, 1927.
TK	Die Technik und die Kehre, 1962.
UH	Über den Humanismus, 1949.
US	Unterwegs zur Sprache, 1954.
VA	Vorträge und Aufsätze, 1954.
Vw	Vorwort (zu Richardson's 'Through phenomenology to Thought')
WD	Was heißt Denken?, 1954.
Wm	Wegmarken, 1967, GA9 1976.
WM	Was ist Metaphysik, 1927.
WP	Was ist das — die Philosophie?, 1956.
WS	Der Weg zur Sprache, 1959.
WW	Vom Wesen der Wahrheit, 1943.
ZS	Zeit und Sein, 1962.

2. 위에서 GA라고 부기한 것은 전집판(Gesamtausgabe)에서의 인용을 나타낸다.
3. 전집판 간행 이후 자료는 엄청나게 늘어났으나, 하이데거 철학의 근간은 그가 생전에 펴낸 책들을 벗어나지 않는다. 생전 출간저서가 하이데거 본인의 자기 평가임을 감안하여 이 책은 주로 그것들을 대상으로 삼았다. 전집판의 분석, 이해, 해설은 별도의 연구를 필요로 한다. 그것은 후학들에게 맡긴다.
4. 이 책은 당초 도쿄대학에 제출된 박사학위논문을 한글로 옮기고 상당 부분 수정 가필한 것임을 밝혀둔다. 하이데거 철학의 핵심인 '존재'와 '시간'의 해명에 초점을 맞춘 것이다. 따라서 이 책은 《존재와 시간》의 해설서가 아니다.
5. 전반부의 일부는 필자의 다른 저서 《하이데거 — 그의 생애와 사상》(공저) 및 《하이데거 — 그의 물음들을 묻는다》에 소개된 적이 있으며, 후반부의 〈《철학에의 기여》에서의 발현〉 부분은 그 저서들에서 가져와 전재한 것임도 밝혀둔다. 전체의 구도를 맞추어 책의 완성도를 높이기 위함이다. 이는 이른바 '자기표절'이 아님을 적시해둔다.
6. 시각적으로 다소 성가시지만 인용한 단어, 구절, 문장에는 최대한 괄호와 함께 출처를 병기했다. 학문적 철저성을 위한 것이다. 좀 일본식이지만 양해를 바란다.

제 1 부

《존재와 시간》과 〈시간과 존재〉

1. 여는 말

1) '존재'에 대하여

지금 여기 존재하고 있는 우리 인간들 앞에는, '존재'라고 하는 실로 불가사의한 그리고 어마어마한 현상이 엄연한 사실로서 펼쳐져 있다. 미시적으로는 세포, 핵, 분자-원자-전자 그런 것에서 거시적으로는 지구, 은하, 우주 … 그런 것까지. 경우에 따라 '있다'라고도 '…이다'라고도 '…한다'라고도 '…하다'라고도 진술되는 이 현상은, 그야말로 모든, 일체의 사물과 사태를 통괄하고 있는 혹은 지배하고 있는 가장 근원적이고 또한 포괄적인 그야말로 기기묘묘한 현상이다. 우리는 그것을 만유라 부르기도 하고, 삼라만상이라 부르기도 한다. 혹자는 각자의 관점에서 법, 도, 이치, 질서, 섭리라 부르기도 한다. 우선 무엇보다도 이 엄청난 세계가 있다는 것, 이 세계 안에 일월성신 등 별들을 비롯한 무수한, 다종다양한 존재자가 있다는 것, 그 존재자들이 제가끔 고유한 오묘하기 짝이 없는 질서를 지니며 그 질서에 따라 존재하고 있다는 것, 그리고 그것들이 각각 서로서로 연관되고 있다는 것, 이 모든 것이 다 '존재'라고 하는 한마디로 집약되는 것이다. 애당초 무언가가, 그리고 모든 것이, '있다'는 것, '어떠어떠하다'는 것, 아니 그 이전에 무릇 '있음이 있다'는 것, 더욱이 그것이 '그렇게 있다'는 것, 더 정확하게는 '그렇도록 되어 있고 그렇도록 되고 있다'는 것, 이 사실은 우리 인간의 어떠한 의사에도 조작에도 그리고 설명에도 앞서 이미 그러하다. 절대적 아프리오리다. 왜 있는가, 왜 그러한가, 그것은 그 누구도 알 수가 없다. 적어도 이성적으로는 그렇다. 영원한 불가사의고 영원한 수수께끼다.1) 그러나 하여간 있으며 그리고 그러하다. 이 세상에 이보다 더한 수수께끼, 이보다 더한 불가사의는 없다. 한 송이 꽃의 피어남도, 한 마리 나비의 하늘거림도, 해와 달의 빛남도, 계절의 변화도, 남녀의 사랑도, 생로병사도, … 그리고 소위 감정 내지 기분도 다 그 사례들이다. 어디 불안과 걱정과 무료뿐이겠는가. 모든 희로애락도 또한 그렇다. 한량없다. 바로 그렇기 때문에 이 현상은 인간의 지성이 태동하기 시작한 저 아득한 최초기서부터 인간의 사색을 불러일으키고 촉구하여 이른바 철학의 주제가 될 수 있었던 것이다. 그것은 결코 어쩌다 그렇게 된 우연이 아닌 것이다. 존재의 본원적 문제성, 그리고 존재와 사유의 근원

---

1) 필자는 이 수수께끼에 대한 최고의 답이 '신의 창조'라고 생각하는 편이다. 이 한마디로 모든 해명이 가능해진다. 단, 신학이 아닌 현상학에서 이것을 원용할 수는 없다. 하이데거도 오직 그 선에서 논의를 전개한다. 현상에만 근거하는 것이다. 그러나 그도 이것을 '신의 눈짓' 혹은 '신의 스쳐감'이라고 해석하기도 한다. 졸저, 《하이데거 — 그의 물음들을 묻는다》 중 〈하이데거의 신론〉 참조.

적 연관성에서 온 필연적 결과였던 것이다. 그러나 이 현상은, 일상적 인간의 입장에서 보면, 너무나 기본적이고 너무나 보편적인 (따라서 당연하고 뻔한) 현상이기 때문에, 그리고 이른바 전문적 철학자들 사이에서는 단순한 개념적 사고의 추상적 대상으로 되어버렸기 때문에, 점점 그 진정한 '문제성'을 상실하고, 이윽고 진부한 것이 되었고, 기껏해야 논리적 구성물로서 취급되는 처지가 되고 말았다. 최고의 문제가 별 문제 아닌 그렇고 그런 것이 되고 만 것이다.

2) '하이데거'에 대하여

주지하는 대로 하이데거는 일찌감치 이 '존재'(Sein)라는 현상에 주목해, 그것을 실로 다양한 각도에서 조명한 20세기 최고의 철학자이다. 그의 압도적인 사고력, 이해력, 언어력에 대해서는 이미 정평이 나 있다. 무엇보다도 '존재'라는 단어 하나를 100권이 넘는 전집으로 풀어낸 그의 집요하고도 철저한 사유(Denken)는 압권이며 타의 추종을 불허한다. 하이데거 본인이 지적하는 대로, '존재'라는 이 현상은 초창기의 대 철학자들을 뒤흔든 최고의 주제였음에도, 이른바 철학사의 진행 과정에서 그 진정한 문제성을 잃어버리고, 말하자면 때가 묻고 먼지가 앉아 망각의 상태에 빠져버렸다. 그는 이것을 되살렸다. 마치 잠자는 숲속의 공주를 왕자의 입맞춤이 깨워낸 것처럼. 말하자면 그 키스가 하이데거의 철학이었다. 그 잠, 진리라는 공주의 그 잠은 깊고도 길었다. 그 잠에 해당하는 '존재망각', '고향상실', '밤의 어둠'을 극복하기 위해 그는 때로는 '현사실성의 해석학'으로서, 때로는 '기초적 존재론', '현존재의 실존론적 분석론', '현상학적 해체'로서, 또 때로는 '형이상학'으로서, 때로는 '사유', '성찰', '청종', '내맡김', '되돌아감'으로서, 때로는 '시론', '예술론', '신론' 등의 형태로 그 모습을 다양하게 연출하면서, 그러나 결코 그 궤도를 이탈하는 일 없이, 오직 존재만을 응시하면서, 그 '존재해명'의 외길을 걸어갔던 것이다. 그것이 말하자면 '현상학의 길' 즉 '자기현시하는 현상'으로서의 '존재'를 '말하고' '드러내고' '보여주고' '전달하고' '접근가능하게' 함으로써 그것 본래의 빛을 되살리고자 하는 철학적 길이었던 것이다. 그것은 동시에, 존재의 빛을 끊임없이 언어로 가져오고자 하는 '언어로의 도상'(Unterwegs zur Sprache)이었다고도 말할 수 있다. 바로 이 길 위에서 주어진 결실이 우리가 아는 저 풍요로운 '하이데거 철학'이었던 것이다. '현존재의 존재'에서부터 '진리', '근거', '본질', '트임', '세계', '방역', '퓌시스', '로고스'… 그리고 '발현'에 이르는 저 개념들은, 그의 그러한 치열한 사유의 악전고투 끝에 얻어낸 찬란한 전과물이었다고도 말할 수 있을 것이다.2)

3) 이 책의 주제

"… '존재한다'라는 말로 우리는 도대체 무엇을 의미하고자 하는가, 이 물음에 대하여 우리는 오늘날 뭔가 대답을 가지고 있는 것일까? 결코 아니다. 바로 그렇기에, 존재의 의미에 대한 물음을 새롭게 설정하는 것이 중요하다. …"

《존재와 시간》의 서두에 내걸린 유명한 말이다. 이 말은, 말하자면 하이데거 철학의 개시선언이었다. 그리고 이 선언 이래, '존재'가 하이데거 철학의 전체를 관통하는 중심과제였다는 것, 또 바로 이것이 20세기 철학의 주요한 흐름의 하나였다는 것, 이것은 이미 주지의 사실이다.

---

2) 이상은 졸고, 〈한국에서의 하이데거 연구〉에서 전재. 일부 수정 가필. 당초, 《渡邊二郎著作集》第4卷, 〈解題〉, 東京: 筑摩書房, 2010에 일본어로 기고한 것이다.

그리고 이 '존재'가, 파르메니데스를 통해 인간의 철학적 관심을 뒤흔든 이래, 서양철학 자체의 가장 고유한 대표적 주제였다는 것, 이 또한 철학하는 이들의 상식이 되어 있다.

그렇다면, 이제 우리는 그 '존재의 의미'에 대해 하나의 명료한 답을 갖게 된 것일까? 우리는 하이데거와 똑같은 물음을 다시 한 번 던져본다. '그렇다'라고 간단히 답할 수 있는 사람은 아마 많지 않을 것이다. 오히려 극단적으로, 하이데거 때문에, 우리는 '존재'가 무엇을 의미하는지 더더욱 알 수 없게 되었다고 불평하는 사람이 있을지도 모른다. 그것은 아마도, 하이데거의 사유가 너무나도 치밀하게, 너무나도 광범하게, 너무나도 복잡하게 전개되었기에 그만큼 많은 해석이나 해설을 요구하기 때문일 것이다. 실제로 어떤 이들은 하이데거의 철학이 너무 어렵다고 투덜대기도 한다. 그 방대한 숲속에서 특정한 나무만 보고 걷다가 길을 잃고 헤매는 사람들도 없지 않다.

그렇기 때문에, 우리는 하이데거가 펼친 그 거대한 사유의 '본류'가 무엇인지 되짚어볼 필요가 있다. 지도 내지 조감도를 그려볼 필요가 있는 것이다. 다시 말해, 하이데거가 보여주려 하는 '존재'(Sein)라는 것이 도대체 무엇인지, 그리고 또, 제목에서부터 존재와 쌍을 이루고 있는 '시간'(Zeit)이라는 것이 도대체 무엇인지, 그 근본 내지 전체상을 제대로 알아야 하는 것이다. 그것을 위한 학문적 탐험이 바로 이 책이다. 이러한 관점에서 우리는 우선, 하이데거 전기의 대표작인 《존재와 시간》에서 그 답을 찾아보려고 한다. 그리고 이어서, 하이데거 후기의 주요작인 〈시간과 존재〉에서 그 답을 찾아보려고 한다. 그리고 또한 그 전후 전 과정도 통괄해본다. 여기서 내놓은 거장 하이데거의 대답은 대체 어떤 것일까?

하나의 결론을 미리 말하자면, 《존재와 시간》과 〈시간과 존재〉에서는 모두 '존재'가, 그리고 그와 관련하여 '시간'이 주제로서 언급되고 있는데, 그 양자 사이에는 미묘한 차이가 있는 듯이 보인다는 것이다. 그 차이가 무엇이며, 그것은 어떠한 경위에서 생겨난 것인지, 그리고 그 차이의 의미는 무엇이며, 그 차이를 넘어서 궁극적으로 그가 우리에게 제시하고 있는 동일성은 무엇인지, 이러한 문제를 철저하게 논해보려는 것 또한 이 책의 기본적인 포인트 중 하나이다.

단, 이러한 주제 설정은 철학사에 등장하는 한 거인에 대한 단순한 지적 호기심으로 끝나는 것은 아니다. 그저 유명하니까 들여다보는 것이 아니라는 말이다. 우리가 하이데거를 주목하는 것은, 무엇보다도 그가 제시하고 전개한 존재라는 것이 바로 우리 자신 앞에도 똑같이 전개되고, 그것이 우리 자신의 철학적 관심을 강하게 자극하기 때문이다. 이 관심 자체가 학문 이상의 필연이어야 한다는 말이다. 마치 소년이 소녀에게 이끌리듯이. 나비가 꽃을 찾아가듯이. 그렇기 때문에 이 연구는 어떤 의미에서 하이데거'에 대한' 연구라기보다, 하이데거'와 함께' 존재 그 자체를 주시하고자 하는 철학 그 자체의 지향이라고 말할 수도 있겠다.

2. 《존재와 시간》과 〈시간과 존재〉의 관계

우선, 본론에 앞서, 우리가 선택한 《존재와 시간》(*Sein und Zeit*) 및
〈시간과 존재〉(Zeit und Sein) 두 기본 텍스트의 중요성과 연관성에 대
해 약간 언급해두기로 하자.

주지하는 대로, 《존재와 시간》은 '20세기 전반을 대표하는 철학서',
'현대의 제일급 철학서' 중의 하나라고 말할 수 있다. 특히, '그 한 권에
그 철학자의 사색이 응집되어 있는 점, 학문적 평가도 정해지고 더욱이
시대의 사상계에 강한 영향을 미친 점, 그 독창성, 압도적인 설득력, 희
유의 긴장에 의해 관철된 긴밀한 구성, 그리고 무엇보다도 철학사상 전
개의 결정적인 전환점이 되었다는 점' 등에서는, 단연 '최고의 철학서'
라고 평가되기도 한다.[3]

뿐만 아니라, 이 작품은 하이데거 자신에게 있어서도, 예컨대 그 자
신이 거듭 강조해서 말하고 있는 것처럼, "이 작품을 통과해야만, 존재
문제에 대한 접근도 가능하다"[4]라고 하는 점에서, 가장 중요한 것이라
고 말할 수 있다.

발표되자마자 압도적인 평가를 받고, "마치 번개처럼 번뜩이며, 순식
간에 독일 사상계의 형세를 바꿔놓았다"라고도, 또 "전 세계 사상계에
이상한 흥분을 불러일으키고 … 전광석화처럼 성공을 거두었다"[5]라고
도 전해지는 《존재와 시간》은, 하이데거가 자기의 학업시대를 매듭짓

---

3) 木田元, 《現象学》, 東京: 岩波書店, 1970, 86頁.
4) 전집판 《존재와 시간》의 편자, 폰 헤르만(Friedrich-Wilhelm von Herrmann)
   의 전언.
5) 미쉬(Georg Misch)의 말.

는 교수자격논문 〈둔스 스코투스의 범주론과 의미론〉 및 시험강의 〈역사학에서의 시간 개념〉(1916)을 발표한 후 13년간의 침묵 끝에 내놓은 사실상의 학문적 독립선언이었다.

이것은 당초, 후설이 주관하는 《철학 및 현상학적 연구 연보》 제6권 (1927, 하이데거 38세)에, '전반'(Erste Hälfte)이라는 단서를 달고 미완성인 채 발표되었다.6)

그 벽두에서 하이데거는, " '존재'의 의미에 대한 물음의 답이 주어지지 않았다"고 전제하며, 따라서 " '존재'의 의미에 대한 물음을 구체적으로 완성하는 것"이 《존재와 시간》의 '의도'이며, '모든 존재이해 일반이 가능하게 되는 지평'으로서의 '시간'을 해석하는 것이 그 당면한 '목표'라고 선언한다(SZ1).

그런데 이 주제를 구체적으로 수행해가기 위한 당초의 계획이 제8절에 제시되어 있는데, 그것에 의하면, 존재문제의 검토는 두 개의 과제로 나뉘고, 그에 따라 저술도 두 부분으로 나뉘게 된다.

그 제1부가 '시간성을 향한 현존재의 해석 및 존재에 대한 물음의 초월론적 지평인 시간의 해명', 제2부가 '존재시간성(Temporalität)의 문제성을 길잡이로 하는 존재론의 역사의 현상학적 파괴의 요강'으로 되어 있다.

그리고 이들 각각이 세 부분으로 나뉜다.

제1부는, 현존재의 예비적인 기초적 분석(제1편), 현존재와 시간성(제2편), 시간과 존재(제3편)로 되어 있고, 제2부는, 칸트의 도식론과 존재시간성이라는 문제성의 전 단계인 칸트의 시간론(제1편), 데카르트의 '코기토 에르고 숨'의 존재론적 기초와 '레스 코기탄스'의 문제성 안

---

6) 이것이 미완성인 것은 정교수 승진을 위해 서둘러 제출할 업적이 필요했기 때문이었다. 자세한 사정은, 키다 겐(이수정 옮김), 《현상학의 흐름》, 대구: 이문사 참조.

으로의 중세 존재론의 승계(제2편), 고대 존재론의 현상적 토대와 한계의 판별기준인 '시간'에 관한 아리스토텔레스의 논술(제3편)로 되어 있다.

그런데 이 계획의 완수에 문제가 생겼다. 즉, 널리 알려진 대로, 그 계획은 '전반'이라는 딱지를 붙여서, 제1부의 제2편까지만 제공되었고, 제1부의 제3편 및 제2부 전체가 '유보'되고 만 것이다.

이 사정을 좀 더 상세히 말하면 이렇다.

당초 하이데거는, 존재문제를 해결해가기 위해서는, 막연하지만 존재 이해를 스스로 가지고 있는 특별한 존재자, 즉 현존재라는 성격을 갖는 인간에게서 실마리를 찾을 수밖에 없다고 생각했다. 그래서 우선, 현존재 자체의 존재방식을 해명하는 작업 — '현존재의 실존론적 분석론' — 을 전개해가는데, 그 결과 그 현존재의 존재의미가 '시간성'임을 밝히고, 이것으로 존재문제를 해명하기 위한 '지반'을 준비한다.

그러나 이것만으로 존재일반의 의미 그 자체가 얻어진 것은 아니므로, 그는 다음과 같은 점에서 논의를 더 진행해나가고자 했다. 즉, 현존재의 존재의미가 '시간성'(Zeitlichkeit)인 데 대해, 존재일반의 의미인 시간적 성격은 '존재시간성'(Temporalität)이며, 이 존재시간성의 해명으로 비로소 존재의 의미에 대한 물음의 구체적인 답이 얻어질 수 있다고 본 것이다. 이것이 다름 아닌 제1부 제3편 '시간과 존재'에서 수행될 계획이었다.

그런데 바로 이 계획이 '유보'되어버린 것이다. 그래서 현재 우리에게 주어진 《존재와 시간》은, 벽두에서 선언된 당면의 '목표'를 막상 본격적으로 논하려는 직전 단계에서 '미완'인 채 끝나버린 것이다.

많은 사람이 그 '후반'을 기대했지만, 그것은 당초 계획된 형태로는 끝내 주어지지 않았다. 뿐만 아니라, 1953년의 제7판에서는, 그 '전반'이라는 단서조차 삭제되고, '후반'의 계속적인 집필은 '전반'을 완전히 새로 고쳐 쓰지 않고서는 불가능하다며, 그 '포기'를 공식적으로 선언해버린 것이다.

이런 사정과 관련하여, 그리고 그 후의 사상 전개와 관련하여, 하이데거 철학에서의 소위 '전회'(Kehre)가 연구자들 사이에서 다양하게 논란되었다. 이 문제는 뒤에서 자세히 살펴보기로 하고 여기에서는 잠시 미뤄둔다. 단 우리는 그 '미완의 부분'과 관련된 몇 개의 단서에 주목할 필요가 있다. 그 하나가 《존재와 시간》을 발표한 직후인 1927년의 여름학기에 마르부르크대학에서 행한 강의 《현상학의 근본문제들》(전집 24권)이고, 다른 하나가, 1969년에 간행된 〈시간과 존재〉(《사유의 사태로》)라는 제목의 강연이다.

(한편, 미완의 제2부에 관련된 것으로는, 직접적으로는, 《현상학의 근본문제들》의 제1부, 즉 '존재에 관한 몇몇 전통적 테제의 현상학적, 비판적 논의' 및 《칸트와 형이상학의 문제》, 그리고 전집판으로 나온 여러 관련 강의록들이 있고, 그리고 간접적으로는, 후기에 있어서 대규모로 진행된 서양의 전 형이상학에 대한 존재사적 사유가 있다. 변모된 형태로 나타난 것이다. 이것도 여기서는 다루지 않기로 하겠다. 이 점에 관해서는 '하이데거의 서양철학사론'이라고 하는 하나의 독립된 연구가 요구된다.)[7]

그런데 이 중에서 《현상학의 근본문제들》의 경우는, 하이데거 자신이 그 전집판의 난외 메모에서, "《존재와 시간》 제1부 제3편의 새로운 완성"(GP1)이라 명기하고 있고, 전집판 《존재와 시간》의 편집후기에도, 그가 같은 말을 했다는 보고가 있어서, 매우 중요한 것이기는 하지만, 이것도 역시 계획의 일부만이 발표된 미완성인 데다 하이데거의 말대로 《존재와 시간》 제1부 제3편의 새로운 완성이라기보다는, 오히려

---

7) 필자는 그 일부로서 '하이데거의 아낙시만드로스론', '하이데거의 파르메니데스론'을 수행한 바 있다. 한국하이데거학회, 《현대유럽철학연구》, 2012, 2013, 2014, 2015 참조.

《존재와 시간》 전체의 새로운 버전에 가까운 것으로, 그 발표된 부분 중의 제1부가 《존재와 시간》의 제2부에, 그리고 제2부의 일부가 《존재와 시간》의 제1부 제3편에 해당되지만, 당초의 계획대로 집필되었다고 볼 수는 없고, 또 기대된 그 결정적인 내용을 그대로 포함하고 있다고도 볼 수 없기 때문에, 이것도 여기에서는 다루지 않겠다.8)

그런데 하이데거는 《존재와 시간》 이후, 존재라고 하는 거대한 숲길을 여기저기 배회하면서, 평생에 걸친 진지한 사유 끝에 하나의 결정적인 작품을 내놓게 된다. 그것이 바로 《존재와 시간》에서 유보된 그 제목을 그대로 가진 〈시간과 존재〉다.

〈시간과 존재〉는, 1962년 1월 30일 프라이부르크대학에서, 오이겐 핑크(Eugen Fink)가 주관하는 '일반강좌'(Studium Generale)라는 강연회에서 발표되었다. 그리고 1968년, 장 보프레(Jean Beaufret) 기념논문집 《사유의 인내》(*L'endurance de la pencée*)에 불역과 함께 실리고, 이듬해 1969년, 다른 몇 개의 논고와 함께, 《사유의 사태로》(*Zur Sache des Denkens*)라는 제목으로 출간되었다. 이 책에는 또, 이 강연에 관해 하이데거가 1962년 9월 11일부터 13일까지 토트나우베르크(Todtnauberg)에서 행한 여섯 차례 세미나의 기록(Protokoll)도 함께 수록되어 있다.9)

그런데 이 〈시간과 존재〉는 그 제목부터가, 그토록 오랫동안 유보되었던, 그리고 일단 그 포기가 선언되었던, 그 《존재와 시간》의 제1부 제3편이 '드디어' 나왔는가 하는 당연한 기대를 갖게 한다. 그러나 이 강연의 '주도적인 물음'은 확실히 《존재와 시간》의 그것과 '동일'하지

---

8) 이것에 관한 상세한 논의는, 木田元, 《ハイデガー》, 東京: 岩波書店, 1983을 참조할 것.

9) 이것은 구쪼니(Alfredo Guzzoni)가 기록하고, 하이데거가 검토하여 몇 가지를 더 보완한 것이다(vgl. SD91).

만, 그 내용이 이미 "《존재와 시간》의 텍스트에 그대로 무리 없이 연결될 수는 없다"고 하이데거는 분명히 말한다(이상 SD91). 뿐만 아니라 여기에서는, 그때까지의 그의 사유과정이나, 특히 그 《존재와 시간》의 제1부 제3편이 유보된 사정, 또는 후기의 변화된 문제설정에 관한 설명, 그리고 소위 '전회'에 관한 해명 등, 어느 것 하나도 명쾌하게 주어지지 않았다. 이 점에서 독자들의 기대는 무너진다.

그러나 하이데거는, 〈시간과 존재〉가 '《존재와 시간》의 사유 이후의 발걸음에 대한 하나의 암시이고자 하는 것'임을 분명히 말하고 있다(SD46). 실제로 여기서는 무엇보다도 《존재와 시간》의 당초의 가장 핵심적인 주제였던 '존재'와 '시간'이, 적어도 외견상은, 가장 순수한 형태로 그대로 계승되고 있다. 바로 이 점에서, 그리고 이 작품에서는 일관된 그의 사유가 도달한 최종적 경지가 명쾌하게 묘사되고 있다는 점, 그리고 이것이 그의 후기 사유를 대표할 수 있다는 점, 그리고 이것이 그가 사유의 도상에서 전개한 여러 문제들에 대한 결정적인 지시를 줄 수 있다는 점 등에서, 이것을 《존재와 시간》과 비교, 검토하는 것은 하이데거 철학 연구에서 큰 의미를 갖는다. 물론, 명실 공히 하이데거의 주저라고 할 수 있는 방대한 《존재와 시간》과 일개 강연에 불과한 짧은 〈시간과 존재〉를 대등하게 취급하는 것은 외견상의 불균형을 보더라도 다소의 무리가 있다. 그럼에도 불구하고, '시간과 존재'라고 하는 제목은, 《존재와 시간》에서 이미 예고된 것처럼, 거기에서 모든 것이 '역전한다'고 하는 점을 함께 생각해볼 때, 결코 가볍게 볼 수 없는 상징성을 갖고 있는 것이다. 그리고 그 내용이 그 무게를 감당한다. 철학에서는 언어의 분량이 반드시 그 내용적 중요성과 비례하는 것은 아니다.

이상과 같은 취지에서, 즉 《존재와 시간》과 〈시간과 존재〉가 일단 관련성을 갖고 있고, 또 그것들이 각각 전기와 후기의 사상을 '대표'하고 있고, 또 '이 둘을 연결하는 선상에 하이데거 철학의 가장 기본적인 문제가 있다'는 점에서, 우리는 이 두 작품을 중점적으로 검토, 비교해 보고자 하는 것이다. 단, 이 두 작품이 지니고 있는 모든 문제를 여기에서 다 나열하는 것은 '현실적'으로도 무리가 있고, 또 '본류를 찾아간다'고 하는 기본적 설정에도 맞지 않기 때문에, 이 책에서는 어디까지나 가장 핵심적인 주제인 '존재' 그리고 '시간'이라는 두 개념에 중점을 두고 논의를 전개해나가기로 한다.

3. 《존재와 시간》에서의 '존재'와 '시간'

먼저, 《존재와 시간》에 나타난 존재 개념은 어떠한 것인지 살펴보기로 하자.

하이데거는 바로 이 '존재'(Sein)를 묻는 것으로 《존재와 시간》을 시작한다. 이것이야말로 하이데거 철학의 '핵심'인 것이다. 그런데 《존재와 시간》은 본격적인 주제 전개에 앞서 이 주제로 다가가는 이른바 '통로'를 특별히 제시하고 있다. 바로 이 '통로'(SZ6, 15, 53)가 주제 그자체의 성격 규명에도 중요한 의미를 갖기 때문에, 우선 이 통로 자체를 일별해볼 필요가 있다.

이 통로는, 주제의 '취급법'(SZ27, 35) 내지 '방법'(SZ27)이라고 하는 점에서는 '현상학'(Phänomenologie)이라는 형태로, 그리고 주제로의 접근 '방도'(SZ436)라고 하는 점에서는 '현존재 분석론'(Daseisanaly-tik)이라는 형태로 나타난다. 이것들이 각각 이 통로의 형식과 내용을 알려준다.

3-1. 탐구 방법으로서의 '현상학' 및 '해석학'

하이데거는 '존재의 의미에 대한 주도적인 물음'을 구체적으로 펼쳐나가고자 한다. 그러나 이 물음이 존재를 주제로 삼는다고 해서, 전통적인 존재론 등에 안이하게 의지해서는 안 되고, 그것에 가장 적합한 방법으로 진행해가야 한다고 하이데거는 생각한다. 그 방법이 바로 '현상학적인 그것'(SZ27)이라고 그는 명확히 선언한다. 후설이 창시한 현상학이 새로운 옷을 입고 빛을 발하게 되는 순간이다.

그러면 이 '현상학'이란 어떠한 것인가? 후설에게서 물려받은 이것을 '존재론'에 접목한다는 점에서 이것은 대단히 흥미롭다. 하이데거는 이것을 완전히 자기 것으로 삼는다. 창시자인 스승 후설과는 상당히 다른 의미를 갖게 되는 것이다.[10]

그에게 있어서 현상학이란, 어떤 '입각점'이나 '경향'을 의미하는 것이 아니다(SZ27). 그것은 어디까지나 '존재문제'로 다가가는 '통로의 양식'(SZ35)이라는 특별한 의미를 갖는다.

그러한 것으로서 '현상학'은, 우선, '현상'(Phänomen)과 '학'(-logie)이라고 하는 두 구성요소의 결합으로서 이해된다(SZ28, GP110). 따라서 그는 이 두 요소의 그리스어 어원까지 거슬러 올라가, 그들 각각에 특별한 의미를 부여한다.

(1) 우선 '현상'이란, 그리스어 '파이노메논'(phainomenon)에서 유래하는 것으로, '자기를 나타내는 것', '자기현시하는 것', '드러나는 것'이라고 설명되며(SZ28, GP111), '자기를 자기 자신에 있어서 나타내는 것'이라는 의미가 확보되어야 한다고 말한다. 따라서 그리스어 '파이노메나'(phainomena, 복수 형태)는 '백일하에 드러난 것, 내지는 밝음으로 가져올 수 있는 것의 총체'로서, 그리스인들이 '타 온타'(ta onta: 존재자)와 동일시한 것이라고 그는 설명한다(이상 SZ28, GP111, 114).

이러한 것으로서 '현상'은, '은폐성'과 반대이며(SZ36), '가상'(Schein), '겉보기'(Erscheinung), '단순한 겉보기'(bloße Erscheinung)와 구별되는 것이다(SZ28ff, GP111ff). 따라서 현상은 결코 그냥 '겉보기'

---

10) 이 '다름 내지 차이'는 이른바 '브리태니커 논고'의 초고 작성을 둘러싸고 극명하게 드러난다. 이에 관해서는, 일차적으로 *Husserliana* IX S.237-301을, 그리고 Walter Biemel, *Husserls Encyclopaedia-Britannica-Artikel und Heideggers Anmerkungen dazu* 및 木田元, 《現象學》, 東京: 岩波書店, 1970, 76-85頁을, 그리고 졸저(공저), 《하이데거 — 그의 생애와 사상》, 서울대 출판부 참조.

가 아니다. 그러나 모든 겉보기는 확실히 현상에 의거하고 있다. 현상이란, '어떤 것이 만나지게 될 때의 어떤 두드러진 양식'(SZ31)을 의미한다고 그는 기본적으로 생각한다. '자기를 드러냄'이 말하자면 포인트인 셈이다. 하이데거가 특별히 강조하진 않았지만 여기서 '자기'(sich)라는 것이 중요하다. 스스로 드러낼, 나타낼 무언가가 이미 인간의 인식 저편에 아프리오리하게 있어 그것이 자기를 나타내고 드러내는 것이다. 그런 게 현상인 것이다.

그런데 하이데거는 이 현상이라고 하는 개념을 세 개의 차원으로 구별한다. 형식적, 통속적, 현상학적 차원이다.

첫째, '어떠한 존재자를 현상이라고 볼 수 있는가'가 규정되지 않는 경우, 또 '자기를 나타내는 것이, 그때마다, 하나의 존재자인지, 아니면 존재자의 한 존재성격인지'가 미해결인 경우. 즉 내용이 미정인 경우, 그것을 '형식적인 현상 개념'이라고 한다(SZ31).

둘째, 자기를 나타내는 것이, 예컨대 칸트적 의미에서의 '경험적 직관을 통해 가까워질 수 있는 존재자'를 말하는 경우. 즉, 내용이 경험적 존재자인 경우, 그것을 '통속적인 현상 개념'이라고 한다(ibid).

셋째, 자기를 나타내는 것이, '존재자의 존재'인 경우. 즉 내용이 존재자가 아닌 존재인 경우, 이것이야말로 명백한 의미에서의 '현상'이고, 바로 '현상학적인 현상 개념'이라고 한다(SZ35, 37).

하이데거는 바로 이 세 번째 경우, 즉 존재로서의 현상을 주목한다. 그런데 이 현상학적인 현상으로서의 존재는, "나타나지 않는 어떤 것이 그 '배후'에 계속 대기하고 있는 것은 결코 아니다."(SZ36) 그러나 이 존재라고 하는 현상에는 '은폐'(Verborgenheit)가 있을 수 있다고 그는 주의한다. 그의 통찰의 주요 포인트다. (이는 후에 이른바 '진리'(Wahrheit)의 한 결정적인 면모로 주제화된다.) 이 은폐에는 일반적으로 세 개의 양식이 있다. '은닉'과 '매몰'과 '위장'이 그것이다(ibid). 애당초 아직 노정되지 않은 것이 '은닉'이고, 이전에 한 번 노정된 것이 다시 은폐되어버린 것이 '매몰'이고, 전면적으로 은폐되지 않고 일부가 가상의 형태로 나타나 있는 것이 '위장'이다. 이 경우가 가장 빈번하고 위험하다고 그는 지적한다.

그리고 또, 은폐가 이 셋 중 어느 것으로 해석되더라도, 은폐 자체에는 이중의 가능성이 있다는 점도 그는 지적한다. 즉, '우연적 은폐'와 '필연적 은폐'가 그것인데, 특히 필연적 은폐는, 노정된 것이 계속해서 존립해가는 양식 중에 그것에 대한 필연적 경향이 있다는 것이다(이상 SZ36, GP119).[11] 단, 이 단계에서는 이러한 지적과 구별에 머물며 은폐 그 자체가 존재론적으로 깊이 논의되지는 않는다. 하지만 이러한 지적과 구별 자체가 있다는 것은 이미 이 단계에서 그에게 이 은폐현상에 대한 어떤 직관적 감지가 있었음을 시사한다.

(2) 그러면, 현상학의 '학'이란 어떤 것인가. '학'은 하이데거의 경우 어떠한 의미를 갖고 있는가. 그에 따르면, '학'(-logie)이란, 그리스어 로고스(logos)에서 유래하는 것으로, 이것은 '레게인'(legein) 즉 '말한다'라는 근본의미를 갖는다(SZ32, GP115). '말한다'란, '델룬'(deloun), 즉 '말함에 있어서 그것에 대해 말해지고 있는 바의 것을 드러나게 한다'는 것이고, '아포파이네스타이'(apophainesthai), 즉 '어떤 것을 보게 한다'는 것, '그것에 관해 말해지고 있는 바의 것을, 말하면서 누군가로 하여금, 내지는 서로 말하고 있는 자들로 하여금, 보게 한다'는 것이다. 말한다-드러낸다-보게 한다는 것이 다 연결되어 있는 것이다. 따라서 이 경우의 '말함'은, 물론, 자기의 내용을 만들어내는 것이 아니라, 단지 '말해지는 그것 자체 쪽에서'(아포), '보이게 한다'(파이네스타이)는 것이다. 그러니까, 다시 말해, '그 말함이 진정한 것인 한, 말해지는 그

---

11) 이 부분에서는 더 이상의 상세한 설명이 없지만, 이것은 후기의 'Entzug'(물러남), 'Enteignis'(탈현) 등의 개념과도 무관하지 않아 의미가 깊다.

내용은, 그것에 관해 말해지는 해당 대상으로부터 짐작해야 한다'는 것인데, 그렇기 때문에 이러한 것으로서의 '말함'은, 또한 '전달'(Mitteilung)이라는 성격을 갖기도 한다. 말을 통해 전달할 때의 이 '전달'이란, '이 전달이 그것에 관해 말하고 있는 그 대상을, 말해진 전달 내용 속에서 드러나게 하고, 이렇게 해서 타인에게 다가갈 수 있게 하는 것'이라고 설명되는데, 바로 이것이 " '아포판시스'(apophansis)로서의 로고스의 구조"라고 하이데거는 말하고 있다(이상 SZ32, GP115). 말한다-드러낸다-보게 한다에 전달한다-다가갈 수 있게 한다는 의미가 추가되는 것이다.

한편, 이러한 것으로서 로고스는 또한 '알레테우에인'(aletheuein), 즉 '진리를 말한다'라는 성격도 갖는다. 그것은 "그것에 대해 말해지고 있는 존재자를, '아포파이네스타이'로서의 '레게인', 즉 말하는 것에서, 은폐되지 않은 것[알레테스(alethes)]으로서 보이게 하는 것, 다시 말해 노정하는 것"에 다름 아니라고 그는 말한다(SZ33). 말한다-드러낸다-보게 한다-전달한다-다가갈 수 있게 한다에 '진리를 말한다'는 의미가 또 하나 추가되는 것이다.

이상과 같은 것으로서, 현상학의 '학'은, 또한 '어떤 것을 제시하면서 보이게 하는 것', '어떤 것을 그것이 어떤 것과 같아져 있는 그대로 보이게 하는, 어떤 것을 어떤 것으로서 보이게 하는 것'(SZ34), '어떤 것을 솔직하게 보여주는 것'(SZ34), '존재자를 인지시키는 것'(ibid)이라는 의미도 지닐 수 있다. '보이게 해서 인지시킨다'라는 의미가 또 하나 추가되는 것이다.

(3) 이상과 같은 기본적인 생각을 바탕으로, '현상학'은 결국, '레게인 타 파이노메나'(legein ta phainomena) 내지 '아포파이네스타이 타 파이노메나'(apophainesthai ta phainomena), 즉, '자기를 나타내는 바의 것을, 그것이 자기를 자기 자신 쪽에서 나타내는 대로, 자기 자신 쪽에

서 보여주는 것'(SZ34, GP117)이라는 의미를 갖게 된다. 일종의 의미 정리다. 단 이것은 아직 '형식적인 의미'다. (그리스어 원래의 의미를 살려서 존재의 깊은 진상을 읽어내려는 하이데거의 한 경향 내지 수법이 여기서 이미 일찌감치 시도되고 있는 셈이기도 하다.)

이렇게 해서, 하이데거의 현상학이란, '자기를 나타내는 것'으로서의 '존재'라는 '현상'을, '말하는 것', 말함으로써 '그것을 드러나게 하는 것', '그것을 노정하는 것', '그것을 보이게 하는 것', '그것을 전달하는 것', '접근가능하게 하는 것', 그리고 '진리를 말하는 것', '인지시키는 것'을 그 가장 기본적인 의미로서 갖게 된다.

(4) 그런데 여기에서 한 가지 주의해야 할 것이 있다. 그것은, 이 '현상학'이, 하이데거 자신이 말하는 것처럼, 두 개의 '구성요소'를 갖는다는 것이다. 즉, '현상'과 '학', 혹은 '존재'와 '말함', 혹은 '은폐되지 않고 자기를 나타내는 것'과 '(그것을) 드러나게 하고, 보이게 하고, 전달하는 것'이다. 말하자면 전자는 현상학의 '무엇'(Was)을, 후자는 현상학의 '어떻게'(Wie)를 각각 해명하는 것이라고 할 수 있다.

그런데 주의해서 보면, 이상의 해명은 현상학이 또 하나의 요소를 자체 안에 품고 있다는 것을 알려준다. 다시 말해 현상학은, 그것이 '말함'인 한, 그것을 듣는 자가 있다는 것이고, '보게 하는 것'인 한, 보는 자가 있다는 것이고, '전달하는 것'인 한, 전달을 받는 자가 있다는 것이다. 아닌 게 아니라, 하이데거 자신도 위의 해명 도중에, '타인에게'(dem anderen)라는 말로 이것을 살짝 비추고 있는데, 우리는 이 타인이라고 하는 것에 '현상학'의 '학'을 필요로 하는 어떤 근본사정이, (예컨대, 하이데거가 말하는 존재망각, 또는 그가 《존재와 시간》 제1절에서 지적하는 [존재문제가 왜곡되고 덧칠되고 진부해진, 말하자면 때가 끼고 먼지가 쌓인] 여러 사정들이) 포함되어 있고, 이것은 이것대로 중요한 의미를 갖는 문제이므로, 이것을 현상학의 또 하나의 요소로서, 즉 현상학의 '왜'(Warum)에 관련된 제3의 요소로 볼 수가 있다.

이렇게 보면, 하이데거의 현상학은, 결국 세 가지 성립요소의 결합에서 그 의미를 찾을 수가 있다. 즉, 그 세 요소가 ① 말해져야 할 내용으로서의 '현상', ② 말하는 것 자체로서의 '학 내지 로고스', ③ 말함을 통해 내용을 전달받는 자로서의 '타인'(내지 그 사정들)이라고 할 수가 있다면, 현상학의 근본의미는, 결국 ①을 ③에게 전달하는 ②에 있다고 단정할 수 있는 것이다. (물론, 궁극적으로 중요한 것은, ① 그 자체의 내용들이다.)

(하이데거의 현상학을 이와 같이 삼지구조(세 갈래 구조)로서 파악하는 것은, 1957년의 강연 《집안친구 ― 헤벨》에서 전개된 '집안친구', '시인', '달'의 의미와 연관 지어 생각하면 그 의미가 더욱 확실해진다. 집안친구인 시인의 의의는 마치 달처럼 모두가 잠들어 있는 밤에 홀로 깨어서 그 지구의 밤을 비춰주는 야경꾼의 역할과 닮았다는 것이다. 단, 달은 스스로 발한 빛이 아니라 태양빛의 반사인 부드러운 빛으로 비춰준다. 즉, 태양-달-지구[밤]의 삼지구조와 현상학의 삼지구조가 구조상 일치하는 것이다.)

(5) 이상으로 '현상학'의 기본적인 의미는 어느 정도 명확히 드러났다. 그러나 '존재'로 다가가는 통로로서의 현상학이 갖는 의미는 이것으로 다가 아니다. 몇 가지의 중요한 측면들이 더 있다. 그것들과 더불어 비로소 현상학의 포괄적인 의미가 온전히 확보될 수 있다. 간단히 정리하자면 다음과 같다.

i) 우선 첫째, 이상과 같은 '현상학'이 갖는 의미는, '문제 그 자체로!'(Zu den Sachen selbst!)라는 정식화된 준칙으로도 표현된다. 이 말의 의미는, '현상학'이라는 것이, '모든 허공에 뜬 구성', '우연적인 발견', '외견상 증시된 것처럼 보이는 데 불과한 개념의 답습', '종종 몇 세기를 통해서 '문제'(Problem)로서 과시되는 보여주기 위한 물음', 이러한 모든 것과는 반대로, 오로지 '문제 그 자체'(Sache selbst)를 그 근

거로 삼는다는 것이다. 즉 '문제 자체와의 대결 속에 … 근원적으로 뿌리내리고 있다'는 것이다(SZ27). 이는 그것이 '역사적으로 전승된 이런저런 존재론이라든가, 이런 종류의 여러 시도들에 조언을 구하려고 하는' 그러한 '최고도로 의심스러운 것'이 아니라, "특정한 물음을 일으키지 않을 수 없는 사태적 필연성과, '문제 자체'에 의해 요구되고 있는"(SZ27) 것이라는 말이며, "우연적인, 직접적인 무사려한 '관상'이 가지고 있는 소박함"이 아니라(SZ37), "현상들을 '본원적'으로 '직각적'으로 포착하여 설명한다"고 하는 그런 의미인 것이다(SZ36f).

다시 말해 현상학은, 단순한 우연성, 임의성을 배격하고, 현상의 자기현시에 의한 어떤 문제성 내지 문제적 필연성에 의해 촉발되는 것이며, 오로지 그것에만 관련된다고 하는 그런 것이다.

다만, 이와 같은 태도는 실은 '너무나도 자명한' 것으로, '온갖 학적 인식의 원리'를 나타낸 것에 다름 아니라고 하이데거는 이해한다(SZ28).

그리고 현상학은, 이상과 같은 특별한 의미를 부여받고 있기 때문에, 전승된 역사에 의존하지 않고, 또 의존할 수도 없다고 그는 본다. 따라서 볼프학파에서 성립되었다고 생각되는 '현상학이라고 하는 이 말 자체의 역사'도 그는 별로 중요하게 생각하지 않는다(SZ38). 여기서 우리는, '문제'를 대하는 그의 태도가 단순한 연구자 내지 학자적인 것이 아님을 확인할 수 있다.

(이상과 같은 태도는, 그가 후설에게 배웠다고 하는 '현상학적으로 보는 것'(Phänomenologisches Sehen), 즉 '철학적 지식의 음미되지 않는 사용을 도외시한다'고 하는 것이나, '위대한 사상가들의 권위를 이야기 속에 들여오는 것을 단념한다'고 하는 것과도 연결되어 있는 것이고, 그가 '현상학적 파괴'(Phänomenologische Destruktion)라고 부르는 것, 즉 '우선은 필연적으로 사용해야 할 전승된 개념들을, 그것들이 처음으로 받아들여져 온 그

원천으로, 비판적으로 해체하는 것'(GP31)과도 결국은 같은 취지이다. 그런 점에서 이 태도는 또한, 저 프랜시스 베이컨이 말한 이른바 '극장의 우상'(idola theatri)을 타파하는 것과도 무관하지 않다.)

ii) 그리고 둘째, 역시 위에서 말한 준칙의 기본적 의미에 포함되는 것이지만, '현상학'이 우선 무엇보다도, 문제 자체가 갖는 두 가지 측면에, 아니, 두 가지 인력에 근거를 갖고 있다는 것이다.

그 하나는, 그 문제가 '우선 대개 자기를 나타내는 것에 본질상 속하며, 더욱이 이것의 의미와 근거를 같이한다고 하는 식으로 속해 있는 어떤 것'(SZ35)이며, 그리고 '멋대로 자기를 나타내는 것이 아니라, 하물며 외양이라고 하는 것도 아니다', 다시 말해 '나타나지 않는 어떤 것이 그 배후에 버티고 있는 것은 결코 아닌 것'으로서 '두드러진 의미에서, 즉 그 가장 고유한 문제내용 쪽에서, 현상이 될 것을 요구하고 있는 것'이기 때문에(이상 SZ35, 36), 쉽게 말해 그것이 우선 '특정한 물음을 불러일으키지 않을 수 없는 문제적 필연성'(SZ27)을 갖는 것이기 때문에, 자기를 묻도록 '요구'(ibid)한다는 것이다. 달리 말하자면, '문제'라고 하는 것이, 결국 '문제적인 것'(das Strittige), 즉 후기에서 보다 명백하게 말하고 있는 것처럼, '사유에 관련되는 바의, 유일한 사유에 있어서의 장면이 되는 논점, 내지 논쟁점', 더욱이 '결코 사유에 의해서 처음으로, 말하자면 시빗거리가 되는 게 아닌', '어떤 다툼의, 그 자체에 있어서 문제적인 것'으로서, 이것이 '사유를 곤란하게 하고, 그 문제가 사유를 사유의 사태로 불러오고, 이 사태에서 사유 자체가 결과하게 되는 것'(ID31)이기 때문에, 자기를 묻도록 재촉한다는 것이다.[12]

결국, 문제라고 하는 그것이, '제시되어 있는 것'이고, 더욱이 '그 스

---

[12] 이러한 하이데거의 사고방식은, 만년에 이르기까지 관철되어 있다. ― "문제란 … 결정적인 의미에서 문제가 있는 것이고, 그것에는 간과할 수 없는 것이 숨겨져 있다"(SD4)라는 후기의 말을 참조할 것.

스로 문제적인 것'이기 때문에, 그것을 문제 삼지 않을 수 없다는 것이다. 이것이 말하자면 첫 번째 인력이라고 할 수 있다.

또 하나는, 그것이 동시에 '우선 대개 자기를 곧바로 나타내지 않는 것, 다시 말해 … 자기를 나타냄에 대해서 은폐되어 있다'(SZ35)는 것, '각별한 의미에서 은폐된 채로인 것, 혹은 은폐 속으로 다시 빠져들어가는 것, 혹은 '변장'해서만 자기를 나타내는 것'이기 때문에, 자기를 묻게 한다는 것이다. 다시 말해, '현상이 될 바로 그것이 은폐되어 있다'(SZ36)는 것, '현상이 우선은 대개 주어져 있지 않다'(ibid)는 것, 결국, 앞서 지적한 현상의 은폐적 경향, 바로 이것이 '현상학이 필요하게 되는' 또 하나의 이유, 즉 두 번째 인력인 것이다(SZ36). 완전히 다 드러나지 않는 현상의 비밀스러움이, 즉 왜 그런지 알 수 없음이, 현상학적 관심을 촉발한다는 말이기도 하다.

이상의 두 가지 사정을 근거로 해서, 현상학은 '문제 그 자체'로 향하게 되는 것이다.

iii) 그러면 이 '문제 그 자체'라는 것은 구체적으로 무엇인가? 하이데거가 생각하는 '두드러진 의미에서 '현상'이라고 이름 붙여지지 않으면 안 되는 것'(SZ35), '현상학적인 현상'이란 무엇인가? 그것은 이미 살펴본 대로, '존재'(SZ37), 즉 '존재자의 존재'(SZ37) 내지 '이 존재의 의미, … 변양들, 파생태들'(SZ35)이며, '이런저런 존재자' 그 자체는 아니다(ibid).

(하이데거는 이와 같이 '존재자'(Seiendes)와 '존재'(Sein)를 구별하여 그 다름[존재론적 차이(ontologische Differenz)]을 주의시키며, 존재자에서 존재로의 시선의 전환을 특히 강조한다.[13] 이러한 '… 존재자의 한정된 파악에서, 이 존재자의 존재의 이해(그 비은폐성의 방식으로 기투하는 것)로 현상학적 시선을 전향시키는 것'을 그는 '현상학적 환원'(Phänomenologische

---

13) 이른바 '브리태니커 논문'에서도 이 점이 강조되고 있다.

Reduktion)이라고 규정하기도 한다(GP29).

단, 존재를 올바르게 해명하기 위해서는, 존재자 자체를 올바르게 제출하는 것이 미리 필요하고, 이 존재자는, 이 존재자에게 순정하게 귀속되어 있는 통로양식에 있어서도 또한 올바르게 자기를 나타내지 않으면 안 되기 때문에, 현상 내지 문제를 '존재자'라고 규정하는 '통속적인 현상 개념'도 현상학적으로 '중요하다'고 말한다(SZ37). — 이것은 '현존재'[인간]라는 존재자를 염두에 둔 말인데, 더 상세한 것은, 다음의 3-2에서 살펴보기로 한다.)

바로 이 점에서, 즉 현상학이 향해야 할 문제 그 자체가 존재라는 점에서, '현상학'은 내용상 '존재자의 존재에 대한 학, 즉 존재론(Onto-logie)'(SZ37)이 된다고 하이데거는 생각한다. 따라서 현상학과 존재론은, 철학의 두 가지 전문분야가 아니라, 결국은 동일한 것이다. 철학 자체를 '대상'의 측면에서 말하면 존재론이고, '방법'의 측면에서 말하면 현상학이라는 게 그의 기본적인 생각인 것이다.

아무튼 그의 현상학은, 이러한 생각을 바탕으로 결국 '존재론'이라는 형태로 전개되어나간다.

(단, 이것은 어디까지나 《존재와 시간》에서 천명된 기본적인 입장이고, 실질적으로는, 나중에 상세히 보게 되겠지만, '현존재의 존재', '실존'이 그 내실을 이룬다. 이 내실은 《존재와 시간》 이후, 현존재의 차원을 넘어 존재 그 자체로 진입하면서 여러 가지 다양한 형태로 논의된다. 이것도 또한 나중에 상세히 살펴보기로 한다.)

iv) 그리고 또 하나 주목을 끄는 것은, 현상학이 특히 그 자체로 '진리'(Wahrheit)적 성격을 갖는다는 점이다.

현상학이 '진리'적이라고 하는 말은, 좀 부자연스럽게 들리기는 하지만, 그것은 '현상학'이, 특히 그 '로고스'가, '알레테우에인' 즉 '진리를 말하는 것'으로서, '말해지고 있는' 존재자를, (아포파이네스타이로서의 레게인에 있어서) 그 존재자의 은폐성에서 끄집어내어, 은폐되어 있지 않은 것[알레테스]으로서 보이게 하는 것, 즉 노정하는 것(SZ33, vgl. SZ219)이라는 뜻이다. 다시 말해 하이데거는, '노정하는 것', 따라서 '결코 은폐할 수 없는', '순수한 노에인(noein: 사유)', 즉 '존재자 그 자체의 가장 단순한 존재 규정들을, 솔직히 바라보며 인지하는 것' 그것이 '진'(wahr)이라고 생각하는 것이고(SZ33), 현상학은 바로 이러한 '진'의 성격을 그 근본에 가지고 있다고 생각하는 것이다.

여기에는 그의 독특한 '진리'관이 개입되어 있기 때문에, 상세한 것은 따로 살펴보겠지만, 아무튼 핵심적인 내용은 두 가지다. 하나는, '진리'란 것이 '존재'와 '제휴'하고 있는 것으로서, '문제'(Sache), 즉 '자기를 나타내는 것'과 '같은 것'을 의미하고 있으며(SZ213), 따라서 '현존자(Anwesendes)의 비은폐태', '현존자의 출현', '현존자의 자기현시'(SD87), '존재자가 자기를 나타내는 일체'(Vw398), '존재자'가 '자기를 나타내고', '비은폐태'가 되어 '출현'하고 있는 사태(Vw398)로서, '본래적으로 사유되어야 하는 것'(ibid), '현상학에 있어서 현상들의 자기고지로서 수행되고 있는 것'14)(SD87)인데, 이것을 그는 '제2차적인 의미'에서의 진리, 다시 말해 '노정되어 있는-존재'(SZ220)라고 부른다.15) 말하자면 존재자의 객관적 상태, 이것이 그 하나이고, 또 하나는, '진리'란 것이, '현존재의 한 존재양식'(SZ220)으로서, '노정하고 있는-존재'(ibid), 다시 말해 '존재자를 그 존재자 자체에 즉해서 노정하는 것', '존재자를 그 피노정성에 있어서 진술하고, 제시하고, 보이는 것'(SZ218)을 의미한다는 것이다. 말하자면 현존재의 주관적 상태, 이것을 그는

---

14) 이러한 것을 그는 1922년경, 후설의 《논리학연구》를 연구하는 과정에서 하나의 '예감'으로서 감지했다(vgl. SD87).

15) 다만, 《존재와 시간》에서 이와 같이 규정할 때는, 세계 내부적인 존재자의 존재에 초점이 맞춰져 있는 것 같다. 후에는 이것이 확대, 변모되어간다.

'제1차적인 의미'에서의 '진리'라고 부른다. (물론 '객관적, 주관적'이라는 표현은 하이데거 철학에 어울리는 표현은 아니다. 독자의 이해를 위해 편의상 이 익숙한 용어를 동원한다.)

다만, 이 두 가지 의미의 진리는, 모두 '가장 근원적인 의미'에서 이해된 '진리'로, 하나의 '실존범주'인 '현존재의 개시성'(SZ226)에 기초하는 것이며, 근본적으로는 분리될 수 없는 것이다. (진리의 이런 주객 양면성은 아마 '사유'와 '존재'의 동일성을 지적한 파르메니데스의 영향이라고 생각된다.) 아무튼, 이러한 '노정', 은폐의 '탈피'[= 벗겨냄][16] (SZ222)로서의 '진리'라고 하는 성격을 현상학은 갖는 것이다.

v) 그리고 또 하나는, '현상학'이, '이 학의 대상들에 관해서 논구되는 모든 것이 직접적 제시와 직접적 증시에 있어서 논해져야 한다는 식으로 그 대상들을 포착한다'는 성격을 갖는다는 것이다(SZ35). 이는 다시 말해, 현상학이 애초에 '기술적'(deskritiv)이라는 것을 의미한다(SZ 35, GP107). 이 점에서 그는 '기술적 현상학'이라는 것은 '동어반복'이라고까지 말한다. 이는 즉, 현상학이 '증시되지 않는 모든 규정을 멀리한다'고 하는 '하나의 방지적인 의미'를 갖는다는 뜻이다. 그리고 이것은 또, '기술되어야 할 바로 그것, 즉 현상이 만나지는 방식에 있어서 학적 규정성으로 주어져야 할 바의 '문제성'에 기초하여 우선적으로 확정될 수 있다'는 의미이기도 하다.

이것은 결국, 현상학적 수행 자체가, 현상 그 자체의 자기증시에 대해 수동적으로 행해지는 것이라고 해석할 수 있다.[17] 그래서 현상학은, 주제를 그저 '증시하면서 규정'(SZ35)할 뿐이고, '포착해서 설명'(SZ

---

16) '진리'의 이와 같은 의미를 하이데거는 그리스어 알레테이아의 '아-'[부정]와 '레테'[망각, 은폐]에서 읽어내고 있다(vgl. SZ222 등).

17) 이것을 필자는 '하이데거 철학에서의 아프리오리즘'이라 성격 짓고, 이것을 자세히 논한 적이 있다. 《하이데거 ─ 그의 물음들을 묻는다》 참조.

37)할 뿐이고, '제시나 설명'(SZ37)할 뿐이며, 결코 그 스스로 내용을 꾸며내서는 안 된다는 것이다.

vi) 그런데 이러한 의미에서의 '기술'의 방법적 의미가 바로 '해석'(SZ37)이라는 점을 하이데거는 또 부언한다. 다시 말해 "… 현상학의 학(logos)은, 헤르메네우에인(hermeneuein), 즉 '해석한다'고 하는 성격을 갖는다"(ibid)는 것이다. 바로 여기에서 현상학이 해석학(Hermeneutik)과 손을 맞잡게 된다.

이러한 성격은, 현상학이 현상, 문제, 존재를 해명하기 위해서 우선 존재적, 존재론적인 특별한 하나의 범례적 존재자, 즉 현존재(Dasein: 인간)에 정위한다는 것, 이것에 기초하고 있다. 다시 말해 현존재는, '평균적인 막연한 존재이해'를 하나의 '현사실'로서 가지고 있는데 (SZ5, 8), 아니, 더 근본적으로, '그 자신의 존재에 있어서 이 존재에 대해 태도를 취한다'(SZ2)고 하는, '실존'(Existenz)이라고 하는 측면을 가지고 있는데, 이러한 '현존재 자신에 속해 있는 어떤 본질상의 존재 경향', '전 존재론적인 존재이해'를 '철저화'(SZ15)한다고 하는 방법으로, 현상학은 우선 수행되지 않으면 안 된다고 그는 보는 것이다. 이러한, 말하자면 '선-이해'의 '철저화', 즉 '완성'(SZ148)이 바로 '해석'(Auslegung)이다. 이러한 해석의 결과로서, 결국 '존재의 본래적 의미와, 현존재에 고유한 존재의 근본구조들'이 '현존재 자체에 속해 있는 존재이해에', 즉 인간에게 '고지된다'(SZ37)고 하이데거는 알려준다.

그런데 이 '해석'은, 현존재의 평균적인 존재이해가, 이른바 '퇴락'(Verfall)에 의해서, 자기의 존재를 '사물적 존재성'으로 파악하려는 경향을 강하게 갖기 때문에, 그러한 통속적인 존재이해를 파괴하면서, '강제로'(SZ311) 수행될 수밖에 없다고 그는 보고 있다. 다시 말해, 우리 인간의 근본적인 태도변경을 통해서 문제 그 자체로 다가가지 않으면 안 된다는 것이다. 이 점이 그가 말하는 해석학의 큰 특징이다.

아무튼, 이상과 같은 '해석'이, 즉, 막연한 전 존재론적인 존재이해의 철저화가 현상학에 포함된 또 하나의 의미인 것이고, 이렇게 해서 결국 그의 '현상학'은 동시에 또한 '해석학'(Hermeneutik)이 되기도 하는 것이다.18)

(단, 이것은 어디까지나 《존재와 시간》의 입장으로, 이것이 똑같은 형태로 후기까지 일관해서 계속되는지 어떤지는 문제로 남는다. 왜냐하면, 해석학은 어디까지나 '현존재의 해석학'(SZ38)으로서, 그것은 '현존재'에 정위하여 '존재'를 명백히 하고자 하는 '실존의 분석론'(SZ38)인 한에서만 유효한 것이기 때문이다. 그러한 '기초적 존재론', '실존론적 분석론', '현존재의 분석론'의 입장을 지양하고, 존재 그 자체가 걸어오는 말에 직접 귀를 기울이려고 하는 후기에 있어서는, '해석학'은 이미 더 이상 문제가 되지 않는다. 또, 바로 이 '해석학'적 입장의 포기에서, 훗날의 현상학은 '사유'라고 하는 형태로 변모해간다. 이 점에서 (그리고 특히 그 사상내용의 미묘한 차이도 있어서) 전기의 현상학과 후기의 현상학의 내적 차이가 지적되기도 한다. 그러나 그 미묘한 차이에도 불구하고, 문제 그 자체에 기초하여 그것을 명백히 드러내려는 '현상학의 본질적인 정신'은 변하지 않는다. 다시 말해 '현상학적으로 보는 본질적 원리를 견지'(UH41)하고, '현상학의 원리를 사태에 따라 한층 적합한 형태로 고지'(Vw399)하고, '본래의 현상학을 보유한다'(SD48)는 점에서 그 자신의 방법은 여전히 '현상학적'(SD48)이라고 하이데거는 분명히 말한다.)

vii) '현상학'이 이상과 같은 것인 한, 그것은, 어떤 '입각점'이나 '경향'은 결코 아니라고 그는 강조한다(SZ27, SD90). 그리고 그 본질적인 점은 "철학적인 '방향'으로서 현실화한다"고 하는 것도 아니다(SZ38). 다시 말해, '현상학'이 여러 가지 철학적 경향 또는 방향 중의 하나로서 현실적인 세력을 획득하는 것 등은 중요하지 않다는 것이다. 그러한 것

---

18) '해석학'이라고 하는 용어의 사용은, 1923년 여름 무렵부터 보이기 시작했다는 보고가 있다.

으로서의 현상학은 가변적이며, 또 실제로 그 자신 훗날 그러한 경향으로서의 현상학의 시대는 '지나갔다'(SD90)고 선언하기도 한다. 중요한 것, '가장 고유한 것'은, 현실성보다도 고차원적인 '가능성', 특히 '현존재'(인간) 자신의 실존에 속하는 '가능성'(GP104)으로서 현상학을 이해하지 않으면 안 된다는 것이다(SZ38, SD90).

viii) 이 가능성의 구체적 내용은, '현상학'이 결국 하나의 '방법'(SZ27)이라는 것이다. 이것은 '철학적 탐구의 대상들이 내용상 '무엇'인가를 성격 짓는 것이 아니라, 철학적 탐구[자체]의 '어떻게'를 성격 짓는 것'(ibid)이다. 따라서 이것은, 이론적인 전문분야들 중에 흔히 있는 '기술적 조작법'과도 관계가 먼 것이다(ibid).

따라서 현상학은 예컨대 신학, 생물학, 사회학과 마찬가지로, 우선은 '현상에 관한 학문'(Wissenschaft von den Phänomenen)을 의미하지만(SZ28, GP110), 그러나 실은 '신학 등의 표시법과는 다른'(SZ34, GP 117) 것이며, 그 연구의 '대상'을 명기하고 있는 것도 아니며, 또, 그 연구의 '문제내용'을 명기하고 있는 것도 아니고, 단지 어디까지나, '이 학에 있어서 논의되어야 할 것을 어떻게 제시하고 취급할 것인가' 하는 그 '어떻게', 그 '방식'에 다름 아닌 것이다(SZ34f, GP117).

이렇게 해서 우리는, 존재문제의 입구에서 하이데거가 제시하고 있는, '통로'로서의 '현상학'을 대강 살펴보았다. 그것은 결국, 주제인 '존재'를 어떤 것으로 생각해야 하는가, 그리고 그것을 어떻게 다루어야 하는가라는 것을 예비적으로 알려주는 것이었다. 여기에서 이미 많은 시사를 얻었다. 그런데 이게 다가 아니다. 하이데거는 이러한 '현상학'과 함께, '존재'로 다가가는 또 하나의, 좀 더 구체적인 '통로'를 제시하고 있다. 그것이 다름 아닌 '현존재 분석론'이다.

3-2. 접근 통로로서의 '현존재 분석론'

그러면 이 '현존재 분석론'(Daseinsanalytik)이란 어떠한 것인가? 왜 이와 같은 통로가 필요한가? 이것을 살펴보지 않고, 《존재와 시간》의 '존재'를 논하는 것은 불가능하다. 이것은 대략 다음과 같다.

(1) 존재문제가 하나의 물음(Frage)인 한, 그 물음에는 삼중의 '구조계기'(SZ5)가 있다고 하이데거는 생각한다. 즉 '물어지고 있는 것'(das Gefragte)과 '물음을 받고 있는 것'(das Befragte)과 '물어 밝히고자 하는 것'(das Erfragte)이 그것이다. 이 '물어지고 있는 것'은 '존재'(Sein)(SZ6)이고, '물음을 받고 있는 것'은 '현존재'(Dasein)[라고 하는 존재자], 즉 인간, 즉 물음 그 자체를 존재가능성으로서 가지고 있는 우리 자신(SZ8)이며, '물어 밝히고자 하는 것'은 '존재의 의미'(Sinn des Seins)(SZ6)다.

즉 그는, '현존재라고 하는 성격을 갖는 존재자'에게 '물음을 던져', '존재'를 '묻고', 그 '의미'를 '밝히고자' 하는 것이다.

그러면, 왜 다른 것이 아니라, 하필 '현존재'가 채택된 것일까? 이 채택은 '임의적인 것'이 아니다. 그의 생각으로는, 현존재야말로 하나의 '특별한 범례적 존재자'(SZ7)이기 때문이다. 왜 '현존재'가 '범례적 존재자'인가? 그것은 현존재가, 즉 인간이, '이미 항상 어떤 존재이해 속에서 움직이고 있다'는 점, 다시 말해 '평균적인 막연한 존재이해'(SZ5)를 '현사실'(SZ5)로서, 그리고 '본질기구'(SZ8)로서, 그리고 그 자신의 '존재규정성'(SZ12)으로서, 가지고 있다는 점, 더욱이 '거기에서 존재의 의미를 대놓고 묻는 물음과, 존재의 개념에 도달하고자 하는 경향이 생긴다'는 점에서 '우위'를 갖기 때문이다. 좀 더 엄밀하게 말하자면, 그것이 세 가지의 우위를, 즉 '존재적 우위'와 '존재론적 우위'와 '제3의 우위'[기초존재론적 우위]를 가지고 있기 때문이다(SZ13). 이것은 무슨 말일까?

우선 ① '현존재'가 '존재적 우위'를 갖는다는 것은, 그것이 '자기의 존재에 있어서 이 존재 자체로 연관되어간다고 하는 것이 문제이다'(SZ12)라는 것, 그것이 '자기의 존재에 있어서 이 존재로 태도를 취하는 어떤 존재관계를 갖고 있다'(ibid)라는 것, 다시 말해, 그것이 '이러 이러한 태도를 취할 수가 있고, 또 항상 어떠한 방법으로 태도를 취하고 있는 존재 자체', 즉 '실존'(SZ12)을 갖는다는 것, 그러니까 결국 그것이 '그때마다 이미 자기의 존재에 있어서, 이 물음에 있어서 물어지고 있는 바로 그것에 대해 태도를 취하고 있다'(SZ15)는 것이며, ② '존재론적 우위'를 갖는다는 것은, 그것이 '자기의 실존규정성에 기초하여 자기 자신에게 즉해서 '존재론적'이다'(SZ13)라는 것, 다시 말해 '현존재[자신]이 존재론적[19]으로 존재하고 있다'(SZ12)는 것이다. 그리고 ③ '제3의 우위'란, 현존재에 이상의 두 가지와 등근원적으로 '온갖 비현존재적 존재자의 존재의 이해'가 '귀속'(SZ13)되어 있다는 것이다. 이것은 다시 말해 '온갖 존재론을 가능하게 하는 존재적, 존재론적 조건'이기도 하다. 이것을 우리는 그 내용을 고려하여 '기초존재론적 우위'라고 불러도 좋다.

이것은 다시 말해, 이 존재론적인 현존재의 존재이해 중에는, (현존재에 '세계내존재'라고 하는 것이 본질상 속해 있는 한) '세계'의 이해와 '세계의 내부에서 다가갈 수 있는 존재자의 존재'의 이해가 등근원적으로 포함될 수 있기 때문에, 이 '현존재 분석론'(현존재의 실존론적 분석론)을 통해서 '비현존재적 존재자를 주제로 하는 존재론들' 등 '그 외 모든 존재론을 비로소 발견할 수가 있다'(SZ13)는 것이다. 바로 이 점에서, '현존재의 실존론적 분석론'은 '기초적 존재론'(fundamental

---

19) 이것은 아직 전(前) 존재론적인 것인데, 하이데거는 이것이 나름 적극적인 의미를 갖는다고 평가한다(vgl. SZ12).

Ontologie)의 성격을 갖는다.

아무튼, 이상과 같은 이유로 '존재문제'는 '현존재'에 정위하게 되고, '현존재 자신에 속해 있는 어떤 본질적인 존재 경향의 철저화, 즉 전 존재론적인 존재이해의 철저화'(SZ15)라는 방법으로 나아가지 않으면 안된다고 그는 생각한다.20)

(2) 그런데 여기서 그는 '실존적'(existenzial)이라는 것과 '실존론적'(existenziell)이라는 것을 구별한다. 어떻게 다른 것일까? 자기의 실존의 문제를, 각자가 그때마다 실제로 수행해가는 것, 즉 '지도적인 현존재 자신의 이해'가 '실존적'(SZ12)이고, '실존의 존재론적 구조', '실존을 구성하고 있는 바로 그것'의 관련, 즉 '실존성'을 '해석해나가는 것'이 '실존론적'(SZ12)이다. 존재적 관심사로서의 '실존'을 위해서는 존재론적 구조를 이론적으로 내다볼 필요가 없지만, 이 존재론적 구조 자체를 묻는 것(즉 철학적 인식)은, 실존적인 것 자체와는 그 차원이 다르고, 따라서 성격도 다른 것이다. 그 다른 성격이 바로 '실존론적'인 것이다. 바로 이러한 의미에서 현존재의 분석론은 '실존론적 분석론'이된다.

(3) 그런데 이 '현존재의 실존론적 분석론'에는, '특유의 곤란들'이 있음을 그는 주의한다. 즉, '현존재'가 우위를 갖는다고 해서, 그 현존재가 '존재적, 존재론적으로 제1차적으로 주어져 있다'고 할 수는 없다는 것이다. 즉, 이 '존재자 자신'과 이 '존재자의 존재양식'이 함께 '직접적으로 미리 건네져 있다'고 할 수는 없다는 것이다(SZ15).

이는 다시 말해, 현존재는, 우리 자신이 그것이므로, '존재적'으로는 '가장 가까운 것'이지만, '존재론적'으로는 '가장 먼 것'이며, 그런 한

---

20) 이러한 방법은, 일견 '순환'처럼 보이지만, 전(前) 존재론적 존재이해를 단서로, 거기에서 '방해물을 제거하고 근거를 제시하는 것'에 의미가 있기 때문에, 여기에는 '어떠한 순환도 없다'고 하이데거는 단언한다(SZ7, 8).

편, '전(前) 존재론적'으로는 전혀 '모르는 것이 아니다.'(SZ16, 15) 여기에서 존재론적으로 가장 멀다고 하는 것이 문제가 된다고 그는 지적한다. 이것은 그러나, 비축된 우리의 인식능력에 결함이 있다든가, 적절한 개념성이 결여되어 있다든가 하는 것이 아니라, 현존재 자체가, 자기의 존재양식에 응해서, "자기가 본질상 부단히 먼저 그것에 대해 태도를 취하고 있는 바로 그 존재자, 즉 '세계' 쪽에서 자기 고유의 존재를 이해하는 경향을 갖고 있다"는 의미이다(SZ15). 이것을 그는, '현존재 해석에 대한 세계이해의 존재론적 반영'(SZ16)이라고 부른다.21) 쉽게 말해, 인간의 자기이해가 인간의 세계이해에 의해 영향을 받는다는 말이다.

그리고 또 하나는, 예컨대 철학적 심리학, 인간학, 윤리학, 정치학, 작시, 전기 및 역사기술 등이 그때마다 다른 형태로 제공하는 현존재 해석에, 우리가 무비판적으로 의지하기 쉽다는 것이다. 그러나 하이데거는, 이러한 해석들이 '실존적'으로는 '근원적'이어도, '실존론적'으로도 근원적으로 수행되었는지는 문제라고 생각하여, 그것들에 의거하지 않고, 오히려 '현존재의 근본구조들'을 '존재문제 그 자체에 명시적으로 방향을 정하면서 충분히 두드러진 것으로'(SZ16) 해나가서, 그것들을 재검토해보지 않으면 안 된다고 생각한다.

(4) 그러면 이 현존재 분석은 어떻게 수행되어야 하는가? 하이데거의 대답은 이렇다. 우선 소극적인 형태로는, '존재나 현실성에 대한 자의적 이념'을, 비록 그것이 자명한 것이어도, 현존재에 '구성적 독단으로 가져와서는' 안 된다는 것, 그러한 이념에 기초한 '범주들'이 '현존재에게 존재론적으로 판별도 없이 강요되어서는 안 된다'(SZ16)는 것이다.

---

21) 앞 절에서 본 '해석'이라는 것, 특히 그것이 '강제로' 수행되지 않으면 안 된다는 것이, 이 문제의 해결방법으로 하이데거가 생각하고 있던 것이 아닌가 짐작된다.

그리고 적극적인 형태로는, 현존재가, '자기 자신에게 즉해서, 자기 자신 쪽에서, 자기를 나타낼 수 있다는 식으로'(ibid), 현존재 해석의 양식이 추구되어야 한다는 것이다.

(5) 그런데 이상과 같은 '현존재의 실존론적 분석론'은, 우선 무차별적인, 이미 대체로 존재하고 있는 상태, 즉 '평균적 일상성'(durchschnittliche Alltäglichkeit)을 그 '출발점'(SZ16, 43)으로 하여 진행된다. 왜냐하면, 현존재는 '어떤 특정한 방식으로 실존하는 차별된 모습으로 해석되어서는 안 된다'고 그는 보기 때문이다(SZ43). 그러나 '평균적 일상성'이라고 해서, 이것이 '아무것도 아닌 것',22) 하찮은 것은 아니다. 오히려 이것은, '현존재의 한 적극적인 현상적 성격'(SZ43)이고, '이 존재양식에서 나와, 이 존재양식 속으로 돌아가는 것이, 모든 실존하는 것의 있는 그대로의 모습'(ibid)이다. 이 점을 우리는 충분히 주의하지 않으면 안 된다. (따라서 이것은 물론, 현존재의 미개한 단계도 아니다(SZ50).) 따라서 여기에서는 아직, '희미한 무규정성이라고 하는 의미에서의 평균적인 구조들'(SZ44)이나 '자의적인 우연적 구조들'(SZ17)이 문제가 되는 것이 아니라, '본질상의 구조들', 즉 '현사실적인 현존재의 온갖 존재양식 중에서, 시종일관 변치 않는 존재의 구조들'(SZ17), 그러한 것이 명백해져야 한다.

현존재의 실존성에 기초하여 규정되는 이러한 근본적 존재성격들, 실존구조들을, 그는 '실존범주'(Existenzialien)(SZ44)라고 규정한다. 이는 이른바 '비현존재적 존재자의 존재 규정들'인 '범주'(Kategorien)와 구별, 대비되는 것이다. 이 둘이 결국 '존재성격의 두 근본 가능성'

---

22) 평균적 일상성은, 현존재가 우선은 대개 존재적인 존재양식을 이루기에, 현존재의 설명에서 거듭 극복되어왔다. 즉, 존재적으로는 가장 가까이 있고 숙지된 것이, 존재론적으로는 가장 멀고 인식되지 않았으며, 또 그 존재론적 의의에 있어서는 끊임없이 놓치고 있다는 것이다(SZ43).

(SZ45)인데, 현존재의 분석론은 이 중의 '실존범주'를 밝히려고 하는 것이다. 그리고 바로 이것의 구체적 내용이 《존재와 시간》의 본론부에서 전개된, 현존재의 존재와 관련된, 실질적 주제였다.

(6) 그런데 한 가지 주의할 것은, 이상과 같은 '현존재의 실존론적 분석론'은 어디까지나 '존재에 대한 물음 완성'이라는 '주도적인 과제'를 목표로 하는 것인 이상, '완벽한' 것이 아니라 '잠정적'이라는 것이다 (SZ17). 따라서 이 분석은, '현존재의 완벽한 존재론'을 제공하는 것이 아니라, '가장 근원적인 존재해석을 위한 지평에서 방해물을 걷어낼 준비'를 하는 '예비적'(ibid)인 것이고, 이 지평이 획득된 후에는, 고차원의 본래적인 존재론적 토대 위에서, 다시금 되풀이될 것을 요구하는, 그러한 성격의 것이다. 쉽게 말해, 하이데거는 이 현존재 분석론을 본격적인 존재이해를 위한 중간단계 내지 예비단계로 생각하고 있는 것이다.

(7) 이상과 같은 점으로 해서, 이 '분석론'은 모든 심리학, 인간학, 그리고 생물학과 구별되고, 그것들에 '앞서 있는'(SZ45) 것이라는 성격을 갖게 된다.

이상으로, 하이데거가 존재문제에 다가가는 통로로 제시한 '현존재 분석론'이 어떤 것인지 일단 그 윤곽이 잡혔을 것이다. 말하자면 여기서는, '존재'를 탐구하기 위해서 어떤 존재자에게 준거해야 하는가, 그리고 그 존재자의 어떠한 곳을 봐야 하는가, 이것이 밝혀진 셈이다.

3-3. '존재'의 개념

'존재'(Sein)를 해명하려고 하는 하이데거는 그 해명을 올바르게 행하기 위해, 우선 '현상학'이나 '현존재 분석'이라고 하는 이른바 '도구 준비'를 한 셈인데, 그것을 그는 실제로 구체적으로 수행해나간다. 그 구체적 수행의 결과, 현존재의 '존재'를 '신경씀'(Sorge)으로, 그리고 그 '의미'를 '시간성'(Zeitlichkeit)으로 해명하고, 이것으로 존재문제에 대한 답을 얻기 위한 '지반'을 확보한다. 그러나 '지반'을 확보한 것이 곧 '존재일반의 의미' 그 자체를 획득한 것은 아니므로, 그는 이 '지반'을 딛고서, 다시 존재일반의 의미를 향해 나아가고자 한다.

그런데 이러한 그의 의도는, 이미 살펴본 대로, 본론에 들어가기 직전 단계에서 '중단'되고, 또 그 속개가 '포기'되면서, '미완'인 채로 '완결'되어버렸다. 그러니까 '존재'의 해명을 의도한 《존재와 시간》에서는, 결국 '존재'의 온전한 해명이 주어지지 못한 모양새가 된다.

그렇다면 《존재와 시간》에서 우리는 존재의 의미에 관한 아무런 결실도 얻을 수가 없는 것일까? 그렇지는 않다. 비록 본격적이고 체계적인 형태로 그 완전한 답이 주어진 것은 아니더라도, 《존재와 시간》의 행간에는, '존재'에 관련된 풍부하고 깊이 있는 시사가 마치 사금처럼 흩어져 반짝이고 있다. 그것들을, 비록 간단한 형태로라도 정리해보기로 하자.

1) 기본적인 것들

《존재와 시간》에서는, '존재'와 관련해서 먼저 몇 가지 예비적이고 기본적인 사실들이 지적된다.

(1) 우선, "존재일반이라는 '이념'의 근원과 가능성은 형식논리학적인 '추상화'의 수단으로는 … 결코 탐구되지 않는다"(SZ437)는 것이다. 이것은, 물음과 대답 그 자체에 확고한 지평이 있어야 하는데, 일반적으로 논리학이 말하는 '존재' 개념에는 정당성이 결여되어 있다는 말이다. 다시 말해, '존재'란, 논리학에서 말하듯이, 표상과 비교와 추상의 과정을 거쳐서, 즉 이런저런 '존재들'을 체험하여 그것들의 공통점과

차이점을 판별해서, 특유성을 버리고 공통점을 집어낸다고 하는 과정을 거쳐 종합되고 명명된 하나의 명사, 그런 게 아니라는 것이다. (아닌 게 아니라 그렇다. '존재'란 그것 자체의 오묘한 신비 내지 문제성 앞에 직접 맞닥뜨리지 않으면 결코 제대로 이해될 수 없는, 그런 성질의 것이다.)

(2) 그리고 " '존재'는 류(類, Gattung)가 아니다"(SZ3, 38)라는 것이다. 논리학은, 존재자가 류(類)와 종(種)[종류]에 따라서 개념적으로 분절된 계통임을 전제로, 그 계통의 최상부에 있는 영역, 즉 최고 류(類) 개념, 즉 실체(ousia)로서 '존재'를 이해하고, 그 점에서 존재를 '가장 보편적인 것'이라고 말하는데, '존재'는 그러한 성격의 것이 아니고, 그러한 의미로 보편적인 것도 아니라는 것이다(ibid).

따라서 "존재에는 어떠한 성질도 보태질 수 없다." 다시 말해, 존재에 존재자가 귀속된다는 식으로, 그런 식으로 존재가 규정될 수는 없고, "정의적으로, 존재를 고차원의 개념들에서 도출해내거나, 저차원의 개념들에 의해서 서술하거나 할 수는 없다"(SZ4)는 것이다. 소위 상위 개념, 하위 개념을 통해 그 이해를 얻을 수는 없다는 말이다.

이와 같이, '존재'는 우선, 논리학에서 말하는 그러한 추상 개념으로서의 '존재'는 아니라는 점이 분명해진다. 논리학적 접근으로는 결코 존재의 진정한 이해에 도달할 수가 없는 것이다.

(이러한 이유로 하이데거 철학 전반에는, 초기를 제외하고, 일종의 '논리학 불신'이라고 할 수 있는 경향이 지배되고 있다[ID 전체, SZ10, 129, SD22 등 참조]. '존재'에 대한 논리학적 접근은 애당초 번지수를 잘못 짚은 것이다. 그것은 돋보기를 들이대고 미인의 얼굴에서 아름다움을 찾아내려는 것과 다를 바 없다.)

(3) 그런데 위에서 말하는 것처럼 '존재'가 '존재자'의 최상부에 놓인 것이 아니라고 한다면, '존재'와 '존재자'의 관계는 어떠한 것일까? 그

는, " '존재'는 그때마다, 어떤 존재자의 존재이다"(SZ9)라고 말한다. 하지만 동시에 그는, " '존재'는 존재자의 어떠한 류도 아니다"(SZ38), "존재는 존재자로서 개념 파악될 수는 없다"(SZ4), "존재는 존재자라고 하는 그런 것은 아니다"(ibid)라고 확실하게 말한다. 이것은, "존재 … 는, … 온갖 존재자를 넘어서 있다"는 것을 가리킨다. 그래서 그는, "존재는 초월 그 자체이다"(SZ38)라고 말하기도 한다. 따라서 '존재'는 '존재자'와는 근본적으로 다른 것이다. 바로 이 점이, 그가 거듭 강조하는 이른바 '존재론적 차이'(ontologische Differenz)인 것이다.

그러나 아무튼, '존재는 존재자의 존재'(SZ6)인 것은 틀림없다. 그리고 '존재자를 존재자로 규정하는 것', '존재자가 그것을 기반으로 하여 그때그때 이미 이해된 것'인 것도 틀림없다. 존재와 존재자가 무관할 수는 없다는 것이다. 단, "존재자의 존재는 그 자신 하나의 존재자'인' 것은 아니다."(이상 SZ6) 다시 말해, '존재'는 '존재자' 자체는 아니지만, 그것에 관련되어 있다고 하는 의미에서, 즉 존재자'의' 존재라는 점에서, 그것과 전혀 무관한 것도, 또 아주 똑같은 것도 아니라는 것이다. 이것을 그는 주의하고 있는 것이다.

(4) 이러한 것으로서 '존재'(Sein)는, 일단 '모든 인식작용, 진술작용에 있어서, 존재자와 연관된 온갖 태도에 있어서, 자기 자신에게 취하는 온갖 태도에 있어서', '사용되고 있고', 따라서, '하늘은 파랗다(ist …)', '나는 기쁘다(bin …)', 등의 진술에서도 사용되고, 그때 곧바로 '평균적'으로 이것이 어떤 뜻인지 '이해'되고 있는 것이다(SZ4).

(유럽 언어에서는 '있다'와 '이다'의 구별이 따로 없고 모두 '존재'(sein: bin, bist, ist, sind)라는 말로 표현된다. 따라서 한국어에서 '…다'로 표현되는 모든 것이 유럽어의 '존재'(sein, be, être 등)에 해당한다. 모든 동사도 다 포함될 수 있다는 점에서 한국어의 존재표현이 유럽어의 존재표현보다 훨씬 더 근원적이고 훨씬 더 포괄적이다. 참고로 중국어에서는 '시'(是)와

'요우'(有)와 '자이'(在)가, 일본어에서는 '데아루'(…である)와 '가아루'(…
がある)와 '이루'(居る)가 모두 존재표현이지만, 한국어보다는 그 포괄범
위가 상대적으로 더 좁다.)

이 지적은, 그러한 일상적, 일반적 이해들이 아직 '평균적'이고, 따라
서 그 진짜 의미는 아직 어둠에 싸여 있어서, 결코 자명한 것이 아니라
는 말인데, 존재라고 하는 것이, '여러 가지 의미로'(SZ6) 사용되고 있
다는 것과도 관련되어 있다.

"우리는, 많은 것을, 또 여러 가지 의미에서, '존재하고 있다'고 부르고
있다. 우리가 말하는 것, 우리가 생각하는 것, 우리가 이런저런 태도를
취하는 것, 이들 모두가 존재하고 있는 것이고, 우리 자신의 본질과 상태
도 존재하고 있는 것이다. 존재는, 존재사실과 존재상태(Daß- und
Sosein) 속에, 실존성, 사물적 존재성, 존립, 타당, 현존재 속에, 또 '주어
져 있다'(es gibt)23)라고 하는 것 안에, 잠재되어 있다."(SZ6f)

이 모든 다양한 의미들이 다 존재라는 말이다. 그런데 존재의 다양한
의미를 일단 인정하는 듯한 하이데거의 이 언급은, 실은 《존재와 시
간》 속에 숨 쉬고 있는 '존재' 개념을 이해하기 위한 하나의 결정적인
방향을 암시적으로 제공하는 중요한 것으로서 주목할 필요가 있다. 실
제로 하이데거 자신도 《존재와 시간》에서, 지금 말한 것을 포함한 다
양한 의미로 '존재'라는 말을 사용하고 있다.

(5) 그러면, 존재의 다양한 의미는 구체적으로 어떻게 전개되고 있는

---

23) 《존재와 시간》 초반부에 보이는 '에스 깁트'라는 이 말은 특별히 주목할 필
요가 있다. 왜냐하면 이 말이 그의 후기 철학에서, 특히 《휴머니즘 서간》,
〈시간과 존재〉 등에서, 존재이해를 위한 결정적인 키워드의 하나로 특별한
의미를 갖기 때문이다. 독일어에서는 '…가 있다'라는 것을 '에스 깁트…'
즉 '그것이(Es) …을 준다(gibt)'고 표현한다. 참으로 독특한 표현법이다.

가? 이 점을 알기 위해 우리는 먼저 그가 다양한 '존재자'를 어떻게 구별하고 있는지 미리 이해해둘 필요가 있다. '존재'란 '존재자'의 존재라는 것을 이미 확인했지만, 그 존재자 자체가 [만물 내지 삼라만상이라고 할 만큼] 너무나도 다양하기 때문에, 그 존재자의 존재도 역시 그 무수한 구체적 존재자들에 따라 각각 다른 것이 된다.

《존재와 시간》에서 하이데거는 존재자들을 기본적으로 두 개의 영역 속에 나누어 편입시킨다. 즉 그에 따르면, 모든 존재자는 '현존재'(das Dasein: 즉 인간)라는 존재자이거나, 혹은 '비현존재적 존재자'(das nicht-daseinsmäßige Seiende: 즉 비인간)이거나, 그 둘 중 어느 한쪽이다. 다시 말해 하이데거에게 있어서는, '현존재'와 '비현존재적 존재자', '현존재'와 '세계의 내부에서 만나게 되는 존재자', '누구'(Wer)라고 하는 존재방식을 취하는 존재자와 '무엇'(Was)이라고 하는 존재방식을 취하는 존재자라고 하는 날카로운 구별이, 그 근본에 있어 존재하는 것이다(vgl. SZ§9, §18, §21, §83). 그런데 그는 이 중의 후자, 즉 '현존재라는 양식을 취하지 않는 존재의, 만나게 되는 존재자'를 또 둘로 구별하는데, 그 하나가 ① '우선 만나게 되는 세계 내부적 존재자'[도구적 존재자(das Zuhandene)]이고, 또 하나가 ② '우선 만나게 되는 존재자를 자주적으로 노정하면서 지나는 가운데 눈앞에 찾아내어 규정할 수 있는 존재자'[사물적 존재자(das Vorhandene)]이다(SZ88, vgl. SZ§18, §21, §66). 쉽게 간단히 말하자면 '그냥 사물'과 '도구 사물'이다. 존재 성격에 따른 사물의 원천적 구별로 식자들 사이에서는 엄청 유명한 부분이다.

이렇게 《존재와 시간》에서는, 우선 무엇보다도, '현존재의 존재', '도구적 존재자의 존재', '사물적 존재자의 존재'라는 형태로 '존재'가 구별되어 사용되고 있다(vgl. SZ88).

이 중 '현존재의 존재'가 실질적인 주제이지만, 이에 앞서, 우선 '도구적 존재자의 존재'와 '사물적 존재자의 존재'는 어떠한 것인지 일별해두기로 하자.

(6) 우선, 사물적 존재자의 존재, 즉 '사물적 존재'(vorhandensein: 직역하면, 손 앞에 있음)란 어떤 것인가. 이는 전통적으로 ['본질'(essentia)에 대해] '존재'(existentia)라고 부르던 것인데, 이 존재는, 사물적인 존재자 자신에게 있어서는 '아무래도 좋은 것'이라는 성격을 갖는다. 더 엄밀히 말하자면, 사물적 존재자는, "자기에게 있어서 그 존재자가 아무래도 좋은 것일 수도 없고, 아무래도 좋지 않은 것일 수도 없다고 하는 것처럼 '존재'하고 있다"는 것이다(SZ42). 쉽게 말해 의미나 가치와 무관하게 '그냥' 있는 것이다. 이러한 의미에서, 사물적 존재는 현존재의 존재인 '실존'과 날카롭게 구별된다.

그와 같은 것으로서, 사물적 존재자[사물24)]는, '사물성, 실존성'25) 나아가서는 '실체성, 물질성, 연장성, 병존성'이라고 하는 '존재성격'을 갖는 것이기도 하다(SZ158). 또 이러한 규정들은, 이른바 진술의 명제적인 '으로서'(Als)에 의해서 규정되는 면도 가지고 있다(SZ158). 사물들이 각각 자기의 고유한 존재성격을 갖는다는 말이다. 돌은 돌로서, 물은 물로서, … 등등.

이상과 같은 '사물적 존재성'이, 바로 '사물적 존재자'의 '존재'로서 (SZ211) 하이데거에게는 이해되고 있는 것이다.

(7) 그런데 《존재와 시간》에 따르면, 위의 사물적 존재자(Vorhandenes)와 근본적으로 다른 성격을 갖는 '도구적 존재자'(Zuhandenes)가 있다. 이것은 그러나 그저 단순히 손에 의해 사용되는 이른바 '도구'

---

24) 일반적으로는 '사물적 존재자'와 '사물'이 같은 것으로 이해될 수 있지만, 하이데거의 후기 철학에서는 '사물'(Ding)이 특유의 존재론적 관점에서 다시 논의되므로 그 사이의 차이점도 주의할 필요가 있다.

25) 이 실존성은 또 '비현존재적 존재자의 존재'라고도 불린다(SZ437).

(Zeug)만을 의미하는 것은 아니다. 이것은 하이데거의 표현법으로는 "배려적으로 신경 쓰는 것 일반"을 의미한다. 일반적 의미의 도구도 물론 당연히 하나의 도구적 존재자이다. (단, '사물적 존재자'와 '도구적 존재자'는, 예컨대 '현존재'와 '비현존재적 존재자'처럼 근원적 및 영구적으로 격리된 관계가 아니라, 상호변환이 가능하다. 즉 '도구적 존재자'도 그 '도구성'을 잃으면 '사물적 존재자'가 되고, '사물적 존재자'도 그 '도구성'을 얻으면 '도구적 존재자'가 된다고 하이데거는 설명한다. 흥미로운 부분이다. 예컨대 사물적 존재자인 나뭇가지도 다듬어 지팡이로 쓰면 도구적 존재자가 되고, 도구적 존재자인 책상도 다리가 부러져 창고에 처박히면 다시 사물적 존재자가 된다는 식이다.)

이러한 도구적 존재자에게 원천적으로 귀속하는 제반 존재성격, 존재방식, 존재양식, 그리고 단적으로 '존재'(SZ83)가 '도구적 존재'(zu-handensein: 직역하면, 손에 있음), 혹은 '도구적 존재성'(Zuhandenheit)이라고 그는 생각한다. 그리고 이것의 구체적인 내용을 그는 《존재와 시간》에서 해명하고 있다. 단 이것은, 그 해명을 통해 세계라는 것의 구조(즉 세계성)를 명시하기 위한 것이고, 나아가 '세계내존재'라는 현존재의 존재틀을 밝히기 위한 것으로, 그의 중심적 관심사는 물론 아니다.

그러나 아무튼, 도구적 존재자는 '무엇무엇 하기 위한'(um … zu) 수단이 되는 것인데, 이 '무엇무엇 하기 위한'이라고 하는 특성은 여러 가지 도구적 존재자를 연쇄적으로 '지시'하는 역할을 하고 있다. 다시 말해 도구적 존재자는 '지시연쇄'를 이루며 존재하고 있는데, 이 '지시'(Verweisung)라는 구조가 도구적 존재자의 말하자면 '존재'라고 그는 말하기도 한다(SZ83). (예컨대 망치는 못을 지시하고 못은 벽을 지시하고 벽은 거기 걸릴 그림을 지시하고 그림은 그것을 바라볼 사람을 지시하고… 하는 연쇄적 지시가 곧 도구적 존재자의 존재인 것이다.) 그리고 이 지시라고 하는 현상은, 도구적 존재자의 적용면에서, 새로이 '적소성' (Bewandtnis)이라고 해명되는데, 이것이 또한 도구적 존재자의 존재성격 내지 세계 내부적 존재자의 '존재'라고 규정되기도 한다 (SZ84, 87). 관련해서 '유의미성'(Bedeutsamkeit: 무엇을 '하기 위한' (umwillen) 것인가 하는 것)도 지적된다.

이상과 같이, 《존재와 시간》에서는 '존재'라는 것이 일단 논리학적인 추상에 의해 얻어지는 것은 아니라는 것, 그리고 이른바 최고 류 개념도 아니라는 것, 그리고 그것은 존재자와는 근본적으로 다르지만 일단 존재자의 존재로서 다양한 의미를 가질 수 있다는 것, 그리고 그러한 것으로서 실제로 사물적 존재자의 존재, 도구적 존재자의 존재 등을 말하고 있다는 것, 이러한 것들이 우선 눈에 띄는 것이다. 이것도 존재의 일단인 것은 분명하므로, 존재가 무엇인지를 제대로 이해하기 위해, 우리는 이러한 것을 먼저 예비적으로 주의해두지 않으면 안 된다.

2) 현존재의 존재

'존재'는 분명히 이상과 같은 면을 갖고 있다. 그러나 이것들은, 《존재와 시간》에서 하이데거가 생각하는 핵심적인 것은 아니다. 《존재와 시간》을 가장 강력하게 지배하고 있는 '존재'의 개념은, 역시 뭐니 뭐니 해도, '현존재의 존재'(Sein des Daseins)라는 형태의 것이다.

그러면 이 '현존재의 존재'란 어떠한 것인가? 결론부터 말하면 이것은, '현존재 일반에 최근원적으로 아프리오리하게 갖춰져 있는 근본적인 사실들', 그 '존재방식', 그 '존재양식'을 말하는 것이라고 할 수 있다. 왜냐하면, 하이데거는 우선, 현존재가 '존재하고 있는 모든 양태' (alles So-sein: 모든 그러함)가 '제1차적' '존재'(SZ42)라고 설명하고 있기 때문이다. 다시 말해 '현존재가 어떻게 존재하고 있는가' 하는 것, '어떠어떠하다'는 것, '이러이러하다'는 것, 이것이 즉 현존재의 존재인 것이다. 뿐만 아니라 그는 실제로도, 예컨대, '현존재'(SZ12, 14)라고 하는 방식 자체나 현존재가 '자기의 존재 자체에 대해 관계하는 것', '현존재가 그것에 이러이러한 태도를 취하고, 또 항상 어떤 방식으로 태도를 취하고 있다는 것[실존]'(이상 SZ12) 등을 현존재의 '존재'라고 말하고 있다. 단 이러한 현존재의 모양은, 경우에 따라 존재틀, 존재방식, 존재양식, 존재규정, 존재구조, 존재가능, 혹은 특히 실존범주라는 여러 형태로 설명된다. 그러나 이것들이 모두 다 '존재'의 틀이고, 방식이고, 양식이고, 규정이고, 구조인 이상, 이것들 모두를 하이데거가 생각하는 '현존재의 존재'라고 보는 것은 결코 부당하다고 할 수 없다.26) 그런데 하이데거는 이것들을 그저 무질서하게 아무렇게나 늘어놓고 있는 것은 아니다.

그러면 이 '현존재의 존재'는 구체적으로 어떻게 설명되고 있는 것일까? 실은 이것이야말로 《존재와 시간》의 본론부 전체에 걸쳐 설명되고 있는 핵심적, 실질적 내용이다. 따라서 여기에서 그 모든 것을 상세히 논할 수는 없지만, 그 가장 핵심적인 내용을 파악해보는 것은 꼭 필요한 일이다. 바로 이것이 궁극적인 존재이해로 향하는 징검다리가 되기 때문이다.

하이데거는 그러한 근원적인 존재방식으로서의 '현존재의 존재'를 두 개의 차원에서 논하고 있다. 그것이 바로 유명한 '비본래적, 비전체적, 일상적'(Uneigentlichkeit, Alltäglichkeit) 차원과, '본래적, 전체적, 근원적'(Eigentlichkeit, Grundlichkeit) 차원이다. 이것이 《존재와 시간》

---

26) 예컨대, 현존재의 '존재틀'인 '세계-내-존재'도, 세계-내-'존재'(Sein)라고 표현되고 있는 것에 주의해야 한다. 또한, 이 틀이 '현존재의 존재'를 함께 이루고 있다는 취지로 말하고 있는 곳도 있다(vgl. SZ176).

의 근본 골격이기도 하다. 평균적인 일상성에서 출발하여 비본래적,27) 비전체적인 현존재의 존재를 묘사하고 있는 것이 다름 아닌 《존재와 시간》의 제1편이고, 본래적, 전체적, 근원적인 현존재의 존재를 묘사하고 있는 것이 제2편이다.

그런데 이미 주지하는 대로, '일상성' 차원에서 볼 수 있는 현존재의 모양은, '세계-내-존재'(In-der-Welt-Sein), 내지 그 틀의 중심인 '개시성'(Erschlossenheit), 내지 그 틀의 전체성인 '신경씀'(Sorge)이며(vgl. SZ231), '근원성' 차원에서 볼 수 있는 현존재의 모양은, '전체존재'(Ganzsein), '본래적 존재'(Eigentliches Sein), '시간성'(Zeitlichkeit) 내지 '역사성'(Geschichtlichket) 등이다. 이것이 하이데거의 핵심적인 생각 내지 개념들이다. 따라서 이 중요 개념들이야말로 '현존재의 존재'의 내실이라고 할 수 있기 때문에, 이하 이 개념들의 의미를 대강 살펴보기로 한다. (이 논의 과정에서 '물음', '세인-퇴락', '진리', '죽음', '양심-부름', '선구적 결의' … 등도 의미를 갖고 관련된 주요주제로서 등장한다.)

우선, '일상성' 차원에서 하이데거가 제일 먼저 제시하고 있는 현존재의 모양은,

(1) '세계-내-존재'(In-der-Welt-sein)라는 것이다. 그러면 이 '세계내존재'란 어떠한 것인가?

① 먼저, '세계내존재'28)라고 할 때의 그 '내'(In)란 어떠한 의미인가? 하이데거의 설명에 따르면, 그가 의미하고자 하는 '내'는, 예컨대

---

27) 이 '비본래성'은, 그 어감에서부터, 이를테면 '시시한 존재'라든가 '존재의 저차원적 정도' 등 부정적인 것으로 해석되기 쉬운데, 결코 그렇지 않다. 오히려 현존재의 '바쁨, 활기, 이해, 누림' 등 '가장 충실한 구체화에 따라서', 현존재를 '규정'할 수 있다는 적극적인 의미를 갖는다(vgl. SZ43).

28) 이 말 자체는 합성어지만, 그 내실은 어디까지나 하나의 '통일적 현상'(SZ53)임을 그는 강조한다.

'컵 속에 물이 있다'든지 '옷장 안에 옷이 있다'든지 하는 경우처럼 '공간 안에 연장을 갖는 두 개의 존재자의, 이 공간에서 그들이 어떻게 있는가에 관련된 상호 존재관계'를 나타내는 것은 아니다(SZ54). '내'란, 비현존재적 존재자의 성격인 그러한 '범주적'인 것을 말하는 게 아니라, 어디까지나 현존재의 한 존재틀(Seinsverfassung), '실존범주'(Exi-tenzialien)로서, '산다, 거주한다, 머문다'고 하는 것, '익숙해져 있다, 무엇무엇과 친하게 지내고 있다, 어떤 것을 다루고 있다'고 하는 것, '… 깃들어 산다, … 경애한다고 하는 의미에서의 … 보살핀다'고 하는 것과 관련하여, '무엇무엇에 깃들어 산다, 무엇무엇과 친숙하다'고 하는 것을 의미한다(SZ54). 그러니까 '세계내존재'란, 우선은, '현존재'라고 불리는 존재자가 '세계'라고 불리는 다른 존재자와 서로 '병존한다'고 하는 그런 것은 결코 아닌 것이다(ibid). (따라서 이것은 '현존재'와 '세계'와의 '주관-객관'적 도식과도 아무런 관계가 없다(vgl. SZ59).) 요컨대 애당초 불가분리적 친숙관계, 즉 깃들어 있음을 나타내는 것이지 서로 다른 두 존재자의 공간적 병존관계를 내타내는 것은 아니라는 말이다.

② 그러면 현존재가 '그것'에 깃들어 살고 있는 '그것'이란 어떤 것인가? 다시 말해 '세계내존재'라고 했을 때의 그 '세계'(Welt)란 어떤 의미인가?

하이데거에 의하면, 네 가지 의미의 '세계'가 있을 수 있다.

첫째는, '세계의 내부에서 사물적으로 존재가능한 존재자의 전체'라고 하는 '존재적' 개념으로서의 세계이고,

둘째는, 바로 그 '존재자의 존재'라고 하는 '존재론적' 개념으로, '존재자 각각의 다양성을 포괄하는 영역', '가능적인 대상들의 영역'(예컨대, 수학의 '세계')을 의미할 수 있는 그러한 세계이며,

셋째는, '현존재가 실제로 그 안에서 생활하고 있는' 장소인 현사실

적 세계라고 하는 '전 존재론적', '실존적' 개념으로, '공공적인 우리-세계라든가, 우리에게 가장 가까운 [가정적인] 환경세계'라든가를 가리키는 그러한 세계이고,

넷째는, '세계성'이라고 하는 '존재론적, 실존적 개념'으로, '특수한 '세계들'의 그때마다의 구조 전체로 변양할 수 있는' 그러한 세계이다.

하이데거는 이 중 주로 '셋째'의 의미로 '세계'를 이해한다(SZ65). 쉽게 말해 세계란 애당초 우리가 거기 깃들어 사는 삶의 장소를 가리키는 것이다. 집, 직장, 지역사회, 국가 등이 이에 해당할 수 있을 것이다.

바로 이러한 '세계' 안에 앞서 말한 두 가지 존재자가, 즉 비현존재적 존재자와 현존재가 (즉 사물과 사람이) 있다고 하이데거는 보는데, 이 중 전자[비현존재적 존재자]가 존재하는 방식을 '세계 내부적', '세계 귀속적'(SZ65)이라 부르고, 후자[현존재]가 존재하는 양식을 '세계적'(ibid)이라 부른다. 세계에 대해 존재하는 방식 내지 성격이 각각 근본적으로 서로 다른 것이다.

이 중, '세계 내부적 존재자'의 존재양식을 그는 먼저 밝혀나간다. 이것은 앞서, 지시, 적소성, 유의미성 등의 개념을 중심으로 이미 언급했기 때문에, 여기에서는 생략하고, 단지 그 '유의미성'이 결국 세계의 '세계성'을 이룬다고 하는 것만을 주의해두고자 한다.

아무튼, 이러한 의미에서의 '세계' '안에', 현존재는 존재하고 있다.

③ 그러면 그러한 세계 내에 존재한다고 하는 것은 구체적으로 어떠한 것인가? 즉, '세계내존재'라고 할 때의 그 '존재', 즉 '내-존재'(In-sein)란 어떠한 것인가?

이것은 결국, 현존재가 취하고 있는 구체적인 '본질상의 존재양식'을 말하는데(SZ132), 이와 관련된 하이데거의 논의를, 편의상 간단히 정리하자면 대략 다음과 같다.

첫째, 세계 내에 존재하는 그 존재자가 '누구'인가 하는 점에 관련된

'의거한다'(SZ114)는 것, 즉 '세인'(das Man)이라고 하는 존재양식이고,

둘째, 그가 이른바 '개시성'이라고 부르는 존재양식, 즉 '감정성', '이해', '말함'라고 하는 존재양식, 특히 그 '일상적 존재'인 '퇴락'(Verfall)이라고 하는 존재양식이고,

셋째, 세계내존재라고 하는 이 존재틀의 '전체성'이라고 그가 말하는, 이른바 '신경씀'(Sorge)이라고 하는 존재양식이다.

이상의 존재양식들은, 세계내존재인 현존재의 구체적이고 핵심적인 존재모습이라 할 수 있다. 이를 각각 따로따로 살펴보기로 하자.

(단, 첫째인 '세인'에 관련된 것은, 둘째인 '퇴락'이라는 존재방식과 내용상 동일하기 때문에, 즉 퇴락 상태의 현존재가 곧 세인이기 때문에, 이것에 포함시켜 이해해도 지장이 없다. 또한 이것은, 세계 내에 존재하는 그 존재자가 '누구'인가 하는 논의이기도 한데, "현존재의 온갖 존재구조는, 따라서 누구인가 하는 이 물음에 답하는 현상[세인]도, 현존재의 존재의 한 방식이다"(SZ114)라는 그 자신의 말대로, 현존재의 세계내존재의 구체적인 한 존재양태라고 보아야 한다.)

(2) 그러면, '내-존재'의 '중심'(SZ231)이라고 할 수 있는 '개시성'(Erschlossenheit)이란 어떤 것인가?

간단히 말해 이것은, 현존재가 "그 자신 그때마다 자기의 현(Da)이다"(SZ132)라는 것이다. 그렇게 하이데거는 설명한다. 그러나 이게 과연 설명일까? '현'(Da)이라는 독일어를 모르면 이건 아직 설명이 되지 못한다. 일상 독일어에서 '현'(Da)이란 어떤 '열린 장소', '실제로 나타내 있음' '와 있음'을 가리키는 혹은 의미하는 말이다. 그러니까 현존재가 현이라는 말은, 다시 말해 "현존재가 폐쇄되어 있지 않다고 하는 성격"29)(SZ132), "현존재가 자기의 존재이해를 가지고 자기와 세계에 관

---

29) 이는 열려 있다는 것을 나타낸다. 이 때문에, 《프롤레고메나》(*Prolegomena*

62

계하여, 그 결과, 거기에 밝은 장(場)이 개시되어온다고 하는 사태"를 말한다. 즉, 이것에 의해 현존재가, "세계의 거기-있음과 함께 현존재 자신에 있어서도 '실제로 거기에' 존재하고 있다"(SZ132)고 하는 그런 것이다. 다시 말해, '개시성'이란, 현존재가 "자기의 현이라고 하는 그런 방식으로 존재하고 있다"(SZ133)는 것, 즉 "자기 자신에 즉해서 세계내존재로서 밝아져 있다"고 하는 것, 즉 "다른 존재자에 의해 밝혀져 있는 것이 아니라, 자기 자신이 [이미] 밝은 곳이라는 식으로 밝아져 있다"(SZ133)는 그런 것이다. 현존재는, 이러한 '현'이라고 하는 의미에서의 '개시성'을 '처음부터' '지니고 있다'고 하이데거는 지적한다. 현존재는 애당초 자기 자체만으로 존재할 수 없고, 다른 인간과 사물을 포함하는 일체에 대해 근본적으로 열려 그것에 관계하고 있는, 그런 존재구조를 가지고 있다는 말이다. 날카로운 통찰이다.

바로 이러한 '개시성'의 '구성적 양태들'로서, 하이데거는 '감정성'(Befindlichkeit), '이해'(Verstehen), '말함'(Rede)이라는 세 가지를 제시한다. 그리고 그 현의 일상적 존재, 다시 말해 일상성에서의 성격 내지 존재양식으로서 '퇴락'(Verfall)이라는 것을 제시한다.

① 첫 번째, '감정성'(Befindlichkeit)이란, 우선, 일반적으로 말하는 '기분'이라든가 '어떤 기분이 되어 있음'과 같은 것으로(SZ134), "현존재가, 그때그때 이미 항상 기분적으로 규정되어 있다는 것"(ibid)을 말한다.[30] 예컨대, '방해받지 않는 안정된 기분', '저지된 안 좋은 기분', '전자에서 후자로의 변화', '후자에서 전자로의 변화', '기분이 엉망이 되거나 급변하는 일', '종종 지속되는 기복이 없는 무기분' 등도 모두

…)에서는 '개시성'을 '드러나 있음'(Entdecktheit)이라고도 표현한다.

30) 다만, '기분'은 '존재적'(SZ134)인 성격인 데 대해서, '감정성'은 '존재론적'인 명칭이고, 하나의 '실존범주'(SZ134)이고, 또 '실존론적 존재양식'(SZ139)이라고 한다.

다 여기에 귀착하는 것이다. 이러한 기분은, '사람이 어떤 상태이며, 또 어떤 상태가 되는가를 드러내는' 것이라고 그는 주의한다.

바로 이러한 감정성에 있어서, 현존재의 한 특별한 '존재성격'이 개시된다고 하이데거는 지적한다. 그것이 바로 "현존재는 존재하고 있고, 존재하지 않으면 안 된다고 하는 사실", 다시 말해, "자기가 어디에서 유래하여 어디로 귀속하는가 하는 점에서는 가려져 있지만, 자기 자신에 있어서는 … 가려져 있지 않고 열려 있다는 존재성격", 즉 '던져져 있음'(Geworfenheit: 피투성)(SZ135)이다. 이것은 또, 맡겨져 있다고 하는 '현사실성'31)(ibid)이라고 불리기도 한다. 바로 이러한 성격이 '감정성'에 있어서 개시된다고 그는 지적하는 것이다.32) (단, 이 '던져져 있음'이 반드시, 꼭, 필연적으로 감정성 내지 기분에서만 개시되는가 하는 점에 대해서는 논란의 여지가 있을 수도 있다. 하지만 전기의 하이데거가 불안(Angst), 무료(Langeweile) 등 기분(Bestimmung)을 실존이해의 중요한 계기로 삼았던 점을 고려하면, 감정성이 피투성을 개시한다는 그의 이 지적도 납득되는 측면이 없지는 않다.)

② 두 번째, 그가 제시하는 '개시성'은 '이해'(Verstehen)(SZ142)라는 것인데, 이것은 우선, 하나의 '실존범주'(SZ142), '현존재의 존재의 근본양식'(SZ143)으로서, 일반적으로 말하는 '인식의 양식'과는 다른 것이다(ibid).

'이해'란, 무엇보다도 '어떤 것을 관장할 수 있다', '그만큼의 힘이 있다', '어떤 것을 이룰 수 있다'와 같은 의미와 관련해서 이해되고 있다(SZ143). 다만, 무엇을 이룰 수 있는가가 문제인데, 그것은 '대상적인

---

31) 이것은, 사물적 존재자에게 귀속하는 사실성이 아니라, 하나의 '실존론적 규정성', '현존재의 한 존재성격'(SZ135)이라고 그는 강조하며 주의한다.

32) 이 '감정성'의 한 양태로서 그는 또 '두려움'이라고 하는 현상도 다루고 있다.

무언가'가 아니라, '실존하는 것으로서의 존재'(SZ143)라고 하이데거는 지적한다. 다시 말해 '이해'란, 현존재가 "자기 자신에 대해서, 즉 자기의 존재가능에 대해서, 자기가 취해야 할 입장을 알고 있다"는 것(SZ144)이다. 다시 말해 "실존이라는 의미에서의 현존재의 존재와 함께 '존재하고 있는' 그러한 존재가능의 존재"(ibid)인 것이다.

이와 같은, 말하자면 '끊임없이 자기를 존재시켜갈 힘을 가지고 있다는 것' 내지 '끊임없이 가능성을 기획하고 던지고 실현해간다'고 하는 현존재의 존재양식을, '자기의 존재가능으로 개시하는 존재'(SZ221)를, 하이데거는 '기투'(Entwurf)(SZ145)라고 부른다. 기투라는 실존론적 구조를 이해 자체가 가지고 있는 셈이다. 기투는 현존재가 자기의 존재를 정비하기 위해 고안해낸 어떤 계획에 따라 태도를 취하는 것과는 전혀 무관하다. 현존재는, 존재하는 한, 그때마다 이미 자기를 기투하였고, 기투하면서 존재한다. 현존재는, 그가 존재하는 한, 언제나 이미 그리고 언제나 여전히 가능성들에 입각해서 자기를 이해한다. 이 '기투'라는 것은 사르트르가 차용하면서 아주 유명해진 개념인데(프랑스어로는 'projet'), 요컨대 현존재가 자신의 삶을 스스로 만들어나갈 수밖에 없는 그런 존재구조를 애당초 가지고 있다는 말이며, 그 근거에 '이해'라는 개시성의 양태가 있다고 하이데거는 꿰뚫어본 것이다.

그리고 그는 이 '이해'가 '본래적'으로도 '비본래적'으로도 있을 수 있음을 지적하기도 한다(SZ146).

그리고 이 '이해'가 구성하고 있는 [다른 현존재에 대한] '배려적인 봄', [비현존재적 존재자에 대한] '고려적인 봄'과 같은, 현존재의 근본적인 양태로서, '봄'(Sehen)이라고 하는 것이 있음도 지적하고 있다(SZ146).

그리고 이 '이해'가 갖는, 자기를 '완성'시켜 내 것으로 삼는다고 하는 측면을 지적하여, 그것을 '해석'(Auslegung)[33](SZ148, 231)이라고 부르기도 한다. 이른바 '해석'이라는 것이 '이해'의 완성이라는 말이다.

나아가 '해석'에서 '진술'(Aussage)이라는 것이 '파생'되어온다는 것도 지적한다(SZ154ff).

이런 것들이 다 '이해'라는 개시성과 관련된 그의 주요 개념들이다.

③ 세 번째, 이상과 함께 하이데거가 지적하는 현존재의 또 하나의 '개시성'은, '말함'(Rede)[34](SZ160)이라는 것이다. 이것은, '세계내존재의 이해가능성을 유의미화하면서 분절하는 것'(SZ161)으로서, 예컨대, 현존재가 '배려적으로 신경 쓰고 있는 상호공존재'로서, "확약하거나 거절하거나 권고하거나 경고하거나 하는 것으로서, 언명이라든가 상담이라든가 대변으로서, 더욱이 '진술하는' 것으로서, 또 '연설'이라는 형태로 말하는 것으로서, 말하고 있다"(SZ161)는 것이다. 이는 '말함'의 근본조건과 다양한 형태를 알려준다. 그리고 그는 또, 이 '말함' 속에, '듣는 것'과 '침묵하는 것'이 가능성으로서 속해 있다는 흥미로운 지적을 하기도 한다(SZ161, 163ff). 말하자면 특수한 형태다. 우리 인간의 '말함'에 참으로 다양한 형태가 있는 셈이다. 하이데거는 이것을 다 꿰뚫어보고 있다. 이러한 것으로서 '말함'은, '무언가에 관한 말함'(ibid)이라고 하는 성격을 갖는다. 즉 '화제', 다시 말해 말하는 내용이라는 구조계기를 갖는다는 것이다.

그러한 의미에서 '말함'은 '전승'(SZ162)의 성격을 갖기도 한다. 그리고 또한 동시에 '자기를 언표한다'는 성격을 갖기도 한다(ibid). 말함에는 다양한 형태뿐만 아니라 다양한 성격도 있다는 것이다. 바로 이러한 의미에서 그는, '인간은 말하는 동물이다'[zoon logon echon]라는

---

33) 이 '해석'에는, '미리 가짐', '미리 봄', '미리 잡음'(Vor-habe, Vor-sicht Vorgriff)이 있다고 그는 지적한다(vgl. SZ232).

34) 이것도 하나의 '실존범주'(SZ165)이며, '기초적 존재양식'(SZ166)이라고 그는 말한다.

것을 해명하고 있는데(SZ165), 이것은 결국, 인간이 '세계와 현존재 자신을 드러낸다고 하는 방식으로 존재한다'는 말이다. 이래서 말함이 '개시성'이라는 것이다.

바로 이러한 성격을 갖는 "말함이 '밖으로 언표'된 것, 그것이 다름 아닌 '언어'다"라고 하이데거는 말한다(SZ161). 이른바 '언어'의 본질을 그는 '말함'이라고 하는 인간 현존재의 개시성에서 찾고 있는 것이다. 바로 이것이 그의 후기에 (특히, 《언어로의 도상》에서) 본격화되는 언어론 내지 언어철학의 기초가 되는 것이다.

이상의 세 가지, 즉 '감정성', '이해', '말함'이 현존재의 '개시성'을 등근원적으로 이루어 '구성하고' 있다고 하이데거는 지적한다(vgl. SZ 269). '개시성'이란 대체로 이런 것이다.

이상의 논의에 이어 그는, 현존재의 '세계내존재'의 '일상적'인 모습을 제시한다. 그것이 바로 '퇴락'(Verfall)이다. 그리고 그러한 현존재의 '존재양식'(SZ167)이 바로 '세인'(das Man)이다. 우리 인간 자신의 실질적 존재모습과 관련된 것이라 《존재와 시간》에서 가장 유명한 부분의 하나이기도 하다.

그러면 그 '세인'의 특성은 어떤 것이고, '퇴락'의 구체적인 모습은 어떤 것인가?[35] 하이데거의 지적에 따르면, '현존재'의 '세계내존재'는 본질상 '타자'와의 '공존재'(Mitsein)에 의해서 구성되어 있다(SZ120). 따라서 '현존재'는, 그것이 "무릇 존재하고 있는 한, '상호공존재'라고 하는 존재양식을 갖고 있다."(SZ125) 쉽게 말하자면 인간은 애당초 다른 인간들과 더불어 함께 살도록 되어 있다는 말이다. 이러한 존재로서

---

35) 우리가, 이와 같이 '퇴락'을 '감정성', '이해', '말'과 함께, '개시성'의 한 특수한 계기로 다루는 근거는, SZ269을 참조할 것. 거기서 하이데거 자신이, '퇴락'을 이상의 세 가지와 병치하고 있다.

의 현존재에게는, '배려적으로 신경 쓴 세계 속에 몰입하고 있다'는 것, 그리고 그와 동시에 '타자에게 연관된 공존재에 몰입하고 있다'는 것이 있을 수 있는데, 이럴 때, 현존재는, '자기 자신이 아니다'라는 방식을 취하게 된다고 하이데거는 지적한다. 바로 이런 현존재의 모습, 다시 말해 '이 사람도 아니고, 저 사람도 아니고, 몇몇 사람도 아니고, 또, 모든 사람들의 총계도 아니다'와 같은 '중성적인 것'(SZ126)을 그는 '세인'(世人)(ibid)이라고 규정한다. 쉽게 말하자면 우리 인간은 보통 이도 저도 아닌 정체불명의 자기로 세계 내지 다른 인간들에게 관심을 빼앗기며 적당적당 그런 모습으로 살아가고 있다는 것이다. 다시 말해 "일상성에 있어서 '현존재'는, '상호공존재'로서, '타자에게 예속되고', 그 '타자가 현존재에서 존재를 탈취'하여, '타인의 의향'이 현존재의 일상적인 여러 존재가능성을 좌지우지하고 있다"(SZ126)는 것이다. 이때, 타자란 '특정의 타자'도 아니고, '온갖 타자가 그러한 타자를 대표할 수 있는' 그러한 것으로, 그야말로 자기 자신이 본질상 그 '타자'에 귀속되어 있는 것을 '은폐'하기 위한 것이고, 실은 그야말로 '현존재 자체'(SZ126)인 것이다. 이와 같은 '근원적 현상', '실존범주', '현존재의 궁극적 틀에 속해 있는' 것(SZ129), '가장 가까운 존재양식'(SZ130)이, 다름 아닌 '세인'이라는 것이다. '세인'이란 불특정 3인칭 대명사인 'man'[영어의 'one'에 해당]을 의도적으로 명사화시킨, 독일어 사전에도 없는 하이데거표 용어다. 이러한 '세인'의 특징, 즉 '일상적으로 서로 혼입되면서 존재하고 있다고 하는 존재성격'으로서, 그는 '현격성, 평균성, 균등화, 존재면책 및 영합'을 들고 있다(SZ128). 또, 이들의 존재성격 중에 현존재의 '부단성'이, 다시 말해 '부단한 비자립성이나 비본래성이라고 하는 방법으로 존재하고 있다'(ibid)고 하는 것이, 잠재되어 있음을 그는 알려준다. 그는, '현존재'의 '세계내존재'가 그 '일상성'에 있어서는 '세인이라고 하는 존재양식 속에 자기를 유지하고 있다'는 것(SZ167), '현존재'가, '우선은 대개 세인 속에 몰입해 있고, 세인에 의해서 지배되고 있다'는 것, '현존재'가, '던져진 세계내존재'로서 '그 야말로 먼저 세인의 공공성 속으로 던져져 있다'는 것(ibid)을 지적하고 있는 것이다.

단, 이상과 같은 존재양식이, '현존재의 현사실성의 절멸'을 의미하는 것은 아니다(SZ128). 다시 말해 '세인'은, 현존재의 '일상성의 가장 실존적인 주체'이며, '하나의 무[다시 말해 본래적으로 아무것도 아닌 것]는 아니다'라는 것이다(SZ128). 또 이것은 물론 '사물적 존재성'도 아니다(SZ130). 말하자면 정체불명이라고 해서 아예 없는 것은 아니고 아무것도 아닌 것도 아니라는 말이다. 그 특유의 존재성이 있다는 말이다. 그렇게 세상과 사람들 속에 묻혀서 살고 있다는 말이다.

이상과 같은 '일상적 현존재의 자기' 즉 '세인자기'는, '본래적 자기'와 구별된다(SZ129, 130). 세인은 비본래적인 자기인 셈이다.

그런데 이상과 같은 '세인'의 '개시성', 즉 말함, 봄, 해석의 '일상적인 존재양식'을 그는, 각각 '수다', '호기심', '모호성'이라고 지적하여 (SZ167ff, 180), 이 세 개의 성격36)에서 밝혀지는 '일상성의 존재'의 '근본양식'(SZ175)을 '퇴락'(ibid)이라고 규정한다.

단, 이 '퇴락'(Verfall)은, 일상적 현존재에 관한 '도덕적 비판'이나 '문화철학적인 야망'과는 무관하며(SZ167), 어떠한 '소극적 평가'도 아니고(SZ175), '어두운 견해'도 아니고(SZ179), '더 순수한 더 고차원적인 어떤 근원적 상태로부터의 추락'도 아니고(SZ176), 또, '하나의 열악한 한탄스런 존재적 고유성'도 아니고, '무릇 자기의 존재를 상실한' 것도 아니며(SZ176), '인간의 자연적 본성의 퇴폐'도 아니라고(SZ179) 주의한다. 이른바 도덕적 타락과는 구별되는 것이다. 그런 게 아니라,

---

36) 이 세 가지 성격 자체를, 그는 '현존재의 실존론적 규정성', '현존재의 존재' 를 구성하는 것이라고 말한다(SZ175).

'퇴락'이란 어디까지나 '현존재 자신의 한 본질적인 존재론적 구조' (SZ180)이며, '현존재가 그 안에서 자기를 우선 유지하고 있는, 그런 현존재의 가장 가까운 존재양식'(SZ176)이며, '현존재'가 "우선 대개 배려적으로 신경 쓴 '세계' 안에 존재하고 있다"는 것이다(SZ175). 다시 말해, 그것은, "세인의 공공성 속으로 상실되어버렸다"는 것, "본래적인 자기존재할 수 있는 것으로서의 자기 자신에서, 앞서 항상 이미 벗어나서, '세계'로 퇴락해버렸다"는 것, '상호공존재 속으로 몰입되었다'(SZ175)는 것, "'세계'와 세인이라는 형태를 취한 타자의 공존재에 의해서 완전히 마음을 빼앗겼다"(SZ176)는 것, 이러한 것을 의미하는 것이다. 실은 이것이야말로 '현존재'의 '비본래성'이기도 하다(vgl. SZ 175f).

이러한 '퇴락'의 구체적인 모습이 바로 '수다', '호기심', '모호성'에서 드러난다고 하이데거는 지적한다. 이것들은 각각 어떤 것을 말하는가.

① 우선 '수다'(Gerede)는, '말함'이라고 하는 현존재의 '개시성'의 '일상적인 존재양식', 즉 '일상적인 현존재가 이해하고 해석하는 존재양식'을 구성하는 것(SZ167)으로서, 예컨대 '말 옮기기'와 '말 퍼트리기' 속에서 성립하는 것(SZ168)인데, 이러한 것에 있어서는, '무엇이 근원적으로 수렴되고 싸워지고 있는 것인지, 무슨 말이 옮겨지고 있는지' 하는 것을 '전혀 원하지 않고', '필요하지 않고', '평균적으로 이해' 되어, '실로 만사를 이해하고 있는' 듯한 그런 상태다(SZ169). 그렇게 해서 '수다'는, '지반을 상실한'(SZ169) 것이고, '공공성 속으로 파고드는' 것을 '조장'(SZ169)한다. 여기에는, '사상을 선행적으로 내 것이라고 할 때에 좌절하는 위험에 빠져들지 않도록 보호해준다', '진정한 이해라고 하는 과제를 면제한다'(SZ169)고 하는 성격이 있다. 무책임이라는 말이다. 그것은 '말함의 단서가 될 실마리라고 하는 지반으로 거슬

러 올라가는 것을 중지한다'고 하는 '고유성'(ibid)을 갖고 있다. 다시 말해 '수다'에 있어서는, 일상적인 '공공적 피해석성의 지배'(ibid)라는 게 있는 것이다. 결국 '수다'는, '뿌리 없는 현존재의 이해라고 하는 존재양식'이라고 설명된다. 따라서 "수다를 떨고 있는 현존재는, '세계내존재'로서, 세계와의, 공현존재와의, 내존재 자체와의, 제1차적인 근원적인 진정한 존재범주들로부터 단절되어 있다."(SZ170). 하이데거의 설명언어들은 우리에게 좀 낯설 수도 있지만, 자세히 들여다보면 우리가 일상적으로 행하고 있는 '수다'라는 것이 어떤 것인지, 그게 어떤 성격을 갖는 것인지, 놀라울 정도로 날카롭게 들여다보고 있다. 중요한 것은 아무 상관도 없고 아무 책임도 없이 뭐든 다 아는 양 그냥 마구잡이로 재잘재잘 떠들어대는 것이다.

아무튼 이상과 같은 것으로 '수다'는 설명되어 있다. 그리고 한 가지 덧붙이자면, 이상과 같은 것으로 '수다'는 다음과 같은 것을 현존재에게 개시한다. 즉 "세계로 연관되는, 타자에게로 연관되는, 현존재 자체로 연관되는, 이해하고 있는 현존재의 존재"를 개시한다(SZ170). 더욱이 '무엇무엇으로 연관되는 이러한 존재가 지반을 잃고 부동한다'는 그런 양태를 개시하는 것이다(ibid). 세계와 타자와 현존재 자체에 대한 우리의 근본적 연관성과 그것의 경박성을 이 '수다'가 잘 드러내 보여준다는 말이다.

② 그리고 '호기심'(Neugier)은, '봄'이라고 하는 개시성과 관련해서 설명된다. 즉 '호기심'은 "'본다'는 것으로 향하는 일상성의 어떤 특별한 존재경향"(SZ170), "세계를 특유의 방법으로 인지하면서 만나게 되는 경향"(ibid)이라는 것이다.

'호기심'은, '보려고 배려적으로 신경 쓰는' 것(SZ172)이다. 그런데 여기서는 진지함과 심각함 따위는 필요 없다. 그것은 그저 '보기만을 위한' 것이고, '세계로 자기를 넘겨주는 가능성'만이 문제인 것이고,

'새로운 것에서 다시 새로운 것으로 옮겨 다니기 위해서', '새로운 것을 구하는' 것이고, '항상 새로운 것 및 만나게 되는 것이 달라짐에 따른 설렘과 흥분'을 구하는 것이고, '그저 알게 되었다고 하기 위해서', '아는 것을 배려적으로 신경 쓰는' 것이고, '머무는 일' 없이, '기분전환의 부단한 기능성을 배려적으로 신경 쓰는' 것이며, '가장 가까운 것에는 [계속] 머물지 않는 독특한 것'이라고 특징지을 수 있다. 말하자면 뭐 새롭고 흥미롭고 재미있는 게 없나… 하고 끊임없이 여기저기 이것저것 기웃기웃 하는 그런 것이다.

그런 것이기 때문에, '호기심'에 있어서는, '고찰하면서 체류하기 위한 여유'나 '존재자를 찬탄하면서 고찰하는 것, 다시 말해 타우마제인 즉 경이'나 '경이에 의해서 무이해를 깨닫게 되는' 것, '보게 된 것을 이해하는' 것, '보게 된 것으로 연관되는 존재 속으로 파고드는' 것, '포착하는' 것, '알면서 진리 속에서 존재하는' 것 등 정작 중요한 것은 전혀 문제가 되지 않는다(이상 SZ172).

이래서, '호기심'에는 두 개의 구성적인 계기가 있다고, 즉 '배려적으로 신경 쓴 환경세계 속에서 체류하지 않는 것'과 '새로운 가능성들 속으로의 기분전환'이 있다고 그는 설명한다(ibid). 그리고 이 두 개의 계기가, 제3의 성격, 즉 '정처 상실'이라는 것, 즉 '도처에 있으면서 또한 어디에도 있지 않다'는 것[일상적 현존재의 한 새로운 존재양식]을 기초하게 된다고 그는 설명한다(SZ173).

그리고 또, 이 '호기심'은 '수다'와 상관이 있어서, '한쪽 …이 다른 쪽 …을 채간다'고 하는 면도 있다. 예컨대 '소문이 흥미를 끌고, 흥미가 소문을 구한다'는 상태로 양자는 상관하는 것이다.

'호기심'이란, 바로 이런 것이고, 이런 것으로서 그것은 '있는 온갖 것'을 현존재에게 개시한다(SZ177). 그리고 그것은 또한, '내-존재' 자체가 '도처에 존재하고 있으며, 어디에도 존재하지 않는다'는 듯이 그렇게 개시하기도 한다. 우리 인간은 실제로 그렇게 주변 모든 것을 기웃거리며 새롭고 흥미롭고 재미있는 것을 끊임없이 쫓아다니며 이 세계에서 우리의 일상적 삶을 살고 있는 것이다. 질리지도 않는 뉴스 탐색이나 최근의 이른바 SNS 활동도 이 현상의 한 형태로 볼 수 있다.

③ 그리고 '모호성'(Zweideutigkeit)은, '무엇이 진정한 이해 속에서 개시되고 있는 것이고, 무엇이 그렇지 않은 것인지, 이미 결정할 수 없다'는 모습을 가리킨다(SZ173). 이러한 '모호성'은 '세계', '상호공존재', '자기 자신' 등으로 그 대상의 범위를 넓혀간다. 대상과 내용이 무엇이든 정확하고 엄밀한 것은 별 상관없다는 그런 것이다.

이 '모호성'은, 현존재의 근원적인 현상이며, '존재가능으로서의 이해 속에', 즉 '현존재의 제반 가능성을 기투하여 미리 건네주는 양식 속에' 이미 뿌리내리고 있기(SZ173) 때문에, '위장이나 왜곡을 표면화하여 의도하는 것에서 비로소 생기는' 것이 아니고, '개개인의 현존재에 의해서 비로소 소환되는' 것도 아니다(SZ175). '모호성'은 '세계 속에서의 던져진 상호공존재 속에 이미 잠재해 있는' 것이다. 애당초 이런 식으로 존재하고 있다는 것이다. 쉽게 말하자면 모든 것에 대해 대충대충 두루뭉술하다는 것이다.

이러한 '모호성'도 또한, '호기심'이나 '수다'와 관계가 있다. '호기심에, 호기심이 구하고 있는 것을 항상 몰래 건네'고 있고, '수다에, 마치 수다에 있어서 만사가 결정된 듯한 허울을 준다'(SZ174)고 그는 이 관련성을 표현한다.

그러나 이러한 '모호성'은, '공공적으로는' '은폐되어 있다'(SZ175)는 것을 하이데거는 특별히 주의한다. 그렇기 때문에 세인 자신은 결코 이것을 인정하려고 하지 않는다.

그리고 이러한 '모호성'은, '현존재의 이해에 무엇 하나 은폐하지 않는다'(SZ177)고 하는 성격도 갖는다. 그러나 그것은 어디까지나 '세계내존재를 도처에 있으면서 어디에도 없다고 하는 뿌리 없는 상태로 눌러두기 위한' 것이다. 명확하고 진지한 근거 따위는 애당초 아무 상관없는 그런 태도로 우리의 일상적 삶을 살고 있는 그런 존재모습이 모호성인 것이다.

이상과 같은 것이, 즉 수다와 호기심과 모호성이, 재잘재잘 기웃기웃 대충대충이, 바로 '퇴락'이라고 하는 현존재의 '존재양식'을 구성하고 있다고 하이데거는 꿰뚫어본 것이다. 이게 이른바 '일상성'의 여실한 모습이다.

그런데 하이데거는 이상 살펴본 '세계내존재'의 구체적, 개별적인 존재양식을, 다시 말해 그 '구성적인 계기들'을 '전체성'(Ganzheit)이라고 하는 관점에서 포괄적으로 다시 파악한다. 그리고 그 '전체성'이, 다름 아닌 '신경씀'(Sorge)이라고 지적한다. 즉, '세계내존재'에는 '신경 쓴다고 하는 존재'가 각인되어 있는 것이다.

(3) 그러면 '세계내존재'의 '전체성'인, 이 '신경씀'(Sorge)이란 어떤 것인가? 하이데거는 이것을 특별히 '현존재의 존재'(SZ180ff, 특히 192)라는 말로 규정한다. 그 구체적인 내용은 어떠한 것인가?

하이데거는 먼저, 이것이 '근원적으로 통일적인 현상'(SZ181), '하나의 실존론적, 존재론적 근본현상'(SZ196)이고, '그 전체 속에 이미 잠재해 있는' 것이고, '온갖 구조계기를, 각각의 구조상의 가능성에서, 존재론적으로 기초로 하고 있는'(SZ181) 것이며, 현존재의 온갖 현사실적인 '태도'나 '상태'에 실존론적으로, 또 아프리오리하게 '앞서 있는'(SZ193) 것이고, '그런 온갖 것들 속에 항상 잠재해 있는'(SZ193) 것이라고 말한다. 그런 한, 그것은, '이론적 태도에 대한 실천적 태도의 우위'라는 그런 것이 아니라, '요소들의 조합에 의해서는 현상적으로 달성될 수 없는'(SZ181) 것이며, '이제까지 획득된 것을 주워 모아 정리한' 것도 아니며(SZ181), '인간의 어떤 이념으로 연역되어서는 안 되는'(SZ182) 그런 것임을 주의한다. 요컨대 현존재 즉 우리 인간은 애당초 신경 쓰면서 살아가도록 되어 있다는 말이다. 이것은 우리가 실제로 우리의 실존적 삶을 살아보면 살아볼수록 공감하지 않을 수 없는 통찰이다. 우리는 한평생 얼마나 많은 걱정을 하며 신경을 쓰며 살아가고 있는가.

그런 것이기 때문에, '신경씀'은 우선, '의지, 바람, 갈망, 성벽, 행동이라고 하는 현상에서 도출될 수는 없는'(SZ182) 것이며, 오히려 이것들이 다 '신경씀'에 그 근거를 갖고 있다(SZ194ff). 그리고 그렇기 때문에 그것은 단순한 '걱정', '우려'도 아니고(SZ197), 그렇다고 '태평함'도 아닌(SZ192) 것이다. (물론, '걱정', '우려', '염려'도 중요한 양태로서 '신경씀'에 포함된다.)

이렇게 해서 '신경씀'은, 현존재가 "[세계 내부적으로 만나게 되는 존재자] 곁에서의 존재(퇴락)로서, 자기에 앞서(실존성), [세계] 내에서 이미 존재하고 있다(현실존성)는 것"(SZ192, 196)이라고 설명된다. 이 설명은, '신경씀'이, 세 개의 계기, 즉, '실존성', '현사실성', '퇴락'(SZ191)에 의해서 구성된다는 것을 알려준다. '곁에서의 존재'라는 것이 '퇴락'이고, '자기에 앞서 존재한다'는 것이 '실존성'이며, '무엇인가의 속에 이미 존재한다'는 것이 '현사실성'인데, 이 세 개의 계기 중에서 '하나의 근원적 관련이 생생하게 활동하고 있으면서', 이 연관이 구조 전체의 전체성, 즉 '신경씀'을 이루고 있는 것이다(SZ191). 따라서 그는, '신경씀'이, '현사실성과 퇴락에서 분리된 실존성만을 성격으로 하고 있는 것은 결코 아니며, 이들 세 개의 존재규정의 통일을 포괄하고 있다'(SZ193)고 강조한다.[37]

---

37) 덧붙이자면, 하이데거는, '신경씀'에 관한 이러한 견해가 그 자신의 '고안'이 아니라(SZ196), 예컨대 '쿠라(Cura)의 우화'와 같은 '전(前) 존재론적인 증언'이 있다고 말하며, 그것을 예로 들고 있다(vgl. SZ§42). 이 우화는 우리

그런데 하이데거는, 이러한 '신경씀'이 '불안'(Angst)이라고 하는 '근본감정성'(《형이상학이란 무엇인가》에서 말하는 '근본기분')에서 밝혀질 수 있는 것임을 지적한다. 하이데거가 여기서 말하는 '불안'이란 단순한 '공포'가 아니며(SZ185), '불안해하는 것'은 '감정성으로서 세계내존재의 한 방식'이고, '불안'의 '대상'은 '던져진 세계내존재' 자체이며(SZ188, 187, 191), '불안'의 '이유'는 '세계내존재할 수 있음'이라고 그는 설명한다(SZ191). 바로 이 '불안'을 지반으로 하여 '현존재의 구조 전체의 전체성의 존재'가, 예컨대 이 불안의 '단독화'라고 하는 성격이, '현존재를 그 퇴락에서 되돌려, 본래성과 비본래성이라는 현존재의 존재의 두 가능성으로서 현존재에게 나타나게 한다.'(vgl. SZ190f)

(불안의 역할이랄까, 존재론적 의의라고도 평가할 수 있는 이 부분은 후에 《형이상학이란 무엇인가》에서 '무'(Nichts)의 문제와 결합되면서 더욱 심도 있게 본격적으로 전개된다. 이는 하이데거 전기 철학의 중요한 한 테마가 된다. 이 문제는 뒤에서 따로 살펴본다.)

기본적인 줄기만 짚어보았지만, 대략 이상과 같이 하이데거는 '현존재의 존재'를 이해하고 있다. 다만, 이상의 이해는, 어디까지나 '일상성'(Alltäglichkeit)의 차원에서 본 '현존재의 존재'였다. 그렇기 때문에 이상은 아직 '비근원적'인 것이며 충분한 것이라고 할 수는 없다(vgl. SZ233).

따라서 하이데거는, '일상성'에서부터 '비일상성'으로 [즉, 근원성(Grundlichkeit)으로] 시선을 돌린다. 그렇게 해서, 제1편에서 소홀했던 현존재의 '전체존재'와 '본래적 존재'를 밝히고, 나아가 양자의 '가능적인 연관'을 해명함으로써, 현존재의 '근원성'을 획득하고, '현존재의 존

인간이 왜 한평생 걱정을 하며 살아가지 않을 수 없는지를 알려주는 이야기로, 《존재와 시간》 전체에서 가장 흥미롭고 재미있는 부분의 하나이기도 하다.

재의미가 있는 근원적 해석을 위한 현상적으로 충분한 지반'을 확보해 가려고 한다. 물론 궁극적으로는, 이 근원적 해석을 통해서 존재일반의 의미에 대한 물음에 답을 구하려는 것이 그의 의도이다(vgl. SZ231). 그 결과, 현존재의 존재의미는 결국 '시간성'(Zeitlichkeit)으로 밝혀진 다.

그런데 이 '시간성'에 관련된 내용은, '시간' 개념과 관련해서 다시 제대로 고찰할 필요가 있기 때문에, 잠시 뒤로 미루고, 여기에서는 일 단 그 논의의 전개과정만을 간략히 묘사해보기로 한다.

'현존재의 존재를, 그 가능적인 본래성과 전체성에서' 밝히고자 하면 서, 우선 무엇보다 먼저 하이데거가 제시하고 있는 것은, 현존재의 '전 체존재'(Ganzsein)라는 것이다(SZ233).

i) '전체존재'(Ganzsein)란 무엇인가? 우선 '전체'란, '현존재의 처음 부터 끝까지'를 의미한다(SZ233). 즉 출생에서 죽음까지를 통괄하는 것 이다. 이 점에서, '출생과 죽음 사이의 존재'인 '일상성'과 구별된다 (SZ233). 다만 이 '전체존재'는 실존 중인 우리 인간의 입장에서는 아 직 어디까지나 '가능적'(SZ234, 235, 236)인 것으로서, '죽음' 즉 '끝남' 에 의해서 비로소 구성되는(SZ240, 245) 것이다. 다시 말해 현존재는, '죽음으로 끝에 도달하고, 이렇게 해서 이 존재자는 전체존재에 이르 는'(SZ234) 것이다. 즉 현존재에는, '현존재가 그것으로 있을 수 있고, 또, 그것이 될 무엇인가가, 현존재가 존재하고 있는 한, 현존재에서 그 때마다 미완으로 되어 있다'[38](SZ233)는 것, 즉 '부단의 미완결성' (SZ236)이 있고, 이 '미완'에는 '죽음'이라고 하는 '끝'이 '속해' 있어 서, 이것이 '현존재의 그때마다 가능한 전체성을 경계 짓도록 규정하고

---

38) 이 점은, '신경씀'의 '나보다 앞서'라고 하는 구조계기가 이미 말하고 있다고
   그는 설명한다(vgl. SZ236).

있다'(SZ234)는 것이다. 독일식 표현으로 뭔가 어려운 말인 것 같지만, 요컨대 미리 주어진 죽음이 비로소 전체를 가능하게 한다는 말이다. 죽기 전까지는 우리의 실존은 아직 전체가 아닌 셈이다. 당연한 이야기다.

그런데 이 '미완'이 없어지면, 즉 '죽음'에 이르면, 현존재는 이미 '현존재하지 않는' 것이 된다(SZ236). 바로 그렇기 때문에, '현존재를 존재하고 있는 전체로서 존재적으로 경험하고, 그것에 기초하여 현존재를 그 전체존재에서 존재론적으로 규정하는 것은 불가능'함을 그는 지적한다(SZ236). 쉽게 말해 죽어봐야 전체를 알 수 있는데, 죽어버리면 알고 말고도 없으니 죽기 전에 전체를 논하는 것은 불가능하다는 말이다. 전체존재를 알기에는 특유의 곤란함이 있다는 말이다. 또 그는 '타자의 죽음'을 통해서도 그것은 불가능하다고 본다(vgl. SZ§47). 그러나 그는 '죽음' 그 자체의 성격을 밝힘으로써 이 불가능을 해결하려고 한다.

그에 의하면, '죽음'(Tod)이란, 단순히 '생명 있는 것이 세계 밖으로 사라지는 것' 즉 '종언'(Verenden)과는 구별되는 것이다(SZ241). 따라서 '죽음'이 현존재에 어울리게 '존재'하는 것은, '죽음으로 연관되는 실존적인 존재에 있어서일 뿐'(SZ234)이라는 것을 그는 주의한다. 요컨대, '죽음'이라고 하는 '끝남'은, '현존재가 끝에 도달함'을 의미하는 것이다. 그래서 '죽음'은, '현존재가 존재하자마자 현존재가 인수하는 하나의 존재방식'인 것이다(SZ245, vgl. SZ251). 인간은 태어나면서부터 이미 예정된 죽음을 향해 살아간다는 말이다.

이러한 것으로서 '죽음'은, '현존재가 그것으로 태도를 취하고 있는 어떤 것'인 '가장 극단적인 미완'이라는 성격을 갖고, 따라서 '아직 사물적으로 존재하지 않은 것'이 아니고, '최소한도까지 감소된 마지막 미완'도 아니며, 오히려 '하나의 절박함'(Bevorstand)(SZ250)이라고 성격지어진다. 더욱이 '죽음'은, '가장 고유한, 몰교섭적인(= 어찌할 수 없는, 타협할 수 없는), 추월할 수 없는 가능성'이라는 의미에서 '하나의 두드러진 절박함'(SZ250f)이다. 이러한 죽음에 대한 던져짐은 특히 '불안'이라고 하는 감정성에 있어서, 근원적으로 절실하게 드러난다(SZ251)고 하이데거는 지적한다.

그러나 우선 대개는, 즉 '일상성'에 있어서는, '현존재'는 '퇴락'이라는 방식으로, 이것에서 '도피'하고 있다(SZ252, vgl. SZ§51). 다시 말해 '현존재'는, '가장 고유한, 몰교섭적인, 가능성에 직면하여, 거기에서 회피하고, 이처럼 도피하면서 이 가능성을 은폐하고, 세인의 오성적 분별에 맞도록 이 가능성을 해석하고 바꾼다.'(SZ260) 이러한 존재방식을 그는 '죽음에 관련하는 비본래적 존재'(SZ259)라고 규정한다.

그러나 현존재에는 '죽음에 관련하는 본래적인 존재'(SZ260)의 가능성도 있음을 그는 주목한다. 이른바 실존주의적 경향으로 해석될 수 있는 부분이다.

'죽음에 관련하는 본래적 존재'는, '가능성으로 관련하는 비도피적인 비은폐적인 존재라고 하는 의미에서 죽음을 이해하는 것'(SZ260)인데, 이것을 하이데거는 '선구'(Vorlaufen)(SZ262)라고 부른다. '선구'란, '어떤 가능성으로 관련하는 존재'(SZ262)다. 그것은 즉, '가능적인 것에 대한 어떤 접근', '그것의 현실화를 떠오르게 하는 것', 그것을 "이해하면서 접근해감으로써 가능적인 것의 가능성을 오히려 '한층 크게' 하는" 것이다(SZ262). 결국 '선구'란, '죽음'이라고 하는 '가장 고유한 가장 극단적인 존재가능'을 '이해할 수 있는 가능성', 다시 말해 '본래적 실존의 가능성'(SZ263)이다. 쉽게 말하자면 앞으로 있을 죽음을 미리 앞질러 한번 생생하게 생각해보는 것이다. 그게 선구다.

이와 같은 선구에 있어서, 현존재는, '자기의 가장 극단적인 가능성에 관해, 자기를 자기 자신에게 개시'하고, '자기 자신을 이해'한다. 다시 말해 '가장 고유한, 몰교섭적인, 추월할 수 없는, 확실한, 더욱이 그와 같은 것으로서 무규정적인 가능성의 순수한 이해'를 하고(SZ263),

그것을 '그저 자기 자신 쪽에서 인수하지 않으면 안 되'며(SZ263), 그러면서도, '자기를 그때마다 이미 세인에게서 떨어뜨릴 수 있'으며, '현존재를 현존재 자체로 단독화한다.'39)(SZ263) 요컨대, 일상성에서 떨어져 죽게 되어 있다는 자기 자신의 엄정한 진실에 일대일로 맞닥뜨리게 되는 것이다.

바로 이상과 같은 '선구'에, '전체적 현존재를 실존적으로 선구하는 가능성이, 즉 전체적 존재가능으로서 실존하는 가능성이 숨어 있다'(SZ264)고 그는 본다. 다시 말해, '현존재'의 '전체존재'를 이 '선구'에서 드러낼 수 있다고 보는 것이다.

ii) 다음으로, 하이데거가 지적하고 있는, '근원성'의 차원에서 보이는 '현존재의 존재'는 '본래적 존재'(eigentliches Sein)라는 것이다. 이것은 또 어떠한 것인가?

'본래적 존재'(본래성, Eigentlichkeit)는, '비본래성'(Uneigentlichkeit)과 함께, 현존재의 두 '존재양식'(SZ42f) 중의 하나이고, '존재가능'(vgl. 267ff) 중의 하나이다. 이것은 '세인의 어떤 실존적 변양'(SZ267)이기도 하다. 즉 그것은, '비본래성', '일상성'에서 벗어난, 현존재의 특별한 존재모습을 가리킨다. 그것은 '가장 고유한 자기를, 자기 자신에서, 자기의 책임 있는 존재에서, 자기 내에서 행위한다고 하는 것'(SZ295)이다. 말하자면 일상성에 가려 있던 자기의 정체인 셈이다. 이것이 '본래적인 자기존재'라는 것이다.

그런데 이러한 '현존재의 실존의 본래성이라는 근본틀'은 현존재 자체 안에서 개시된다(SZ295)고 그는 말한다. 즉 그것은 현존재 자체의 '결의성'(SZ270, 297, 305 등)이라는 특별한 '개시성'에 있어서 개시된다는 것이다.

---

39) 이것은 키에게고의 영향을 짐작하게 한다.

이 '결의성'(Entschlossenheit)이라는 '개시성'(SZ296f)은, '불안이라는 감정성과, 가장 고유한 책임 있는 존재를 목표로 하는 자기기투로서의 이해와, 묵비로서의 말함에 의해서 구성'되며(SZ297), '가장 고유한 책임 있는 존재40)를 목표로, 묵비한 채로 불안에 대한 준비를 갖추고, 자기를 기투하는 것'(SZ297, 301, 305)이라고 설명된다.

그런데 이 '결의성'은, 실은 '양심(Gewissen)을 가지려고 하는 것'(SZ270, 295 등)에 다름 아니다. 양심을 가지려고 하는 것이란, 즉 '자기존재라고 하는 것을 실존적으로 선택한다'는 것(SZ270)이며, '양심의 부름(Ruf)'에 대응하는 '하나의 가능적인 듣기'로서, '부름의 이해'이다(SZ269f).

그런데 여기에서 그가 말하는 '양심'이란, 일반적으로 말하는 윤리적 양심이 아니라, 존재론적으로 하나의 특별한 의미를 갖는 것이다. 이는 '현존재의 한 근원적 현상'(SZ268)이며, '사물적으로 나타나서, 가끔 사물적으로 존재하는 사실'이 아니라, '단지 현존재라고 하는 존재양식에 있어서만 존재하는' 하나의 '현사실'(SZ269)이다. 말하자면 달갑지 않은 자기의 실존적 진실에 맞닥뜨리고자 하는 내적 자세인 셈이다.

이러한 것으로서의 '양심'은, '무언가를 이해하도록 내비치는' 다시 말해 '개시하는' 작용을 한다. 때문에, 이 점에서 양심은 '부름'(Ruf)이라는 성격을 갖는 것이다. 바로 이 '양심의 부름'이, '가장 고유한 책임 있는 존재로 부른다고 하는 방식으로', '현존재의 가장 고유한 자기존재가능을 목표로', 현존재를 부른다(SZ269).

---

40) 이것은, 현존재가, '누군가에게 빚이 있다'든가 '무언가에 책임이 있다'든가 하는 통속적인 의미에서의 '죄를 범한다'고 하는 것이 아니라, '던져짐의 구조에서도, 또 기투의 구조 속에도' 본질상 숨어 있는 '어쩔 수 없음'(Nichtigkeit)(SZ285), 즉 '자기 자신의 일이면서도 그것이 자기 자신이 되는 것은 아니다'(vgl. SZ284)라고 하는 '현존재의 존재양식'(283), '현존재의 존재'(305f)를 말한다.

말하자면 이러한 양심의 부름에 대한 응답이 '결의성'이다. 이 결의성에 있어서, 현존재는 '비본래성'에서 벗어나, '본래적 존재가능'을 '자기에게 가능케 한다.'(SZ268)

전체성, 죽음, 선구, 본래성, 결의성, 양심, 부름, 책임, 자기, … 《존재와 시간》 후반부를 장식하는 이 개념들은 다분히 이른바 실존주의적 계기에서 발원한 것임을 부인할 수 없다. 키에게고의 영향으로 볼 수 있다. 실존주의와 존재론 혹은 실존주의와 현상학의 묘한 결합인 셈이다. 실존과 존재의 접점을 찾아낸 하이데거의 통찰이 놀랍다.

iii) 이렇게 해서 하이데거는, 현존재의 '본래적인 전체존재가능'(eigentliches Ganzseinkönnen)이라는 것을 제시한다. '본래적인 전체존재가능'이란, 결론적으로 말해, '현존재가 자기를 자기 자신으로 되돌려서 자기 자신에게 당면하게 하는, 현존재의 그런 어떤 존재의 방식'(SZ309)을 일컫는다. 말하자면 일상성에서 몸을 돌려 죽음과 전체라는 본래성에 직면하는 것이다.

하이데거는 이러한 '존재가능'이 단적으로 '선구적 결의성'(vorlaufende Entschlossenheit)(SZ303, 304 등)이라고 말한다. 즉, 선구적으로 결의하는 것이 바로 본래적으로 전체존재할 수 있음이라는 것이다.

이 '선구적 결의성'은, '죽음에 관련하는 본래적 존재'로서의 '선구'와 '양심을 가지려고 하는 것'으로서의 '결의성' '사이'의 가능적인 연관에서 성립되는 것인데, 다만 그것들을 '무리하게', '외면적으로 같이 결합'한 것이 아니라(SZ302), 그것들이 그 근본에 있어서 연관되어 있다고 그는 설명한다. 즉, '결의성'은, '자기의 가장 고유한 실존적인 존재경향 자체 안에서, 선구적 결의성을, 자기의 가장 고유한 본래적 가능성으로서 사전에 제시한다'고 그는 보는 것이다. 다시 말해, '결의성'은 '가장 극단적인 가능성을 목표로' 자기를 기투하자마자, 자기의 본래성 속으로 자기를 가져오는 것이다. 다시 말해, '결의성'은 '죽음으로의 선구에서 비로소, 자기에게 귀속하고 있는 본래적인 확실성을 획득한다.'(SZ302) 요컨대 '결의성'은 죽음으로의 선구로서 비로소 현존재의 근원적인 존재모습이 되고, 동시에 '선구'도 또한 결의성 속에서 함께 증명된다(vgl. SZ309)고 그는 보는 것이다.

아무튼 이러한 '선구적 결의성'에 의해, 현존재의 존재의 '본래성'과 '전체성', 즉 '근원성'을 '볼' 수 있다고 그는 말하는 것이다(SZ310f, vgl. SZ301). 쉽게 말해, 죽음을 앞당겨 진지하게 생각해보면, 인간 자신의 본래적인-전체적인-근원적인 존재의 실상을 알 수 있게 된다는 뜻이다.

iv) 다음으로 하이데거는, '현존재'의 '존재'의 '의미'(Sinn)(SZ17, §65)로서, 혹은 '현존재의 존재'(Sein des Daseins)(SZ17, 404)로서, '시간성'(Zeitlichkeit)을 제시한다. 인간의 존재는 근본적으로 '시간적'이라는 말이다. 이것이 《존재와 시간》 후반부의 최고 중요 개념인 셈이다. 그는, 이 '시간성'이라고 하는 것이, 현존재의 존재인 '신경씀'의 세 계기를 근저에서 통괄하고 있고, 뿐만 아니라, '현존재의 기초적인 구조들 모두'가 '근본적으로 시간적'이며, '시간성의 시숙(時熟, zeitigen)의 양태들'(SZ304)이라고 본다. 따라서 이것이 현존재의 존재를 '가능하게 하는 것'(SZ325), 그런 의미에서의 '의미'(Sinn)라고 보고, 현존재의 일상적, 비본래적인 세계내존재로 되돌아가서, 그것들을 시간성에 준거하여, 보다 근원적인 형태로, 다시 한 번 반복하는 것이다. 그러나 이에 관해서는 뒤에서 따로 상세히 다룰 예정이므로 여기에서는 일단 언급만 하고 미루기로 한다.

v) 마지막으로 하이데거는, 이 '시간성'에 입각하여, '현존재'의 '역사성'(Geschichtlichkeit)이라는 모습을 제시한다. 그의 설명에 따르면, 지금까지의 논의는, 특히 '죽음'은, '현존재의 전체성을 둘러싸고 있는 한쪽의 끝'(SZ373)에 지나지 않았기 때문에, 어디까지나 '일면적'이었

다고 지적한다. 왜냐하면 현존재에는, 현존재의 '또 한쪽의 끝'인 '시작' 즉 '출생'이 있고, 그 출생과 죽음 사이의 존재가 비로소 '전체'를 이루기 때문이다(SZ373). 거기서 하이데거는, '현존재의 존재 속에' '이미 숨어 있는'(SZ374) '출생과 죽음 사이의 현존재의 전개', 즉 '생의 연관'(SZ373)⁴¹⁾에 주목하는 것이다. 그러한 생의 연관, '펼쳐지면서 자기를 펼친다고 하는 종별적인 동성'을 그는, '현존재의 생기(Geschehnis)'(SZ375)라고 부르고, 이것을 다름 아닌 현존재의 '역사성'(SZ375)으로 이해한다.

따라서 '역사성'이란, 애당초 처음부터 '역사적인 것(현존재)의 존재양식'(SZ375), '현존재의 시간적인 존재양식'(SZ19)이고, '실존의 존재양식'(SZ404)이며, 따라서 그것은 '현존재의 존재'에 '속해 있는' 것이다(SZ387). 그리고 바로 이 '역사성'에서 '역사학'이라는 것도 '유래'하는(SZ376) 것이라고 그는 지적한다. 현존재의 존재인 역사성이 이른바 역사와 역사학의 근거가 되는 셈이다.

이상 우리는, '현존재의 존재'에 관한 하이데거의 견해를 다소 길게, 그러나 너무 길지는 않게 압축해서, 그 자신의 의도에 충실한 형태로 살펴보았다. 그것은 이 부분이 뭐니 뭐니 해도 《존재와 시간》의 가장 중요하고 핵심적인 부분을 이루고 있기 때문이다.

이 과정에서 우리는 다음과 같은 것을 분명히 확인할 수 있다. 즉, 《존재와 시간》이 전개하고 있는 '존재'는, 우선 무엇보다도 '현존재의 존재'라는 형태의 것이라는 사실이다. 예컨대, 이미 논의과정에서 제시된 것처럼, '신경씀(존재)'(SZ192)을 비롯해, '존재이해(현존재의 존재규정성)'(SZ12), '실존(존재 자체)'(SZ12), '퇴락(존재양식)'(SZ15 등),

---

41) 이 개념은 역사주의를 강조한 딜타이의 영향으로 추정된다.

84

'세계내존재(현존재의 존재양식)'(SZ44), '그때마다 나의 것(존재규정)'(SZ41), '본래성과 비본래성(현존재의 존재양태)'(SZ43), '평균적 일상성(현존재의 당장의 존재방식, 존재양태)'(SZ43), '내존재(현존재의 한 존재구조)'(SZ54), '배려적 신경씀(현존재의 모양)'(SZ57), '고려적 신경씀', '세인(실존범주)'(SZ129), '감정성', '이해', '말함(실존범주)'(SZ133), '수다', '호기심', '모호성(퇴락의 근본양식)'(SZ133), '개시성', '죽음에 대한 존재(현존재의 존재)'(SZ252), '죽음이라는 결말(존재가능)'(SZ234), '선구(죽음에 관련하는 본래적 존재)'(SZ302), '결의성(현존재의 본래적 존재가능)'(SZ302), '선구적 결의성(현존재의 본래적 전체존재가능)'(SZ303), '시간성(현존재의 존재의미, 또는 존재)'(SZ14, 404), '역사성(현존재 자신의 시간적인 존재양식)'(SZ19, 375) 등등이, 모두 다, 그것이 '존재기구'이든 '존재방식'이든 '존재양식'이든 '존재규정'이든 '존재구조'이든 '존재가능'이든, 또는 '실존범주'이든, 각각 그 나름의 형태로 '현존재의 존재'와 관련되어 있는 것이다. 바로 이러한 것을 통해 우리는, 적어도 '현존재의 존재'라는 것이 '현존재가 애초에 어떠한 자로서 존재하고 있는가 하는 것', '현존재의 근저에 가능적으로 지배되어 있는 근원적이며 본질적인 존재모습'을 의미하고 있다는 것을 확인할 수가 있는 것이다.

아무튼, 이상과 같은 것이 《존재와 시간》에서 이해되고 있는 '존재' 개념의 가장 구체적이고 실질적인 내실을 이루고 있다는 것은 명확하며, 이론(異論)의 여지가 있을 수 없다.

3) 보완적인 것들

그러나 《존재와 시간》이 알려주는 '존재' 개념은, '현존재의 존재'로 다가 아니다. 주의해서 보면, 우리는 《존재와 시간》에서, '존재'에 관련된 몇 가지의 보완적인 시사를 더 찾을 수가 있다.

(1) 그중 하나는, '존재'란 것이, '현존재(Dasein)에 있어서', '오직 현존재에 있어서만 제시될 수 있는 무언가'라는 사실이다.

하이데거는, '우리는 그때마다 이미 어떤 존재이해 속에서 살고 있다'(SZ4)는 것을 주목한다. 비록 개념적으로 확정되지는 않았지만, "존재란 무엇인가라고 우리가 물을 때, 이미 우리는 이 '이다'에 대해 어떤 이해를 갖고 있다."(SZ5) 그는 이것을 '평균적인 막연한 존재이해'라고 부른다. 바로 이 '현사실'(Faktizität: 인간 현존재에 관한 사실)에서 현존재의 존재이해가 시작될 수 있다. '자기의 존재와 함께, 또 자기의 존재를 통하여, 이 존재가 자기 자신에게 개시되어 있다'는 것이 '현존재에게 고유한 것'이라는 사실이 중요한 것이다. 그리고 무엇보다도, 이 성격을 근거로 해서, 논의가 처음부터 현존재에 정위되었고, 또 '현존재'라는 명칭 그 자체도 그것이 존재 개시의 장인 '현'(Da)이라고 하는 성격에서 채택되었다. 또, 현존재의 개시성이, 실은 진리존재에 다름 아니라는 것도 인간이 존재이해의 '장'(場, Da)이라는 것과 무관하지 않다(vgl. 이하의 (3)).

그리고 무엇보다도, "존재는 오직 '의식 내'에만 있기 때문에,42) 다시 말해, 오직 현존재에 있어서만 이해될 수 있기 때문에, 현존재는, 의존하지 않는다든지, '그것 자체'라든지, 실존성이라든지 하는 존재성격도 이해할 수 있고, 개념화될 수 있다"(SZ207f)는 말이 이것을 확인해준다. 그리고 "존재는, 존재이해라고 하는 것이 그 존재에 속하고 있는 존재자[현존재]의 이해 속에서만 '존재하고 있다'"(SZ183)는 말도 이것을 확인해준다. 현존재가 존재(Sein)이해를 위한 결정적인 장(場, Da)이라는 말이다. 바로 이것이 그가 인간을 굳이 '현존재'(Dasein)라고 부

---

42) 이러한 '의식'의 강조는 명백히 후설 현상학의 영향이다. 후기 철학에서는 이러한 면모가 종적을 감춘다.

르는 까닭이기도 하다.

(2) 그리고 또 하나는, '존재'란 것이 '현상'(Phänomenon)으로서의 '존재'라는 것, 즉, '존재'는 '현상'이라는 성격을 갖는다는 사실이다.

이미 살펴본 대로, 《존재와 시간》의 제7절에서 하이데거는, '현상학적 의미에서의 현상'은 항상 '존재다'라는 것을 명백하게 선언하고 있다(SZ37). 또 "현상의 현상학적 개념은, 자기를 제시하는 것으로서, 존재자의 존재, 이 존재의 의미, 이 존재의 인식양식과 파생태들을 가리킨다"(SZ35)라고도 말하고 있다.

그러면 '현상'(Phänomenon)이란 어떠한 것인가? 이미 살펴본 대로 그는 이것을, 그리스어의 어원까지 거슬러 올라가 이해한다. 즉 현상이란, '자기를 나타내는 것'(das, was sich zeigt), '자기현시하는 것'(das Sichzeigende), '드러난 것'(das Offenbare)이라고 설명되며, '자기를 자기 자신에 즉해서 나타내는 것', '백일하에 있는 것'이라고 하는 의미가 확보되지 않으면 안 된다고 말한다. 따라서 그리스어의 파이노메나(phainomena)는 '백일하에 있는 것 내지는 밝은 곳에 내놓을 수 있는 것의 총체'로서, 그리스인들이 타 온타(ta onta: 존재자)와 동일시한 것이라고 그는 밝힌다.

이와 같은 것으로서 '현상'은, '가상'(Schein), '겉보기'(Erscheinung), '단순한 겉보기'(bloße Erscheinung)와는 구별되는 것이다. 그러나 모든 겉보기는 확실히 현상에 의거하고 있다. 현상이란, '어떤 것이 만나질 때의 어떤 두드러진 양식'을 의미하는 것이다. 그렇게 보이기만 하는 가짜가 아니라, 자기 스스로를 나타내는 진정한 내용이 있어야 비로소 현상인 셈이다.

그런데 하이데거는, 이 현상 개념을 세 개의 차원으로 구별한다(SZ31). 이 역시 앞에서 살펴보았지만, 확인 삼아 다시 한 번 정리한다.

첫째, '어떠한 존재자를 현상이라고 볼 수 있는가'가 규정되지 않은 경우, 또 '자기를 알리는 것이, 그때마다 하나의 존재자인지, 아니면 존재자의 한 존재성격인지'가 애초에 미해결인 경우, 그 현상은 단지 '형식적인 현상 개념'이다.

둘째, 자기를 나타내는 것이, 예컨대 칸트적 의미에서의 '경험적 직시를 통해 접근할 수 있는 존재자'라고 해석될 경우, 그 현상은 '통속적인 현상 개념'이다.

셋째, 자기를 나타내는 것이, '존재자의 존재'인 경우, 그것이 명백한 의미에서의 '현상'이고, 그것이 바로 '현상학적인 현상 개념'이다. 이러한 현상학적 현상으로서의 '존재'는, "'나타나지 않는' 어떤 것이 그 '배후'에 계속 대기하고 있는 그런 것은 [⋯] 아닌"(SZ36) 것이다.

그런데 이 존재라고 하는 현상에는 '은폐'가 있을 수 있다고 그는 주의한다. 앞서도 말했지만, 이 은폐에는 일반적으로 세 개의 양식이 있는데, '은닉'과 '매몰'과 '위장'이 그것이라고 그는 설명한다. 완전히 미발견이라고 하는 형태로 숨겨져 있는 것이 '은닉'이고, 이전에 한 번 알려졌지만 숨어버린 것이 '매몰'이고, 전면적으로 은폐하지 않고 일부가 가상의 형태로 나타나 있는 것이 '위장'이다. 이 경우가 특히 속기 쉽고 위험하다. 그런데 은폐가 이 셋 중 어느 것으로 이해되든, 은폐 자체에는 '이중의 가능성'이 있다고 그는 지적한다. '우연적 은폐'와 '필연적 은폐'가 그것이다. 특히 필연적 은폐는, 노정된 것의 존립양식 중에 이것에 대한 필연적 경향이 있다고 그는 보고 있다(이상 SZ§7).

하여간 '존재'는, 이와 같은 성격을 갖는 '현상'으로서 이해되고 있기도 하다.

(3) 그리고 또 하나는, '존재'가 '진리'(Wahrheit)의 성격을 갖는다는 사실이다.

하이데거는, "존재는 사실상 진리와 '제휴하고 있다'"(SZ213)고 단언하고, 이것을 제44절에서 상세히 논하고 있다. 그는 '진리'가, '문제'

즉 '자기 자신을 나타내는 것', 따라서 '현상', 따라서 '존재'와 같은 것을 의미한다고 이해한다(SZ213). 그의 유명한 그리고 독특한 진리론이 여기서 전개되는 것이다.

그러면 '진리'란 무엇인가? 이 또한 이미 앞에서 대략적인 것을 언급했지만, 좀 더 자세히 살펴보기로 하자.

그는 우선, 전통적인 진리파악을 검토에 부친다. 그에 따르면, 전통적인 진리파악은 세 개의 테제로 정리된다. 즉 ① '진리의 소재는 진술(내지 판단)이다'라는 것, ② '진리의 본질은 판단과 그 대상의 일치에 있다'라는 것, ③ '이상의 둘이 아리스토텔레스에게서 기인한다'라는 것, 이 세 가지다.

그의 설명에 따르면, '마음의 체험들, 즉 노에마타(표상들)는 사물에 대한 동화이다'라는 아리스토텔레스의 말이, '지성과 사물의 일치'라는 훗날의 진리의 본질규정의 형식화를 촉구하게 되었는데, 그러나 이 말은 '결코 표면적인 진리의 본질규정으로서 제출된 것은 아니다'라는 것이다. 뿐만 아니라, '진리의 소재(있는 곳)는 판단이다'라는 것도 '아리스토텔레스는 결코 그것을 옹호하지 않았'고, 따라서 아리스토텔레스를 끌어들이는 것은 '부당하다'고 하여, 세 번째 테제는 배제된다. (그러나 아무튼, 이러한 오해 때문에 전통적인 진리관은 이사크 이스라엘리스, 아비켄나, 토마스 아퀴나스를 거쳐 칸트에게까지 이르렀다고 그는 보고 있다. 전통적 진리론을 그는 이렇게 이해, 평가하고 있는 것이다.)

또, '일치론'의 검토에 있어서 하이데거는, 일치라고 하는 관계의 기초, 그 관계 전체 속에 표면화되지 않고 함께 정립되어 있는 것, 그것들의 존재론적 성격 등을 시야에 넣어두려고 한다. 즉, "진리구조를 해명하기 위해서는 … 관계 전체 그 자체를 지탱하고 있는 존재관계로 거슬러 올라가 묻지 않으면 안 된다"는 것이다. 이러한 관점에서 그는, 일반적으로 행해지는 '실존적인 판단수행'과 '개념적인 판단내실'의 분리를 '애당초 … 부당한' 것이라고 한다. "일치의 존재양식에 대한 물음에서는, 판단수행과 판단내실의 분리로 거슬러 올라가 보아도, 논구는 진전하지 않는다"는 것이다. 이렇게 해서 그는, '인식작용 그 자체의 존재양식의 해명'과 '인식을 성격으로 삼는 진리의 현상'을 살펴보는 일이 필요하다고 한다. 이렇게 해서 그는, '인식작용 그 자체에 있어서 진리가 현상적으로 표면화되는 것은 어떤 때인가'를 묻는데, 결국 이것이 그 자신의 진리론 전개의 출발점이 된다. 이러한 입장에서, 진리를 '노정하고 있는-존재'(entdeckend-sein)라고 풀이하는 하이데거의 독특한 진리론이 도출되며, 또, 이러한 결론에서 '일치설'도 배제된다. "그렇기 때문에 진리는, 한쪽의 존재자(주관)가 다른 쪽의 존재자(객관)에게 동화된다고 하는 의미에서의, 인식작용과 대상 사이의 일치라고 하는 구조를, 전혀 가지고 있지 않은 것이다."(SZ§44) 이러한 생각에서는 "존재와 사유는 동일한 것이다"라고 한 파르메니데스와 '의식의 지향성'을 강조한 후설의 영향이 농후하게 드러난다.

또 그는, '진리의 소재는 진술이다'라는 테제에 대해서도, "그것은 그 내용상, 진리의 구조를 잘못보고 있다"고 배제하면서, 결론적으로 이렇게 말한다. 즉, "진술이 제1차적인 진리의 '소재'가 아니라, 역으로, … 최근원적인 진리야말로 진술의 '소재'이다"라는 것이다. 이와 같은 역전은, 그의 독자적인 진리관에 의해서 비로소, 그리고 필연적으로 결과되는 것이다. 그러면 그 자신의 진리론이란 어떠한 것인가?

앞서도 언급했듯이 그는, '인식작용 그 자체에 있어서 진리가 현상적으로 표면화되는 것은 어떤 때인가'를 물었다. 그것에 대해 그는, '그것은 인식작용이 자기를 진정한 인식으로서 증시할 때이다'라고 답한다. 그러니까, 이 '자기증시'가 '인식작용에 대해서 그 진리를 보증한다'는 것이다. 바로 이러한 '인식작용의 자기증시'를 그는, '노정하고 있는-존재'라고 규정한다. 다시 말해, '진술(인식)이 참이다(wahr)'라는 것은,

그것이 존재자를 그것 자체에 즉해서 노정하고 있다는 것을 의미한다는 것이다. 이 '노정하고 있는-존재'로서의 '참이다'라는 것은, 또한 그에 따르면, 존재자를 '진술하는 것'이고, '제시하는 것'이며, '보게 하는 것'이다. 이러한 생각이 그의 진리관의 근간을 이루고, 그것이 결국, '진리존재(참이라는 것)는 노정하고 있는-존재를 의미한다'라는 정의로 귀결되는 것이다.

그런데 진리를 이처럼 이해하는 것은 '전통을 뒤흔들어 털어내는 것'이 아니라, 그것이 '고대철학의 가장 오래된 전통이 근원적으로 예감하고, 전(前) 현상학적으로 이해하고 있었던 것의 필연적인 해석을 포함하고 있다'는 점에서, 오히려 전통을 근원적으로 자기 것으로 삼는 것이 된다. 예컨대, 그는, '아포판시스로서의 로고스의 진리존재가 아포파이네스타이의 방법에서의 알레테우에인이라는 것'이나, '아리스토텔레스가 말하는 알레테이아가 자기를 나타내는 문제 그 자체를 의미한다는 것'이나, '헤라클레이토스에게 있어서 드러나 있음(비은폐성)이라는 의미에서의 진리현상이 보인다는 것' 등을 그 증거로서 제시한다. 요컨대 그의 진리론은 그 자신의 임의에 의한 것이 아니라, 전통 속에 이미 있는 것을 근거로 한다는 말이다. 그가 초창기의 그리스 철학을 중시하는 이유이기도 하다.

그런데 이러한 '노정하고 있는-존재로서의 진리'에는, 노정된 것(드러나 있음)이 대응하고 있다는 것을 잊어서는 안 된다. 애초에 '노정하고 있는-존재'로서의 진술은, '존재자 자신'의 '노정된 것'을 노정하고 있는 것이다. 이것을 그는, '피노정성, 노정되어 있는-존재'(Entdecktheit, entdeckt-sein)라고 부른다. 확증하는 것은, 이러한 '존재자의 자기현시'43)를 근거로 하여 수행되는 것이다. 쉽게 말해 무엇무엇이 있다,

---

43) 후기에 있어서는, 이것이 더욱 깊이 추구된다. 그 내용은 이 책의 제2부를 참조할 것.

어떠어떠하다, 이러이러하다라는 것은 존재자 자체의 있음과 그러그러함을 근거로 그렇다고 알 수 있고 그렇다고 말할 수 있다는 것이다. 그렇게 '드러나 있음'과 '드러내고 있음'은 애당초 짝을 이루고 있다는 말이다.

그런데 또, '노정하고 있는-존재'와 '노정되어 있는-존재' 양쪽 모두를 '진리'(Wahrheit)라고 규정한다는 사실을 우리는 주의하지 않으면 안 된다. 단, 그는 전자, 즉 '노정하고 있는-존재'를 '제1차적인 의미에서의 진리'라고 말하고, 후자, 즉 '노정되어 있는-존재'를 '제2차적인 의미에서의 진리'라고 말해 구별한다.

그런데 그는, 이 제1차적인 의미에서의 진리 그 자체를 가능하게 하는 것—즉, 노정하는 것의 실존론적, 존재론적 기초—를 주목하여, 이것을, '최근원적 진리현상'이라고 따로 지칭한다. 그리고 이 최근원적 진리현상이란, 실은 앞서 말한, 현존재의 '개시성'(Erschlossenheit: 열어 보임, 드러냄)에 다름 아니라고 말한다. "현존재가 본질상 그 개시성인 한, 현존재는, 본질상 '참'이다"라는 것이다. 이런 의미에서, "현존재는 진리 안에 존재하고 있다"고 그는 말한다. 그리고 이 개시성이 본래적 개시성으로서, 특히 현존재의 가장 고유한 본래적 존재를 드러낼 때는, 그것은 특히 '실존의 진리'라고 부르게 된다. 인간이 자기 스스로 자기의 모습을 드러내는 것이 실존의 진리인 것이다.

그런데 그는 또, 이상과 같은 '진리 안에 존재하고 있는 것'과 등근원적으로 '현존재는 비진리 안에 존재하고 있다'는 것도 지적하고 있다. 반대되는 양면이 동시에 함께 있다는 말이다. 그 근거는, '현존재의 존재틀에 퇴락이 속하고 있다'는 것, 다시 말해 "현존재는, 우선 대개 자기의 '세계'에 빠져 있다"는 것, 그때, '드러나고 개시된 것은 수다, 호기심, 모호성에 의해서 위장되고 폐쇄된 양태를 띤다'는 것 등이다. 이러한 것이기 때문에, 즉 현존재는 본질상 퇴락하고 있는 것이기 때문에, "현존재는 … 비진리 안에 존재하고 있다"고 그는 지적하는 것이다. 이른바 퇴락이, 세인이, 수다-호기심-모호성이, 이른바 비진리의 근거가 된다는 말이다. 다시 말해 존재의 진상에서 멀어지게 한다는 것이다.

아무튼, 이상과 같은 입장에서 보면, 왜 우리가 진리를 잃을 수 없는가, '진리를 전제로 할 수밖에 없는가' 하는 것도 이해할 수 있게 된다. 그것은, 최근원적인 진리가, 우리가 존재하는 한, 필연적으로 작동하는 개시성이기 때문이다. 그에게 있어서, 그것 없이는 현존재가 현존재일 수 없는 필요조건, 다시 말해 자기에게 앞서 존재하지 않을 수 없다고 하는 존재모습이, 애초에 근원적인 '전제' 현상인 것이다. 그러니까, 드러내는 개시성은, 그것 없이는 거의 자기나 존재자가 노출되지 않을 수 없는 근원적 존재, 존재자끼리의 전제관계의 이해를 가능하게 하는 '온갖 전제의 전제'라고 그는 생각하는 것이다(이상 SZ§44). 이것도 쉽게 말하자면, 애당초 그러함이, 그렇게 되도록 되어 있음이 최근원적인 진리의 전제라는 말이다.

아무튼, 이상과 같은 '진리'로서도 '존재'는 이해되고 있다.

(4) 그 다음, 하나 더 지적해두고 싶은 것은, '존재'가 '문제적'(fragwürdig)인 무언가라는 사실이다.

이 점은, 애당초 '존재'가 《존재와 시간》에 있어서 '물어지는 것'(das Gefragte)(SZ5)이고, 이 물음이 '결코 임의적인 물음이 아니다'(SZ2)라는 것에 의해 이미 시사되고 있다. 또 하이데거는, '플라톤과 아리스토텔레스가 이 문제를 숨 쉴 틈도 없이 연구했다'는 것과, '옛날에는 사유의 최대 노력 속에서 … 현상으로부터 쟁취한 것', '은폐된 것으로서 고대의 철학적 정신을 불안 속으로 몰아가, 계속 불안케 한 것'(SZ2), 즉 '존재'라는 것을 이야기하는데, 그것은 어째서인가? 단적으로 말해, 존재라고 하는 문제 그 자체가 '문제적'인 것이기 때문이다.

그가 존재문제를 탐구하는 '현상학적' 방법을 설명하면서, '역사적으로 전승된 이런저런 존재론이나, 이런 류의 다양한 시도' 대신에, '특정한 물음을 묻지 않을 수 없는 사태적 필연성과 문제 자체로부터의 요구'(SZ27)를 강조하는 것이나, '모든 허공에 뜬 구성, 우연적인 발견', '외견상 증시된 듯이 보이는 것에 불과한 개념의 답습', '종종 몇 세대를 통해서, 문제로서 과시되는 보이기 위한 물음', 그런 것 대신에, '문제 그 자체로!'(Zu den Sachen selbst!)(SZ27)를 표어로 내건 것도, 결국은 존재라고 하는 이 문제 그 자체가 그야말로 '문제적'인 필연성을 가진다는 사실의 강조에 다름 아닌 것이다.

그리고 무엇보다도, "존재물음을 반복할 필요가 있다고 한 동기는, 우선 이 물음의 유래가 우러를 만한 것이다"(SZ8), 그리고 이 물음이 "가장 원리적인 동시에 가장 구체적인 물음이다"(SZ9)라는 그의 언급이 이 사실을 명확하게 말해주고 있다.

더욱이, '퇴락'이나 '은폐' 등은 이 문제성을 더욱 심화시키는 것이라고 말할 수도 있다. 진정한 문제를 문제로 인식하지 못하고 문제 삼지도 않는다고 하는 문제가 그 물음을 더욱 촉진시킨다는 말이다.

(5) 그 다음, 또 하나 중요한, 어떤 의미에서는 가장 결정적인 것이 지적되지 않으면 안 된다. 그것은, '존재'가 '시간'(Zeit)이라는 지평(Horizont) 위에서 제시될 수 있는 그 무언가라는 사실이다.

실제로 하이데거는, "모든 존재이해 일반을 가능하게 하는 지평으로서의 시간을 해석하는 것이 이 논술의 당면한 목표"(SZ1)라는 것을 《존재와 시간》의 서두에서 명확히 선언하고 있다. "존재는 시간을 기초로 해서 개념 파악되어야 하며, 또 존재의 다양한 양태나 파생태도 그것들의 변양이나 파생에 있어서는, 사실, 시간에 주목함으로써 이해 가능하게 된다"(SZ18)는 것이 그의 기본적인 착상인 것이다.

단, 이 말의 의미는, '존재 자체'가 '시간 안에 존재하는 한 존재자'

라는 것이 아니다. 그런 것이 아니라, 그것이 그 '시간적 성격'에서 간
파된다(SZ18)는 것이다. 다시 말해, '존재'는 '시간적'(zeitlich)인 것이
라는 말이다. 다만 '시간적'이란, 그에 따르면, 그저 '시간 안에 존재하
고 있다'는 것을 의미하는 것은 아니다(SZ18). 그런데 이 술어는 일반
적으로 '시간 안에 존재하고 있다'는 의미로만 사용되기 때문에, 그 대
신에 '존재시간적'(temporal)[44]이라는 다른 표현을 채택하여, 이것을
'시간에 따른 존재와 그 제반 성격, 제반 양태의 근원적인 의미규정성'
으로 사용한다(SZ19). 그러면 이 '존재시간적'이란 도대체 어떠한 것인
가? 이 점에 관한 구체적인 논구는, 이미 언급한 대로, '실종'되어버렸
다. 단, 이 논구를 위한 '지반'은 《존재와 시간》에서 준비되어 있다고
말할 수 있다. 그것을 포함한 '시간'의 문제를 지금부터 본격적으로 살
펴보기로 하자.

3-4. '시간'의 개념

《존재와 시간》에서 '시간'(Zeit)은 어떻게 해석되고 있는가? 크나큰
주제이다. 이 또한 철학의 영원한 관심사에 속한다.

당초 하이데거가 존재문제를 그 주제로 하는 그의 주저에 '존재와 시
간'이라는 제목을 붙인 데는 하나의 명백한 이유가 있었다. 그것은, 앞
절에서 말한 대로, '시간'이라는 것이 '모든 존재이해의 가능적 지평'
(SZ1, 17)이기 때문이고, '애당초 현존재가 거기에서 존재라는 것을 암
암리에 이해하는 바의 것'(SZ17)이기 때문이다. 그러면, 시간은 어떤
점에서 존재이해의 지평이 되는가? 이 점에 관한 본격적인 규명은 물

---

44) 어색한 표현이지만 '시간적'(zeitlich)이라는 것과 구별할 마땅한 번역어가 없
    어 일단 이렇게 번역한다. 'zeitlich'는 현존재 즉 인간의 시간적 성격을 가리
    키고, 'temporal'은 존재 자체의 시간적 성격을 가리킨다.

론 '유보'되었지만, 그 기본적인 착상의 근거는 암시되어 있다. 즉 그것은, '시간'이라는 것이, "옛날부터 존재자의 여러 영역을 소박하게 구별하는 존재론적인 표식, 내지는 … 존재적인 표식으로서의 기능을 다하고 있다"(SZ18)는 점과 관련되어 있다. 예컨대 일반적으로 존재자를, '시간적'인 것(자연의 경과나 역사의 사건)과 '비시간적'인 것(공간적 관계나 수량적 관계)과 '무시간적'인 것(영원한 것)으로 구별함에 있어서, 비록 '애매'하긴 하지만, '시간'이 '시간 안에 존재하고 있다'라는 의미에서, 존재영역들을 구별하는 표식으로서의 기능을 수행하고 있는 것이다(SZ18). 단, 하이데거는 이러한 구별에서 보이는 시간의 기능이, 근본적으로 탐구되지 않은 채, "자연히 그러한 '자명한' 존재론적 기능 속으로 빠져들어갔고, 오늘날까지 그러한 기능을 계속하고 있다"(SZ 18)고 지적하며, 그렇기 때문에, '존재의 존재시간성'을 명확히 함으로써 존재 그 자체를 해석하려고 의도한 것이다. 다시 말해 "어떻게 해서 시간은 이러한 두드러진 존재론적 기능을 하게 되는지, 더욱이, 어떠한 권리를 가지고, [···] 시간이라는 것이, 그러한 표식으로서의 기능을 하는 것인지, 그리고 과연, 시간의 이런 소박한 존재론적 용법 속에, 시간의 본래적인 가능적인 존재론적 중요성이 표현되고 있는지 어떤지"(SZ18)를 그는 묻고, 근본적으로 탐구하고자 한 것이다. 그런데 이 과제의 수행은 이미 말한 대로 '실종'되어버렸다.

그렇다면, 《존재와 시간》에 있어서는 '시간'에 관한 의미 있는 성과가 전혀 없는 것인가? 그렇지는 않다. '존재'와 관련해서 '현존재의 존재'가 중점적으로 논의된 것처럼, '시간'에 관해서는 '현존재의 존재의 미'인 '시간성'이 그 풍부한 내실을 전개하고 있다. 그에 따르면, 이 '시간성'이야말로 '근원적인 시간'(SZ329)이고, 이것으로부터 '통속적인 시간 개념'도 '파생'되어 나온다(SZ426). 그런 이상, 이 '시간성'을 해명해봄으로써, 우리는 '시간'에 관한 그의 견해를 어느 정도 읽어낼 수가 있다.

단, 이 논의가 전개되어 나오는 배경에 대해서는 앞 절에서 이미 살펴보았으므로, 여기에서는 '시간성'을, '세계 시간 내지 시간 내부성' 및 '통속적 시간 개념으로서의 지금-시간'이라는 것과 대비해보며, 주요한 기본사항별로 정리해보기로 한다.

1) 현존재의 시간성

그러면 먼저, '시간성'(Zeitlichkeit)이란 무엇인가?

(1) 결론부터 말하면, 그것은, '이미 존재하면서 현성화하는 도래'(ge-wesend-gegenwärtigende Zukunft)라고 하는 '통일적인 현상'(SZ326)을 말한다. 응? 이게 도대체 무슨 소린가? 엄청 유명한 부분이긴 한데, 이 말만으로는 도대체 무슨 소린지 보통 사람으로서는 도무지 알 수가 없다. 이 통일적 현상은, '도래'(Zukunft), '기재'(既在, Gewesenheit: 이미 있음), '현성화'(Gegenwärtigung)라는 세 개의 계기로 이루어져 있다. 이 세 개의 계기가 '시간성'의 기본적인 구조를 이루므로, 이들의 의미를 정확하게 이해해두지 않으면 안 된다. 이것들은 각각 미래, 과거, 현재라는 말이지만, 일반적으로 이해되는 미래, 과거, 현재와는 상당히 다른 독특한 의미로 설명된다.

i) 먼저 '도래'(Zukunft)란 무엇인가? 그것은, '아직 현실적이지는 않지만, 이윽고 언젠가는 존재하게 될 그런 지금'을 말하는 것은 아니다 (SZ325). 그게 아니라, '현존재가 자기의 가장 고유의 존재가능에 있어서 자기로 도래할 때의 그것에 이름[거기로 다다름]', '현존재가 존재하고 있는 것으로서 애당초 이미 항상 자기에게 도래하고 있다'는 것, 자기의 '가능성을 견지하며, 그러한 가능성 중에서, 자기를 자기에게로 도래하게 하는 것'을 가리킨다. 이러한 '근원적인 현상'을 그는 '도래'

(Zu-kunft)[…에로 도달함](SZ325)라고 부르는 것이다. 그래서 '현존재는 자기 존재에 있어서 애당초 도래적'(SZ325)이라고 그는 말하는 것이다. 이게 이 개념의 핵심이다. 현존재 자신에게 본질적으로 내재된 시간적 성격인 이런 도래적 존재 자체를 그는 '미래'라는 시간의 진정한 의미로 이해하는 것이다. 이른바 아직은 없는 앞쪽의 객관적 시간 영역이 아니라 현존재의 존재양태임을 주의해야 한다.

ii) 그리고 '기재'(Gewesenheit)란 무엇인가? 그것은, 단적으로 말해, 현존재가 '자기가 그때마다 이미 존재한 대로이다'(SZ325f)라는 것을 가리킨다. 그러니까 '기재'란, 보통 오해하듯이, '지나가버린 것', '없어진 것'이 결코 아니다(SZ328). '기재'란, 현존재가 존재하고 있는 한, '그때마다 이미 던져진 것'으로서 갖는 '이미'라고 하는 성격을 가리킨다(SZ328). '과거'라는 독일어 단어에 포함된 숨겨진 의미를 그는 읽어내고 있는 것이다. (문법적으로 말하면, 'gewesen'은 'sein'의 과거분사형이다. 영어의 'been'에 해당한다.) 이러한 '현존재의 실존론적 시간적 의미'를 그는 '기재성'이라는 말로 부르고 있다(SZ328). 그래서 그에 따르면, 현존재는, "나는 기재하면서 존재하고 있다는 형태로 애초부터 존재하고 있다"(SZ326)는 것이다. 이게 이 개념의 핵심이다. 역시 현존재 자신에게 본질적으로 내재된 시간적 성격인 이런 기재적 존재 자체를 그는 '과거'라는 시간의 진정한 의미로 이해하는 것이다. 이른바 지나가버려 이미 없는 뒤쪽의 객관적 시간 영역이 아니라 이미 있음이라는 현존재의 존재양태임을 주의하지 않으면 안 된다.

iii) 그리고 '현성화'(Gegenwärtigen)란 무엇인가? '현성화'라는 의미에서의 '현재'(Gegenwart)란, 현존재가 '상황에 있어서의 도구적 존재자 곁에서 결의하면서 존재한다'는 것, '환경세계적으로 현존하고 있는 것을 행위하면서 만나게 한다'(SZ326, 328)는 성격을 갖는다. 이러한 성격을 그는 '현성화'라고 부르는 것이다. 여기서도 그는 '현재'라는 독일어에 포함된 '마주해(gegen) 유심히 지켜본다(wart)'는 숨겨진 의미를 읽어내고 있는 것이다. 이게 이 개념의 핵심이다. 역시 현존재 자신에게 본질적으로 내재된 시간적 성격인 이런 직접적 존재 자체[행위적 맥락에서 현존자를 바로 접함]를 그는 '현재'라는 시간의 진정한 의미로 이해하는 것이다. 역시 지금 펼쳐진 객관적 시간 영역이 아니라 현존재의 존재양태임을 주의할 필요가 있다.

'시간성'이란, 바로 이러한 세 가지 특별한 의미를 한꺼번에 가진 하나의 통일적 현상인 것이다.

(2) 그런데 하이데거는 이러한 '시간성'이 고유하게 가지고 있는 특성들을 천착해 이를 네 개의 테제로 요약하고 있다. 그것은 다음과 같다.

i) '시간[시간성]은 신경씀의 구조의 구성을 가능케 한다'(SZ331)는 것.

이미 살펴본 대로, '신경씀'은 세 계기, 즉 '자기에 앞서'(sich-vor-weg)라는 것, '세계 내에 이미 존재하고 있다(schon-sein-in)'는 것, '세계 내부적으로 만나게 되는 존재자 곁에서의 존재(sein-bei)'라는 것 등으로 구성되어 있다. 바로 이 세 계기가 각각 '도래', '기재', '현성화'에 의거하여 가능케 된다(SZ327)고 그는 지적한다. 다시 말해, '도래'가 '현존재로, 자기의 존재가능으로 연관되는 것이 문제라는 식으로, 현존재가 존재할 수 있음을, 비로소 가능케 하'고(SZ327), 또 '기재'에 의거하여 비로소 '현존재는, 자기가 그것인 던져진 존재자로서 실존할 수가 있'고(SZ328), 또 '⋯ 존재자를 현성화하는(마주해 지켜보는) 일'에 있어서만, '상황에 따른 도구적 존재자 곁에서 ⋯ 존재하는 것'이 '가능'하다(SZ326)는 것이다.

바로 이러한 맥락에서, '시간성'은 현존재의 존재인 '신경씀'(Sorge)의 '의미'(SZ326)라고 그는 말하는 것이다. '의미'(SZ12, 326)란, 이 경우, 그것의 '이해가능성이 그 안에서 보존되고 있는 바의 것'(SZ151, 324), 그것을 '가능케 하는' '기반'(SZ324)을 말한다.

'시간성'은 이처럼 '신경씀'의 '의미'이기 때문에, 그것은 '실존과 현사실성과 퇴락의 통일을 가능케 하며, 이와 같이 근원적으로 신경씀의 구조의 전체성을 구성한다'(SZ328)고도 지적된다.

ii) '시간성은 본질상 탈자적이다'(SZ331)라는 것.

'시간성'은 "근원적인 '자기의 밖으로 벗어난 탈자' 그 자체"라고 하이데거는 말한다(SZ329). 이것은 다시 말해, '도래', '기재', '현재'라고 하는 '탈자태'(Ekstase)(SZ329)가, 각각 이미 '무언가를 향해서', '무언가의 쪽으로', '무언가의 곁에서'와 같이, 자기의 밖을 지향하는 '탈자적'인 성격을 갖는다는 말이다(vgl. SZ328f). 요컨대 현존재의 존재가 어느 한 상태에 고정되거나 머물러 있지 않다는 뜻이다. 바로 이런 성격이 '시간이 흐른다'고 하는 동적 성격의 근거가 된다고 해석할 수도 있다.

단, 이러한 '탈자적' 성격은, 말하자면 '시간성'이 '처음부터 하나의 존재자이며 그 존재자가 이윽고 자기 안에서 밖으로 벗어난다'고 하는 그런 것은 결코 아니다. 이것은 '시간성'이 애당초 '탈자태들의 통일에 있어서의 시숙(時熟, zeitigen)'(SZ329)이라는 것을 의미한다. 이 '시숙'이라는 말은 우리에게는 아주 낯설다. 궁여지책으로 기존의 번역을 따르지만, 시간이 시간으로서 정해진 진행을 수행하고 있다는 뜻이다. '익다', '익어가다'라는 독일어의 원의를 살려 그것을 현존재의 시간적 성격에 적용하는 것이다. 그러므로 단순한 기계적 지속의 의미는 아닌 셈이다. 이런 의미이기에 하이데거는, 시간은 그와 같은 '통속적 이해'에 있어서, '처음도 없고 끝도 없는 순정한 지금의 연속'으로서, '수평화'되어서는 안 된다(SZ329)고 거듭 주의한다.

iii) '시간성은 근원적으로 도래로부터 시숙한다'(SZ331)는 것.

이것은, 특히, 근원적으로 본래적인 시간성의 탈자적 통일에 있어서, '도래가 하나의 우위를 가진다'(SZ329)는 것을 말한다. 일반적인 현재 우위와는 달리 보고 있는 셈이다. 현존재가 '시간적'이라는 데서 가장 중요한 것은 예정된 바에로 '다다른다'는 것이라는 말이다. 이것은, 비록 시간성이, '탈자태들의 축적이나 연속에 의해서 비로소 생기는 것이 아니라, 그때마다 탈자태들의 등근원성 속에서 시숙한다'고 해도 마찬 가지다(SZ329).

단, 이러한 본래적인 도래로부터의 시숙은, '근원적이며 본래적인 시간성이, 도래적으로 기재하면서, 이렇게 해서 비로소 현재를 상기시킨다'는 식으로 시숙하는 것이고, 또, 이 도래의 우위는, '비본래적인 시간성 자체의 변양된 시숙에 응해서' '변화'는 하겠지만, 그러나 '파생적인 시간' 속에서도 '역시 나타난다'(SZ329)는 것을 그는 주의한다.

iv) '근원적인 시간[시간성]은 유한적이다'(SZ331)라는 것.

이것은, '현존재'가 그저 '그곳에 이르면 자기가 끝날 수밖에 없는 끝을 갖고 있다'는 것이 아니다(SZ329). 그런 것이 아니라 '현존재'가, "자기의 끝으로 연관되는 그와 같은 존재에 있어서, 자기가 '죽음 속으로 던져지면서' 그것일 수 있는 존재자로서, 본래적으로 전체적으로 실존한다"(SZ329)는 것을 의미한다. 언뜻 들으면 무슨 소린지 잘 알 수가 없는 말이다. 그러나 핵심은 명확하다. '유한적'이라는 이 말이 우리가 일반적으로 생각하듯이 우리네 삶이 영원하지 않다거나 우리에게 기계적으로 종말이 주어져 있다는 것이 아니라, 우리가 자기의 주어진 종말을 의식하면서, 즉 거기로 던져진 죽음 속에서 실존한다는, 그런 실존적 성격을 가리킨다.

한편, 나 자신이 이미 현존재하고 있지 않은데도 불구하고, '시간은 앞으로 계속 진행해가서', 무제한으로 많은 것이 아직도 미래 속에 잠재해 있고, 미래에서 다가올 수가 있다(SZ330)고 하는, 말하자면, '비유한적인 무한의 시간', '끝없는 시간'(SZ331)이라는 그런 시간관도 있을 수 있지만, 그런 것은 애초에 시간의 '유한성'과는 '무관한'(vgl. SZ 330) 것이라고 하이데거는 선을 긋는다. 오히려, 유한적인, 근원적이며 본래적인 시간성에서, '비본래적인 시간성'이 '발현'한다(SZ331)고 그는 지적한다. 이 '비본래적인 시간성'이 '유한적인 시간'에서, 어떤 '비유한적인 무한의 시간을 시숙시킨다'(SZ331)는 것이다. 보통 생각하는 무한한 시간보다 자신이 생각하는 이 유한한 시간이 더 근원적인 시간이라는 말이다.

(3) '시간성'은 대략 이상과 같은 성격을 갖는 것인데, 이에 관해 몇 가지 기본적인 주의점을 그는 일러준다.

첫째, '시간성'은 '현존재의 본래적인 전체존재'인 '선구적 결의성이라는 현상에서 경험된다'(SZ304)는 것.

이미 살펴본 대로, '시간성'은 '기재하면서 현성화하는 도래'라고 해석되었는데, '선구적 결의성'의 '가장 고유한 두드러진 존재가능으로 연관되는 존재'라고 하는 성격은, 현존재가 '애초에 도래적'(SZ325)이기 때문에 '가능'하고, 또, '선구적 결의성'의 '던져짐을 인수한다'고 하는 성격은, 현존재가 '자기의 기재라고 하는 식으로', 가능하고(SZ326), 또, '선구적 결의성'의 '환경세계적으로 현존하고 있는 것을 행위하면서 만나게 한다'고 하는 성격은, '현성화함에 있어서', 가능하다(SZ326)고 그는 말한다. 도래, 기재, 현성화가 각각 선구적 결의성의 관련 성격들을 가능하게 한다는 것이다.

요컨대 결국, 현존재가 '시간성'으로서 규정되어 있는 한에 있어서만, 현존재는 '선구적 결의성'이라고 하는 본래적인 전체존재를 자기에게 '가능케 한다'(SZ326)는 것이다. 이는 죽음 내지 전체존재를 인식하는 것이 우리 인간의 시간적 성격과 연관되어 있음을 알려준다.

둘째, '시간성'은 어디까지나 '존재하는' 것이 아니라, '시숙한다'

(sich-zeitigen)는 것(SZ328). 즉 그것은, '자기를 성숙시켜간다'고 하는 성격의 것이라는 말이다. 왜냐하면, '시간성'은 결코 '존재자'가 아니며, 현존재의 시간적 존재성격이기 때문이다(SZ328).

셋째, '시간성'은 어디까지나 항상 기재하면서 현성화하는 도래라고 하는 모습으로 '통일적으로 시숙'하는 것이지, 결코 '도래와 기재와 현성화'가 서로 '연속적으로 계기'하여, 시간성을 '합성'하는 것은 아니(SZ328)라는 것.

보통 생각하듯이 이른바 과거, 현재, 미래가 따로따로 있어서 순차적으로 진행하는 그런 것이 아니라는 말이다.

넷째, '시간성'은 이미 '신경씀의 구조의 구성을 가능하게 하는 것', 특히 '선구적 결의성'이라고 하는 본래적인 신경씀을 가능케 하는 것이라는 것이 밝혀졌는데, 그 '시간성'은 실은 '근원적인 시간성' (SZ329)이고, 이것은 더욱이, '본래적 시간성'과 '비본래적 시간성'이라고 하는 두 개의 방식으로 시숙한다는 것(vgl. SZ327, 329, 331).

'본래적 시간성'이란, 예컨대, '선구-되돌림-순시(瞬視)'를 말하는 것이며, '비본래적 시간성'이란, 예컨대 '여기-망각, 보유-현성화'를 말하는 것이다(vgl. SZ§68). 그는 시간성에 내재하는 이러한 두 가지 가능적 모습을 아울러 보고 있는 것이다.

다섯째, '시간성'은 '통속적 시간 개념'의 '미래', '과거', '현재'와는 '다르다'는 것(SZ326).

그것은 또, '주관적'이라든가 '객관적', 내지는 '내재적'이라든가 '초월적'이라고 하는 '시간 개념'과도 '무관하다'는 것(SZ326).

그러한 것은 '하나의 파생적인 현상'이며, '비본래적인 시간성'에서 '발현'하는 것이라고 그는 보는 것이다(SZ326, vgl. SZ18).

그가 말하는 '시간성'은 그러한 것이 아닌, 어디까지나 '현존재의 시간성'(SZ331, 326, 404)으로서 '근원적이며 본래적인 시간성'(SZ327)

인 것이다. 아니, '시간성'은 우선 무엇보다도, '현존재의 존재로서의 시간성'(SZ17)으로 이해되고 있음을 각별히 주의하지 않으면 안 된다.

2) 세계시간

그런데 하이데거의 지적에 따르면, 이상과 같은 '시간성'과는 다른 의미로 이해된 '시간'이 있다. 그것을 그는, '세계시간'(Weltzeit)이라고 부른다.

이 '세계시간'이란 어떤 것인가?

(1) 단적으로 말해서, '세계시간'이란 '배려적으로 신경 쓴 시간'(SZ415)을 말한다.

하이데거는 먼저, '현존재'가, '시간을 계산에 넣어', '시간에 준거하고 있다'고 하는 '현사실'(SZ404), 또는 현존재가 '시간을 짐작하고 있다'는 방식으로 시간에 관여하는 '태도'(SZ405)에 주목한다. 예컨대 현존재에는, '시간이 있다'든가 '시간이 없다'든가, '시간을 들인다'든가 '시간을 들여서는 안 된다'든가 하는 현상이 있을 수 있다(SZ404). 말하자면, 이러한 경우의 있기도 하고 없기도 하는 '시간'을 하이데거는 '세계시간'이라고 부르는 것이다.

(2) 그런데 이러한 것으로서의 '세계시간'은 '날짜매김가능성', '전개됨', '공공성' 및 '세계성'이라는 성격을 갖는다고 하이데거는 설명한다(vgl. SZ414, 416). 이것들은 각각 어떠한 성격인가? 그의 논의를 간단히 요약해보자.

i) 우선, '세계시간'은 '날짜매김가능한 것이다'라는 것.

하이데거의 지적에 의하면, 현존재는 배려적으로 신경 쓰면서, 항상 이미, '지금은', '그 당시는', '그때에는'이라는 것을 '말하고' 있고(SZ406), '이해하고' 있고(SZ407), '사용하고' 있다(SZ407). 바로 이러한 연관구조를 그는 '날짜매김가능성'(Datierbarkeit)이라 부르고 있다. 이른바 과거, 현재, 미래 등 시간상의 어느 한 지점을 지정해 지칭할 수 있다는 말이다.

그런데 '그때에는'은, '…할 [미래의] 그때에는'이며, '그 당시는'은, '…한 [과거의] 그 당시는'이며, '지금은'은, '…하는 [현재의] 지금은'이다(SZ407).

그리고 현존재의 '배려적 신경씀'은, 그 '그때에는'에 있어서 '예기'하고, '그 당시는'에 있어서 '보유'하고, '지금은'에 있어서 '현성화'한다(SZ406). 이때, '그때에는' 속에는 '지금은 아직 없다'는 것이 잠재되어 있고, '그 당시는' 속에는 '지금은 이미 없다'는 것이 저장되어 있어서, 그러한 한, '그때에는'은, '예기하고 보유하면서 현성화하는 것'이고, '그 당시는'은, '예기하면서 현성화하는 것'으로서의 '보유'가 되는 것이다. 다시 말해, 이 양자는 모두 '지금은'이라고 하는 관점에서 이해되고 있고, '현성화하는 것'이 그것들에 있어서 특유의 무게를 갖는다고 그는 특히 주의하고 있다(SZ406f). 일종의 '현재우위' 같은 것이다.

'날짜매김가능성'이란 이런 것인데, 그렇다면 현존재는 도대체 어디서 그것을 가져오는가라고 그는 묻는다. 그것은 '세계 내부적 존재자, 사물적 존재자 속에서 찾아낸 것'이 아니다(SZ407). 그런 것이 아니라 그 '날짜매김가능성'은 '예기하고, 보유하면서, 현성화하는 것'이라는 '시간성'의 '탈자적 틀의 반영'이며(SZ408), 따라서 그 '시간성'이라는 줄기에서 '유래'한다(SZ408). 왜냐하면, '지금은'이 '…하는 지금은'인 한, 그 '지금은'이 '존재자를 현성화하는 것을 해석하고 있기' 때문이며, 그 '…하는 지금은' 속에 '현재의 탈자적 성격이 잠재해 있기' 때문이다(SZ408).

이런 것들로 인해서 '날짜매김가능성'은 '시간성'에서 유래한다고 그는 보는 것이다. 이는 세계시간도 실은 현존재의 시간성과 무관하지 않음을 알려준다.

ii) 다음, '세계시간'은 '전개되고 있는 것이다'라는 것.

하이데거는 '세계시간'은 '전개되고 있는 것'이라고 말한다(SZ414). 이것은 요컨대, '배려적으로 신경 쓴 시간'이 '전개 폭을 가진 잠시 동안', 전개된 '이어져 있는 사이'(SZ409)라는 것을 가리킨다.

극단적으로 단순화해서 정리하면 이렇다. 즉, 예컨대 '그 당시는'에는, '지금은 아직 없다'는 것, 또 '그때까지는'이라는 것, 또 '그 사이'라는 것, 또 '⋯이 지속되는 사이'라는 것, '그때부터 그때까지'라는 것, '지속되는 사이의 존속'이라는 것을 읽어낼 수 있는데, 요컨대 그러한 폭을 지님이 바로 '전개성'이라는 것이다(vgl. SZ409). 시간은 그저 하나의 지점이 아니라는 말이다.

그리고 그는 또, 그와 같은 '그때에는'에서 보이는 '이어져 있는 사이'뿐만이 아니라, 온갖 '지금은', '그때에는', '그 당시는'도 또한 여러 가지로 변하는 전개 폭을 지닌 '전개성'을 그때마다 갖는다는 것을 덧붙여서 말한다(SZ409). 예컨대 '지금은'이라고 하는 것도 '휴식 중에', '식사 중에', '저녁에', '여름에' 등 그 나름의 전개 폭을 지니고 있으며, '그때에는'이라고 하는 것도, '조식 때', '산에 올라갈 때' 등 전개 폭을 지니고 있는 것이다(SZ409).

iii) 다음, '세계시간'은 '공공적인 것이다'라는 것(SZ414).

하이데거는 '세계시간'[해석되고 언표된 현존재의 시간]이 그때마다 곧바로 '공공화되고 있다'(SZ411)고 말한다. 이것은 즉, '일상적인 배려적 신경씀[현존재]'이, 자기에게 취하는 시간[세계시간]을, '자기의 시간'으로 식별하지 않고, '주어진 시간'45) 즉 '남이 계산에 넣은 시간'을 배려적으로 신경 쓰면서 '철저하게 이용한다'(SZ411)는 것을 의미한다.

---

45) 이것은, 아직 후기와 같은 적극적인 의미로 사용되고 있는 것은 아니다. 후기에서는 이 시간의 '주어짐'이 특별한 의미로 주제화된다.

이러한 '공공성'은 '현존재의 탈자적인 세계내존재'를 그 '근거로 하고 있다'고 그는 본다(SZ411). 다시 말해, 타자와 함께하는 세계 내 상호공존재에 있어서, 예컨대 '지금은'이라고 하는 것도 '같이' 말해진다는 것이다(vgl. SZ411).

또 그는, 이러한 '공공성'이, '현존재'가 특별히 시간을 짐작함으로써, '표면화하여 배려적으로 신경 쓸 만큼', '더욱더 심해진다'(SZ411)고 지적한다. 예컨대, '시간계산의 완전화와 시계사용의 세련화[자연적인 시계 → 인공적인 시계]에 따라서' 그것은 '더한층 높여지고 고정되어 간다'(SZ415)는 것이다(vgl. SZ411ff). 다시 말해 '시간측정'이 이 시간을, '비로소', '본래적으로', '공공화한다'(SZ414)는 것이다.

iv) 다음, '세계시간'은 '세계 자체에 속해 있다'라는 것(SZ414).

이것은, '세계시간' 즉 '배려적으로 신경 쓴 시간'은, 그때마다 이미 '무언가를 해야 하는 시간'으로 이해된다는 것이다. 이런 시간은 본질상 '적당 내지 부적당이라고 하는 구조'에 의해서 규정된다(SZ414). (다시 말해 시간은, …에 적합하거나 적합하지 않거나 하는 것이다.) 여기서 알 수 있는 것처럼, '세계시간'은, 무언가의 '용도성'과의 관련에서 이해되고, 더욱이 최종적으로는, '현존재의 … 위하여'라고 하는 목적에 연결되어, 결국에는, '세계의 세계성'을 구성하고 있는 '유의의성'에까지 연결된다. 세계시간이 세계 자체에 속한다는 것은, 이런 용도성을 의미하는 것이다(SZ414).

그러니까 '세계시간'은, '무언가를 해야 할 시간'으로서, 본질상 '세계성격'을 갖고 있다(SZ414). 바로 이것 때문에 그는 공공화된 시간을 '세계시간'이라고 부르는 것이다(SZ414).

단, 이것은, '시간'이 '세계 내부적 존재자로서 사물적으로 존재하고 있다'는 것이 아니라, 애초에 '세계에 속해 있다'(SZ414)는 말이다.

(3) 그런데 이러한 '세계시간'과 관련하여 그는 다음과 같은 것을 주

의하고 있다. 즉 '세계시간'은 '시간성의 시숙에 속해 있다'(SZ420)는 것, 그 때문에 또, 그것은 '객관적'도 '주관적'도 아니라는 것이다 (SZ419, 420). 그의 생각으로는, '세계시간'은 '세계 내부적 존재자의 가능성의 조건', 다시 말해 객관의 근거이기 때문에, 온갖 가능적 객관 보다도 '더 객관적'(SZ419)이며, 또, '현사실적으로 실존하는 자기의 존 재로서의 신경씀 … 을 비로소 함께 가능하게 하기' 때문에, 온갖 가능 적인 주관보다도 '더 주관적'(SZ419)이다.

요컨대, '시간'은 '주관' 안에도 '객관' 안에도, '내면'에도 '외면'에 도, 사물적으로 존재하고 있는 것이 아니라, 주관성과 객관성보다도 '더 이전에' 존재하고 있는 것이다(SZ419). 그것은 '시간' 자체가 이 '더 이전에'를 가능하게 하는 조건이기 때문이다.

이와 같이 하이데거는, '시간'을 '주관-객관'의 대립도식으로 생각하 는 것을 배척한다.

(4) 그리고 그는, 이 '세계시간'에 의해서, '존재자가 시간 내에서 만 나게 된다'는 것, 즉 '세계시간'에 의해서 존재자의 '시간 내부성'이 이 해된다는 것을 지적한다(SZ419).

그는, '공공적 시간'은 '세계 내부적인 도구적 존재자나 사물적 존재 자가 그 안에서 만나게 되는 바로 그 시간'(SZ412)이라고 말한다.

바로 이 때문에, 그러한 존재자는 또 '시간 내부적 존재자'라고 부르 기도 한다(SZ412). 그 때문에, 온갖 사물에 각각의 시간이 배당되고, 온 갖 사물이, 온갖 세계 내부적 존재자가, 시간을 '가질' 수가 있는 것이 다(SZ419).

그런데 그러한 성격, 즉 '시간 내부성'을 갖는 것은, 온갖 사물이 애 초에 '시간[세계시간] 안에서' 존재하고 있기 때문이다. 다시 말해, '세 계시간'이 '세계'와 동일한 '초월'을 갖고 있기 때문에, 다시 말해 '세계 시간'이 '세계의 개시성과 함께' 이미 '공공화되어 있기 때문에', '현존재'는 그러한 '세계 내부적 존재자'를 '시간 안에서 만나는 것으로서 배려적 시선으로 이해'(SZ419) 하는 것이다.

(5) 또 그는, 이 '세계시간'의 '공공화'의 '기초'라고 할 수 있는 '시간측정'과 '시계사용'이 또한 '현존재의 시간성'에 기초하고 있음을 지적한다(vgl. SZ411f).

즉, '시간계산'이 '우연적으로 생겨나는 것이 아니라', '신경씀으로서의 현존재의 근본기구' 속에 그 '필연성'이 있다는 것이다.

그러면, '현존재'는 어떻게 해서 '시간계산'을 하는 것일까?

우선 '현존재'는, 도구적 존재자와 배려적으로 신경 쓰면서 교섭할 수 있기 위한 밝음, 즉 '봄(視)의 가능성'을 필요로 하는데, 던져진 현존재에게 건네진 '낮'이 그 '밝음'을 '주고', '밤'이 그것을 '빼앗는다.' (SZ412) 그렇기 때문에 '현존재'는 '태양'이라는 도구적 존재자를 이용하여, 시간에 '날짜를 매긴다'는 것이다(날짜매김가능성)(SZ413).

그리고 이러한 날짜에서, 가장 자연스러운 시간척도, 즉 '나날'이 생겨난다. 그리고 다시, '해가 있는 사이에'라는 식으로 '나날'을 분할한다(전개성).

그리고 이 분할이 또 태양에 의해서 수행되고, '일출', '일몰', '정오'라고 하는 것도 생겨나기 때문에, 여기에서 '그때는 …해야 할 시간이다'라는 것도 가능하게 된다(세계성).

그리고 이러한 날짜화는, '태양'이 차지하는 '장소' 쪽에서부터 수행되기 때문에, '같은 하늘 밑'에 있는 상호공존재에 있어서는, '모든 사람'에게 있어서, 어떠한 때에도 '동등한 방법으로' 수행된다(공공성).

이렇게 해서, 모든 사람이 동시에 '계산으로' 그 공공적인 시간을 '의지할 수가 있기' 때문에, 거기에서 '시간측정'이 생기고, 이윽고 '시간측정기' 즉 '시계'가 생기는 것이라고 그는 설명한다(이상 SZ413).

요컨대, '규칙적으로 회귀하는 한편, 예기하면서 현성화하는 것에 있어서 다가갈 수 있게 된 어떤 도구적 존재자', 즉 '태양' 아래서의 던져진 존재, 이것이 '시간성'에 의한 것이기 때문에, 이 '시간성'이 '시계'의 '근거'가 된다는 것이다(SZ413).

또, 이 태양, 즉 '자연적인 시계'가, 적당한 종류의 '인공적인 시계'의 제작과 사용을 비로소 '동기 부여'하고, 그 자연적인 시계를 '표준으로 하여', 인공적인 시계가 만들어진다고 그는 설명한다(SZ413).

그렇게 해서 '시계'가 '사용'되는데, 그러면 '시계를 본다'란 무엇을 의미하는가라고 그는 또 묻는다. '시계를 본다'란, 단순히 '시계라고 하는 … 도구를 그 변화에 따라서 관찰하고, 지침의 위치를 추적하는 것'이 아니라, '몇 시인가를 확인하면서', '지금은 몇 시 몇 분이다', '지금은 무언가를 해야 할 시간이다', '무언가를 할 시간이 아직 있다'라는 식으로, 그것은 결국, '지금을 말하는 것'(SZ416)에 다름 아니라고 그는 해명한다. 그리고 그때 '지금'이란, '날짜매김가능성, 전개성, 공공성, 세계성'이라는 성격을 갖는, 그야말로 '세계시간'에 지나지 않는다고 그는 본다(SZ416).

그리고 또, 이 '지금을 말하는 것'은, '보유하는 예기와의 통일에 있어서 시숙하는 현성화'를 '말하면서 분절하는 것'(SZ416)이라고 그는 지적한다. 즉, '시계사용'도 '시간성' 안에 그 '기초'가 있다는 것이다(SZ417).

'세계시간'이란 대략 이상과 같은 것이다.

3) '지금-시간'

그런데 하이데거는 또, 이상과 같은 '세계시간'이 '수평화'되어 '은폐'(SZ422)된 '통속적인 시간이해'가 있음을 지적한다. 그와 같은 통속적으로 이해된 시간을 그는 특히 '지금-시간'(Jetzt-Zeit)(SZ421)이라는 이름으로 부른다. 그러면, 이 '지금-시간'이라고 하는 '통속적인 시간'은 어떤 것인가?

(1) '지금-시간'이란, 말하자면 '시계사용에 있어서 보게 된 세계시간'(SZ421)인데, 이는 '알려진 것'이고, '이동하는 지침을 현성화함에 있어서 언표되고 … 사념된 것'이다. 다시 말해, '지금 현재, 지금 현재 …'와 같은 '가지가지의 지금'(SZ421)을 지칭한다.

이러한 시간은, 배려적 신경씀이 한층 자연적으로 시간을 계산에 넣음에 따라서, 이윽고 "부단히 '사물적으로 존재하면서' 지나감과 동시에 닥쳐오는 지금의 연속"(SZ422), 다시 말해 '하나의 잇따름', '가지가지의 지금의 흐름', '시간의 경과'를 형성한다(SZ422).

이와 같이 '지금'은 '지나가는 것'이기 때문에, '지나간 가지가지의 지금'이 '과거'를 형성하고, '닥쳐오는 것'이기 때문에, '닥쳐오는 가지가지의 지금'이 '미래'를 형성하는 것이기도 하다(SZ423).

(2) 그런데 이 '순전한 이어짐'로서의 '통속적 시간'을 '세계시간'과 대비하여 특징짓자면, 그것은 우선 무엇보다도, '세계시간'에서 보이는 저 '날짜매김가능성'과 '유의미성'[세계성]이, 다시 말해 무엇무엇하는 지금이라는 성격이, '결여되어 있다'(SZ422)는 것, 그것들을 '현출시키지 않는다'는 것, 그것들을 '은폐한다'는 것이다.

이러한 '수평화', '은폐'의 이유는 무엇일까? 그것은, '일상적인 시간해석'이, '그저 배려적으로 신경 쓰는 오성적 분별'에만 의지하기 때문이라고 그는 설명한다(SZ422). 다시 말해, 도구적 존재자와 사물적 존재자의 배려적 신경씀에 있어서, 똑같이 배려적으로 신경 쓰고 있는 시간측정에 있어서 알려진, '지금'도 함께 이해되어, 함께 '사물적으로 존재하고 있다'는 것이다(SZ423).

(3) 이상과 같은 '지금-시간'에는 다음과 같은 성격이 잠재되어 있음을 그는 알려준다.

i) '지금연쇄[지금-시간]는 사물적으로 존재하는 것이라고 해석된다'(SZ423)는 것.

즉, 예컨대 어떤 지금에 있어서도 그때마다 다른 지금이 닥쳐오면서 소멸하더라도, '지금은 지금'인 것이고, '자동적인 것'으로서 '부단히 현존하며 있다'고 하는 '부단의 현존성'을 나타내고 있다는 것이다 (SZ423).

ii) '지금-시간'은 '중단도 없고 다함도 없다'(SZ423)는 것.

즉, 이러한 '연속성'과 '항구성'을 위해 '세계시간'의 종별적 구조, 즉 '날짜매김가능성', '전개성'46) 등은, '은폐'된 채로 머문다는 것이다 (SZ423).

iii) '지금-시간'은 '무한하다'는 것(SZ424).

즉, '지금-시간'은 '지금의 중단 없는 연속'으로서, '어떠한 시작도 어떠한 끝도 없다.' 즉, 양 방면을 향해서 끝이 없다는 것이다(SZ424).

이것은, '사물적으로 존재하는 지금의 경과라고 하는 공중에 뜬 자체적인 것으로 정위하는 것'을 '근거'로 하여 가능하게 된다고 그는 설명한다(SZ424). 다시 말해, 지금연쇄를 사람이 끝까지 생각해보더라도, 끝이라는 것은 결코 찾아낼 수 없고, 그 생각이 시간을 생각하고 있는 것이니까, 시간은 무한하다고 추정한다는 것이다.

여기서 '날짜매김가능성', '세계성', '전개성', '소재성' 등은 은폐되어 있는데, 이러한 '수평화'와 '은폐'의 이유는, '던져지고, 퇴락하면서 … 우선 대개 배려적으로 신경 쓴 것에 자기상실되어 있다'고 하는 '현존재의 존재'(SZ424), 즉 '퇴락'이라고 그는 설명한다. 다시 말해 '선구적 결의성'이라는 '현존재의 본래적 실존'에 직면하여, 현존재가 거기에서 '은폐되면서 도피한다'는 것, '직면한 죽음에서의 도피', '세계내

---

46) 이것은 사물적 존재자의 '연속성'과 혼동되기 쉬운데, 그것과는 '무관'하다고 그는 말한다(SZ424).

존재의 끝에서 눈을 돌리는 것', 바로 이것이 '유한성'에서 눈을 돌리고, '시간'의 '무한성'을 형성한다는 것이다(SZ424). 퇴락이 [실존적으로 의미 있는] 시간의 유한성에서 눈을 돌려 [비실존적] 무한성을 형성한다는, 참으로 날카로운 통찰이 아닐 수 없다.

더욱이 이 '은폐'는 '결코 죽는 일 없는' '세인'에 의해서 수행되기 때문에, 그 세인에게 지배당하는 '공공적 시간'의 '무한성'이라고 하는 생각에 의해 확고한 것이 된다(SZ425).

iv) '지금-시간'은 '역류할 수 없는 잇따름'이라는 것(SZ426).

'지금연쇄는, 결코 다시는 역방향 속에 모습을 드러내지 않는다.' 그 근거는, '공공적 시간'이 '시간성'에서 유래한다는 것, 다시 말해, '시간성의 시숙'이 '도래적'인 것으로서 '탈자적으로', 이미 끝으로 연관되어 '있다' 혹은 끝으로 연관되어'간다'는 것이다(SZ426).

v) '지금-시간'은, 시간을 '지금'으로 하여, "사람이 '현재'라고 이름 붙이고 있는 순연한 지금"으로 본다는 것(SZ427).

그러나 이 '지금'은, 본래적 시간성에 속하는 '순간'과는 구별된다(SZ427). 뿐만 아니라, 아직 닥쳐오지 않고 '지금부터 닥쳐올 순연한 지금'이라는 의미에서의 '미래'도, 탈자적 '도래'나 날짜매김가능한 유의미적 '그때에는'과 다르고, '지나가버린 순연한 지금'이라는 의미에서의 '과거'도, 탈자적 '기재성'이나 날짜매김가능한 유의미적 '그 당시는'과 일치하지 않는다(SZ427). 이 '지금'(현재)은 (따라서 '미래'도 '과거'도) 어디까지나 '시간성'의 시숙의 근원적인 통일에 따른 '도래'에서 '발현'하는 것이다.

이렇게 해서 '지금-시간'은, '근원적 시간'인 '시간성'에서 '파생'한다는 것이 명확해진다(SZ426). (역으로, '시간성'은 '통속적 시간이해'의 지평에서는 다가갈 수 없다(SZ426).) 그것 때문에 또한, '통속적 시간경험'도 '마음이나 정신과의 두드러진 연관'을 갖는다(vgl. SZ427f).

이상 우리는, '시간'에 관한 하이데거의 견해를 일단 통람해보았다. 이 과정에서 우리는, 하이데거가 현존재의 '시간성'에 정위하여 '시간'을 해석하고 있다는 것, 이 '시간성'을 기초로 해서 이른바 '세계시간'이 가능해지고, 세계시간의 완전한 구조가 '시간성'에서 파악된다는 것, 그리고 그 '세계시간'이 평판화되고 계산됨으로써 '통속적인 시간 개념'인 '지금-시간'이 파생된다는 것, 이런 기본적인 생각을 찾아낼 수 있었다.

비록 '존재시간성' 그 자체에 관한 본격적인 논의는 유보되었다 하더라도, 우리는 이상을 통해, '시간과 현존재의 근원적인 관련성'이라는 것이 《존재와 시간》에서의 하이데거의 시간관을 지배하고 있다는 것만은 분명히 확인할 수 있었다.

또한, 바로 이 점과, '존재와 현존재의 근원적인 관련성'을 그가 강조했음을 아울러 생각해본다면, 즉, 시간도 현존재와, 존재도 현존재와 공히 근원적으로 관련된 것임을 생각해본다면, '시간'을 '존재'이해의 지평으로 보려고 한 그의 착안점도 어느 정도 이해할 수 있을 것이다. 비록 그 해명이 명확한 형태로 주어지지는 않았더라도.

4. 〈시간과 존재〉에서의 '존재'와 '시간'

이상을 기억하면서, 이번에는 〈시간과 존재〉로 눈을 돌려보기로 하자. 이미 지적한 것처럼, 〈시간과 존재〉는《존재와 시간》의 연속은 아니더라도, 그 주제가 제목에 이미 그대로 드러나 있다. 그럼 〈시간과 존재〉에서는 '존재'와 '시간'이 각각 어떻게 해명되고 있는 것일까?

4-1. '존재'의 개념

(1) '존재'에 대해서 우선 다음과 같은 몇 가지 기본적인 생각들이 우리의 눈길을 끈다.

첫째, '존재'는 '현존'(Anwesen)(SD2)을 의미한다는 것. 그리고 이 현존에 '현재'(An)가 말해지고 있다는 점에서, 존재는 '시간'에 의해 규정된다는 것. 이것은 이미 예전부터 지적되어온 바인데, 하이데거도 일단 그것을 인정한다.

둘째, 그러나 존재는 '시간 안에' 있는 것이 아니며, 그런 의미에서 '시간적인 것'(= 한시적인 것)은 아니라는 것. 즉, 그것은 '시간 안에 있는' 사물, 사물적 존재는 아니라는 것이다.

셋째, 따라서 존재는 물론 '존재자'는 아니라는 것. 단 존재는, '그것에 의해 모든 존재자가 그 존재자로 규정되는 것'(SD5)이다. 이것은, '존재는 어디까지나 존재자의 존재'라고 하는《존재와 시간》의 생각과 기본적으로는 같다. 그러나 주의해야 할 것은, 〈시간과 존재〉에서의 하이데거는 '존재자 없이'(ohne Seiendes) 존재를 사유해가려고 한다는 것이다(SD2, 25).

넷째, 하이데거가 생각하는 존재는 하나의 '문제사태'(Sache)(SD4)라는 것. 단, 존재자라는 의미에서의 문제가 아니라, '어떤 회피하지 못하고 간과할 수 없는 것이 숨겨져 있다는 점에서, 어떤 기준결정적인 점에서 문제의 중점인 것'이라는 의미에서의 문제인 것이다. 그런 의미에서 존재는 사유의 문제사태 그 자체(die Sache)인 것이다.

다섯째, 그러한 한, 존재는 '온갖 공허한 개념 중에서 가장 공허한 개념'이라고 이해되어서는 안 된다는 것. 따라서 존재는 '단적으로 추상적인 것'으로 해석되어서도 안 되고, 따라서 '절대정신의 현실성의 단적으로 구체적인 것'과 같은 헤겔의 사변적 변증법에 있어서 완수되고 《논리학》에 있어서 제시된 존재이해도, 하이데거가 말하고자 하는 '존재'와는 구별하지 않으면 안 된다.

(2) 그런데 이상과 같은 것으로서 존재는 또한 '주어진 것'(Gabe: 선물)(SD6)이라고 규정된다. 결론적으로 말해, 이것이 〈시간과 존재〉에서 눈길을 끄는 가장 핵심적인 사고의 하나이다. 존재자에 대해서는, 그것이 '있다'(ist)고 말한다. 그러나 '존재'에 관해서는, 그것이 '있다'고 말하지 않는다. 그 대신 '주어진다'고, 즉 '그것이 존재를 준다'(Es gibt Sein)고 말하지 않으면 안 된다는 것이 그의 기본적인 지적이다. 이 지적은, 이윽고 '준다'(gibt)고 하는 것의 성격, 주는 그것(Es), 그리고 주는 그것으로서의 '에어아이크니스'(Ereignis: 자기발현, 본래 그리됨)로 연결되어간다. 이 과정을 우리는 특별히 주목하지 않으면 안 된다.

그러면, 그 '준다'(gibt)란 어떤 것이고, 주는 '그것'(Es)이란 어떤 것인가?

i) 그 각각을 살펴보기 전에, 존재에 대한 관심이 왜 이상과 같은 방향으로 진행되는지, 그 기본적인 동기를 우선 이해할 필요가 있다.

하이데거는, 이미 말한 대로, '존재'에 대해서는 '있다'는 말 대신 '주어진다'(es gibt)는 말을 해야 한다고 지적한다. 왜냐하면 '존재'라는 것은, '존재라고 하는 류의 것은 아니(nichts Seinsartiges)'기 때문이다. 존재자의 한 종류가 아니라는 말이다. 다시 말해, 문제 그 자체가 모종의 방식으로 우리를 존재로 데려가고, 따라서 존재의 '운명'(Geschick)이라는 것을, 즉 주어진 것으로서의 존재를 준다고 하는, 그 운명이라는 것을, 사유하게 하는 것, 이게 여기서는 중요한 것이다. 존재의 운명이란 결국 존재가 주어지는 방식(Weise)에 다름 아니다. 따라서 〈시간과 존재〉에서 하이데거가 생각하고 있는 '존재'는, '이러이러한 [운명적] 방식으로 주어지는 것'이라는 점에 포인트를 두고 이해하지 않으면 안 된다.

ii) 따라서 '준다'(gibt)고 하는 이 방식 자체가 중요하다. 그것에 관한 그의 해명을 들여다보기로 하자.

① 우선, 그는 왜 이 방식 자체에 주의하는가? 그 사정은 이렇다. 즉 '존재란 현존을 의미한다.' 그런데 이 '현존은, 현존하는 것과 관련해 생각하면, 현존하게 하는 것'이다(SD5, 40). 이 말은, 해석하자면, 현존에는 현존자 자신의 의지 내지 의향을 초월하여 현존하고 있다고 하는 성격이 있다는 뜻이다. 이것은 현존에 '허용된다'(zugelassen wird)고 하는 면이 있기 때문인데, '현존하게 한다'(anwesen-lassen, 현존-시킨다)고 하는 것 자체를 바로 이 점과 관련해 특별히 사유할 필요가 있는 것이다. 다시 말해 '현존하게 한다는 것에서 나타나는 지시에 따른 숙려'가 필요한 것이다.

이렇게 해서, 사유의 방향은, '존재에서 비켜 가고'(SD5f), (특히 존재가, 온갖 형이상학에서 그러하듯이, 존재자로 하여금, 또 존재자를 위해서, 존재자의 근거로서 기초 지어지고 해석되는 한) 문제 그 자체로 인해 '우리는 … 존재로부터 데려가게' 되는(SD10) 것이다.

② 그리고 그는, 이 '현존하게 한다'는 것을 몇 가지 다른 방향에서

부각시킨다. 그는 우선, '현존하게 한다'는 것에는, '비은폐적인 것으로 데려간다'(SD5)고 하는 고유한 점이 있다고 지적한다. 즉, '현존하게 한다'란 '나타나게 하는, 밝은 곳으로 가져온다'(ibid)는 것이다. 그런데 이 '나타나게 해서 준다고 하는 것이, 다시 말해, 현존하게 하는 것에 있어서 현존(존재)을 준다고 하는 것이 작동하고 있다'(ibid)는 것을 그는 지적한다.

결국, 현존하게 한다는 것에 나타나게 한다는 것이 증시되고, 이 나타나게 한다는 것에 준다고 하는 것, 그것이 준다(Es gibt)고 하는 것이 말해지고 있다는 것이다(ibid).

③ 그래서 그는, '현존하게 한다'(anwesen-lassen)는 것의 그 '하게 한다'(lassen)를 특별히 판별하여 그 의미를 천착한다. 그에 따르면, '현존하게 한다'의 그 '하게 한다'는, 그 근원적인 말뜻에, '풀어놓는다'(ab-lassen), '가게 한다'(weg-lassen), '옆으로 치운다'(weg-legen), '떠나가게 한다'(weggehen lassen)는 것, 다시 말해 '열린 것으로 해방한다'(freigeben ins Offene)는 것이 있다(SD40). 이러한 의미에서의 '하게 하는' 것에 의해서, 현존자는 '…하게 되고', 그것에 의해 비로소 '하나의 현존자로서, 공동 현존자의 열린 곳 속으로(ins Offene des Mitanwesenden)' 허용되는(eingelassen) 것이다. 여기서, 말하자면 '존재'와 '존재자'의 '구별', 그리고 이 양자의 '관계'가, 다시 말해 현존 내지 존재가 현존자 내지 존재자의 근저에서 그것들을 현존하게 하고, 존재하게 하는 역할을 한다는 것이 명확해진다(SD40). 하이데거가 특별히 주의하고 있는 것은, 이미 존재자와의 관련에서 존재를 논하는 것이 아니라, (다시 말해 존재론적 차이, 존재와 존재자와의 구별을 말하는 것이 아니라) 현존 그 자체의 한 존재모습인 '하게 한다'(lassen)를 '현존케 함'(Anwesen-Lassen)이라고 표기한다는 것이다. 이러한 의미에서의 '하게 한다'는, '허용한다'(zulassen), '준다'(geben), '건넨다'

(reichen), '보낸다'(schicken), '귀속하게 한다'(gehören-lassen)를 의미한다고 그는 지적한다. 이러한 의미에서의 '하게 한다'라는 방식으로, 현존(= 존재)은 그것 자신으로 허용되는 것이다. 즉 현존하게 되는 것이다.

④ 그리고 그는, 앞에서도 말한 '보낸다'(schicken)고 하는 측면을 각별히 강조하면서 이 현존의 존재모습을 해명한다.

즉, '그것이 준다'(= 있다, Es gibt)의 '준다'(geben)는 것에는, '준 것 (Gabe: 선물)만을 주고, 자기 자신은 뒤로 물러난다'고 하는 성격이 있는데, 이러한 성격을 그는 '보낸다'(schicken)(SD8)는 말에서 찾아내는 것이다. 다시 말해 '준다'란, 곧 '보낸다'는 성격의 것이라는 말이다. (이와 같이 '준다'를 이해하면, 존재가 있다고 할 때의 존재(그것이 주는 바인 존재), 준 것으로서의 존재는, 곧 '보내진 것'(SD8)이 되는 셈이다.)

그리고 바로 이 점에서, 후기의 그가 여기저기서 말하는 '존재사' (Seinsgeschichte: 존재생기, 존재송부)라는 것도 이해할 수 있게 된다. 즉, "존재사의 역사적 성격은, '보내는' 것의 운명적 성격(Geschickhaf-ten)에서 규정되는 것이고, 어떤 무규정적으로 사념된 생기(Geschehen)에서 규정되는 것은 아니다"라는 것이다(SD8f).

(독일어의 '역사', '운명'에는 모두 '보낸다'는 뜻의 어근 'schick'가 들어가 있다. 하이데거는 이 의미를 살려서 이 말들을 풀어 읽는 것이다. 이런 어원적 풀이는 하이데거 철학의 한 전형적 수법에 속한다.)

그런데 '보낸다'고 하는 이 방식에는 하나의 특이한 점이 포함되어 있음을 그는 주의한다. 즉 그것에는 '보내는 것도, 보내는 당사자(Es)도, 자기를 고함/알림(Bekundung)에 있어서는, 자기 자신에 머문다'고 하는 측면이 있다는 것이다. 자기를 드러내지 않는다는 말이다. 알려지지 않는다는 말이다. 존재사란, 이러한 의미에서의 운명(Ge-schick)인 것이다.

'자기 자신에 머문다'(An sich halten)는 이 성격을 그는 그리스어의 에포케(époche)와 연관시킨다. 존재의 운명(보내지는 것, Geschick)의 에포케(Epoche)란, 따라서, '생기(Geschehen)에 있어서의 어떤 시간대(시대, Zeitabschnitt)'를 말하는 것이 아니라, '보냄(Schicken)의 근본구조(Grundzug)'로서, '보내지는 것(Gabe)의, 즉 존재자의, 근거를 탐구하는 것에 대한 지향에 있어서의, 존재의 인취가능성에 대하여, 보내는 자 자신이 그때마다-자신에-머문다는 것'(SD9)을 말하는 것이다. (이 점은, 이윽고 '탈현'(Enteignis: 자기를 드러내지 않음)으로서 부각되는데, 이것은 나중에 따로 자세히 살펴보기로 한다.)

⑤ 그리고 그는, 이 '준다'는 것이 '가능하게 하는 것'(Vermögen)으로서 해명될 수 있음을 암시적으로 말한다.

그가 말하는 '존재사'란, 흔히 존재 해석의 풍부한 변천47)을 뜻하는 존재의 역사(eine Geschichte des Seins)로 오해되고는 하는데, 존재사란, (어떤 도시나 민족의 역사와 같은) 그러한 것이 아니라, '존재가 생겨오는(Sein geschieht) 방식'에 의해서만 규정된다. 다시 말해 '어떻게 그것이 존재를 주는가 하는 것(존재가 주어지는 방식: Weise, wie Es Sein gibt)으로부터 규정된다'(SD8)는 것이다.

'있다'의 이와 같은 방식, 즉 '그것이 준다'(Es gibt: 주어진다)는 방식은, 철학의 초기에 있어서도 제대로 사유되는 일은 없었다고 그는 지적한다. 단, 파르메니데스의 경우를 그는 특별히 주의한다. 파르메니데스가, '에스티 가르 에이나이'(esti gar einai: 왜냐하면 존재가 있기 때

---

47) 예컨대, to hen, logos, idea, ousia, energeia, substantia, actualitas, perceptio, Monade, Gegenstädlichkeit, Gesetztheit des Sichsetzens im Sinne des Willens der Vernunft, der Liebe, des Geistes, der Macht, Wille zum Willen in der ewigen Widerkehr des Gleichen… 등으로 존재를 해석하는 것.

문에)라고 말했을 때, 강조된 이 '에스티'(esti)는 어떤 존재자를 의미하는 것이 아니라, 무언가를 사유하고 무언가를 읽어낸 것인데, 그 무언가란 다름 아닌 '가능하게 한다'(Es vermag)는 것이라는 게 하이데거의 해석이다.

바로 이러한 '가능하게 하는 것'(능력: Vermögen)이 '존재를 생기게 하고, 주는 것'이라고 그는 말하는 것이다.

단, 이 성격 그 자체는, 그리고 '에스 깁트'(Es gibt)라는 것은, (결과인 주어지는 것[Gabe] 때문에 뒤로 밀리며) 그 자체로 사유되는 일은 결국 없었다고 그는 본다.

이렇게 해서, 우리는 '그것이 존재를 준다'고 말할 때, 즉 '존재가 주어진다'고 말할 때, 그 '주어진다'고 하는 방식이 어떠한 것인지를 이해할 수 있게 되었다. 그러니까, '준다'란 '하게 한다'는 것이며, '보낸다'는 것이며, '가능하게 한다'는 것이다. 그러나 이 '준다'고 하는 방식을 보다 철저하게 이해하기 위해서는, 주는 주체인 '그것'(Es)의 정체도 제대로 파악하지 않으면 안 된다.

iii) 그러면, 존재를 주는 주체인 이 '그것'(Es)이란 무엇인가?

이렇게 물을 경우, 우선 그것을 만들어내는 어떤 '미(未)규정적인 힘'을 '임의로' 생각하려고 하는 위험이 생기는데, 이와 같은 '미규정성'과 '임의성'은, 방금 살펴본 '준다'라는 규정성을 유의함으로써 피할 수 있다고 그는 본다. '준다'란 '보낸다'는 것으로, 그리고 기원유보적(epoche적) 변천에서의 현존성의 '운명'(Geschick: 보냄)으로 해명된 것이다. 이 점에 특히 주의하면 임의성은 피할 수 있다는 것이다.

단, 이때 현존으로서의 '존재'가 ['현'이라는 점에서] '시간'에 의해 규정되어 있었기 때문에, '시간'이 바로 '존재'를 주는 '그것'이 아닐까 하고 상정할 수도 있다(SD10, 18). 그러나 하이데거는 '결코 그렇지는 않고', "시간 자체도 '그것이 주는'(Es gibt) 선물(Gabe)이다"라고 말하며(SD18) 이 가능성을 배제한다.

그리고 그는, '언어학'이나 '언어철학', 또는 '문법적, 논리적 해석'에 의해서도 이것을 해명할 수 없음을 분명히 한다(SD18, 19). 따라서 단 하나의 방향에서만 '그것'을 … 규정하려고 하는 시도를 '떠나'(ablassen)(SD19), '주어-술어관계의 문장구조'에 고정된 진술에 얽매이지 않고, '그것과는 다른' 어떤 '가능성'에 주의해서 '그것'을 해명하지 않으면 안 된다고 한다. 단적으로, '준다고 하는 방식에서 그것(Es)을 사유하는 것'(SD19)이 바로 그런 것이다. 그래서 이 '준다'고 하는 특징적인 방식을 부각시킨다. 그리고 결론적으로는 주는 '그것'(Es)을 '에어아이크니스'(Ereignis)라고 규정한다. 즉, '그것이 존재를 준다, 그것이 시간을 준다'에 있어서, 주는 그것은 '에어아이크니스'라고 해명되는 것이다(SD20). 후기 사유의 궁극적 도달점인 이 '에어아이크니스'는 뒤에서 따로 상세히 논하겠지만, 앞당겨 말하자면 '본래 그러함 내지 그리됨'이라고 하는 존재의 근본현상을 가리킨다.

(3) 바로 이 점에서, 〈시간과 존재〉에서의 가장 결정적인 '존재'이해가 명확해진다. 즉 하이데거는, '존재'를 '에어아이크니스'로서(SD22), '에어아이크니스의 일종'으로 명언하고 있는 것이다. 그러면 이 '에어아이크니스'란 무엇인가? 이것을 제대로 이해해야 〈시간과 존재〉에서의 '존재' 개념도 최종적으로 이해될 수가 있다.

(그런데 에어아이크니스를 이해할 때, 그것이 오해되지 않도록 확실히 해두어야 할 주의사항이 하나 있다. 그것은, 에어아이크니스라는 것이, 방금 (2)에서 말한, '준다'고 하는 방식에서 도출된 것으로, 그 '준다'와 무관하게, 주는 주체에 대해 독립적으로, 초월적인 어떤 주체로서 주는 것을 수행하는 무언가, 그런 어떤 것은 아니라는 것이다. 이 점을 충분히 주의하지 않으면, '그것이 존재를 준다'고 할 때의 '그것'이 에어아이크니스라고 하는 것과, 주어진 것으로서의 '그것'이 또한 에어아이크니스라고 하는 것, 즉 주

는 것도 받는 것도 동시에 에어아이크니스라고 하는 표면상의 모순을 해결할 수가 없다.

이 표면상의 모순을 피하기 위해 하이데거는, '주어-술어관계에 집착하는 진술'을 배제하고, 다른 방법으로, 즉 '준다고 하는 방식에서' '그것'을 사유하지 않으면 안 된다고 미리 지적한다.

그렇다면, 에어아이크니스인 '그것'이, 역시 에어아이크니스인 존재를 '준다'고 하는 것은 도대체 어떠한 사태를 말하는가? 그것은 결국, '존재'가 '에어아이그넨'(sich ereignen: 자기가 됨, 그렇게 됨, 그러한 자기가 됨)이라고 하는 방식'에 있어서'(im)(SD22, 23, 24) '주어진 것'인 한, 존재가 일종의 '에어아이크니스'라는 것을 의미한다.

이와 같은 해석은 결국, '에어아이크니스'라는 용어가 포함하는 근본적인 의미가, 그 독특한 성격이, 충분히 유념되어야만 비로소 이해될 수 있다.)

그러면 이 '에어아이크니스'란 무엇인가? '준다'고 하는 것이 어떻게 해서 '에어아이크니스'로 연결되는가? 좀 더 자세히 들여다보자.

i) '준다'고 하는 것에는 '보낸다'고 하는 성격이 있었다. 그런데 존재의 운명을 보냄에는, '헌정한다'(Zueignen), '양도한다'(Übereignen)고 하는 것이, 즉 현존으로서의 존재에는, 그것을 그 고유의 상태(Eigenes)로 헌정함, 양도함이 있다고 그는 주의한다. 그것을 그 고유의 상태로 '규정'하는 것이 바로 '에어아이크니스'라고 그는 부르는 것이다 (SD20). 그리고 이것은, '운명으로서의 존재 … 를 향한 미리-보기(Vor-Sicht)에 있어서 고지되는 것'으로만 사유될 수 있다고 그는 다시 한 번 주의한다.

다시 말해 에어아이크니스란, 존재라고 하는 문젯거리를 '그 고유의 상태로 가져다주는' '사태'(Verhalt), '문제-사태'(Sach-Verhalt)인 것이다. 이 사태는, '존재와 연관된 관계로서 추가적으로 주어진 것'이 아니라, 이 사태가 비로소, 존재(와 시간)를 그 고유함으로, 운명에 노정되는 에어아이그넨에 의해서, 가져다주는 것이다(SD20).

이와 같이, 에어아이크니스에는 '존재'를 그 '고유의 상태로 가져다 준다'는 것이 두드러진다. 다시 말해, 그 '고유하게 함'(Vereignung)이 라는 것이 '에어아이크니스'을 두드러지게 하는 특징인 것이다(SD24).

따라서 에어아이크니스는, '… 보내는 것으로서의 아이그넨(eignen)' 으로부터 이해되어야 하며, '일어난 일'이라든가 '사건'이라고 하는 통 상적인 어의를 길잡이로 생각해서는 안 된다(SD21)고 주의한다.

(일반적, 상식적인 의미와 달리 말 자체의 본래적 의미를 살려 해석하는 이것도 하이데거 사유의 한 전형적인 방식 내지 수법이다. 존재가 '에어아 이크니스' 즉 '사건'이라는 이 철학은 그것이 뉴스에 보도되는 교통사고나 화재나 살인사건 같은 그런 사건을 뜻하지는 않는다. 단, '본래 그렇게 되는 근원적인 현상'으로서, 있을 수 있는 모든 것 가운데 '최고의 사건'이라는 이중적인 의미를 암암리에 담고 있다고 '해석'할 수는 있다. 그러나 하이데 거는 그 오해 가능성을 극도로 경계한다.)

ii) 그런데 이상과 같은 기본적인 의미를 갖는 에어아이크니스에는 하나의 특이한 성격이 함께 있음을 하이데거는 특별히 지적한다. 결론 부터 말하면, '에어아이크니스에는 엔트아이크니스(Enteignis: 탈현)가 속한다'(SD23)는 것이다. 이 '엔트아이크니스'란 어떠한 것인가?

이미 살펴본 대로, 보냄으로서의 줌에는 '자기 자신에 머문다'(an sich halten)고 하는 성격이 속해 있었다. 이 '자기 자신에 머문다'는, '자기의 몸을 빼는 것'(Sichentziehen), 다시 말해 '뒤로 빠짐'(Entzug) 을 나타낸다. 이 '뒤로 빠짐'이라는 것이, (다시 말해 이것에 의해서 규 정된 '준다'의 방식, 즉 '보낸다', '건넨다'라는 것이, 에어아이그넨에 기초하고 있는 한에 있어서) 에어아이크니스의 '특유함'에 '속'하지 않 을 수 없다고 그는 말하는 것이다.

다시 말해, 존재의 운명(= 존재의 보내짐)에서의 '보낸다'는 것은 '준다'는 것이라고 해석되었는데, 이때 보내는 주체는, '자기 자신에 머문다', '자기 자신에 머문다는 것에 있어서, 나타남에서 자기의 몸을 뺀다(sich entziehen)'고 하는 성격을 갖는다는 것이다.

이와 같이, 존재의 운명(운명적으로 보냄)이 에어아이크니스를 기초로 하는 한, 에어아이그넨에는 '그것이 자기의 가장 고유의 것을 무제한한 나타남에서 뒤로 뺀다'고 하는 특유한 점이 있는 것이다. 이와 같은 점이, (에어아이크니스에 포함되는) 바로 그 '자기를 몰수한다'(Es enteignet sich)는 것, 즉 '엔트아이크니스'(탈현)에 다름 아닌 것이다 (SD23).

그러니까 '이것에 의해 에어아이크니스는, 자기를 드러내는(aufgeben) 일 없이, 자기의 소유권을 유보해둔다'는 것이다. 이러한 성격을 그는 '에어아이크니스의 유한성'이라고도 표현한다(vgl. SD58).

에어아이크니스(본래 그리 됨)가 이상과 같은 것인 한, 그리고 존재가 이상과 같은 에어아이그넨에 있어서 주어지는 것인 한, 다시 말해, 에어아이크니스가 고유하게 주어지는 '존재 그 자체'(SD22)의 모습인 한, 존재는 에어아이크니스다. 그렇게 에어아이크니스'로서' 이해되는 것이다.

여기에서, 오해를 피하기 위해, 혹은 제대로 된 이해를 위해, 몇 가지 특별히 주의해야 할 것들이 있다.

① 우선, 지금 말한 '에어아이크니스로서의 존재'라는 것이, 철학의 역사에서 등장한 여러 가지 존재규정, 즉 이데아, 에네르게이아, 현실성, 의지 … 등의 연장선상에 부가된 하나의 새로운 존재규정으로 이해되어서는 안 된다는 것이다. 왜냐하면, '에어아이크니스가 존재의 한 종류'인 것이 아니라, 특별한 의미에서, '존재가 에어아이크니스의 한 종류'이기 때문이다(SD22). 다시 말해, '에어아이크니스로서의 존재'란, '존재 내지 현존'이 '에어아이그넨[이라는 방식]에 있어서(im) 보내진

다'는 것, '에어아이크니스에 있어서 그렇도록 한다(ereignet)'는 것을 의미하기 때문이다. 따라서 에어아이크니스를, 존재를 포섭하는 '상위 개념'이라는 식으로, 논리학적으로 이해하는 것도 당연히 배제되어야 한다고 그는 말한다. 말하자면 존재의 근원을 더욱 파고든 사유의 결과물이 에어아이크니스인 셈이다. 바로 이러한 점으로 해서, "존재는 에어아이크니스 안에서 소실된다"(Sein verschwindet im Ereignis)고 그는 선언하는 것이다(SD22). 이는 하이데거 후기 철학의 가장 결정적인 명제라고도 할 수 있다.

② 그리고 에어아이크니스를 통상적인 '사건'의 의미로 해석하여, '에어아이크니스로서의 존재'를 마치 '존재 없이는 존재자가 그와 같은 것으로서 존재할 수 없다'고 하는 점에서, 존재가 '온갖 중요한 사건 중 최고의 사건'인 것처럼 주장되어서는 안 된다(SD21, 22)는 것을 그는 분명히 주의한다.

③ 그리고 또 하나는 '에어아이크니스와 인간의 관계'이다.

이미 살펴본 대로, 현존으로서의 존재에는 '우리 인간에 관련한다'고 하는 '관련성'의 의미가 있고, 이 '관련'을 '청취', '인수'한다는 것에 인간존재의 '두드러진 특징'이 있다(SD23). 그런데 그는, 이와 같은 현존의 관련을 인수하는 것이 '그 안에 선다'(Innestehen)고 하는 것을 '기초로 하는' 것이라고 설명한다. 존재는 에어아이그넨에 있어서 주어지는 것인데, 이 에어아이그넨에는, '인간이 본래적인 시간 속에 선다는 방식으로 존재를 청취하게 된다'고 하는 특유한 점이 속한다는 것이다. 이렇게 인간은 에어아이크니스 안에서 그 고유한 모습을 갖게 되면서, 에어아이크니스로 귀속되는 것이다(SD24).

이와 같이, 인간은 에어아이크니스 안으로 '연관 지어지게 된다'(ein-gelassen)(SD24). 그렇기 때문에 또 우리는, 에어아이크니스를 '대상적인 것'(ein Gegenüber)으로서도, '모두를 포괄하는 것'으로서도 생각하면 안 된다. 따라서 '표상적, 근거부여적 사고'나 '단순한 진술적 발언'은 이것에 어울리지 않는다. 워낙 미묘한 현상이라 그것에 대한 발언에는 특유의 어려움이 있다는 말이다.

④ 그리고 또 하나는, 이상과 같은 에어아이크니스를 '어떻게' 말해야 하는가 하는 방식이다.

이상의 논의에서, 에어아이크니스도 결국 일종의 존재자 '인'(ist) 것이 아닌가 하는 생각이 들 수도 있다. 그러나 하이데거는, '에어아이크니스는, 있는(ist) 것도 아니고, 주어지는(es gibt) 것도 아니다'라고 분명히 말한다. 이러이러한 것을 저러저러한 것처럼 말하는 것은, 마치 흐름에서 그 근원을 도출하려고 하는 것처럼, 사태의 전도를 의미할 뿐이라고 그는 단언한다. 따라서 결국, "에어아이크니스는 에어아이그넨한다"고 말할 수밖에 없다(SD24). 좀 무리해서 쉽게 풀어 말하자면, 애당초 본래 그렇다는 말이다. 이것은, "그 자체적인 것에서, 그 자체적인 것을 향해서, 그 자체적인 것을"(vom Selben her auf das Selbe zu das Selbe) 말하는 것으로, 언뜻 아무것도 말하지 않는 것처럼 들린다(논리학적으로는 그럴지도 모른다). 그러나 이 '자체적인 것'(das Selbe)이란 어떤 '새로운 것'이 아니고, 유럽의 사유에서 '오래된 것 중 가장 오래된 것', 즉 '알레테이아'(진리: 드러난 것)이고, '온갖 사유의 주도적 동기가 되는 구속력'이라고 그는 생각한다(SD25).

이상은, 말하자면, 전통적인 형이상학과 상관없이 독자적으로 존재를 사유한 것으로, 형이상학을 극복하려는 시도조차도 내던진 가장 순수한 것이다. 만약 하나의 극복이 필요하다면 그 극복이란, '그것을, 그것에서, 그것을 향해서' 말하기 위해, '스스로 에어아이크니스 속으로 몰입하는' 그런 사유(SD25)를 통해서 이루어진다고 하이데거는 생각한 것이다.

아무튼, 〈시간과 존재〉에 있어서 하이데거는, 이상과 같이 '존재'를 사유하고 있다.

그런데 우리는, '시간'이라고 하는 것을 특별히 논하기 위해, 일부러 '시간'에 관한 언급을 피해왔는데, '일부러'라고 하는 것은, 적어도 〈시간과 존재〉에서는, '시간'이 애당초 '존재'와 연관된 것으로서, 분리될 수 없는 것으로서 이해되고 있기 때문이다. 이상의 논의를 보다 완전한 것으로 하기 위해서도, 우리는 이제 이 '시간'을 따로 주제화해서 생각해보지 않으면 안 된다.

4-2. '시간'의 개념

그러면 〈시간과 존재〉에서 '시간'은 어떻게 해석되고 있는 것일까?

(1) 우선 몇 가지 기본적인 점이 눈길을 끈다.

즉 '시간'은, '존재'가 이미 그랬던 것처럼, 하나의 '문제사태'(Sache)이다. 다시 말해 그것은 '결정적인 의미에서 문제인 것'이고, '간과할 수 없는 것'이 거기에 숨겨져 있는 그러한 것이다(SD4). 그러한 것으로서 시간은 사유를 촉발하는 것, 즉 '사유의 문제사태 그 자체'인 것이다.

따라서 '시간'은 '사물'이 아니고, '존재자'도 아니다. 그리고 그는, '시간 안에 있고, 또 그렇게 시간에 의해서 규정되는 것', '시간의 과정 속에서 소실되는 것', '죽어야 하는 운명'을 '시간적인 것'[= 한시적인 것]이라고 부르는데, '시간'은 그러한 의미에서의 '시간적인 것'도 아니다.

그렇기 때문에, '시간'에 대해서도, 그것이 '있다(ist)'고 간단히 말하지 않고, '그것이 시간을 준다'(Es gibt Zeit)고 말하지 않으면 안 된다고 그는 지적한다. 이것도, '존재'와 마찬가지로, 그것이 주어지는 방식

128

그 자체에 주의하기 위한 것이다. 이 방식에 대해서는 뒤에서 따로 자세히 살펴보기로 한다.

(2) 그런데 〈시간과 존재〉의 시간론에 보이는 특별한 점은, 그가 '시간'을 '존재'와의 관계에서 생각한다는 사실이다. 그래서 그는 '시간'과 '존재'를 함께 칭하고 있는 것이다. 그러면 어떠한 점에서 '시간'은 '존재'와 관계되는가? 그에 따르면, '시간'은 '사라져가는 것'인데, 단 '끊임없이 사라져가는 것'이기 때문에, '시간으로서 머문다'. '머문다'는 것은 '사라지지 않는다'는 것, 따라서 '현존'을 의미한다. 다시 말해 '시간이 사라짐의 항상성(Ständigkeit)에 있어서 존재가 말해지고 있다'는 것이다. 이렇게 해서 '시간'은 일종의 존재(현존의 '존')에 의해서 '규정'된다. 이것이 그 관련성이다.

(한편, 이미 살펴보았듯이, 존재는, '현존'에 '현재'가 언급되고 있다는 점에서, 시간에 의해 '규정'되어 있었다. 그러니까 결국 '존재'와 '시간'은 서로가 서로를 규정하는 셈이다. 〈시간과 존재〉의 그 '과'라고 하는 병립에는, 이와 같은 기본적인 의미가 숨겨져 있다.)

이러한 그의 기본적인 사고방식을, 우리는 좀 더 깊이 들여다볼 필요가 있다. 그는 우선, '숙지된, 통상적으로 생각된 시간의 성격 부여를 통해서'는, 이미 시간의 특별한 점을 규정지을 수 없고, 그 대신 '존재에 대해서 말한 것을 주시함으로써' 시간의 특별한 점을 해명하지 않으면 안 된다고 천명한다(SD10).

그러니까, '존재'란 '현존', '현존하게 한다', '현존성'인데, 이것에는 '현'이라고 하는 것, 즉 '현재'라고 하는 것이 동시에 말해지고 있다는 것이다.

단, 이 '현재'란 '현존이라는 의미에서의 존재'이며, '지금이라는 의미에서의 현재', '지금이라는 것에서 이해된 현재'와는 다른 것이라고 그는 주의한다.

바로 이 '현존성으로서의 현재 및 그러한 현재에 속하는 모든 것'을 그는 '본래적인 시간'(eigentliche Zeit)(SD12)이라고 부른다. 바로 이것에 주목함으로써, 또 이것으로부터, '시간의 고유한 것'을 규정하고, 특징짓지 않으면 안 된다고 말한다(SD11). 이것이 '시간'을 바라보는 그의 기본적인 시각이다.

따라서 다음과 같은 통상적인 시간이해는 배제된다.

통상적으로는, '시간'은 '현재, 과거, 미래의 통일'로서, '지금'이라는 것으로 표상된다. 즉 '시간'은 '지금의 연속'으로서, 연이어 사라져가는 것을 말한다. 이와 같은 '지금의 이어짐에 의한 연속으로 알려진 시간'은, '측정'하거나 '계산'하거나 하는 것이다. 따라서 이 경우의 시간은, '시간측정기', '지침', '시계', '숫자판', '시계장치', '현대의 기술적인 크로노미터' 등에 의해서 '손에 잡힐 듯이 우리 앞에 가져다지는 것'으로 이해된다. 그러나 하이데거는, 이러한 시간이해는 '시간의 고유한 것'을 사유하는 가능성을 줄이게 된다고 하면서, 이를 배제한다(SD11).

(3) 그러면 이 '본래적 시간'인 '현존성으로서의 현재'란 어떠한 것인가? '존재'를 '현존, 현존하게 함, 즉 나타남'으로 '규정'하는 이 '현존'에는 두 개의 측면이 있다.

첫째, 현존(Anwesen)의 '존'(wesen), 즉 '존속'(Währen)이라는 것이다. 단, 이것은, '하나의 지금부터 또 하나의 지금으로 이어지는 시간과정'이라는 통상의 시간이해에 기초한 '단순한 지속'을 의미하는 것이 아니라, '머문다', '체재한다'라는 의미로 해석된다(SD12, 13).

둘째, 현존(Anwesen)의 '현'(An), 즉 '우리 인간에게' '관계해온다'는 것, '우리를 향하여 머물러 있다'는 것이다(SD12).

이러한 한, 현존성은 '항상 인간에게 연관되는 것', '인간에게 건네지는 것'이다. 그러니까 하이데거는 '시간'과 '인간'의 특별한 관련성에 주의하고 있는 것이다. 그러면, 시간과의 관련에서 볼 때 인간이란 무엇일까?

'인간'이란, '현존성에 의해서 관계되는 것'이고, 그와 같은 '관계' '속에 서면서'(innestehend), '선물로서 주어지는 바인 현존을 받아들이는 자', '현존하게 한다는 것에서 현출하는 것을 지각, 분별하는 자'이다. 따라서 인간이, '그것이 현존을 준다'고 하는 것에서, 그 보내진 '선물'을 '항상 받아들이지 않는다면', 또 '선물로서 건네진 것이 인간에게까지 닿지 않는다면', 그런 경우는, '존재'가 '은폐되고 닫힌다'. 뿐만 아니라, '인간' 그 자체가, '그것이 존재를 준다고 하는 것이 닿는 범위 밖으로 따돌려진 채로 머물게 된다'. 요컨대, 그러한 경우라면 '인간은 [이미] 인간이 아니게 된다'.

결론적으로 말해, 인간은 현존이 관계해옴을 받아들이는 한에서만 인간일 수 있다. (이 점은 중요하다. 다시 말해 현존 그 자체가 인간에게 관계해오지 않을 경우는, 인간은 이미 존재하지 않는다는 것이다. 예컨대, '시간과 함께 사라진다'는 표현에서도 이러한 사실을 읽을 수 있다. 말하자면 '현'이 없으면 '존'도 없는 셈이다.)

(4) 그런데 하이데거는, '시간'의 이러한 '관계해옴'(Angehen)에 세 가지 방식이 있음을 주의한다. 그것이 바로 '기재, 도래, 현재'라는 방식이다. 이 중 기재와 도래는, 일종의 '부재'(Abwesen)라고 그는 부른다. 이것은 각각 어떠한 의미일까?

i) '기재'(既在, Gewesen)란, '이미-현재적이 아닌 것'도 '그 부재[라는 방식]에 있어서' '직접', '이미 우리가, 현재라고 하는 의미에서의 현존으로서 알고 있는 것은 아닌 방법으로', 다시 말해 '기재라는 방식에 따라서', '그 고유의 방식으로', 항상 우리에게 관련되어온다는 것이다 (SD13). 단, 이 기재는 '이전의 지금이라는 것에서 해석되는, 단순한 지나간 것'과는 다른 것이라고 주의한다.

결국, 기재라고 하는 방식으로 현존 그 자체가 건네지는 면도 있다는 것이다.

ii) 도래(Zukunft)란, '아직-현재적이 아니라는 의미에서의 부재'도, '우리를 향해서 도래한다고 하는 의미로서의 현존이라는 방식'으로, '기재와 마찬가지로 직접적으로', 우리에게 연관되어온다는 것이다.

단 이것은, '아직-현재적이 아닌 현존'이라는 형태의 '부재'가, '이미 항상', '직접', '어떤 방법으로든', '우리에게', '관련되어온다'는 것, 즉 '현존한다'고 하는 의미이며, 미래가 드디어 시작한다고 하는 것과는 아무 관계가 없다고 주의한다.

결국, '도래[라는 형태]에 있어서, 우리를-향해서-도래한다고 하는 것에서, 현존이 건네진다'는 것이다(SD13).

iii) 현재(Gegenwart)란, 직접적인 '현존'의 형태로, 다시 말해 '우리에게 관계해온다'는 형태로, 즉, '현재[라고 하는 형태]에서도, 현존이 건네진다'는 것이다(SD14).

단, 하나 주의해야 할 것은, 이상의 '기재'와 '도래'라는 '부재'도, '일종의 현존', '관계해오는 것'이라는 것, '직접적인 현재라는 의미에서의 현존과는 일치하지 않는' 다른 종류의 현존이라는 것이다. 현재는 아니지만 기재와 도래도 일종의 현존은 현존이라는 말이다.

다시 말해, '모든 현존이 [다] 현재는 아니'라는 것(SD14), (기재와 도래라는) 다른 방식의 현존도, 직접 그러한 것으로서 있으며, 우리에게 관계해온다는 것을, 하이데거는 주의하고 있는 것이다. (말하자면, 현존은 현재보다도 한층 포괄적인 것으로서, 기재, 도래, 현재 모두에게 균등하게 내재하는 성격인 것이다.)

iv) 그런데 하이데거는, 이 세 가지 종류의 현존을 각각 '차원'(Dimension)(SD15)이라고 부르기도 한다. 그리고 이것이, 세 가지 방식으로, 다시 말해 '삼중으로'(SD15, 17) 건네진다는 점에 주목한다. 즉, '세 가지 시간 차원'이 있음에 주목한다(SD16). 그래서 '본래적 시간'

은 '삼차원적'(SD15)이라고 규정한다. (이것은 일반적으로 '면'을 '이차원', '입체'를 '삼차원'이라고 부르는 기하학적인 의미에서의 '삼차원'과는 전혀 다른 것이다. 따라서 이 '차원'이라는 말은 오해되기 쉽다.) 이것은 '단순한 가능적인 측정의 범위(영역)'라는 의미가 아니라, '일관되게 미치는 것', '밝히면서 건네는 것'이라는 의미라고 그는 설명한다. 다시 말해 이것은, "밝히면서 건네는 것으로서, 도래가 기재를, 기재가 도래를 가져오게 해주고, 또 양자의 상호관계가 열린 것의 밝음을 가져온다"는 사실에 기초하는 것이다.

(5) 그러면, 이 세 가지 방식의, 삼중의 현존은 각각 독립된 것으로서, 서로 무관계인 것일까? 그렇지는 않다. 하이데거는 이 세 가지 현존의 '통일'(Einheit)을 말하고 있다(SD14).

그러면 '통일'은 어떠한 점에 있는가? 답은 이렇다. 즉 그 세 가지(현재, 기재, 도래)에는 '현존의 건넴(Reichen)'(SD14)이라는 것이, '건네면서 닿는다'는 것이(SD13) 공통으로 '작용하고' 있다는 것이다(SD14).

그런데 이 '건넨다'고 하는 방식에는 어떤 특이한 점이 포함되어 있다. 건넨다는 것은, '그것이 우리에게 도달한다'고 하는 것에 기초하는 것이 아니라, '그것이 그것 자체로(in sich) 있기 때문에, 우리에게 도달한다'는 것이다. 여기에는 다음과 같은 점이 포함되어 있다. 즉, '아직 현재가 아닌 것으로서의 도래는, 동시에, 이미 현재가 아닌 것으로서의 기재를 건네고, 가져오고, 반대로, 기재는, 자기를 도래에게 건넨다'는 것, 그리고 '이 양자[기재, 도래]의 상호관련은, 동시에 현재를 건네고, 가져온다'는 것, 이런 것이 포함되어 있다. 이 경우의 '동시에'라고 하는 점에서 하이데거는, '도래, 기재, 현재가 서로-자기를-건넨다'고 하는 성격을 읽어낸다. 바로 이것을, 도래, 기재, 현재라는 삼자의 '통일'이라고 그는 부르는 것이다(SD14).

(단, 이 통일은, 그 세 가지가 동시에 사물적으로 존재한다는 뜻은 아니

다. 그 세 가지가, 서로-자기를-건넨다고 하는 점에서 공속한다는 뜻이다. 그것이 이 통일의 고유한 점이라고 그는 본다(SD14).)

그런데 이 통일에는 문제가 하나 있다. 즉 그 '본래적 시간의 세 가지 차원의 통일'은, '각각 독자적인 현존의 건넴이 서로서로 작용하는 세 방식의 통일'인데, 이러한 통일이 무엇으로 인해 규정되는가 하는 것이다.

하이데거에 따르면, '통일'은, '각각의 차원의, 각각의 차원에 대한 작용'이라는 점에 있다(SD16). (따라서 각각의 차원에 작용하는 '관계 해옴', '가져옴'이라는 방식, 다시 말해 현존을 세 가지 차원 중 어느 하나만으로 국한할 수는 없다.) 바로 이 점 때문에, 그는, '작용'이라는 이 것을, 즉 '시간의 고유한 것에 있어서 작용하는 본래적인 건넴', '모두를 규정하는 건넴'(SD16)을 독자적으로 생각하여, 이것을 결국 '제4의 차원'이라고 명명한다. 이렇게 해서 '본래적인 시간은 사차원적이다'라고 정정된다(SD16). 단, 계산상으로 제4인 이 차원이, 내용상으로는 '제1차적'(anfänglich)이라고 그는 주의한다.

(6) 그런데 이러한 '통일'로서의 건넴에는, 두 가지 특이한 성격이 있다.

i) 첫째, 이 '건넴'이라고 하는 것은, '세 가지 것에, 각각 고유의 현존을 가져오는' 것인데, 이때 그것은 '그 세 가지를 밝히면서 서로 분리해서 유지하고', 또 '그것들을 서로 관련지으면서 가깝게 유지하고', '이 가까움에서 세 가지 차원이 서로 근접한다'(SD16)는 것이다. 건네는 것의 이러한 점을 그는 특히 '가까이 하는 가까움', 다시 말해 '근접성'(Nahheit)이라고 부른다. 바로 이 점이 본래적 시간의 통일의 기초가 된다.

ii) 둘째, 이 근접성이, '[도래, 기재, 현재라는] 셋을 멀게 하면서, 그것들을 서로 가깝게 한다'는 점이다(SD16). 어떠한 점에서 멀게 한다는 것일까? 두 가지 점에서 그렇다. 첫째, '근접성'이 '기재를 개방적으로 보유'할 때, '그것은 기재가 현재로서 도래하는 것을 파악한다'는 점에서 그렇고, 둘째, 이 가까움을 가까이 하는 것이 '도래로부터의 당도를 개방적으로 보유'할 때, '그것은 온다고 하는 것에 있어서 현재를 유보한다'는 점에서 그렇다. 다시 말해, '가까이 하는 가까움은, 파악과 유보라고 하는 성격을 갖는다'는 것이다(SD16).

이렇게 해서, '그것이 시간을 준다'(시간이 존재한다)고 할 때의, '준다'(gibt)는 것은, '거절하며-유보하는 가까움'이라 규정되고, 또 '밝히면서-은폐하는 건넴'이라 불리게 된다(SD16).

이 경우, '건넴'이 일종의 '줌'이라는 점에서, 본래적 시간에서는, 주는 주체와 준다는 사실이 은폐된다. 바로 이것이 앞서 언급한 엔트아이크니스(탈현)와 연관된다.

(7) 이상, 삼자가 '서로에게-자기를-건넨다'는 점에서 시간의 '통일'이 규정됨을 살펴보았다. 그처럼, 도래, 기재, 현재가 '서로 자기를 건넨다'고 하는 이 '통일'과 '함께', '시간-공간'(Zeit-Raum)[혹은 시간역]이라는 것도 '드러난다'는 것을 하이데거는 말한다.

이 '시간-공간'이란 어떠한 것인가. 시간'과' 공간이 아니라, 시간'이라는' 공간이다. '시간-공간'이란 '열린 것'(SD14), '도래, 기재, 현재의, 서로-자기를-건넴에서 드러나는 것'(SD14f)이다. 즉, 본래적 시간의 '시간-공간'에 고유한 것은, '도래, 기재, 현재의, 밝히면서 서로에게 자기를 건네는 것'(SD15)에 기초한 것으로서, '온갖 시간계산'에 '앞서' 있고, 그로부터 '독립적'이다(SD15).

따라서 '시간-공간'이란, 통상적으로 이해되고 있는 것과는 그 내용이 다르다. 즉 그것은, 보통 '기간'이라는 것을 뜻하는데, 하이데거의 시간론에서 말하는 이 '시간-공간'은 그런 '단순한, 계산된 시간의 두 개의 지금이라는 점들 사이의 간격'이 아니다. 통상적으로 이해된 '시기'(Zeitraum)란 '두 시간지점의 측정된 간격'이라는 의미의 '시간계산의 결과'(SD15)이다. 이러한 시간계산을 통해서, 선으로서, 그리고 파라미터로서 표상된 일차원적 시간은, 수적으로 계측되는데, 이와 같이 '지금의 연속된 계기'로 이해된 시간의 '차원적인 것'은, '삼차원적 공간'이라는 표상에서 '빌려오게 된' 것이다. 하이데거는 이런 의미를 배제한다. 시간이란 이와 같이, 공간이라는 개념으로는 이해되지 않는 것이다. 오히려, 위에서 말한 '열린 것'으로서의 '시간-공간'이, '비로소' 그리고 '유일하게', '(통상적으로 알려진) 공간에 그 가능적인 확산을 허용한다', 다시 말해 '준다'고 그는 지적한다. 요컨대, '시간-공간'은, 즉 '도래, 기재, 현재의, 밝히면서 서로 자기를 건네주는 것'은, '공간 이전의 것'(vor-räumlich)이다.

(8) 그런데 이상과 같은 의미에서의 '시간', '시간-공간'의 소재는 어디인가, 즉 그것은 어디에 있는가라고 우리는 물을 수 있다. 그러나 하이데거는, 그와 같은 방법으로 '어디'를, 다시 말해 '시간의 장소'를 물어서는 안 된다고 말한다. 왜냐하면, '본래적인 시간'이란, '가까이 하는 가까움에 의해서 규정된 삼중의 건넴이라고 하는 영역'으로서, '선공간적인 장소성'이며, 이 장소성에 의해 '비로소' 하나의 가능적인 '어디'라고 하는 것도 '주어지기' 때문이다.

물론, 이 점과 관련해서, 즉 '시간은 어디에 속하는가'라는 점과 관련해서, 하나의 가능적인 답의 방향은 있을 수 있다. 그것은, 우선 시간을, '지금의 연속된 계기의 경과로서 계산된 것'이라고 보고, 그러한 것으로서 '프쉬케'에, '아니무스'에, '영혼'에, '의식'에, '정신'에, 시간이 속할 수 있다고 하는 것이다. 다시 말해 '시간은 인간 없이는 없다(주어지지 않는다)'고 하는 것이다.

그러나 이 '… 없이는 … 없다'고 하는 말은 주의가 필요하다. 즉, 이 말은, '인간'이 '시간'을 '주는 자'라든지, 또, '인간이 먼저 인간이고,

그 후에 우연히, 어느 때에, 시간을 받고, 시간에 대한 관계를 받아들인다'고 하는 그런 식으로 '시간을 받아들이는 자'라는 뜻은 아니라는 것이다.

'시간이 인간에 의해서 만들어진 것도 아니고, 인간이 시간에 의해 만들어진 것도 아니다', '여기에 (즉 시간과 인간의 사이에) 만든다고 하는 것은 없다'고 그는 말한다. 여기에는 단지 '시간-공간을 밝히면서 건네는 것'만이 있다(SD16). 왜냐하면, 이미 살펴보았듯이, '본래적인 시간'이란, '현재, 기재, 도래에서 말미암는 현존을, 그 본래적 시간에 속하는, 삼중으로 밝히면서 건네는 것을 통일하는 가까움' (SD17)이며, 그러한 것으로서 '시간'은, '인간 자신에게' 이미 다음과 같은 방법으로 '닿아' 있기 때문이다. 다시 말해 '인간은, 삼중의 건넴 속에 내존(innesteht)하고, 또 그 건넴을 규정하고 있는 거부하면서-유보하고 있는 가까움을 인내하면서 비로소 인간일 수 있다'고 하는 식으로 인간에게 닿아 있기 때문이다.

이상 말한 방식으로 주어지는 것이, 즉, '거부하면서-유보하는 가까움'에 의해 규정된 '밝히면서 숨기는 건넴'으로서의 '줌에 있어서 주어지는 것', " '그것이 준다'고 하는 것의 선물"(SD18)이, 〈시간과 존재〉에서 하이데거가 생각하고 있는 '시간'이라는 것이다.

(9) 이제, 이상의 내용에 덧붙여서, '에어아이크니스'와 관련해 '시간'의 모습을 해명하는 일이 마지막으로 남아 있다.

'시간'은, '그것이 존재를 준다'고 할 때의 '그것'은 아니지만, '존재'와 함께, 그것이 주는(즉, 주어지는) '선물'(Gabe)이었다. 그리고 이 '그것'이 바로 '에어아이크니스'(SD20)였다. (시간도 존재와 마찬가지로 '본래 그리 됨'의 결과물이라는 말이다.)

그런데 '시간'을 '주는' '그것'으로서의 '에어아이크니스'란, 시간의 배후에 독립적으로 따로 있어서 그것을 주는, 시간도 존재도 아닌 제3

의 어떤 초월적인 주체를 말하는 것은 아니었다. '그것이 시간을 준다'고 할 때의 그 줌 자체의 방식(Art), 즉 '밝히면서 건넴'이라고 하는 방식, 그 자체로부터 이 말의 의미를 생각하지 않으면 안 된다(SD18, 19).

다시 말해, '건넨다'고 하는 방식 자체가, 이미 살펴본 '보낸다'와 함께, '에어아이그넨을 기초로 하고 있다'(SD21)는 점에서, 그는 에어아이크니스를 생각하고 있고, 따라서 '시간'은 '에어아이크니스[라는 방식 내지 성격]에 있어서 건네는' 것(SD22f)으로 설명되는 것이다.

이와 같이 '시간'이, 에어아이크니스에 있어서 주어지는 것으로 밝혀진 이상, 이번에는 '시간'과의 관련에서 '에어아이크니스'를 다시 해명하는 일도 필요해진다. 그렇게 함으로써만 '시간'의 중요한 모습이 완전히 해명될 수 있기 때문이다.

이미 살펴본 대로, 시간이 주어지는 방식은 '밝히면서 건넨다'는 것으로서 특징지어졌다. 그런데 이 '건넨다'에는 '위탁한다', '양도한다'라는 것이, 다시 말해 '시간을 열린 것의 영역으로서', '그 고유의 상태로' 위탁하고, 양도한다고 하는 성격이 있음을 그는 읽어내고, 그리고 시간과 존재가, (운명이 '건넨다'에 기초하고 있는 한에서) 서로 공속한다고 하는 것, 그것에도 그러한 성격이 있음을 읽어내서, 그것을 '에어아이크니스'라고 부르는 것이다.

그렇기 때문에 '에어아이크니스'는 '문제-사태'인 것이고, (다시 말해 '존재와 시간을, 각각의 고유의 상태로 가져다줄 뿐 아니라, 그 공속에 있어서 보존하고, 그 안에서 보유하는 문제-사태'인 것이고) 따라서, 이미 말한 것처럼 그것은, '존재와 시간으로 설치된 관계로서 부가적으로 주어지는' 것이 아니라, 이것이 비로소, '존재와 시간을 … 그 고유의 상태로, 다시 말해 운명이라고 밝히면서 건넴에 있어서 가져다주는' 것이다(SD20).

그런데 이러한 에어아이그넨 내지 에어아이크니스에는 두 가지 성격이 두드러진다. 즉 ① '고유의 상태로 … 가져온다', '그 고유한 바를 위탁한다, 양도한다'는 것, 즉 '고유케 한다'(Vereignung)는 것, ② 그 때, 에어아이그넨에 있어서, '그것이 자기의 가장 고유한 것을 무제한의 드러남에서 퇴거시킨다'고 하는 '자기퇴거'가 있다는 것, 에어아이크니스가 '자기를 양도하지 않고, 자기의 소유권을 유보해둔다'는 것, 즉 '엔트아이크니스'(Enteignis: 탈현)가 그것이었다. (이 점은, 존재의 운명이 '보냄'에서 '자기 자신에 머문다'라고 하는 점에서도 이미 살펴보았는데, 하이데거는 시간의 세 차원 중 '기재와 도래의 건넴에 있어서 작용하는, 현재의 거부, 현재의 유보'라고 하는 점에서도 이것을 읽고 있는 것이다 (vgl. SD23).)

결론적으로 말해, 이러한 '에어아이크니스에서' 시간은 주어진다는 것이다. 다시 말해, 건네는 자는 나타나지 않으나, 아무튼 그러한 고유한 것으로서 건네진다는 그런 방식으로.

여기에서, 즉 시간이 에어아이크니스(본래 그리 됨)의 한 내용이라는 점에서, '시간'의 절대적이며 궁극적인 모습이 (즉 본래적으로 그리 되는 것이라는 모습이) 드러나게 된다.

아무튼, 표현이 좀 복잡하기는 하지만, 〈시간과 존재〉에서는, 이상과 같은 형태로 '시간'이 해명되고 있다.

5. 《존재와 시간》과 〈시간과 존재〉: 같은 점과 다른 점

이상, 《존재와 시간》에 나타난 '존재'와 '시간'의 의미, 그리고 〈시간과 존재〉에 나타난 '존재'와 '시간'의 의미를 대략적으로 살펴보았다.

그런데 하이데거 자신이 말한 것처럼, 《존재와 시간》에 있어서도 〈시간과 존재〉에 있어서도, 그 '주도적인 물음'은 확실히 '동일'한데 (SD91), 그 실질적인 내용인 '존재'나 '시간'의 의미내용은 위에서 살펴본 것처럼 미묘한 차이를 드러내고 있었다. 따라서 그가 말하는 '존재'나 '시간'의 진정한 의미를 이해하려고 하는 우리로서는, 여기서 그러한 차이의 실상과 그것에 관련된 여러 사정들을 들여다보지 않을 수 없다.

그러면 《존재와 시간》과 〈시간과 존재〉 사이에는 어떠한 차이가 있는가? 그것을 구체적으로 살펴보기로 하자.

1) 존재와 인간의 관계에서의 변화

우선 무엇보다 먼저 눈에 띄는 것은, 양자의 '존재' 개념에 미묘한 차이가 보인다는 것이다. 그중에서도 특히, '존재'와 '인간'의 관계에서 볼 때 그렇다.

《존재와 시간》에서의 '존재'는, 우선 '현존재'(= 인간)에게 정위함으로써 비로소 명백해질 수 있는 것이었고, 그리고 무엇보다도, '현존재의 존재'가 그 실질적인 내실을 이루는 것이었다. 즉 그것은 철두철미 '현존재'라고 하는 존재자, 즉 인간과 결부되어 있었다.

그것에 비해 〈시간과 존재〉에서의 '존재'는, 이미 단순한 '현존재의 존재'가 아니다. 뿐만 아니라, '존재자 없이'(SD2, 25), '존재가 존재자에게 근거함을 고려하는 일 없이' 사유된다. 더욱이 그는, "그렇게 하지 않고는, 오늘날 지구를 둘러싸고 존재하고 있는 것의 존재를 고유하게 시야에 넣는 어떠한 가능성도 이미 존립하지 않고, 더구나 이제까지 '존재'라고 말한 것에 대한 인간의 관계를 충분히 규정하는 어떠한 가능성도 존립하지 않기 때문"이라고까지 말한다(SD2). 따라서 '존재자 없이'라는 그의 이 말에는, '현존재, 즉 인간이라는 존재자를 우선적으로 고려하는 일 없이'라는 의미도 포함되어 있다.

또 실제로도, 〈시간과 존재〉에서의 논의는, 인간에 정위하는 일 없이 진행되고 있고, 그 자신, '인간존재자의 역할은, 존재의 밝음 때문에 의도적으로 … 유보된다'(SD30)고 말한다.

이 명백한 차이를 우리는 어떻게 이해해야 하는가?

《존재와 시간》에서는, 확실히, '존재문제는 … 물음을 받는 자(Befrgtes)를 주시하면서, 존재자에게 다가가는 통로의 올바른 양식을 획득하고, 또 미리 확보해둘 것을 요구한다'(SZ6)고 말하고 있고, '현존재'(인간)야말로 바로 그 '제1차적으로 물음을 받는 존재자'(SZ8, 13)이며, 그 '현존재'가 '존재적, 존재론적, 기초존재론적' '우위'를 갖기 때문에, 그 현존재의 '실존론적 분석론'에 있어서, '그 밖의 모든 존재론이 거기서부터 발현될 수 있는 기초적 존재론'이 요구되지 않으면 안된다(SZ13). 따라서 "존재문제는, 현존재 자체에 속해 있는 어떤 본질상의 존재경향의 철저화, 즉 전 존재론적인 존재이해의 철저화에 다름 아니다"(SZ15)라고 강조되었다.

이 명백한 차이를 우리는 도대체 어떻게 이해해야 할까? 이 차이는 《존재와 시간》의 기본적 입장에 대한 완전한 취소인가, 수정인가, 아니면 초극인가?

이러한 차이를 이해하기 위해서는, 우선 《존재와 시간》과 관련된 다음과 같은 몇 가지 기본적 사실을 다시 한 번 확인해둘 필요가 있다.

첫째, 하이데거는 당초, 궁극적으로 '존재일반'의 의미를 해명하려고 했다.

둘째, 그것을 위해, 먼저 '현존재 분석'을 시도했고, 그것을 통해 '존재의 의미해명'을 진행하려고 했다.

셋째, '현존재 분석'을 통한 '존재의 의미해명'을 일단 완수한 후에는, 그 성과를 기초로 하여, 다시 '현존재의 분석'을 재음미하는 시선의 전환을 계획하고 있었다.

넷째, 그런데 이러한 그의 '의도'는 그 후 여러 점에서 문제를 야기했다.

이 네 가지 사실은 중요하기 때문에 좀 더 상세히 들여다보기로 하자.

첫째, 이미 서두에서 우리가 인용한 대로, 하이데거는 당초, 단순한 '현존재의 존재'가 아닌 '존재의 의미' 즉 '존재일반'의 의미(SZ436)를 물었고, '존재의 의미에 대한 물음을 구체적으로 완성하는 일'이 《존재와 시간》의 '의도'라는 것을 분명히 밝혔다(SZ1).

둘째, 그런데 그 존재해명을 위해서는, 우선 '현존재'에 정위하는 것이 불가피했다. 그 이유는, 이미 살펴본 대로, '존재'가 '존재자의 존재'(SZ6)인 한, '존재자로 다가가는 통로의 올바른 양식을 획득하고, 미리 확보하는 것'이 필요했던 것이고, 존재문제가 하나의 물음으로서, '… 에게 묻는 것'(Anfragen bei-)이어야 하는 한, '물어볼 자'(Befragtes)가 필요했던 것이고, 그리고 다름 아닌 '인간'이, 즉 우리 자신이 그것인 '현존재'라는 존재성격을 갖는 '존재자'가, 우선은 '이미 항상 어떤 존재이해 속에서 움직이고 있다'는 것, 즉 '평균적인 막연한 존재이해'를 '현사실'로서 갖고 있다(SZ5)는 점에서, 즉 그것이, '자기의 존재 자체에 관련된', 더욱이 '이런저런 식으로 태도를 취할 수 있고, 또 취하고 있다'고 하는 존재 자체, 즉 '실존'(SZ12, 13)을 가진다는 점에서, '존재

142

적 우위'(SZ13)를 가지고, 또 그것이 '자기의 실존규정성에 기초하여 자기 자신에게 즉해서 존재론적이다'라는 점에서, '존재론적 우위'(SZ 13)를 갖는다는 점에서, 하나의 '범례적 존재자'(SZ7)로서 적합하기 때문에, 바로 그와 같은 '물어볼 자'로서 채택되었던 것이다.

다시 말해, '존재의 의미를 묻는 물음을 바깥에서 전망할 수 있도록 설정하기 위해서는, 어떤 존재자(현존재)를 그 존재에 관해서 선행적으로 적절히 설명해둘 필요가 있다'(SZ7)고 그는 생각했고, 그래서 결국, 그러한 현존재에서 실마리를 구하지 않고서는, 애초에 존재를 묻는 일이 불가능하기 때문에, 현존재에 정위하지 않을 수 없었던 것이다.

그래서 하이데거의 존재해명은, 우선 '현존재 분석', '현존재의 실존론적 분석론'이라는 '기초존재론'의 형태로, 특히 '현존재의 해석학'에서 '시작'되었던 것이다.

셋째, 그런데 그러한 '현존재 분석론'(SZ13), 즉 '현존재의 존재를 밝히는 것'(SZ436)은, 실은 '예비적'(SZ17)인 '기초적 분석'(SZ41)이었고, '하나의 방도'에 지나지 않는(SZ436) 것이었다. 그의 '목표'는 어디까지나 '존재문제 일반'의 완성(SZ436)이었기 때문이다.

그래서 하이데거는 처음부터 '방향의 전환'을 생각하고 있었다. 다시 말해, '현존재 분석'이 완료된 후에는 그것을 기초로 하여, '현존재'에서 '존재'로 전환할 것을 생각하고 있었던 것이다. 그리고 그처럼 '현존재 분석'을 통해서 '존재'의 해명을 확보한 후에는, '존재'에서 재차 '현존재'로 향하는 전환도 생각하고 있었다. 다시 말해 그는 '존재의 의미가 해명된 후', 다시 한 번 '현존재의 전체 분석론'을 '더한층 근원적으로' 그리고 '전혀 다른 방법으로' '반복'하는 '다시 다루기'를 하려고 했던 것이다(SD34, vgl. SZ17). 그것을 그는 제1부 제3편 '시간과 존재'에서 수행할 예정이었다. 그래서 그는 '여기에서 전체가 전환한다'(UH17)고 말하기도 했다. 거기에서 그가 우선 하려고 한 것은 '주관성을 떠난 사유를 충분히 추적하며 함께 수행하는 일'이었는데, 이 '주관 성을 떠난 사유'란 '주관성의 짓'이 아닌 한에서의 '기투', 즉 '세계내존 재'의 '실존론적 분석론'의 영역에서만 사유될 수 있는 '존재이해'로서 의 '기투', 다시 말해 '존재의 밝음으로의 탈자적인 관련'인 '기투'라고 설명된다(UH17). 바로 이 일의 수행이 '《존재와 시간》에서 〈시간과 존재〉로의 전환'(UH17)으로 그가 생각하고 있었던 것이다. 이것이 말 하자면 《존재와 시간》의 단초에 이미 함께 속해 있었던 것이다(SD34).

넷째, 그런데 이상과 같은 그의 당초의 의도는 그 후 여러 가지 문제 를 드러냈다. 그 문제란, (1) '기초적 존재론'의 그 '기초적'이라는 성격 이 파기되었다는 것, (2) '현존재 분석'을 통해서 '존재해명'으로 나아 가려고 한 그 이행이 실현되지 않았다는 것, (3) '현존재 분석'의 '다시 다루기'도 실현되지 않았다는 것, (4) '현존재 분석'이라는 입장, 특히 그 '해석학적 성격'이 모습을 감춰버렸다는 것, (5) 《존재와 시간》 이 후, 더 이상 '현존재 분석'이 아닌, '존재사유'라는 다른 방식 내지 형태 로 실질적인 '전환'이 이루어졌다는 것 등으로 정리할 수가 있다.

이러한 문제들 각각에 관련된 제반 사정을 살펴보자면 다음과 같다.

(1) 《존재와 시간》은, 이미 보았듯이, '기초적 존재론'임을 표방했는 데, 그것은 주지하는 대로 《존재와 시간》 이후 모습을 감춰버렸다. 그 이유를 그는 이렇게 해명한다. 즉, '기초적 존재론'의 '기초'란, 말하자 면, 그것이 토대가 되어 '그 위에 구축을 한다'는 그러한 성격의 것이 아니라, 이미 살펴본 대로, '존재의 의미가 해명된 후에는' '현존재의 분석론 전체'가 '더한층 근원적으로', 그리고 '전혀 다른 방식으로' '반 복'되는 것을 의미하는 것(SD34)이기 때문에, 즉 그것은 '흔들리지 않 는 기초'(fundamentum inconcussum)가 아니라, '흔들리는 기초'(funda-mentum concussum)이기 때문에, 다시 말해, '현존재의 분석론을 다시 다루는 것'이 이미 《존재와 시간》의 착수와 함께 '속해 있었기 때문

에', 그것으로 '기초라고 하는 말이 분석론의 잠정성과 모순'되기 때문에, '기초존재론'이라는 명칭은 '파기'되었다는 것이다(SD34).

이 이야기의 핵심은, 요컨대, 현존재 분석이 존재해명을 위한 최종적 기초가 아니라, 그것을 통한 존재해명을 경유하여 다시 그것으로 되돌아오는 것이 미리 예정되어 있었기 때문에, 기초라는 말이 적당하지 않았고, 그래서 그것을 버렸다는 것이다. 단, 이 말은 기초라는 표현 내지 성격을 포기했다는 것이지, '현존재 분석론'이라는 그 내용을 파기했다는 것은 결코 아니다. '현존재 분석론'은 오히려 최종적으로 '다시 다루어야' 할 것으로서 '기대'되고 있는 것이다.

그래서 이것은 어디까지나 기초존재론의 그 '기초'라는 성격의 파기에 대한 설명일 뿐이며, 그가 훗날 실질적으로 '기초존재론'(즉 현존재 분석론)의 입장을 떠나, '존재자 없이' 수행되는 '존재의 사유'로 전환한 것에 대한 이유 설명은 아직 아니다.

(2) 그런데 그가 '현존재 분석'을 통해서 '존재해명'으로 나아가려고 한 것은 이미 살펴본 대로이며, 또 그가 그것을 《존재와 시간》의 제1부 제3편에서 수행하려고 한 것도 또한 이미 살펴본 대로이다. 그래서 '전환한 사유'가, 다시 말해 '주관성을 떠난' 존재 그 자체의 사유가 행해질 예정이었던 것이다.

단, 그 사유는 '존재망각의 근본경험에서 《존재와 시간》이 경험하고 있는 그 차원의 장'에 '도달하려'는 것이고(UH17), "《존재와 시간》의 '입장의 변경'은 아니다"라고 그는 단언한다(UH17). 다시 말해, 그 '이행', 그 '전환'은, 존재가 문제로서 제기되는 그 진정한 지점, 그 원점으로 되돌아가려는 것이었다는 말이다.

그러나 그와 같은 이행은, 《존재와 시간》 제1부 제3편, '시간과 존재'가 출판본에서 미완성인 채 유보되었기 때문에, 그 수행이 곤란해졌다(UH17). 다시 말해 그의 의중에 있었던 '전환'은 당초의 계획대로는 수행되지 않았던 것이다. 실제로 그는, 존재가 거기에서 '현존'으로서 주어질, '시간의 고유한 것', 즉 '하나의 시간 개념'을 '발견'하려고 하면서도, '현존재의 시간성을 넘어, 존재시간성(Temporlität)으로서 존재를 해석하는 것으로 진행하는 도중에' '멈춰' 있는 것이다(vgl. SD34). 그리고 그 이후의 예정은 모두 유보되어버린 것이다.

왜였을까? 그 유보의 이유를 그는, 당시의 그 "사유가 이 전환을 충분히 말하기에 도움이 되지 않았고, 형이상학적인 말의 도움으로는 [다시 말해 《존재와 시간》의 방법으로는] 벗어날 수가 없었다"(UH17)고 해명하고 있다. 그 자신의 사유의 미숙함과 방법의 부적절성이라는 이 두 가지의 이유는, 그자신의 고백인 만큼, 일단 그대로 인정하지 않을 수 없을 것이다.

(3) 그리고 당초 '현존재 분석'이 재차 다루어질 예정이었던 것이 결국 실현되지 않았다는 것인데, 이것은, 이미 그 전 단계인 '현존재 분석에서 존재해명으로의 이행'이 실현되지 않은 이상, 당연한 결과라고 할 수 있다.

(단, 후기 사유에서 때때로 발견되는 '인간에 관한 언급'[예컨대 UH에서의 '탈존'(Ek-sistenz) 논의나 사유 내지 시작의 문제, SD에서의 현존(Anwesen)의 현(An)을 해명할 때의 인간에 대한 관계해옴(Angehen)의 문제 등등]을, 바로 이 예정된 '현존재 분석의 다시 다루기'가 변모한 것으로서 볼 수도 있다.)

(4) 그리고 '현존재 분석'이라는 입장, 특히 그 '해석학적' 성격은 《존재와 시간》 이후 모습이 사라지게 되는데, 그것은 왜인가? 다시 말해, 그는 실제로 '기초존재론'(현존재 분석론)의 입장을 떠나버렸는데, 그것은 도대체 왜인가?

i) 어쩌면 그것은, '현존재 분석론'의 주된 논점이 이미 《존재와 시간》에서 충분히 논의되어왔기 때문에, 언제까지나 그것에 머물러 있을

수는 없다는 것, 그런 이유에 의한 것이었을지도 모른다. 그러나 이것은 다만 추정일 뿐이다.

ii) 그보다는, 그의 목표가 애당초 '존재일반의 의미 해명'에 있었고, '현존재 분석론'에 있지 않았다는 것, 그리고 '현존재 분석'은, 그 자신이 수차 말하고 있는 것처럼, 어디까지나 '잠정적'(SZ17)이며 '예비적'(SZ11)인 것으로, '가장 근원적인 존재해석을 위한 지평에서 방해물을 제거하는 준비'를 하려는 것이었기 때문에, '현존재 분석'이 궁극적인 중요성을 갖는 것은 아니었다는 것, 이것이 그 이유의 하나일 수도 있다. 그래서 실질적인 전환 이후, 본격적인 존재사유에 임하면서, 그것은 그의 관심에서 조금씩 멀어져갔던 것이다.

iii) 그러나 무엇보다도 중요한 것은, '인간'의 의의에 대한 그의 시각에 변화가 생긴 것이다.

당초 그가 '현존재의 실존론적 분석론', 즉 '해석학'의 입장을 채택한 것은, 이미 살펴본 대로, '현존재' 즉 인간이 '전 존재론적 존재이해'를 갖고 있다는 점과 '실존적', '실존론적' 내지 '존재론적' 존재구조를 갖고 있다는 점을 적극적으로 평가한 것이 결정적으로 작용하고 있었다. 그래서 그 '선-이해'를 '철저화', '완성'하는 것으로서의 '해석학'이 수행된 것이다.

그런데 《존재와 시간》 이후, 그의 이러한 적극적 평가가 실제에 있어서 축소 조정되고 있는 것이다. 여기에는 '인간'의 의의에 대한 평가에 명백한 변화가 있고, 이것이 '해석학'의 입장을 떠나게 한 중요한 계기가 된 것일 수도 있다.

실제로, 《휴머니즘에 대하여》를 보면 '인간'의 '사유'(Denken)는 '존재'의 주도권에 의거하는 것임이 강조된다. 즉, '사유는 존재의 관여'(UH5)라는 것이다. 다시 말해, '사유'는 '인간본질에 대한 존재의 관여를 완수하는' 것이고, '사유'는 '이 관여를 만들지도 낳지도 않고', '이 관여'는 어디까지나 '존재에 의해 사유 자신에게 위탁된 것'(UH5)임을 그는 강조하는 것이다. "사유는, 존재의 진리를 말하도록, 존재로부터 요구된다." '인간'의 의의에 대한 이러한 기본적인 사고방식이 그의 후기 사유를 지배하고 있는 것이다. 이와 같은 특징은, "인간은 오히려 존재 자체에 의해서 존재의 진리 속으로 '피투'되어 있다"(UH19)는 그의 말에도 나타나 있고, 또 "인간의 인간성을 실존(Ek-sistenz)으로서 규정할 경우 중요한 것은 인간이 본질적인 것이 아니라, […] 존재가 본질적인 것이라는 사실이다"(UH22)라는 발언에도 명백히 나타나 있다.

가장 확실한 것은, 《존재와 시간》에서 "오직 현존재가 있는 한에서만 존재가 있다"(SZ212)고 말한 것을, "인간의 현존재가 존재를 창출하는 존재자이다라는 의미는 아니다", "존재가 인간의 산물이다라는 의미도 아니다"(UH24)라고 주의하고, 그리고 그것은 "오직 존재의 밝음이 생기는 한에서만, 존재는 인간에게 위탁되어 있다"(UH24)는 것을 의미한다고, 그 강조점을 바꾸고 있는 점에서 찾아볼 수 있다.

아무튼, 이와 같은 변화, 그 변화의 내용, 즉 인간에 대한 존재 자체의 우위가 그에게 다가왔기 때문에, 그는 더 이상 단순한 '현존재 분석'에 머물지 않고, 직접 '존재의 사유' 속으로 진입해 들어간 것이다.

단, 그와 같은 변화는, 아마도 인간에 대한 존재 자체의 우위와 권리를 두드러지게 하기 위한 것이고, 인간의 실존론적 구조에 대한 취소나 과소평가는 결코 아니다. 미묘한 시각의 변화는 있지만, 인간과 존재의 근원적인 관계 그 자체는 시종일관 변함이 없다.

(5) 그런데 전후기 사유의 관계에서 가장 중요한 것은, 《존재와 시간》 이후, 《존재와 시간》과는 다른 방식인 '존재의 사유'라는 형태로, 실질적인 '전환'(Kehre)이 이루어졌다는 것이다. 그리고 그것이 실제로 〈시간과 존재〉에서 '존재자 없이' 존재를 사유한다는 형태로 전개되고 있는 것이다. 바로 이것이 《휴머니즘에 대하여》에서 말하고 있던 '이

다른' 것, 다시 말해 의도되고 있었던 '주관성을 떠난 사유'(UH17)에 다름 아닌 것이다. 여기에서는 《존재와 시간》으로부터의 단순한 방향 전환이 아닌, 말하자면 '존재에 관한 사유' 자체가 '전혀 다른 방법으로', '더한층 근원적으로' (즉 '존재사유'[Seinsdenken]라는 형태로) 수행되고 있는 것이다. 그리고 여기에서는, '인간'의 의미가, 적극적이었던 《존재와 시간》의 경우와는 좀 달리, 오직 소극적인 형태로만 찾아볼 수 있다. (이 '적극적-소극적'이 '긍정적-부정적'인 의미는 전혀 아니다.)

물론, '존재자 없이' 존재를 사유한다는 것은, '존재자에 대한 존재의 관련을 고려하는 일 없이'라는 것, '존재자에게서 존재가 근거로 됨을 고려하지 않고 존재를 사유하는 것'으로, 이것은 '존재에 있어서 존재자에 대한 관련이 비본질적'이라든가, '이 관련이 도외시되어야 한다'든가 하는 것을 의미하는 것이 아니라(SD35), '존재를 형이상학의 방법으로 사유하지 않는다'는 의미이다. 이때 '형이상학의 방법'이란, '존재자로부터 존재를 근거 짓는 것', 즉 '형이상학의 신학적 계기', 다시 말해 '자기원인(causa sui)인 최고의 존재자(summum ens)가 모든 존재 자체를 근거 짓는다'는 것 및 '존재가 존재자를 위해서(umwillen) 사유되고 파악된다'는 것, 즉 '존재가 근거-인데도 불구하고, 존재자의 지배 하에 놓인다'고 생각하는 것을 말한다(SD36). 따라서 '존재자 없이'라고 하는 것은, 이런 전통적인 '형이상학'의 부정이지, '현존재'의 격하는 아닌 것이다. 이 점을 일단 주의해둘 필요가 있다.

그러나 그것이 현존재 내지 현존재의 존재를 배제하는 것은 아니더라도, 아무튼 현존재는 주 무대에서 하단하고, 그 대신에 존재 그 자체가 주인공으로서 등장한다는 것이, 실질적인 전환 이후의 그의 사유를 특징짓는다는 것은 확실하다.

그러면, 그와 같은 직접적인 존재의 사유, 그것으로의 '전환'은 어떠한 사정에서 생겨난 것일까?

우선, 위의 (1)에서 (4)까지에서 생각해본 것도 그 간접적인 사정들이라고 할 수 있다.

그리고 그것들과 아울러, 다음과 같은 것도 또한 그 사정들이 될 수 있다. 즉, 하이데거의 당초의 출발이, '존재 그 자체의 경험'이라는 계기에 의한 것이고, '현존재의 존재'라는 계기에 의한 것은 아니었기 때문에, 《휴머니즘에 대하여》에서 그가 직접 밝힌 저 사정, 즉 사유의 미숙과 형이상학적 방법의 부적절성이라는 사정 등도 있어서, 결국은 당초의 출발점으로 되돌아갔다는 것이다.

이것은 우리가 멋대로 한 추정이 아니라, 그가 당초 생각하고 있었던 '전환'(Kehre), 다시 말해 '의도된 사유'가, 실은 '거기에서 《존재와 시간》이 경험되고 있는 차원의 장, 더욱이 존재망각의 근본경험에서 경험되고 있는 그 차원의 장 속으로 비로소 도달한'(UH17) 것이라는 그 자신의 시사에 의해 확인되는 것이다.

그뿐만이 아니다. 후기에 그가, '경험'(Erfahrung) 내지 '존재와 이미 결합된 사유의 경험'을 강조하고 있는 것도 그 하나의 방증이 될 것이다. (예컨대, 《사유의 경험에서》라는 제목과 그 내용, 〈동일성의 명제〉의 내용, 그리고 "진술, 물음, 답 ― 그 모두에 있어서, 문제 그 자체의 경험이 전제되고 있다"(SD27, 57)는 발언 등도 그 증거로 제시될 수 있다.)

이러한 경험의 차원에서는, '존재'는 결코 '인간의 존재'(현존재의 존재)에 한정되는 것이 아니라, 오히려 존재가 '인간' 내지 '인간의 존재'에 대해서 압도적인 우위를 차지하고 있다. 바로 이것이, 이미 《존재와 시간》에서의, 그 문제의 사실상의 출발 계기였던 것이고, 그리고 또, 바로 이것이 말하자면 후기의 실질적 전환의 주된 계기의 하나로서 다시금 작용하였던 것이다.

그러면, 이러한 경향이, 즉 존재의 우위 내지 적극성이 어떠한 형태로 나타나 있는지, 우선 《존재와 시간》의 문맥 속에서 찾아보기로 하자.

우선 그것은, '여기[《존재와 시간》]에 내세운 물음', 즉 존재문제가 '결코 임의적인 물음이 아니다'(SZ2)라는 말에 의해서 암시된다. 다시 말해 그것은, '사유의 최고의 노력에 의해 현상으로부터 쟁취된' 것으로서, '플라톤이나 아리스토텔레스'를 '숨 쉴 틈도 없게 한' 것이며, '고대의 철학적 정신을 불안 속으로 몰아세워, 계속 불안하게 한' 것(SZ2)임을 그는 맨 첫 부분에서 서술하고 있는 것이다.

그리고 그는, '묻는 것'(Fragen)은 하나의 '탐구'이며, "모든 탐구는, 탐구되고 있는 쪽에서 선행적으로 그 방향이 규정되어 있다"(SZ5)고 말한다. 이것은, 이미 살펴본 대로, "우리가 이미 항상 모종의 존재이해 속에서 움직이고 있다"는 것을 말하는데, 바로 "이 존재이해 속에서 존재의 의미를 명시적으로 묻는 물음과, 존재의 개념에 도달하려고 하는 경향이 생긴다"(SZ5)고 그는 말하는 것이다. 이것은 무엇을 의미하는가? 이것은 물론, 그가 존재해명을 위해 '현존재'에 정위하게 되는 근거를 말하고 있는 것이지만, 동시에 또한, 그 자신이 이미 그와 같은 (비록 '평균적'이고 '막연한' 것이긴 하지만) 존재이해에서 출발했다고 하는, 간접적인 고백에 다름 아닌 것이다. "존재란 무엇인가라고 묻는 것에서 탐구되고 있는 것은 … 전혀 미지의 것은 아니다"(SZ6), "묻는 것에, 물어지는 것(존재)이, 역행적으로 혹은 선행적으로 관계되고 있다", "묻는 것은 물어지는 것에 의해서, 그 묻는 일이 본질상 당혹스러워진다. 이것이 존재문제의 가장 고유한 의미에 속한다"(SZ8), "이 물음을 반복할 필요가 있다는 것의 동기는, 우선 이 물음의 유래가 우러러볼 만하다고 하는 것이다"(SZ8) 등, 그가 최초의 단계에서 끊임없이 말하고 있는 것은, 실은 이미 《존재와 시간》이, 또는 《존재와 시간》에서의 하이데거 자신이, 그러한 존재의 경험, 존재 우위의 경험에서 출발하고 있다는 증거에 다름 아닌 것이다.

그리고 또, 존재문제를 취급하는 '방법'으로서의 '현상학'을 이미 살펴봤는데, 그때 그가, "특정한 물음을 묻지 않을 수 없는 사태적 필연성을 '문제 자체'에서 취하는 취급방법에서, 어쩔 수 없이 전문분야라는 것도 형성될 수 있다"(SZ27)고 말하는 것도, 실은 그 자신이 이미 존재라고 하는 문제의 '사태적 필연성'에 의해서, '문제 자체로부터 요구되어', 물음을 묻고 하나의 전문분야를 형성하지 않을 수 없었다는 의미로 이해할 수 있는 것이다.

뿐만 아니라, 그가 '현상'을, '자기를 나타내는 것', '자기 자신에 즉해 자기를 나타내는 것'이라 규정하고, '학'(-logie, logos)을, '말하는 것', 특히 '전달하는 것'이라 규정하면서, 그때 "말하고 있는 그 내용은, 그것에 대해서 말하고 있는 바로 그 대상으로부터 받아들여지지 않으면 안 된다"(SZ32)고 강조한 것도, 그의 문제제기 그 자체가 존재 자체에 의해서 촉발된 것이라는 암시에 다름 아닌 것이다.

그리고 또, 이른바 '해석학적 상황'과 관련하여, "해석이 학적 해석으로서 어떤 연구의 표면적인 과제가 될 때에는, 그러한 전체는 개시되어야 할 '대상'의 그 어떤 근본경험을 기초로 하여, 또 그 근본경험 속에서, 선행적으로 명료하게 되고, 확실하게 될 필요가 있다"(SZ232)고 말한 것도 같은 의미로 받아들이지 않으면 안 된다.

이상은, 아무튼 하이데거의 '존재문제의 제기' 그 자체의 근저에, 애당초 존재의 직접적인 경험이 계기로서 작용했음을 암시하는 것이다. 거기서 출발하여 전개된 것이 《존재와 시간》의 내용이었던 것인데, 바로 이 당초의 문제설정이, 또 하나 다른 계기인 '현존재 분석을 통한 존재해명'이 미완으로 끝난 시점에서 다시 되살아나 존재 자체와 직접 연관되는 사유, 존재 자체의 밝음 한가운데에 서서 그것에 청종하는 존재사유를 전개하게 되었다는 것이 다름 아닌 후기의 실질적인 전환인 것이다.

그러면, '현존재 분석을 경유한 존재해명'은 왜 미완으로 끝나고, 또 왜 처음의 그 '존재경험'의 장으로 되돌아간 것일까?

우선 미완으로 끝난 이유로는, 어떻든 하이데거 자신이 고백한 두 가지 사정, 즉 ① 그 단계에서의 그 자신의 사유의 불충분과 ② 방법의 부적절, 그것이 무엇보다 솔직한 답일 것이다. 그리고 '존재경험'의 장으로 되돌아간 이유로는, '현존재 분석론'을 경유하지 않고도 존재 자체의 자기개시에 따라서 존재에 다가가는 일이 가능하고, 또 그와 같이 존재 그 자체의 말걸음[요구]에 청종하는 것이 진정한 '존재해명'을 위해서 더 적합하다는 것이 후기의 그에게 점점 확실해졌다는 게 답일 것이다. 이렇게 생각할 수 있는 것은, 어떻든, 후기에 전개된 사유 그 자체가 그와 같은 모습을 보이고 있기 때문이다. 다시 말해, 변화의 원인은, 그 변화의 결과 자체가 가장 정확하게 말하고 있다는 것이다. 뒤에서 자세히 살펴보겠지만, 후기의 이른바 '사유'에 있어서는, 인간적 현존재의 적극적인 의의가 존재 자체의 '관여'(engagement), '말걸음'(Zuspruch) 등의 적극성을 위해서, 자리를 내어주고 있는 것이다. 예컨대, '그것이 존재를 준다'(Es gibt Sein: 존재가 있다)의 '그것'(Es)이, '존재 그 자체'라고 말하고 있는 것도 그러한 적극성의 한 양태로 볼 수 있다.48)

요컨대, 이와 같은 존재의 적극성이 차차 부각되어왔기 때문에, 그는 '현존재 분석론'의 입장을 떠나, 존재 그 자체에 청종하는 '존재경험'의

---

48) 이 'es gibt'라고 하는 성격은, 이미 《존재와 시간》에서도 언급하고 있는데, 그것은 아직 그 의의가 적극적으로 평가된 것은 아니다. 다시 말해, 그는 '존재는 … es gibt 속에 있다'(SZ7)고 말하면서도, 그것은 아직, '직접 Ereignis를 향해서 사유된 것이 아니라', '어중간한 시도'(SD47)였다고, 후에 술회하고 있다. 또, SZ212에도 'es gibt'에 관한 언급은 보인다.

장으로 진입해 들어간 것이다.

지금까지, 《존재와 시간》과 〈시간과 존재〉에서, '존재'와 '인간'의 관계 내지 그것들의 의의가 미묘하게 변화하고 있음을 지적하고, 그 사정들을 살펴보았다. 그러나 미묘한 변화는 그것으로 다가 아니다. 따라서 이번에는 그 두 번째 '차이'를 살펴보기로 하자.

2) '존재' 개념의 지위 변화

이상과 함께 전후기의 두 번째 차이로서 지적할 수 있는 것은, '존재'라고 하는 주제의 '지위'에 미묘한 변화가 있다는 것이다. 즉, 《존재와 시간》에서는 '존재'가 그의 명백한 주제이고, 그 해명이 [즉 존재문제 일반의 완성이] 그 궁극의 '목표'(SZ436)였는데, 〈시간과 존재〉에서는, '에어아이크니스'(Ereignis: 자기발현, 본래 그리 됨)라고 하는 다른 개념이 등장하여, '존재'는 그 '에어아이크니스 안에서 소실'(SD22, 46)되는 것이다. 언뜻 '존재'라고 하는 주제의 포기인 듯이 보이기도 하는 이 차이를 우리는 어떻게 이해해야 할까?

결론부터 말해, '존재'가 '에어아이크니스 안에서 소실된다'고 하는 이 발언은, 결코 존재의 포기선언은 아니다. 왜냐하면, 〈시간과 존재〉에서의 그의 '의도'가 어디까지나 '존재'를 '에어아이크니스'로서' (als) 주시하는 것이라고 그 자신 명언하고 있듯이(SD22), '존재'에 대한 기본적인 관심은 그대로 유지되고 있기 때문이다. 단, 〈시간과 존재〉에서는, 《존재와 시간》의 단계에서는 아직 대두되지 않았던 '에어아이크니스'라는 주요 개념이 정면으로 제시되어, 이 중요성을 부각시키기 위해서, '존재'는 그 중심적인 지위에서 물러날 필요가 있었던 것이다. '… 안에서 사라진다'는 표현은 그렇게 이해할 수 있다.

그러면, '존재'를 '에어아이크니스'로서 주시한다는 것은 어떠한 것일까? 특히 여기에서 '로서'(als)라는 것은 무엇을 의미하는 것일까?

하이데거 자신의 주의에 따르면, 이것은 우선, 존재에 대한 이런저런 해석(예컨대, 이데아, 에네르게이아, 악투알리타스, 의지 … 등)의 연장선상에서, 또 하나의 다른 변화된 해석으로 '에어아이크니스'라는 것이 내세워졌다는 식으로 오해되어서는 안 된다. 왜냐하면, 그렇게 이해할 경우, 그것은 '형이상학의 한 속행'으로서, 즉 존재의 일종으로서 '에어아이크니스'를 추가한다고 하는 부당한 결과를 가져오게 되기 때문이다. 사태는 오히려 그 반대로, 존재의 '보냄'(Schicken)과 시간의 '건넴'(Reichen)이, '에어아이크니스'에서 그 결정을 받아들이기 때문에, '존재' 쪽이 '에어아이크니스'의 일종이 되는 것이다. 에어아이크니스가 존재보다 더 근원적이고 더 포괄적인 현상인 셈이다.

그러나 이것은, 존재의 건넴이 '에어아이크니스[라는 형태]에서' 보내지고, 시간도 또한 '에어아이그넨에서' 건네진다고 하는 의미여서, 에어아이크니스가 '존재'와 전혀 다른 별종의, 존재와 시간을 포괄하는 어떤 논리적 상위 개념을 의미하는 것은 아니라고 그는 엄중히 주의한다. 말하자면 다른 것이 아니라 같은 것의 다른 모습, 더 근본적인 모습인 셈이다.

에어아이크니스로서의 존재라고 할 때, 그 '로서'에서는 이상과 같은 점을 충분히 주의되지 않으면 안 된다. 다시 말해, '로서'는 논리적 질서관계를 의미하는 것은 결코 아닌 것이다.

그러나 아무튼, '에어아이크니스'라고 하는 새로운 개념의 등장에 의해 '존재'의 표면적 지위가 변화한 것은 확실하다. 이 점은 어떻게 이해해야 하는가?

그것은, 《존재와 시간》에서의 '존재'가 애당초 현상학적인 '현상' 개념의 내실이라는 형태로 제시된 것을 아울러 생각해볼 때, 그 '현상'의 내실이 그의 긴 사유과정에서, 여러 가지 측면에서 그 새로운 모습을 드러내 보이고, 그렇게 심화, 확대, 발전되어 이윽고 에어아이크니스라는 경지가 확보되기에 이르렀다, 그렇게 본다면, 그것으로 충분하지 않을까 생각된다. 결국, '존재'의 지위의 변화는, 그것의 변질이나 폐기 같은 성격의 것이 아니라, 존재 개념 그 자체의 심화, 확대, 발전, 철저화로 받아들이지 않으면 안 되는 것이다.

3) '시간' 개념에서의 괴리

그리고 다음으로, 《존재와 시간》과 〈시간과 존재〉 양자 사이에 보이는 또 하나의 중요한 차이는, 양자의 '시간' 개념에 괴리가 있다는 것이다.

단적으로 말해서 이 차이는, 《존재와 시간》에서의 '근원적인 시간'(SZ329)이 '현존재의 존재'(SZ17)로서의 '시간성'(Zeitlichkeit)인 데 대해서, 〈시간과 존재〉에서의 '본래적인 시간'(SD16)은 이미 단순한 '현존재'의 '시간성'은 아니라는 것이다. 이 '본래적인 시간'은 '현존성(Anwesenheit)으로서의 현재 및 그러한 현재에 속해 있는 모든 것'으로서, 결국 '현존성', 즉 '존재' 그 자체와 근본적으로 결합되어 있는 것이다. 여기에는 명백한 차이가 있다. 이 차이를 우리는 어떻게 이해해야 할까? 전자(즉 현존재에 귀속되는 시간성)와 후자(즉 존재와 결합된 시간)는 완전히 다른 것인가, 아니면 관련이 있는가? 관련이 있다고 한다면 그것은 어떠한 관련인가? 이 점을 해명하기 위해서는 '시간'을 둘러싼 제반사정을 엄밀히 되돌아볼 필요가 있다.

당초 하이데거가 《존재와 시간》에서 '시간'을 다루었을 때, 그는 모든 존재이해의 가능적 '지평'(Horizont)(SZ1)으로서의 '시간'을 생각했다. 즉 그는, '존재이해'를 위한 지평으로, '시간'을 먼저 해명할 필요가 있었던 것이다. 그와 같이 '시간'을 '해석'하려고 하는 '목표'를 수행하는 과정에서 그는 우선 먼저 '현존재의 존재'(SZ17) 내지 그 '의미'인 '시간성'을 규명하려고 한 것이다. 그러나 이 시간성의 해명은, '존재일 반의 의미를 향한 주도적인 물음'에 대한 '답'을 획득하기 위한 '지반' 을 '준비'하기 위한 것이었지(SZ17), 답 그 자체도 아니고(vgl. SZ17, SD30), '궁극의 정지점'도 아닌, '하나의 물음'을 드러낸 것에 다름 아니었다(SD30). 다시 말해 그 자신이 훗날 밝히듯이, 《존재와 시간》에서 특징지어진 탈자적, 지평적 시간성은, 이미, 존재에 대한 물음에 대응하는 요구된 시간의 가장 고유한 것은 결코 아닌' 것이다(Vw XIII). 물론, 당초부터도 그 자신은 '시간성 해석'에 머물지 않고, '이것' 즉 '시간성을 넘어서 존재시간성(temporalität)으로서 존재를 해석'하려고 했다. 그러나 《존재와 시간》은, 주지하는 대로, 그 해석으로 진행하는 '도중에', '하나의 시간 개념'을, 즉 '거기서 존재가 현존으로서 주어지는 바의, 그 시간의 고유한 것'[즉 템포랄리테트]을 '발견'하려고 하면서도, '그 도중에서' 멈추어버린 것이고(SD34), 실제로 우리에게 주어진 해명은, '선구적 결의성'과 관련해서 경험하게 되는 '현존재의 시간성'의 구조 내지 그것과 대비된 소위 '세계시간' 및 '지금-시간'의 본질뿐이었던 것이다. 그래서 결국 《존재와 시간》에서는, '시간해석은 현존재의 시간성에 한정되어, 존재의 시간성격은 문제가 되지 않았던' 것이 사실이다(SD30).

그런데 〈시간과 존재〉에서는, 이미 살펴본 대로, 《존재와 시간》에서 유보되었던 그 존재의 시간성격이 실제로 언급되고 있는 것이다. 그러한 한, 《존재와 시간》에서의 '시간'과 〈시간과 존재〉에서의 '시간'은, 일단 동일한 것은 아니라고 할 수가 있다. 이러한 사정을 우리는 분명히 짚어둘 필요가 있는 것이다.

그러나 이 양자는 전혀 무관한 것은 아니다. 비록 실제로 수행되지는 않았지만, 하이데거 자신이 당초 현존재의 시간성을 경유하여 존재의 시간성으로 가려고 의도했다는 사실 그 자체가, 이미 이 양자의 관련성을 암시하고 있다. 다시 말해 당시의 하이데거에게, (비록 막연한 것이었다고 해도) 이 양자의 관련성이 이미 예지되어(미리 갖고) 있었던 것이다. 실제로 하이데거는, 이미 《존재와 시간》의 단계에서 말한 '현존재의 시간성의 시숙이란 성격', 즉 '탈자적인 것' 속에, '명확하게 지명되지는 않았지만', '존재로서의 존재의 진리, 밝음, 비은폐성에 대한 지시'가 포함되어 있었고(SD30), 그렇기 때문에 '시간'은, 통상의 이해와는 달리, '알레테이아와 현존에 대한 지시'에 의해서, '하나의 새로운 의미'를 획득하고 있었던 것이라고(SD31), 다시 말해, '이미 《존재와 시간》에서, 알레테이아(비은폐성)에 대한 관련에서, 그리고 그리스어 우시아(현존성)에서 사유'되고 있었던 것이며, 그렇기 때문에 '시간'은, "후에 '존재의 진리'라고 불리는 것에 대한 선행-명칭"이었다(SD 30)고 말하고 있는 것이다.

그러나 그의 이러한 말을 액면 그대로 받아들인다고 해도, 하나의 문제는 여전히 남는다. 그것은 즉, 《존재와 시간》의 '시간' 속에 '진리 내지 현존'에 대한 지시가 포함되어 있었다고 해도, 그것은 어디까지나 '지시'[가리켜 보임]에 지나지 않고, 그 자신이 당초 의도한 명백한 '논구'(SZ19)의 단계에는 이르지 못했다는 것이다. 그것에 이르지 못한 것은, 당초 '[현존재의] 시간성'을 넘어서 '존재의 시간성'을 논구하려 했던 제1부 제3편이 유보된 사실이나, 〈시간과 존재〉에서 그가, "거기에서 '존재'가 현존으로서 주어져오는 바로 그 '시간'의 고유한 것"을 '발견'하려고 하면서도, 도중에 멈추어버린(SD34) 것을 명백히 인정하고 있음을 볼 때, 부인할 수가 없을 것이다. 그러니까, '시간'을 '존재'(Anwesen: 현존) 자체와 동일시하는 후자의 '시간' 개념은, 《존재와 시간》의 단계에서 '예감'되고 있었는지는 모르지만, 그것이 명백하게 그에게 보이게 된 것은, 적어도 그것보다는 나중이었던 것이다. 그리고 그렇게 보이게 된 후기의 '시간' 개념이, (비록 그 자신의 명언은 어디에도 없지만) 그것이 이미 현존재가 아닌 존재 자체에 근본적으로 연관되는 것으로서 나타나 있는 한, 다름 아닌 존재시간성(즉 《존재와 시간》에서 예고만 되고 실종되어버린 그 템포랄리테트)라고 봐도 큰 무리는 없을 것이다. (그렇다고 해서 이 후기의 시간이 《존재와 시간》의 텍스트에 연결될 수는 없다(SD91)고 하는 그 자신의 주의는 물론 충분히 존중하지 않으면 안 된다. 왜냐하면, '시간성'을 매개로 하여 '존재시간성'을 해명하려고 한 당초의 의도는, 이미 본 바와 같이, 몇 가지의 이유로 인해 일단 좌절되었고, 후기의 시간 개념은 후기 고유의 존재사유를 거치면서 비로소 명확해질 수 있었기 때문이다. 논의의 맥락이 다르므로 그대로 연결하기는 곤란하다는 말이다.)

4) 존재와 시간의 관계에서의 변화

그런데 이상과 같은 기본적인 차이와 더불어, 또 하나 눈에 띄는 것은, '존재와 시간의 관계'에서 드러나는 차이다. 즉, 《존재와 시간》에서의 '시간'은 '존재이해'를 위한 '지평'(Horizont)인 데 대해, 〈시간과 존재〉에서의 '시간'은, 이미 살펴본 바와 같이, 애당초 '존재'와 결합한 '문제사태'(Sache) 그 자체인 것이다. 이 점을 우리는 어떻게 이해해야 하는가?

《존재와 시간》에서는, 분명히 '모든 존재이해 일반의 가능적 지평으로서 시간을 해석하는 것'이 탐구의 우선적인 '목표'인 만큼, '시간'은 '존재'의 이해를 위한 '지평'이라는 '관계'가 처음부터 설정되어 있었다. 《존재와 시간》에서의 '와'의 의미는 그런 것이다.

따라서 다소 도식적으로 말하자면, 《존재와 시간》에서는, '존재'가 '주연'이고, '시간'은 '조연'인 셈이다. 그렇기 때문에 존재가 먼저이고,

'시간'은 그 다음인 것이다.

그런데 〈시간과 존재〉에서는, 이미 수차에 걸쳐 보았듯이, '존재'는 '현존'이고, 그 '현존'에 '현재'의 의미가 포함되어 있는 한, 이미 그 자체가 '시간'을 말하고 있는 것이다. 따라서 거기에서는 '시간과 존재'를 함께 말하고, 함께 '사유의 문제사태'(SD4)라고 하며, 함께 에어아이크니스의 '선물'(Gabe)이라고 하고 있는 것이다. 그렇기 때문에 또한, '존재와 시간', '시간과 존재'는, 두 현상의 관계를, 두 현상을 서로 보유하고 그 관계를 지속시키는 문제사태를 말하게 되는(SD4) 것이다. 〈시간과 존재〉에서의 '와'의 의미는 그런 것이다(vgl. SD4).

따라서 다소 무리를 무릅쓰고 말하자면, 시간에 대한 '존재'의 우위를 배제하기 위해, '시간'을 먼저 말하고 '존재'를 다음에 말하는 것이다. 아니, 오히려 〈시간과 존재〉에서는, '시간'을 '건네는 것'(reichen)에 '존재'를 '보내는 것'(schicken)이 '기인한다'(beruhen)(SD20, 21)고 말하는 이상, 어떤 면에서는 '시간'이 '존재'보다 우위에 놓여 있는 느낌조차 없지 않은 것이다.

그런데 여기에서 하나 주의해야 할 것은, 《존재와 시간》에서 의도하고 있었던, 존재이해를 위한 지평으로서의 '시간' 해석이 완수되지 않았다는 것이다. 뿐만 아니라 이 '지평'이 '현존재의 시간성'을 말하는지, '존재의 시간성'를 말하는지, 명확하지 않다는 것이다. 실제로 그는, "존재의 시간성(Temporalität)의 문제성이 논구될 때, 그 안에서 먼저 주어진 것이 존재의 의미를 묻는 물음에 대한 답이다"(SZ18)라고도 말하고 있고, 또 "탈자적인 시간성 자체의 어떤 근원적인 시숙의 방식이, 존재일반의 탈자적 기투를 가능화함에 틀림없다"(SZ437)라고도 말하고 있다. 그리고 또 《존재와 시간》의 마지막에서는, "근원적 시간에서 존재의 의미로 하나의 길이 통하고 있는 것일까, 시간 자체가 존재의 지평으로서 붉거지는 것일까"라는 애매한 말투로, 어떤 의미에서는 회의적이라고 들릴 수도 있는 말로, 전체를 마무리하고 있는 것이다.

　요컨대, 《존재와 시간》에서는, 이 '지평'으로서의 '시간'에 대한 해명, 특히 시간과 존재의 관계에 대한 구체적 해명 내지 지평에서 존재이해로의 이행을 설명하는 것이 결국 완수되지 않았다고 봐야 한다. 다시 말해, 그는 '시간'이 '존재이해'를 위한 '지평'이라고 하는 직관적인, 그러나 막연한 '신념'을 가지고 출발했는데, 그것을 충분히 '논구'하여 납득시키지 못한 채로 그 작업을 포기했다고 봐야 하며, 그것이 훗날 '존재와 시간의 공속 내지 존재의 보냄이 시간의 건넴에 의거한다'고 하는 새로운 통찰에 의해 일단의 완수를 이루어냈다고 봐야 할 것이다. 존재와 시간 양자의 관계와 관련된 차이는 이렇게 정리될 수 있다.

5) 변하지 않는 것

　이상 우리는, 하이데거 철학의 전기와 후기에 있어서의 '존재'와 '시간' 개념을 둘러싼 미묘한 차이라는 문제점을 고찰해보았다. 거기에서 확실히 몇 가지 차이가 있었다.

　단, 여기에서 하나 분명히 해두고 싶은 것은, 이상과 같은 차이가 인정됨에도 불구하고, 가장 기본적인 주제인 '존재' 내지 '시간'은 결코 '포기'되지 않았고, '후기'의 사상에 의해서 '전기'의 사상이 결정적인 '손상'을 받는 일은 결코 없다는 것이다. '주도적인 물음'은, 이미 살펴본 그 자신의 언명대로, 어디까지나 '동일한 것'으로 견지되고 있다. 초지일관 혹은 수미일관 혹은 일이관지인 것이다.

　그러면, 이제까지 우리가 지적 내지 확인한 '차이'는 어떻게 이해하면 좋을까? 이러면 될 것이다. 즉, 그 '차이'들은 어디까지나 '주도적 물음'의 '전개과정'에서 생길 수 있는 '주제로의 접근방식의 변경', '새로운 발견 내지 영역의 확대', '심화발전', '막연성의 명료화' 또는 '있을 수 있는 시행착오의 시정' 같은 그런 것이라고 이해하는 것이다.

이러한 것을, 처음에 논한 '존재와 인간의 관계'의 변화라는 점에도 적용하지 않으면 안 된다. 그 관계의 양상은, 이미 살펴본 대로, 확실히 변화하기는 했지만, 그 관계 자체가 근본적으로 변질된 것은 아니고(그와 같은 근본적 변질의 증거는 어디에도 보이지 않는다!), 이미 살펴본 이유에서, 《존재와 시간》에서는 '인간' 쪽에 중점이 두어지고, 〈시간과 존재〉에서는 '존재' 쪽에 중점이 두어진다는 식으로 바뀌었을 뿐인 것이다.

그리고 두 번째로 논한 '존재' 개념의 지위 변화도, 역시 주제의 포기나 내용의 수정 내지 변경이 아니라, 새로운 사실 내지 영역의 발견에 의한 심화, 발전으로 받아들이지 않으면 안 된다. 전기에서 획득된 존재의 내실은 어디까지나 그대로 보존되어도 좋은 것이다.

그리고 세 번째로 논한 '시간' 개념의 괴리도, 결코 '시간성'의 내실의 취소나 변경이 아니라, 전기 사상의 사정 내에 포함되어 있었던 힌트의 명료화 내지 철저화라는 성격의 것이어서, '시간'에 대한 관심, '시간'의 역할, 시간과 존재의 관련성 등은 유지된다고 봐도 좋은 것이다.

그리고 네 번째로 지적한 '존재와 시간의 관계에서의 변화'도, 결국 그 '관계의 양상'의 변모이고, 양자의 근원적인 관련성은 시종일관 변하는 일이 없는 것이다.

이러한 평가는, 일견 하이데거를 너무 옹호하는 것으로 들릴지도 모르지만, 하이데거가 확고한 문제의식을 가지고 있었다는 것, 그리고 그것이 확고한 문제 자체의 경험에 의거한 진정한 문제였다는 것, 그리고 그것이 시종일관 지속적으로 탐구되어왔다는 것 등은 누가 뭐래도 인정하지 않을 수 없는 것이다.

6. 소위 '전환'(Kehre)의 문제

그런데 이상과 같은 논의는 이미 저 유명한 '전환'(Kehre)의 문제와 얽히어 있다. 따라서 이 문제를 일단 분명히 이해해둘 필요가 있다. 이 것이 '하이데거 철학'에서는 워낙 유명한 사안이기 때문이다. 그리고 '존재'와 '시간'의 문제와도 당연히 무관하지 않기 때문이다.

그런데 이 문제에 대해서는 이미 많은 연구자들의 연구 성과가 있고, 그것과 대결해서 그 성과를 파기해야 할 어떤 획기적인 사정이 따로 있는 것은 아니다. 따라서 여기서는, 기존의 그 연구 성과들을 근거로 그 문제의 소재를 명확히 정리해보는 것으로 만족하고자 한다.

1) 문제의 발단

우선, 이 '전환'의 문제는 결과적으로 보면,

① 《존재와 시간》의 당초 계획이 완수되지 못하고, 그 제1부 제3편 이하가 포기되어버린 것,

② 1930년대 이후, 하이데거의 사유경향이, 아무튼 《존재와 시간》의 그것과는 약간 다른 변모를 보이고 있다는 것 등 하이데거 자신에 의한 사정,

③ 이것을 둘러싼 문제를 뢰비트가 지적하고 여러 가지로 논했다는 것,

④ 이것을 계기로 많은 사람들이 이 문제를 다루며 하이데거 자신까지도 이것을 언급하게 된 것,

이런 것들에 의해, 하이데거 철학 연구의 한 필수 테마가 되었다고

할 수 있다.

그러니까 어떤 의미에서는, 이 문제를 문제로서 제기한 뢰비트(Karl Löwith)가 이 문제의 첫 발단이 되었다고도 할 수 있다.

뢰비트는 1951년 《노이에 룬트샤우》(*Neue Rundschau*)지에 발표한 〈하이데거의 전환〉에서, "하이데거의 현재 도달한 입장이, 그의 출발점에서의 입장과 수미일관성을 갖고 있는가, 혹은 그것은 하나의 역전(Umkehrung)의 결과인가"[49]라고 문제를 제기하여, "《존재와 시간》과 후기의 여러 저서들의 본질적 차이는, 결국 현존재와 존재의 관계에서의 중점의 미묘한 뒤바뀜으로 귀착"[50]하고, "《존재와 시간》의 현존재의 실존범주적 구조는 존재의 토폴로기로 변전"[51]하여, 따라서 하이데거에게 있어서는, '자기 자신으로 결단하게 하는 현존재'에서 '자기 자신을 증여하는 존재'로의 역전이 명백히 존재한다는 견해를 제시한 것이다. 말하자면, 바로 이것이 저 '전환 문제'의 발단이었던 것이다.

2) '전환'의 진상

그러면, 이 '전환'의 진상은 어떤 것인가? 뢰비트의 말 그대로인가? 우리는 여기서 논자들의 견해를 일일이 추적하지는 않고(그것은 이미 많은 연구자들이 다룬 일이기도 하므로),[52] 그 결과만을 우리의 관점에서 정리해보기로 한다.

그런데 '전환'이라는 것은, 실은 다양한 의미를 가지고 있어서, 논자

---

49) Karl Löwith, *Heidegger — Denker in dürftiger Zeit*, 1953, S.7

50) Löwith, 같은 책, S.38

51) Löwith, 같은 책, S.39

52) 특히, 渡辺二郎, 《ハイデッガー存在思想》, 293-332頁과, 川原栄峰, 《ハイデッガー思惟》, 691-713頁을 참조하기 바람.

164

에 따라 그 의미가 다 같은 것은 아니다. 그 다양한 의미는 여러 가지가 있지만, 결국 네 가지로 정리할 수 있다. '전환'문제를 제대로 이해하기 위해서는, 우선 이 네 가지를 엄밀히 구별하고, 그 각각을 정확히 이해해두지 않으면 안 된다. 그 네 가지란 다음과 같다.

(1) 《존재와 시간》의 당초의 구조 안에 포함되어 있었던, 제1부 제3편 '시간과 존재'로의 방향전환

(2) 하이데거 자신의 사상 전개에서 보이는 소위 전기 사유에서 후기 사유로의 방향전환

(3) 존재망각에서 존재사유로의, 다시 말해 하이데거 이전에서 하이데거로의 전환

(4) 문제 그 자체가 지니는 근본사태로서의 '전향'

이것들을 각각 좀 더 자세히 살펴보기로 하자.

(1) 《존재와 시간》에서의, 예정되어 있었던 '시간과 존재'로의 전환. 이것은, 우선 무엇보다도, 하이데거 자신이 인정하고 있는 것이다. 당초 그는 '현존재의 실존론적 분석론'을 수행한 뒤, '주관성을 떠난 다른 사유'를 전개하려고 했다. "여기에서 전체가 역전한다"(UH17)고 그는 생각한 것이다.

밀러도, "제1부 제3편은 존재 그 자체에서 기인하는 고찰의 '전환'을 가져올 것이었다"[53]며 이것을 인정하고 있다.

또, 파렌바하도, "《존재와 시간》의 출간 부분에서는 [그것이] 아직도 결여된 채로 있다. (그러나 계획되어 있었던) '시간과 존재'로의 전환은, […] 시간성(또는 시간)의 존재의미에 대한 물음을 제시할 예정이었

---

53) Max Müller, *Existenzphilosophie im geistigen Leben der Gegenwart*, 1949, S.75.

다"54)며 이것을 인정하고 있다.

그러나 이 '전환'은 어디까지나 계획이었던 것이고, 또 결국 실현되지 못하고 미완인 채로 포기되어버렸다. 이미 살펴본 대로, 여기에서는 '주관성을 떠난 사유'가 전개될 예정이었지만, 그것은 '사유'의 불충분과 '형이상학적 언어'의 한계로 인해 실현되지 못했던 것이다.

피에타도 같은 취지의 말을 하고 있다. 즉, "이것은《존재와 시간》의 제1부에서 하이데거가 아직 감행하지 못한 것이었다. 왜냐하면, 우리가 사용하는 철학용어는 모두 주관주의에 의해서 만들어진 것이기 때문이다."55) 그리고 "주관을 시인하는 것이 아니라, 현존재를 통해서 존재로 도달하는 것, 그리고 여기에서 전 분석이 더 깊이 수행되도록 하는 것, 이것이《존재와 시간》제2부의 목적이었다. 그러나 그것은 나타나지 않았다. 왜냐하면, 우리의 말은 주관으로서의 인간의 각인을 갖고 있고, 그렇기 때문에 존재로부터 인간을 생각하는 말이 없기 때문이다."56)

그리고 뮐러의 견해도 대체로 이런 종류의 것이다. 그는, "하이데거는 […] 거기에서 응시해야 할 것에 대한 적절한 말이 결핍되어 있었기 때문에, 당시 앞으로 진전하지 못했던 영역으로 들어갔던 것 같다. 제3편은 이 새로운 영역으로 돌진해갔을 것이다. 그 이후 하이데거는, 작고 느린 걸음으로, 노력 끝에 이 영역을 정복해갈 수가 있었다"57)고 말하고 있다. 덧붙여 뮐러는, 예정된 제3편의 내용을 접하고, "이 전회에 있어서는, 존재가 시간 안에 들어오는 것이 아니고, 또한 시간에서 존

---

54) Fahrenbach, Heidegger und das Problem einer "philosophische" Anthropologie: *Durchblicke, Martin Heidegger zum 80. Geburtstag*, Frankfurt a.M., 1970, S.107

55) E. Vietta, *Die Seinsfrage bie M. Heidegger*, 1950, S.40 Anmk.

56) Vietta, 같은 책, S.60.

57) Müller, 같은 책, S.54.

재로 도달하는 것도 아니다. 거기에서는 시간이 존재와 대응하는 것이다. 즉, 시간이나 '시간 안에 있는 것' 모두가 존재로부터 이해된다"고도 말하고 있다. 다시 말해 "시간이 비시간적 존재를 지배하는 것이 아니라, 존재 자체가 자기를 시숙하게 하는 것이고, 따라서 모든 시간도 시숙시키는 것이다. 그것은 본래적인 원-시간(Ur-Zeit) 그 자체이다"[58]라는 것이다.

요컨대, 이 (1)의 '전환'은, 《존재와 시간》에 있어서의, 출간된 부분에서 미완으로 남겨진, '시간과 존재'로 예정되어 있었던 '전환'이고, 내용적으로는 '현존재중심'에서 '존재중심'으로의 전환이며, '시간성중심'에서 '존재(원시간)중심'으로의 전환인 것이다.

단, 이 사정은 이미 살펴보았고, 또 어디까지나 계획상의 문제이기 때문에, 그리고 그 미완의 부분과 《존재와 시간》 이후 실제로 다양하게 전개된 사유가 무관한 것이 아닌 한, 이 문제는 두 번째 (2)의 문제에 흡수될 수가 있기 때문에, 더 이상의 상세한 논의는 불필요하다.

(2) 《존재와 시간》의 이른바 전기 사유에서 그 후의 이른바 후기 사유로의 방향전환.

이것이 가장 일반적으로 논해지는 '전환'의 내용이고, 뢰비트가 최초로 문제 삼은 것이기도 하다.

뢰비트는 전기에서 후기로의 변화의 실질적 내용을 꼼꼼히 검토한다. 그 결과 다음과 같은 여섯 가지 점에서 '전환'이 있음을 지적해낸다.

① '현존재로부터 존재로'의 접근에서 '존재로부터 현존재이해로'의 전환

② '현존재의 피투적 기투의 우연성'에서 '존재의 던짐'으로의 전환

58) Müller, 같은 책, S.53.

③ 근거를 알 수 없는 현존재의 '사실성'에서, '그것이 준다'(존재 자체에 의해 보내진다)는 것으로의 전환

④ 현존재중심의 '실존범주적 진리'에서, 그것을 초월한 '존재의 진리'로의 전환

⑤ 실존의 '유한성'에서, 성스러운 것, 머무는 것의 '영원성'으로의 전환

⑥ '기초존재론'['현존재 분석론']에서 '존재론의 숨은 근거로 돌아가는 형이상학 극복의 시도'['존재사적 사유']로의 전환[59]

그런데 뢰비트는 이러한 전환에 의한 전기와 후기의 '차이'를 '변화', '변경', '전회' 내지는 '모순'으로서 평가하고 있다. 그는 이렇게 말한다.

"본질적인 실존현상(세계내존재, 공존재와 자기존재, 신경씀, 죽음, 책임, 양심)의 분석 및 그 템포랄한 해석이, 초존재자적, 초인간적인 존재의 이해를 준비하고 담당한다고 하는 것은 과연 정말일까? 《숲길》을 갈 수 있기 위해서, 사람은 《존재와 시간》과 함께 걷지 않으면 안 되었던 것일까? 아니면 사람은, 존재의 토폴로기를 따라갈 수 있기 위해서, 오히려 《존재와 시간》의 실존범주적 분석을 잊어서는 안 되는 것일까? 예컨대, 자기를 받아들이는 현존재의 근본적인 독립성이, 비교할 수 없을 정도로 더 독립적인 존재 그 자체의 독립성에 대해서, 해명을 줄 수 있다는 것 등이 어떻게 있을 수 있겠는가? — 만약 있을 수 있다면, 그것은, 현존재가 존재에 근본적으로 청종하고 있음을 출발점으로 삼는 동시에 또한 귀착점으로도 삼는 하나의 전환에 의해서이다."[60]

---

59) Löwith, 같은 책, S.21ff.
60) Löwith, 같은 책, S.30.

이는 하이데거에 대해 결코 우호적이라고 할 수 없는 평가로, 하이데거 사유에 대한 이해와 정당성이 약간 의심되는 견해이기도 하다.

그런데 이러한 '평가' 즉 '전환'을 이와 같이 '전기에서 후기로의 입장 변화'라고 보는 견해는, 피에타의 경우에도 부분적으로 엿보인다.

피에타는 전기의 《존재와 시간》과 후기의 《휴머니즘에 대하여》를 대비시켜, 전자에서는 이해가 '밑에서부터' 이루어졌고, 후자에서는 '위에서부터'61) 이루어졌다고 지적한다. 또, 구체적인 예로서, 전자에서는 현존재의 피투성에 관해서, "어디에서 '던짐'이 닥쳐올지는, 존재를 모르는 동안은, 이해의 길이 닫혀 있었"62)는데, 후자에서는 "존재로부터 생각한다면 … 시선은 완전히 변화한다"63)고 지적한다. 그러니까, 하이데거의 이 전환이라는 것을 일단 사실로 인정하고 있는 것이다.

그리고 브로크도, "하이데거의 입장에는 현저한 변화가 있었다"64)며 이것을 인정한다. 그는 특히, 횔덜린에 관한 네 개의 논문을 예로 들어, 그것이 "《존재와 시간》과는, 그 형식, 주제, 논술, 스타일에 있어서, 상당히 다르다"65)라는 것을 지적하고 있다.

그리고 부데베르크도, "하이데거 사상의 출발점은 현존재 분석이고, 이 구조의 모두가, 현존재의 존재에서부터 나타나게 되었는데, 온갖 연관의 통합으로서 이제껏 목표로 되어온 이 점이, 이번에는 다른 근거로, 최고도로 유의의한 것이 된다. 왜냐하면, 그 점에서 그야말로 전환이 수행되기 때문이다"66)라고 말하며, 이것을 인정한다. 그리고 그 '전환'

---

61) Vietta, 같은 책, S.58f.
62) Vietta, 같은 책, S.40.
63) Vietta, 같은 책, S.40 Anmk.
64) Brock, *Martin Heidegger*, S.134.
65) Brock, 같은 책, S.132.
66) Buddeberg, *Heidegger und die Dichtung*, 1953, S.12.

은 '현존재의 존재'에서 '존재일반'으로 이행되고 있다고 말한다. "현존재의 분석이 완결되어, 그 자체에 있어서, 전환을 요구하는 것이다. 왜냐하면, 이제는 존재일반이 스스로 진리를 자기 안에서 출발시키는 것처럼 되기 때문이다"67)라고 그는 생각하는 것이다.68)

그리고 란트그레베도, " '《존재와 시간》에서의 문제의 단서'가 '하이데거의 후기 저작에서는' 더욱 심화 발전된다"고 말하며 이 사실을 인정한다. 예컨대, '실존'(Existenz)은 '탈존'(Ek-sistenz)으로 심화된다고 지적한다. 단 그는, "이것으로 인해 하이데거의 기초존재론적 분석이 말살된 것은 아니다"라며 주의한다. 그가 지적하는 변화는, "《존재와 시간》에서, 인간적 현존재의 기초구조들이 해석된 연유인 개념들, 즉 본래성과 비본래성, 결의성 등이 그곳에서는 아직 형식적인 부동 상태로 머물러 있고, 그 때문에, 본래적인 자기 획득이 무엇인가 하는 내용적 언명이 불가능했다"는 데 대해서, "이미, 실존의 가능성이, 존재에 대하여, 열려 있는 것으로 간주하고, 존재의 말을 청취 가능한 것으로 파악함으로써, 그 개념들이 내용적으로 충실하게 된다"69)는 것이다.

그리고 크니터마이어도 이것을 일단 인정한다. 단 그는, "거기에서 입장의 변경이 생겼다는 게 아니라, 그 입장이, 단지 좀 더 깊이 세분되어, 그 배후의 측면에서 완성되었다"70)는 식으로 이해한다. 이는 '실제로 처음부터, 현존재는 존재에 관계되어 있었'고, '존재론을 전개하는 것이, 하이데거의 근원적 의도 안에 있었'기 때문이다. 또 그는, 이 전환의 중요 계기로서 '죽음'의 문제를 논하기도 한다.

---

67) Buddeberg, 같은 책, S.12.
68) 전환을 현존재 분석의 완결에 따른 요구라고 보는 이 견해는, 뢰비트의 평가와는 대조적이다.
69) Landgrebe, *Philosophie der Gegenwart*, 1952, S.54.
70) Knitermeyer, *Die Philosophie der Existenz*, 1952, S.274.

그리고 묄러도 이것을 일단 인정한다. 그는 "《존재와 시간》의 마지막 부분은 출간되지 않았다. 여기서부터 하이데거의 방법의 전체적 시각이 한층 더 깊어질 예정이었다. 그것은, 그저 단순히 현존재의 자기표명이 아니라, 현존재로의 존재의 도래가, 그리고 존재에서 말미암는 현-존재의 이해가, 문제가 될 예정이었다"71)고 말한다. 그리고 "이 자기표명은, 더 훗날에는, 존재의 밝음으로서 밝혀지게 된다"72)고 말한다. 일단 전환을 인정하고 있는 것이다.

단 그는, "근본적으로, 《존재와 시간》 및 《형이상학이란 무엇인가》의 강연은, 이들 책에 대한 훗날의 해명과 철저하게 일치하고 있다"73)고 말하며, 이것을 입장의 근본적 변경이라고 보지는 않는다. 그는 전체적 통일성에 있어서의 심화로서 이것을 보는 것이다. 그 심화의 내용은, 요컨대, 《존재와 시간》이 이중성을 지닌 개시와 폐쇄로 이동했다는 것, 그리고 하이데거가 더욱 형이상학적 입장으로 이행했다는 것, 그리고 진리의 이중성에서 존재 그 자체의 이중성으로의 통찰이 전개되어, 후기의 존재의 운명으로 연결된다는 것 등이다.

이상과 같이, 많은 연구자들이, 하이데거 자신의 사유전개에 있어서의, 전기에서 후기로의 전환을 인정하고 있다. 그 전환은, 요컨대, '현존재 분석'에서 '존재사유'로의 전환, '현존재 중심'에서 '존재 중심'으로의 전환, '기초존재론'에서 '[본격]존재론'으로의 전환, '밑에서부터'에서 '위에서부터'로의 전환, '현존재의 존재'에서 '존재일반'으로의 전환, '실존'에서 '탈존'으로의 전환, '현존재의 자기표명'에서 '존재의 밝음'으로의 전환으로서 받아들여지고 있는 것이다. 다만 이 전환이라는 사실의 '성격' 내지 '평가'는, 뢰비트와 다른 연구자들에게 있어서, 상당

---

71) Möller, *Existenzialphilosophie und katholische Theologie*, 1952, S.26.
72) Möller, 같은 책, S.29 Anmk.
73) Möller, 같은 책, S.48.

히 다르다.

아무튼, 이상이 가장 일반적인 '전환'의 이해인 것은 틀림이 없다. 그러나 우수한 연구자들의 지적에 따르면, '전환'이란 이런 의미만이 아니다. 또 다른 의미의 '전환'이 있는 것이다.

(3) '존재망각'에서 '존재사유'로의 전환.

이 전환은, 말하자면, 하이데거 철학 그 자체의 전체적 의의에 관련된 것이라고 할 수 있다. 즉, 하이데거 철학 그 자체가 '역사 속에 환기되어야 할 존재망각으로부터의 전회'74)라는 것이다.

이러한 견해는 피에타에게서도 엿보인다.

그는, "횔덜린 강의에 있어서, 전환이, 즉 《존재와 시간》에서 말로되어 나타난 사색의 전환(Wendung)이 뚜렷하게 전면에 펼쳐져 있다"75)라는 말로, 이런 의미의 전환을 지적하고 있다. 그의 발언은 언뜻 《존재와 시간》과 '횔덜린 강의' 사이의 전환을 말하는 것처럼 받아들여지기 쉬우나, 주의해서 보면, 실은 《존재와 시간》을 지나서 횔덜린 강의에 도달한, 역사상의 사색의 근본적 전환을 말하고 있는 것이다.

실제로 그는, '전환'을 근대문명의 '도피 움직임'에 대한 '반역 움직임'으로 이해하고 있다.76) '도피 움직임'이란, 근대문명의 근본적 성격이다. 즉, 근대문명은 주관주의에 의해 생겨났는데, 거기에서는 세계가 하나의 상(像)으로 전락하고, 인간은 이 세계에 대립하여 그것을 정복하면서 가공해간다. 또, 모두가 존재자의 생산, 기계화, 조직화, 집단화로 전락하고 있다. 일견 이것은 진보한 것처럼 생각하기 쉽지만, 실은, 그것에서는 인간의 진정한 본질이 상실되고 존재도 망각된다. 이와 같

---

74) 渡辺二郎, 《ハイデッガーの實存思想》, 329頁.

75) Vietta, 같은 책, S.74.

76) Vietta, 같은 책, S.26.

은 것을 그는 근대문명의 '도피 움직임'이라고 규정하는 것이다. 바로 이러한 도피 움직임을 저지하여, 존재 안에 놓인 본질적 인간상을 되찾으려 하는 시도로서, 그는 하이데거 철학의 본질을 이해하고 있다. 이것이 즉 '반역 움직임'이고, 이것이 즉 진정한 '전환'이라고 보는 것이다. 다시 말해 하이데거 철학의 내용 그 자체가, 말하자면, 근대문명으로부터의 '전환'이라는 것이다. 피에타가, '전환'을 사유하는 '사상가'[77]라고 하이데거를 부르는 것도, 바로 이런 의미이다.

이러한 해석은 또 알레만의 경우에도 보인다.

알레만은, 종래의 형이상학과 같은 '존재자에 얽매이는 철학'을 더욱 깊이 파고들어, 존재 그 자체에서 주관성을 포기하고 사유하는 태도를, 다시 말해 존재자와 존재의 '차이를 차이로서 사유하는 것'[78]을 '전환'이라고 이해하며, 이런 종류의 '전환'을 인정하고 있다. 바로 이런 전환을 목표로 《존재와 시간》은 그 도상에 있었다고 말하고 있는 이상, 이것이 단순한 하이데거의 철학전개상의, 전기에서 후기로의 전환이 아닌 것은 분명하다.

요컨대, 이런 의미에서의 '전환'은, '도피 움직임'에서 '반역 움직임'으로의 전환, '존재자'에서 '존재 그 자체'로의 전환, '존재망각의 상태'에서 '존재사유'로의 전환, '하이데거 이전'에서 '하이데거'로의 전환, '주관주의'에서 '주관성을 떠난 사유'로의 전환을 말하고 있는 것이다.

이와 같이 생각해보면, 결국 '존재'를 사유한다고 하는 '하이데거 철학' 그 자체가 하나의 결정적인 '전환'이었던 셈이다. 그리고 그것이 《존재와 시간》 제1부 제3편에서 예정되고, 일단 포기된, 그러나 후기에 있어서 실제로 다양하게 전개된 그 '주관성을 떠난 다른 사유'였던 것이다. 이것은, 《존재와 시간》이 이미 '주관주의'를 단호히 배격하고

---

77) Vietta, 같은 책, S.26.
78) Allemann, *Hölderlin und Heidegger*, 1954, S.66.

있었던 것, 《존재와 시간》도 처음부터 '존재'를 목표로 하여 설정되어 있었던 것, 그리고 《존재와 시간》의 실제적 내용인 '현존재 분석'이 어디까지나 '예비적', '잠정적'인 것이었던 점을 아울러 생각하면, 분명한 사실이라고 말할 수 있다.

그런데 무엇보다 중요한 것은, 하이데거 자신이 이런 의미에서의 '전환'을 염두에 두고 있다는 사실이다. 리처드슨에게 보낸 유명한 편지에서 그는, "전환의 사유는 나의 사유에 있어서의 하나의 전환(Umwendung)이다"라고 말하고 있다. 이 발언은, 언뜻 자기 자신의 사유에 있어서의 방향전환(제 (2)의 의미)을 말하고 있는 것처럼 보인다. 그러나 그는, "이 전환은 《존재와 시간》에 있어서의 입장을 변경했다거나, 문제설정을 포기했다거나 하는 것에 기인하여 생긴 것은 아니다"[79]라고, 이 '전환'이 뢰비트가 말하는 것과 같은 전환이 아님을 분명히 하고 있다. 더욱이 그는, 1947년 이래 하이데거의 사유에 '역전'(Umkehr)이 일어났다든가, 1945년 이래 '전향'이 일어났다든가 하는 세간의 소동에 대해서, '그와 같이 결정적인 사유 사태의 숙려가 명료해지기 위해서는 몇 년인가를 필요로 하'고, 실제 '전환이라는 이름으로 사유된 사유의 사태'가 '1947년보다 10년이나 이전부터 이미 나의 사색을 움직이고 있었다'고도 말하고 있다. 그는 또, "전환의 사유는 내가 '존재와 시간'이라고 하는 사유해야 할 문제에 발을 딛고 있다는 사실로부터, 즉, 이미 《존재와 시간》에 있어서 '시간과 존재'라는 제목으로 고지된 그 시점에 따라서 물었다고 하는 사실로부터, [이미] 결과가 나와 있는 것"이라 말하고 있다. 이러한 발언을 들어보면, 그가 말하는 '전환'이, 일반적으로 말하는 '전기'의 입장 변경에서 생기는 '후기'로의 전환이 아님은 명백하다. 특히, 하나의 전환으로서의 '전환의 사유'가, '존재와

---

79) Vw XVIIf.

시간'이라는 문제 그 자체에 정위하는 데서 생겼다고 하는 이 발언은, 그 전환이 바로 지금 살펴본 (3)의 의미에서의 전환이기도 함을 뒷받침한다고 말할 수 있다. 이것을 인정한다면, 전환은 이미 《존재와 시간》의 제1절에서부터 시작되고 있다고, 아니, 그보다도 더 이전인 하이데거의 문제설정, 즉 존재에 대한 정위 그 자체에서부터 시작되었다고 보아야 할 것이다. 그 전환은, 근본적으로는, 존재 자체의 '요청'에 대한 '응답'이다. 하이데거의 철학을 제대로 이해하려면 이 점을 충분히 주의하지 않으면 안 된다.[80]

(4) 그런데 또 다른 의미에서의 '전환'이 있다. 하이데거는, 이러한 '전환의 사유'가 '전환'의 내용이고, 그 전환이 '전환에 응답하는 그러한 하나의 전환'임을 말하고 있으므로, 이것은 지금까지 살펴본 것과는 전혀 다른 의미의 전환인 셈이다. 그 '전환'이란, '제1차적으로는 묻고 있는 사유에서 일어난 일(Vorgang)은 아니다.' "전환은 '존재와 시간', '시간과 존재'라고 하는 명칭으로 불리고 있는 사태 그 자체(Sachverhalt selbst)에 속한다."[81] 이것이 바로 (4)의 의미에서의 '전환'[82]이다.

---

80) '이미 《존재와 시간》에 있어서의 존재의 물음에서, 사유는 하나의 전환을 요구하고 있다. 즉, 그 길을 전환에게 대응시키고 있는, 그와 같은 전환을'(Vw XIX)이라고 그는 말하고 있다. 덧붙이자면, 이런 이상, 《존재와 시간》의 문제설정은 결코 포기되지 않았고, 그 '전환의 사유'에서 《존재와 시간》의 문제설정은 하나의 '결정적인 방식으로' '보완된다'고 그는 말하고 있다. (2)의 의미에서의 전환과 그 의의를 말하고 있는 것이다.

81) Vw XVII, 또 Vw XIX에서는, '전환은, 문제사태 그 자체 속에서 움직이고 있다. 그것은 나에게 발견된 것도 아니고, 나의 사유만이 그것을 만나는 것도 아니다'라고도 말하고 있다.

82) 이제까지의 세 개의 의미와 이것을 구별하기 위하여, 특히 이것을 '전향'이라고 번역하는 것이 바람직하다.

이런 의미에서의 '전환'은, 예컨대, 다소 애매하기는 하지만 카와하라(川原栄峰)가 일찌감치 포착했다.

카와하라는, "전환이란 제1차적으로는 운명(Geschick)의 방향을 말하고, 이어서 그 전회를 사유하는 '전회의 사유'로 하이데거의 사유가 방향전환한 것을 말한다"83)고 견해를 피력한다. (3)과 (4)의 전환을 동시에 주목하고 있는 것이다. 그리고 그는, " '존재 = 산다'로 '존재 = 사물적 존재성'을 기초로 하는 초월적인 기획을 단념하고, 이 양자를 '존재 현성의 진리'의 '방향'으로서 사유하여, 이런 방향의 요청(Ansprechen), 지시(Zusprechen), 엄습(Angehen), 필요(Brauch)에, 근원 가까이 사는 것으로 응답(Entsprechen)하는 사유자(Denker)와 시인(Dichter)에 있어서의 진정으로 역사적인 생기와 성기(性起,84) Ereignis)를 사유하고, 그렇게 하면서 스스로 이 '근원 가까이에 사는' 것을 노력하게 된다 — 이것이 하이데거가 말하는 '전환'이다"85)라고 말한다. 이 두 가지 '전환'의 상관성과 그 각각의 의의를 말하는 것이다.

그런데 이미 살펴본 대로, 이 (4)의 의미에서의 전환은, 현상 그 자체에 내재하는 특유의 어떤 동성을 말한 것이다. 하이데거는, 《기술과 전향》86)에서, 바로 이 '문제의 사태 그 자체에 속하는' (4)의 의미에서의 '전환'을 논하고 있다. 그래서 이것은 따로 '전향'이라고 옮기는 것이 타당하다. 거기서 그는, '위험'(Gefahr: 향해 감)이라는 중요한 개념을 다루면서, 이렇게 말하고 있다.

---

83) 川原栄峰, 《ハイデッガーの思惟》, 712頁.
84) 그는 '에어아니크니스'를 이렇게 옮기고 있다. 불교적인 용어로 별로 권할 것은 못 된다.
85) 川原栄峰, 같은 책,, 712頁.
86) 원래 이것은, 1949년 브레멘에서, 그리고 1950년 뷜러회에서 열린 네 개의 연속강연, 'Das Ding', 'Das Gestell', 'Die Gefahr', 'Die Kehre' 중의 하나이다.

"위험 속에는, 이 아직도 숙고되지 않은 '자기를 향한다'(sich kehren)고 하는 것이 지배하고 있다. 그래서 위험의 본질 속에는, 하나의 전향의 가능성이 숨어 있다. 즉, 존재 본질의 망각이 방향을 바꾸어, 이 전향과 함께 존재 본질의 진리가 존재자 안으로 독자적으로 전입(einkehren)하는, 그러한 전향의 가능성이 숨어 있다."(TK40)

여기에서 말하고 있는 전향은, 하이데거라는 사상가의 사상전개에서의 방향전환이라든가, 하이데거에 의해 이루어진 존재사유로의 전환 내지 역사상의 존재론으로의 전환이라든가 그런 것과는 분명히 다른 것이다. 하이데거 자신이 말하는 이 전향이란, 그 이전의 것으로서, 문제적인 사태 그 자체의 한 모습이다. 단순화해서 말하면, '존재 자체가 알려지지 않은 근거로부터 존재자의 그런 실제 상태 속으로 현성해오는 그 현성의 모습'을 일컫는다. 이해를 위해 좀 무리하게 단순화시켜 말하자면, 어두운 저쪽에서 밝은 이쪽으로 향하여 나타나옴을 가리킨다. 이것을 그는, '존재의 본질 망각이 방향을 바꾸어, … 존재 본질의 진리가 존재자 안으로 독자적으로 전입하는 전향', '존재망각이 존재의 진리로 향하는 전환'(TK42)이라고 말하기도 한다. 말하자면 '전환하여 존재로 향하는 움직임'인 것이다.

바로 이 전환이 존재 자체에 있어서의 전향이기 때문에, 그는 '존재가, 그 시간 성격에서 각인된 현-존으로서, 현-존재를 엄습하는 것'이라고 말하고 있고, 또 '이[엄습(Angehen: 관계해옴)]에 응해서 《존재와 시간》의 존재물음 착수에서 이미 사유도 그 진행방향(Gang)을 전향에 응답시키는 그러한 하나의 전환(Wendung)으로 요청되고 있다'(Vw XIX)라고도 말하고 있는 것이다. 다시 말해, 존재의 전향 그 자체가 존재자를 향해, 더욱이 현존재로까지 향하기 때문에, 그 촉발에 의해서, 즉 그것의 요청에 대한 응답으로서, 현존재의 사유, 또는 하이데거의 사유, 또는 《존재와 시간》의 존재물음이라고 하는 (2), (3)의 의미에서의 '전환'도 가능하게 되는 것이다.

이러한 (4)의 의미에서의 '전환'이 있다. 그것은 하이데거 자신이 직접 말하는 것이다. 그것은 '존재의 망각에서 존재의 진리로의 전향'이고, 그것이 가장 근본적인 그리고 결정적으로 중요한 전환이다. 단, 이것은 이미 '문제 그 자체'에 관련된 문제이고, 에어아이크니스와도 연결되어 있어서, 단순한 '전환 논의'의 일부분으로 끝날 수는 없다. 따라서 여기에서는 일단 그 사실의 지적으로 만족한다.

3) '전환' 문제의 정리

지금까지 우리는 이른바 '전환'(Kehre)의 문제를 통람해보았다. 그 결과, '전환'에는 네 가지의 의미가 있다는 것, 그리고 그것들에는 각각 그 나름의 근거가 있다는 것을 알게 되었다. 그러나 아무튼, 가장 존중되어야 할 것은 무엇보다도 하이데거 자신의 의견일 것이다.

하이데거 자신은, 요컨대, (4)의 의미에서의 전환이 (즉 존재의 '전향'이) 가장 근본적인 것으로, 이것이 (3)의 전환을 불러일으키고, 나아가 그것을 본격화한(예비적 분석론과 몇 가지의 사정에 의한 좌절을 겪었지만) (2)의 전환도 생겼다고 생각한다. 다시 말해, 그것들은 모두 연관되어 있는 것이다. 전환에 관련된 하이데거 자신의 몇 가지 직접적인 발언87)은 이렇게 해석, 정리할 수 있다.

그러면, 우리가 앞 장에서 살펴본 《존재와 시간》과 〈시간과 존재〉의 차이의 문제는, 이 전환의 문제와 어떻게 연관 지어서 생각하면 좋을까? 우리의 고찰은, (2)의, 하이데거 자신의 사유전개에서 나타나는

---

87) TK, Vw, UH에서의 발언을 말한다.

전기에서 후기로의 전환이라고 하는 문제의 사정권 내에서 움직이고 있었다. 더욱이 우리는, 전기와 최후기와의, 결과로서의 차이만을 문제 삼았다. 바로 그러한 관점에서 우리는, ① '존재와 인간의 관계라는 점에서 보이는 존재 개념의 차이', ② '존재라고 하는 주제의 지위의 차이', ③ '시간 개념의 차이', ④ '존재와 시간의 관계의 차이' 등을 찾아냈다. 그리고 우리는, 그러한 다름의 성격에 대해, 그것들이 전기의 문제설정의 '포기'나 '근절'이 아니라, 어디까지나 일관된 사유의 전개과정에서 생겨날 수 있는 '접근방법의 변경', '새로운 발견 내지 영역의 확충', '심화발전', '명료화', '보완' 등으로 이해했다.

그런데 이제, 그 '새로운 발견 내지 영역의 구체적 확충'으로서, (4)의 '전환' 즉 '전향'이라는 것이 분명히 드러났다. 그 결과가, 이미 살펴본 〈시간과 존재〉의 존재 개념에도 닿아 있었다. 그리고 전기부터 이미 시작된 존재의 사유 그 자체가, 이 (4)의 전환에 의한 (3)의 전환인 것도 밝혀졌다.

이것으로 전기, 후기의 존재 개념의 미묘한 변천에서 시작된 '전환'의 문제는 일단 정리되었다. 각각의 전환은 각각의 의미를 가지고 있고, 또 각각의 장면에 있어서만 각각의 정확한 의미를 가질 수가 있다.

제 2 부

《존재와 시간》까지, 〈시간과 존재〉까지

이상에서 우리는, 하이데거 철학의 가장 핵심적인 문제라고 할 수 있는 '존재'와 '시간'의 의미를, '전기'와 '후기'의 가장 대표적인 작품을 통해서 각각 고찰하고, 또 그 두 작품 사이의 미묘한 차이 및 그 차이의 의미를 '전환' 논의와 아울러서 살펴보았다.

단, 이상의 고찰은, 하이데거 철학의 가장 핵심적인 부분을 부각시키기 위해 그 사유를 지나치게 단순화시켜버린 측면이 없지 않아 있다.

따라서 지금부터는 그러한 단순화를 보완하는 의미에서, 그리고 그의 사유의 '전 과정'을 좀 더 충실히 해명하고 또 재구성하기 위해, 《존재와 시간》에 이르기까지의 이른바 '초기'와, 《존재와 시간》 이후 〈시간과 존재〉에 이르기까지의 이른바 '후기'의 '존재' 논의 및 기타 몇 가지 중요한 논점들을 살펴보기로 한다.

1. 《존재와 시간》 이전, 준비적 초기에서의 '존재'와 '시간'

우선, 《존재와 시간》에서 명확히 제시된 하이데거 철학의 근본주제, 즉 '존재'(Sein) 및 '시간'(Zeit)이 어떠한 과정을 거쳐 형성되어왔는가, 혹은 《존재와 시간》 이전의 이른바 초기에는 이 주제가 어디에서 어떠한 형태로 모습을 드러내고 있는가 하는 것을 살펴보기로 하자.

이러한 시선은, 거대한 하이데거 철학의 체계를 전체적으로, 특히 종적으로 조망하는 데 도움이 된다. 뿐만 아니라, 최초엔 미숙했을 하나의 뛰어난 사상체계가 어떠한 지반 위에서 성장할 수가 있었는가 하는 점에 관련해서도, 하나의 의미를 가질 수가 있을 것이다.

단, 하이데거 철학의 본류를 더듬는다는 당초의 의도를 관철하기 위해서, 어디까지나 '존재'와 '시간'의 문제에 초점을 맞춰, 그의 초기 철학을 검토한다는 식으로 이 논의는 진행될 것이다.

그의 초기 철학은, 주지하는 대로 《존재와 시간》 이전에 발표된 몇 개의 저술을 통해 전개되었고, 그것들은 오늘날, 전집 제1권 《초기 저작집》(*Frühe Schriften*)의 형태로 우리에게 주어져 있다. 이 '초기 저작집'은, 이미 잘 알려진 그의 학위논문 〈심리주의에서의 판단론〉(Die Lehre vom Urteil im Psychologismus, 1913), 교수자격논문 〈둔스 스코투스의 범주론과 의미론〉(Die Kathegorien- und Bedeutungslehre des Duns Scotus, 1915), 시험강의 〈역사과학에서의 시간 개념〉(Der Zeit-begriff in der Geschichtswissenschaft, 1916)과 함께, 〈현대철학에서의 실재성 문제〉(Das Realitätsproblem in der modernen Philosophie, 1912), 〈논리학에 관한 최근의 연구들〉(Neuere Forschungen über Logik, 1912), 다섯 개의 〈논평들〉(Besprechungen, 1913-14), 〈《초기

저작집》의 초판 서문〉(Vorwort zur ersten Ausgabe der *Frühen Schriften*, 1972), 〈자소서〉(Selbstanzeige, 1917)를 포함하고 있다.

이상의 글들 중에서 중요한 것을 검토하면서, 그 안에 '존재' 내지 '시간'에 관련된 어떠한 사상이 잠재되어 있는지를 살펴보기로 하자. 그리고 또, 그가 여기저기서 언급한 초기의 제반 사정들도 참고하기로 하자.

우선 먼저, 주제에 관련된 하이데거의 생각을 시기에 따라 추적해보 기로 하자.

1) 존재에 대한 관심의 형성과정

먼저, '존재'에 대한 그의 관심이 어떻게 형성되었는지에 관한 몇 가 지의 계기들을 살펴보자.

(1) 우선, '존재' 내지 '시간'에 대한 하이데거의 관심이, (설령 본격 적인 것은 아니었다고 해도) '철학 이전의 형이상학적 지향'으로서, 상 당히 일찍부터 그가 성장한 환경 속에서 싹틀 수 있었다는 것을 주의해 둘 필요가 있다.

여기에서 그 모든 사정을 상술할 필요는 없겠지만, 예컨대, 그가 성 장한 고향 메스키르히(Meßkirch)의 풍토, 특히 그곳에 '들길'(Feldweg) 이 있고, 그곳에서 그가 '위대한 사상가들'의 '이런저런 책들'을 읽으면 서, 그 책들의 수수께끼를 풀고자 시도하고, 혹은 '스스로 사유하는 시 도를 하면서', 그 수수께끼가 가지각색으로 교착하여, 헤쳐 나갈 길이 나타나지 않을 때는, '들길'이 '도움이 되어주었다'(Fw2)고 하는 그 자 신의 증언은 시사하는 바가 크다.

그리고 또, 그 고향에 '숲'(Schwarzwald)이 있어, 그것이 훗날, '숲 길'(Holzweg)이라고 하는 그의 저서의 제목이나 '트임'(Lichtung: 숲속의 트인 빈터)이라고 하는 중요 개념에 영향을 주고 있는 것도 흥미로운 일이다.

그리고 그의 가정, 특히 그의 부친이 독실한 가톨릭 신자로, '교회 관리인' 내지 '통 만드는 직인'이었고, 그로 인해 교회의 시계탑과 종 가까이서 일을 하고 있던 관계로, 어린 하이데거도 그러한 분위기에 친숙했다는 것, 그리고 그것에 관해 하이데거가 "시계탑과 종은 시간과 시간성에 대한 그 고유의 관계를 지닌다"(Fw2)고 훗날 술회하고 있는 것 등도 음미할 만한 것이다. 물론 어린 그가, 들길이나 숲이나, 또 시계탑이나 종에서, 시간과 시간성이라고 하는 철학적 문제를 당시부터 감지하고 있었는지, 또 그것을 '존재'라는 현상과 관련지어 생각할 수가 있었는지, 그것은 쉽게 단언할 수 없다. 단, 이러한 환경에서 그가 체험한 많은 일들이, 훗날의 그의 사상적 경향에 중대한 영향을 미쳤다고 하는 것과, 또 이러한 그의 성장환경에서 그의 철학적 관심의 '원형'이 희미한 형태로나마 형성되었다고 추정하는 것은 결코 무리가 아닐 것이다. 이런 풍토를 이해하기에 그의 7쪽짜리 책 《들길》(Der Feldweg)은 중요한 의미를 갖는다. (이 책은 비록 짧지만 그의 저술들 중 가장 문학적인 향취가 높은 것으로 평가된다.)

(2) 그러나 그의 그러한 '지향'이 '철학'이라는 본격적인 정신활동을 접하게 되는 것은, 특히 그것이 '존재'라는 철학적 개념과 얽히게 되는 것은, 그의 고교(Gymnasium) 시절이었다. 그 장면을 하이데거는 이렇게 기록하고 있다.

"그리고 더 일찍, 고등학교가 끝날 무렵, 날짜로 말하면, 1907년 여름, 존재에 대한 물음은 후설(Edmund Husserl)의 스승 브렌타노(Franz Brentano)의 학위논문이란 형태로 나에게 부딪쳐 왔습니다. 그 제목은 〈아리스토텔레스에서의 존재자의 다양한 의미에 대하여〉이고, 1862년

간행입니다. 당시 이 책을 나에게 선물해준 것은, 우리 아버지의 친구로 동향인, 나중에 프라이부르크의 주교가 된 그뢰버(Conrad Gröber) 박사였습니다. 그 무렵 그뢰버 씨는 콘스탄츠(Konstanz)의 삼위일체교회 소속으로 시의 사제였습니다."(US92, Vw XI).

그러니까, 1907년 여름, 그의 나이 18세 때, 브렌타노의 논문 〈아리스토텔레스에서의 존재자의 다양한 의미에 대하여〉를 선물 받은 것은, 적어도 하이데거 철학이 '존재'를 그 중심과제로 삼고 있는 한, 하나의 결정적인 의미를 갖는다고 말할 수 있다. 왜냐하면, 이 책이 계기가 되어, 하이데거의 마음속에 그의 사유의 근본적이고 주요한 물음인 '존재란 무엇을 의미하는가?' 하는 것이 싹텄다는 게 거의 확실하기 때문이다. 하이데거 자신이 다음과 같이 말하고 있는 이상, 이 사실은 부정할 수 없다.

"[이 논문은] 1907년 이래, 철학에 입문하려고 하는 나의 미숙한 첫 시도의 지팡이가 되고 기둥이 되었다. 다분히 무규정적인 것이었지만, 나를 움직인 것은 다음의 숙고였다. 존재자가 다양한 의미로 불린다고 한다면, 주도적인 근본의미는 무엇인가? 존재란 무엇인가?(Was heißt Sein?)"(SD81)

이렇게 말하고 있는 한, 그가 그 논문에 기입했다고 하는, '고교시절, 그리스 철학으로 처음 나를 인도해준 안내의 실'(US92, 93)이라는 말은, '존재문제로 처음 나를 인도해준 안내자'라는 식으로 이해해도 큰 무리는 없을 것이다. 그러면, 브렌타노의 그 논문의 무엇이 그의 마음을 이끈 것일까? 그 논문은 서두에 '존재자는 [그 존재에 관해서] 많은 겹을 갖는 방식으로 나타난다(to on legethai polachos)'는 아리스토텔레스의 말을 인용하고 있다. 바로 그 존재자가 나타나는 다양한 방식, 다시 말해 아리스토텔레스가 말하는 존재의 네 가지 방식에 이끌려, 그 네 가지 방식을 통일하는 존재에 대한 욕구가 생겼다고 그는 리처드슨에게 말하고 있는 것이다.

"나의 사유의 길을 규정하고 있는 물음은, 이 명제 안에 간직되어 있습니다. 즉, 여러 겹을 갖는 의미의 전부를 빈틈없이 지배하고 있는, 존재의 단순하고 통일적인 규정이란 무엇인가 하는 물음입니다."(Vw XI)

하나 덧붙이자면, 브렌타노는, 자기의 논술은 '완비된 존재론이 되지는 않는다'면서, '부대적인 의미에서의 존재에 대하여', '진정한 존재에 대하여', '가능태로서의 존재와 현실태로서의 존재에 대하여', '술어의 형태에 따른 존재자에 대하여'의 순서로, '이름이 거론되지 않는 것에서부터, 보다 본래적인 존재자로 상승하는' 것을 시도한다. 그리고 '우월한 방식으로 존재하고 있는 것은 실체다'라고 말하고, '이 실체의 존재'에 대하여, '모든 것은 유비 속에 있다'고 말한다.1)

아무튼, 하이데거 자신이 말한 대로, 브렌타노의 이 논문을 계기로, '당시 그저 어둡고 비틀거리면서, 도움도 없이 싹튼, 존재에 있어서의 여러 겹을 가진 것을 하나의 겹으로 정리하는 것으로 향하는 물음은, 수많은 전복과 미로와 방치된 길들을 거치며, 끊임없이 어디까지나, 20년 후에 나타난 논술 《존재와 시간》에 대한 기연이 된' 것이었다.2)

(3) 그 후 하이데거는, 1908년부터 9년간 다닌 프라이부르크의 베르

---

1) Franz Brentano, *Von der mannigfachen Bedeutung des Seienden nach Aristoteles*, 1862, Nachdruck, Hindesheim, 1960, S.8, S.219.

2) Orlando Pugliese, *Vermittlung und Kehre*, Freiburg/München, 1965, S.16, Anmerkung.

톨트 고등학교 마지막 해에, 당시 프라이부르크대학 신학부의 교리학 교수이며 스콜라주의적 가톨릭 신학자였던 브라이크(Carl Braig)의 《존재에 대하여—존재론 요강》을 통하여, 존재론의 역사와 개념들에 눈뜨게 된다(SD81-82). 브라이크의 그 책은, 서론, 제1편 '존재자의 본질에 대하여', 제2편 '존재자의 활동에 대하여', 제3편 '존재자의 목적에 대하여' 등, 전체 30절로 되어 있는데, 많은 절이 그 말미에 아리스토텔레스, 토마스, 수아레즈(Suarez)의 긴 원문을 인용하고 있으며, 존재론의 근본개념이 되는 단어와 어원과 고증을 싣고 있다.

　브라이크는 이 책에서 다음과 같은 생각을 제시하고 있다. '눈으로 볼 수 있는 것의 배후에, 그것을 넘어, 그 언덕을 가로지르는 것에 대한 학'이 '형이상학'이고, '특수한 존재형식을 제약하고 있는 무제약적인 존재'는 '신'이고, 이 점에서 보면 '형이상학'은 '신학'이다. 그리고 '일체의 존재자에게 공통적인 것'의 고찰로서 '형이상학'은, '보편적인 존재 혹은 가장 보편적인 존재형식에 대한 학' 다시 말해 '존재론'이다. 존재론은, '존재와 인식의 조성체'인 '존재론적 범주와 논리학적 범주'를 취급하는 한, '기초적, 원리적, 중심적인 학'이다. 제1편은 '현실태에 대하여'와 '본질태에 대하여' 2장으로 이루어져 있으며, 그중 제2장은 '본질물', '본질의 속성'으로 나누어져 있다3).

　브라이크로부터의 영향은, 저서를 통한 것만은 아니었다. 하이데거는 대학의 신학부에 입학한 이래, 브라이크 교수의 교리학 강의를, 1911년 이후 수년에 걸쳐(즉 철학부로 옮긴 후까지도) 듣게 되는데, 하이데거 자신은 물론 순수한 존재론적 관심에서라기보다는 사변적 신학에 대한 관심에서 이것을 들었다. 브라이크 교수와 동반 산책을 했을 때, 스콜라학의 교리체계와는 다른 사변적 신학에서, 셸링(F. Schelling)과 헤겔

---

3) Carl Braig, *Vom Sein — Abriß der Ontologie*, Freiburg i. Br. 1896, S.5, S.6.

(G. W. F. Hegel)이 갖는 중요한 의의를 처음으로 듣고, 이렇게 해서 '존재론과 사변적 신학 사이의 긴장이 형이상학을 구축하고 있는 긴장으로서' 그의 '탐구대상'이 되었다고 그는 술회하기 때문이다.

따라서 셸링과 헤겔이 하이데거의 존재론적 철학에 있어서 아주 무의미한 것이 아닌 한, 그들에 대한 관심을 불러일으킨 브라이크의 영향도 또한 일정 부분 인정해야 할 것이다.

(4) 다음으로, 하이데거의 '존재'에 대한 관심에 영향을 미쳤다고 보이는 것은 후설의 《논리학 연구》(*Logische Untersuchungen*), 그중에서도 특히 제6연구였다.

1909/10년 겨울학기에 하이데거는 프라이부르크대학 신학부에 입학하여 '학문적 연구'가 시작된다. 물론 이 '학문적 연구'의 내용은 신학이었지만, 철학을 공부할 기회도 있었다고 그는 술회한다.

첫 학기가 끝난 이후, 그는 후설의 《논리학 연구》를 읽게 된다. 이는, 그가 몇 권의 철학잡지를 읽고, 브렌타노(F. Brentano)가 후설(E. Husserl)에게 미친 영향을 알고 있었으며, 브렌타노의 논문에 의해 촉발된 존재문제의 해결을 후설에게 '기대'했기 때문이었다. "나는 후설의 《논리학 연구》에 의해서, 브렌타노의 학위논문으로 촉발된 물음[존재문제]에 대해 결정적인 진보를 얻을 수 없을까 기대했다"(SD82)는 것이다.

그러나 존재문제의 해결을 기대하면서 《논리학 연구》에 기울인 그의 이러한 노력은 '무익했다'고 그는 말하고 있다. 왜냐하면, 한참 후에 알았지만, '올바른 방법으로 구하지 않았기 때문'이었다. 그러나 그럼에도 불구하고 그는 이 저작에 매료되어, 도대체 무엇이 그의 마음을 끌었는지는 잘 몰랐지만, 그 이후 몇 년간이나 반복해서 읽게 된다.

그러는 사이에 그는 리케르트(Heinrich Rickert)에게 배우게 되는데, 그 리케르트가 세미나에서 라스크(Emil Lask)를 취급한 관계로, 재차

《논리학 연구》를 읽게 된다. 그 라스크의 저서가 후설의 《논리학 연구》에 영향 받은 것을 그는 알고 있었기 때문이다. 그러나 "만족스러운 결과를 얻지는 못했다"고 그는 술회한다. 그것은 하나의 난점 때문이었다. 그 난점이란, 제1권과 제2권의 외견상의 모순, 즉 제1권은 심리주의 비판인데, 제2권은 심리학을 답습하고 있는 듯이 보였기 때문이다. 이러한 난점은, 1913년의 《이덴》(Ideen …)에 의해서 어느 정도 해소된다.

그러나 하이데거로서는 《이덴》보다도 '논리학 연구에서 출발한 그 입장'에 더욱 '매료'되었던 것 같다. 그렇지만 이때도 '근거를 알 수 없는 불안이 다시 생겼다'고 그는 술회한다. 이러한 '혼란'과 '당혹'은, 1916년 후설이 프라이부르크에 부임하여 개인적으로 접하게 되고 나서 서서히 해결되어갔다. 그리고 특히 1919년 이후, 하이데거가 후설 곁에서 연구하고 교수하면서 현상학적 관찰을 시도하고, 또 세미나 시간에 아리스토텔레스 이해를 시도했을 때, 그의 관심은 새로이 《논리학 연구》, 특히 제1판 제6연구로 향하게 되었다. 이 사실은 특별히 주목할 필요가 있다. 왜냐하면, "이 연구에 몰두해서 얻은 감각적 직관과 범주적 직관의 구별이 나에게 있어서 '존재자의 다양한 의미'를 규정하는 역량이 되었다"고 그 자신 명언하고 있기 때문이다.

특히 하이데거는 1922년 《논리학 연구》의 마지막 부분이 (그 자신이 후설에게 요청함으로써) 재간된 이래, 특별공동연구회에서 매주 이것을 정독하는 과정에서, '하나의 예감에 의해' 다음 사실을 감지하게 된다. 즉, '현상학의 현상이라고 하는 것은, 전 그리스 사유에 있어서, 알레테이아로서 사유되었다'는 것, 따라서 현상학이 새로이 발견한 것은 그리스적 사유의 본질이기도 하다는 것이다. 그런데 이러한 사실이 분명해질수록, 하나의 의문이, 즉 '문제 그 자체'는 '어디에서 그리고 어떻게 규정되는 것인가', 그것은 '의식과 그 대상성인가, 혹은 비은폐성과 감춤에 있어서의 존재자의 존재인가' 하는 의문이 생긴다. 이렇게 해서 그는 '존재문제의 길'로 이끌려갔다(SD87)고 술회한다. 다시 말해, 현상학적 방법에 의해 계발되고, 브렌타노의 학위논문에서 생긴 문제에 의해 동요된 것과는 다른 방식으로, 새로이 동요되어, 존재문제의 길로 이끌려간 것이다.

그런데 이 물음의 길은 그가 예상한 것보다도 더 긴 것이 되었다. 그것은, 많은 정체와 우회와 옆길을 요구했다. 초반의 프라이부르크 강의, 마르부르크 강의에서 시도한 것도 결국 그러한 길을 간접적으로 보여준 것이라고 그는 말하고 있다.

(5) 이상이, 특히 고향에서의 그의 원체험, 브렌타노, 후설 등이, 아마도 하이데거의 '존재론적 관심'의 가장 중요한 계기가 되었겠지만, 그와 더불어, 그의 직접 은사였던 슈나이더(Schneider)와 리케르트(H. Rickert)에 대해서도 조금은 이야기하지 않을 수 없다.

하이데거는, 철학으로 전공을 바꾸고 나서 슈나이더와 리케르트에게 배우게 되는데, 특히 리케르트는 주지하는 바와 같이, 빈델반트(W. Windelband)와 함께 서남독일학파(바덴학파)의 주요 멤버로, 신칸트주의의 대표자였고, 슈나이더는 중세 전문 철학사가였다.

하이데거는 그들에게서 필연적으로 영향을 받아, (후에 보게 되겠지만) 예컨대 학위논문에, 그들의 영향이 농후하게 나타나게 된다. 그러나 그들이 하이데거의 존재론적 관심의 형성에 직접 기여한 흔적은 거의 없다. 오히려 그들의 입장을 극복해가는 과정에서 하이데거 자신의 고유한 입장이 형성되기 시작했다고 해도 좋을 것이다.

하이데거 자신은 훗날, 리케르트 등을 이렇게 평가하고 있다.

"이 방향에서 언제까지나 남을 공적은 '가치철학'이 아니다. 그게 아니라, 자연과학적인 '심리학'과 '동물학'이 멋대로 본래적이며 단지 하나의 '철학'이라고 칭하며 밀어 넣는 것에 대하여, 철학 및 철학적으로 묻는 것의 본질에 대한 순정한 지(知)의 족적을 계속해서 보호하고 건네려고 하는, 당시의 주목받은 태도이다. 그러나 이 좋은 의미에서의 '전통적'인 태도는, 역시 '가치철학'이 가치사상을 그 형이상학적인 본질의 점에서 빈틈없이 사유하는 것을, 즉 니힐리즘을 실제로 진지하게 거론하는 것을 재차 방해했다."4)

결국 하이데거에 대한 리케르트의 영향은, '순정한 지(知)' 내지 '현대의 논리학적 문제들을 보도록 이해하는 것',5) 그리고 세미나에서 라스크를 다룸으로써, 그 라스크에게 영향을 미친 후설에게 새로이 하이데거의 관심을 집중시킨 것, 이러한 것 이상은 아니었던 것 같다.

(6) 그리고 그 밖에, 구체적으로 누구의 무엇이 어떻게 존재문제를 향한 그의 관심에 계기가 되었는지 그것까지는 묻지 않더라도, 그의 관심을 끌고 있었던 것을 그 자신의 언급을 통해 살펴보는 것은 참고가 될 것이다. 그는 이렇게 말하고 있다.

"1910년부터 1914년까지는 나의 마음을 흔든 세월이었습니다. 그것이 가져다준 것은 도저히 말로 다하기가 어렵습니다. 아주 조금만 골라내어 말해보겠습니다. 니체(Nietzsche)의 … 《권력에의 의지》 제2판, 키에게고(Kierkegaard)와 도스토예프스키(Dostoevski)의 저작의 번역, 헤겔과 셸링에 대한 관심의 깨어남, 릴케(Rilke)의 시와 창작, 트라클(Trakl)의 시, 딜타이(Dilthey)의 《저작집》 등입니다."6)

---

4) Ni II S.99.
5) LU S.VII.
6) Otto Pöggeler, *Der Denkweg Martin Heideggers*, Pfullingen, 1963, S.25f.

언급된 이들의 사상이 그의 전기부터 후기에 걸쳐서, 제각기 의미를 갖고, 하이데거 존재론의 일부를 이루고 있는 것은 이미 주지하는 바와 같다.

이 밖에도, 1908년 그가 이미 휠덜린(F. Hölderlin)의 시를 접하고 있었던 것도,[7] 후기에서의 그의 영향으로 볼 때 주목할 필요가 있다. 그리고 또, 그가 1911년의 어느 날, 하루 사이에 가이저(Josef Geyser)의 책을 읽었다고 하는 그의 동생의 전언도 있고,[8] 역사학 교수인 핑케(H. Finke)에 대한 감사의 말도 보이지만, 이들이 하이데거의 존재문제에 영향을 끼쳤는지는 확실한 것이 없다. 또, 그는 1911년 이후, '철학' 외에 '수학', '자연과학' 및 '역사'도 청강했지만,[9] 이것들이 '존재' 개념의 형성에 직접 미친 확실한 흔적도 없다.

(7) 그런데 마지막으로 한 가지 명확히 해두고 싶은 것은, '존재'문제에 대한 하이데거의 관심에 직접 작용한 것은, 뭐니 뭐니 해도 아리스토텔레스라는 것이다. 물론, 그뢰버와 브렌타노가 중개 역할을 담당했지만, 내용적으로 말하면, 결국 아리스토텔레스의 문제의식이 하이데거에게 전수되었다고 말하지 않으면 안 될 것이다. 그가 수차례에 걸쳐 '그리스 철학'을 강조한 것[10]이나, 그의 최초의 물음인 '존재자가 다양하게 나타난다면, 가장 기본적인 의미는 무엇인가'라고 하는 것이, 결국, 아리스토텔레스의 '… 다양하게 나타난다'라는 말에서 기인한다는 것이 이것을 뒷받침한다고 할 수 있을 것이다. 요컨대, 하이데거는 브렌타노를 통해서 아리스토텔레스를 알고, 그것에 의해 존재문제에 대한

---

7) Vgl. Pöggeler, 같은 책, S.25.

8) Vgl. MH S.60.

9) Vgl. LU에 붙인 '경력'.

10) 예컨대, '맨 처음 그리스 철학으로 인도해준 안내의 실' 운운이나 '현상학의 본질이 전 그리스 철학의 본질이기도 하다' 등의 언급.

본격적인 욕구가 생긴 것이라고 할 수 있다.

정리하자면, 하이데거의 '존재'사유는, 그의 고향 및 가정의 풍토와 분위기, 그리고 브렌타노, 브라이크, 후설, 슈나이더, 리케르트, 니체, 키에게고, 도스토예프스키, 헤겔, 셸링, 릴케, 트라클, 딜타이, 횔덜린, 가이저, 핑케, 그리고 무엇보다도 아리스토텔레스 등에 의해 직접 또는 간접으로 영향을 받았다고 할 수 있는 것이다.

2) 〈실재성 문제〉의 경우

다음으로, 그의 전집의 벽두에 등장하는, 그가 재학 중 처음으로 발표한 〈현대철학에서의 실재성 문제〉를 살펴보기로 하자.

이 논문은, 초기의 것인 만큼, '존재'나 '시간'을 직접 주제적으로 다루고 있는 것은 아니다. 이것은, 휘너펠트(P. Hühnerfeld)가 말한 대로, "당시의 심리주의 및 심리주의와 연결된 형이상학의 거부에 반대하며, 가이저, 아우구스트 멘저, 오스발트 퀼페 등의 실재론을 옹호하는 입장에서, '먼 옛날부터 실재론적으로 사유해온 아리스토텔레스적, 스콜라적인 철학'이라고 하는 전통적인 노선에서, 심리주의의 극복을 추구하고 있는 것"[11]이다.

하이데거는 이 논문에서 '실재성'의 문제에 관심을 표명하고 있다. 그는 여기에서 '초주관적 객관의 실재화(Realisierung) 내지 그 정립과 규정은 어떻게 가능한가'를 묻는다(FS5). 구체적으로는, '실재적인 것의 정립은 허락될 수 있는가', '실재적인 것의 정립은 어떻게 가능한가', '실재적인 것의 규정은 허락될 수 있는가', '실재적인 것의 규정은 어떻게 가능한가'라는 네 개의 물음을 세운다(FS5). 그리고 그는 이 물

---

11) Paul Hühnerfeld, *In Sachen Heidegger*, Hamburg, 1959, S.24.

음에 '긍정적'으로 답하려고 하고 있다(vgl. FS5).

이것을 그는, '그리스 철학', '신플라톤학파', '중세와 근세 철학자들' (FS1)의 전통, 그리고 특히 '퀼페'(O. Külpe) 및 독립적으로 존재하는 실재적 객관을 정립하고 규정한다고 확신하는 '자연과학'의 연구자들 등에 준거하여 수행한다(FS4f). 그는 또 이것을, '의식주의'(내재주의) 및 '현상주의'와의 대결을 통해서도 수행한다(vgl. FS3, 5-11).

우선 II-1에서 그는, '의식주의'의 '논박'를 통해서, '실재론이 적어도 하나의 가능한 입장으로서 입증된다'(FS6)는 것을 증시하려고 한다. '의식주의'란, '내재원리'에 기인하는 것으로서, 예컨대 '인식하는 자의 의식이, 단지 그것만이, 인식의 대상이다'라고 하는 슈베르트-졸더른 (Richard von Schubert-Soldern)의 입장이나, '모든 존재는 의식(의식된 -존재[Bewußt-Sein])이다', '의식의 개념 속에는 의식된 주관과 의식된 객관이 포함되어 있다'고 하는 슈페(Schuppe)의 입장이나, 아베나리우스(Avenarius)의 '경험비판주의' 입장이나, 마하(E. Mach)의 '감각유일주의' 입장 등을 말하는 것인데, 이러한 입장의 논거를 클림케(Klimke)가 세 개로 정리하여 제시하고 있다고 그는 소개한다. ① '아프리오리적 논거'는, '사유에서 독립한 존재라고 하는 개념에는 모순이 보인다'는 것, 그리고 '실재성은 사유를 통해서, 사유에 의존하고, 따라서 의식의 현실성에 의존한다'는 것(FS6f)이며, ② '경험적 논거'는, '사실문제로서 단지 의식의 사실만이 주어져 있다'는 것(FS7), '여기서부터 내재적으로 … 모든 인식이 형성된다'는 것이며, ③ '방법론적 논거'는, '학문의 목표가 절대적 확실성이고, 학문적 명제들의 보편타당성'인데, '이것은 임의적으로 끌어들인 전제나 가정 위에서 구성되는 것이 아니라, 유일확실한, 그 이상 파내려갈 수 없는 기초가 의식에서 직접적으로 거부할 수 없도록 소여를 제공할 수 있다'는 것(FS8)이다.

그런데 하이데거는, 이러한 논거가 모두 '영혼의 작용과 논리적 내용'을 혼동하고 있다며, 배제한다(FS7-9).

그리고 II-2에서 그는, '현상주의'를 논박함으로써, '현실적인 것의 규정이 허락될 수 있다'는 것을 증시하려고 한다.

'현상주의'란, 예컨대 칸트의 경우처럼, '실재적인 것의 정립은 가능하고 필연적인 것으로 보'면서도, '실재적인 것의 규정은 … 금지'(FS9)하는 입장을 말한다. 이러한 입장에서는, '직관인식 및 오성인식의 초월론적 조건들'이 '기원상-선천적인 주관적 성격'을 갖고, '사물'을, '단지 주관적 덮개 속에서, 그것이 우리에게 현상하는 대로 … 인식'하고 (ibid), 또, '오성에 의해서' '경험소재'가 '가공'되어, '인식객관'은 '범주'에 의해 '주관화'된다(FS10). 다시 말해, 이 입장에서는, '인식'은, '그 고유의 대상에서 … 멀어지는' 것이다(ibid).

그런데 하이데거는, '사유'가 사실상 '감각활동, 연합과정에서 독립한 능동성'이라는 점, 더욱이 그것이 '경험적 실상을 있는 그대로 받아들이면서, 그리고 객관적, 보편타당적, 이념적 원리에 따라서 가공하면서, 지배하고, 또 분석하여 보완하는 작용'이라는 점(FS11)을 들어, '사유의 법칙'(ibid)이라고 규정한다.

이렇게 해서 그는, '실재적인 것의 규정은 허락된다'는 것을 증시하려고 한다.

그리고 II-3과 II-4에서 그는, 보다 적극적으로, '실재적 객관의 정립과 규정은 어떻게 해서 가능한가'를 묻는다.

우선, '의식초월적인 실재의 정립'은, '하나의 객관이, 그리고 그 같은 객관이 각각 다른 개인에 있어서 직접 전달가능(kommunikabel)하다'(FS12)는 사실을 통해서 요구된다고 그는 말한다.

단, '지각내용을 그것이 우리에게 나타나는 그대로, 객관적 실재로서 정립하는 것[소박한 실재론]'은 '성급한 방법'이라고 주의한다. 왜냐하면, '감각기관, 특히 말초의 감각신경이, 기계적, 물리적, 화학적 작용을 통해서 자극을 받아', '그렇게 생긴 자극'이 '감각을 중추에 전달하고', 그렇게 해서 '외부세계의 일어난 일을 의식에 전달'하긴 하는데, '신체기관의 장애' 등을 고려해볼 때, '지각의 존재 및 지각의 내용도 체질상 주관의 기능에 의존'하고, 또 '지각내용 속'에는 주관의 도움으로 생긴 '현상적 형상'이 있기 때문에, 지각내용을 그대로 객관적 실재로서 정립할 수는 없다는 것이다(FS12).

실재의 '규정'은 결국, '확립된 관계'라는 것을 통해서, 즉 실제로 '관계들이 실재적 생기를 수행할 수 있는 것으로서 제시되어 있다'는 점에 의해서, 내용적으로 확정된다고 그는 결론 내린다(FS14).

이상과 같이, 〈실재성 문제〉에서 하이데거는 '실재적인 것'의 규정과 정립의 가능성을 증시하려고 했다. 여기에서는 물론, '존재'나 '시간'에 관한 본격적인 관심은 아직 찾아볼 수 없다. 뿐만 아니라, 이상과 같은 비판적 실재론의 입장 그 자체가, 후에는, 그 자신에 의해서 비판을 받기에 이른다. 즉 《존재와 시간》에서는, 외적 세계의 실재에 대한 '증명이 끊임없이 기대되고 시도되는' 일은, '철학의 추문'(SZ205)이라고 말하고, 1928년의 〈… 논리학의 형이상학적 출발근거〉에서는, '가장 비철학적인 문제설정'(ML164)이라고까지 말한다.

물론, 훗날의 이러한 반성은, 외적 세계의 '실재성의 증명'이라고 하는 문제설정 자체에, '순수한 존재론적 문제성과 방법론이 결여되어 있다'(SZ202)고 하는 것 때문에 이루어진다. 좀 더 구체적으로 말하자면, '실재적인 것은 본질상 세계 내부적인 존재자로서만 가까워질 수 있는 것'(SZ202, vgl. SZ209, 211)이고, '이미 개시된 세계라고 하는 것을 근거로 해서만 노정될 수 있는 것'(SZ203)인데, '외적 세계'의 '실재성'에 대한 물음은, '세계현상 그 자체를 선행적으로 명료하게 해두는 일 없이'(SZ203), '세계 내부적인 존재자[사물이나 객관]에 부단히 정위하여'

설정되었다는 것, 이것 때문에 반성되는 것이다. 《존재와 시간》에서의 생각으로는, '외적 세계'의 실재성을 '믿는 일'도, 그것을 '증명하는 일'도, 그것을 '전제하는 일'도, '그 고유의 지반을 완전히 내다보며 제어하는 것'도 불가능하며, '우선은 무세계적인 주관을 전제로 하고 있다'(SZ206)는 것이다. 그러한 경향의 '근거'를 그는, '현존재의 퇴락' 내지 '이 퇴락에서 동기가 부여되어, 제1차적인 존재이해가 사물적인 존재성으로서의 존재로 옮겨지는 것'(SZ206, vgl. SZ201)이라고 본다. 그와 같이 옮겨짐으로써, '존재일반이 실재성이라고 하는 의미'를 얻게 되고, 그 '실재성'이 존재론적 문제성에 있어서 어떤 특유의 '우위'를 갖게 되어, 이 '우위'가 '현존재의 순정한 실존론적 분석론으로 이르는 길을 막고', '세계 내부적으로 우선은 도구적으로 존재하고 있는 것의 존재로 향해진 눈길조차 막고', '존재의 문제성 일반을 정도에서 벗어난 방향 속으로 몰아넣기에 이른다'. 그 때문에, 결국 그는, '현존재의 분석론'이나 '존재일반의 의미에 대한 물음'은, '실재성이라고 하는 의미에서의 존재에 일면적으로 정위하는 일에서 빠져나오지 않으면 안 된다'(SZ201)고 하는 결론에 다다른다.

이와 같이 《존재와 시간》에서는, '실재성'의 문제가 하이데거 자신의 고유한 실재론적 입장에서 재검토되게 된다. 그러나 그것으로 〈실재성 문제〉에서의 논의가 완전히 무효가 되는 것이 아니라, 그의 존재탐구의 길에서 그 나름의 '의의'를 갖는다고 해석될 수 있다.

우선 첫째는, '실재성'을 긍정적으로 증시하려는 그의 의도가, 그것에 이어 초기를 지배하는 이른바 '반심리주의'적 경향에 연결되어 있다는 것이다.

그리고 둘째는, 그 의도가, 어쨌거나 이른바 '주관' 내지 '의식'에 대한 '실재' 자체의 우위라는 경향을 갖는 한, 그러한 경향은, 후기로 갈수록 부각되어오는, '인간'에 대한 '존재 그 자체'의 우위라고 하는, 그의 철학의 전반적 특징과 어딘지 유사하다는 것이다. 혹은 기본방향이 같다고도 할 수 있다.

그리고 셋째는, '실재성'이라는 것이, 비록 '일면적'이긴 하지만, 그 것은 그것으로서 '존재'(SZ7, vgl. SZ201)라고 하는 것을 만약 긍정적 으로 받아들인다면, 이미 이 〈실재성 문제〉에 있어서, 그의 존재탐구가 시작되고 있다고 할 수도 있다는 것이다.

3) '학위논문'의 경우

다음으로, 그의 '학위논문'(Daktorarbeit/Dissertation)인 〈심리주의에 서의 판단론〉을 살펴보기로 하자.

이 논문은, 아직 '존재'나 '시간'을 주제적으로 다루지는 않는다. 그 러나 그것에 좀 더 가까워지고 있다고 할 수 있다.

여기서 하이데거는, '판단'(Urteil)을 주제로 하여, 그것을 둘러싼 분 트, 마이어, 브렌타노, 말티, 립스 등의 이른바 '심리주의'의 입장을 소 개, 비판하고, '순수 논리학적 판단론'을 수립하려고 한다. 좀 더 자세 히 말하면, 그는 우선, '판단론'이, '논리학의 세포, 즉 근본요소'(FS64) 이고, 이 판단론에 있어서 '심리적인 것과 논리적인 것 사이의 차이를 가장 선명하게 짚어냈다'는 것, 내지 '논리학의 진정한 구축은 판단에 서 출발해 이루어지지 않으면 안 된다'(FS64)고 하는 견지에서, 이것을 주제로 삼는다. 그래서 '판단은 통각적 정신활동의 근본특성에서 도출 된다'고 하는 분트의 견해(FS66), '판단의 본질은 판단활동에서 구성적 인 작용 속에 요구된다'고 하는 마이어의 견해(FS91), '판단은 심리현 상의 한 근본 부류로 특징지어진다'고 하는 브렌타노와 말티의 견해 (FS115), '판단의 본질은 심리적 주관의 대상에 의해 요구되는 행동에 있다'고 하는 립스의 견해(FS125) 등이 모두 '심리주의'이고(FS162-

164), '심리주의의 다양한 종류를 나타내고 있다'(FS65)고 하며, 이들을 소개한다. 그리고 '판단의 문제성은 심리적인 것 속에는 없다'(FS 164), '심리주의는 논리적 현실 일반을 알지 못하고, … 이 알지 못한다고 하는 것은 단순한 오인이 아니라, 본래적인 무지(nicht-kennen)이다'(FS161)라며, 이들을 비판한다.

즉, "널리 유포되어 있는, 모순이기도 한 이러한 선입견(심리주의적 선입견)을 제거하는 것 … 은 논리학의 예비학에 속한다"(FS64)고 하는 리케르트의 말이, 〈판단론〉에서의 하이데거의 기본적인 입장이기도 한 것이다. 지도교수인 리케르트의 영향으로 보인다.

이러한 입장에서 그는 '판단'을 논하고 있기 때문에, '판단'은, '심리주의'에서처럼, '심리적 실재, 심리적 사상, 작용, 활동', 다시 말해 '심리적 현실의 연관에 편입되어, 어떤 때는 존재하고, 어떤 때는 존재하지 않는, 그 경과에 있어서 특정한 시간구간을 집어내어, 그의 심리적 활동을 불러일으키는 것'(FS161f), 그런 것이 아니라, 단적으로 '타당한 의미'(FS178)라고 해명한다.

이것을 좀 더 자세히 살펴보자.

하이데거는 우선, '비심리적인 것', 즉 '심리적 세계'[심리적 경과나 그 부단한 변화] 속에도, 또 '물리적 세계' 속에도 편입되지 않는(FS169) '뭔가 지속적인 것', '동일적인 것'(FS168), 다시 말해 '뭔가 대상이라는 것', 문자 그대로 공간적인 의미로는 아니지만, '대해서 서 있는' 것(FS169)을, 어떤 '판단활동'에 있어서도 마주치는 어떤 '항상적 요인'(FS168)이라고 보고, 그것의 '현존재 양식'이나 '구조'를 규정하려고 한다(FS169).

그 '동일적인 것'의 존재형식은, 공간적, 시간적으로 한정된 '물리적인 것'도 아니고, '심리적인 것'도 아니고, '형이상학적인 것'도 아니고, '타당한 것'12)(FS170)이라고 그는 결론 내린다. 그는, "판단사상 속에서 발견된 동일적 요인의 현실성의 형식은 '타당하다'고 하는 것에 다름 아니다'(FS170)라고 말한다.

한편 그는, 이상과 같은 판단사상의 역동적 활동 속에 있는 정지적 계기, 그것의 '무엇인가'라고 하는 측면, 다시 말해 그것의 '내용 혹은 의미'의 의미를 묻는다(FS170). 그리고 '의미'란, '궁극적인 것', '그 이상으로 환원되지 않는 것'(FS171)으로서, '올바르거나, 올바르지 않거나, 진짜이거나, 허위이거나 할 수 있는 사고[다만 표상이라는 폭넓은 개념은 아니다]와 관련되어 있는' 것이라고 피력한다(FS172). 그렇기 때문에 그는, '판단'하는 것에는 모두 어떤 '의미'가 내재적으로 함께 주어져 있고, 그 '의미'의 '현실성 형식'은 '타당한 것'이라는 점에서, 논리학의 '판단은 의미이다'(이상 FS172)라고 하는 결론에 이른다.

그는, 어떤 '판단'도 어떤 '인식'을 의미하고, 또 '인식'은 모두, 언제나 '판단'(FS174)이라는 것과, 그 '인식'은 '대상을 자기 것으로 하는 것', '대상을 규정하는 것'이라는 것을 지적하고(FS175), '의미'란 '관계 함유적'이라는 것, 다시 말해 '어떤 것이 어떤 대상에 대하여 타당한'(ibid) 것이라고 결론짓는다. 그리고 이러한 한, '사물과 지성의 합치'라고 하는 전통적 진리 개념도, 사물이 대상으로서, 지성이 의미내실로서 파악된다고 하면, '순수 논리학적인 것으로 고양된다'고 말한다(FS176).

이렇게 해서 그는, '판단'에 '대상, 의미내실, 어떤 관계[계사]'라고 하는 '세 가지 기본요소'가 있음을 인정한다(FS177). 여기서 제삼의 필수적인 구성요소로서 관계를 표현하는 '계사'[ist]라는 것은, '실재적으로 현실에 존재하는 것'이나 '그 밖의 무언가의 관계'가 아니라, '후자[의 의미내실]가 전자[대상]에게 타당하다'(FS178)는 것을 의미하는 것이다.

---

12) 주지하는 대로 이것은, 롯쩨의 생각을 이어받은 것이다.

이상과 같이 그는, '판단'은 '의미'이고, "모든 발달이나 변화의 저편에 있어서, 그렇기 때문에 생성도 발생도 못하고, 오히려 타당한, 어떤 '긍정적' 현상이다"라는 결론에 이른다(FS179). 그것은 또, "판단하는 주관에 의해서 '포착'될 수 있는데, 그러나 이 포착에 의해서 결코 변질될 수 없는 무언가"인 것이다(ibid).

이러한 입장에서 그는 또, '부정판단'이나 '비인칭판단'도 이해한다. 즉, '부정은 제1차적으로는 계사 속에 들어 있'(FS184f)고, '부정적 계사는 무의미한 것은 결코 아니'기 때문에, '긍정판단과 부정판단'은 논리적으로 '대등', '동렬'(vgl. FS185)이라고 그는 말한다. 그리고 '비인칭판단'은, '무규정적인 것'이 아니라(FS186), 예컨대, '번개가 친다'고 하는 판단의 경우처럼, '번개가 치는 것에 대하여, 지금 생기고 있다는 것, 순간적으로 실재하고 있다는 것이 타당하다'는 식으로 이해한다(FS186).

아무튼, 〈판단론〉에서는, '판단'을 둘러싸고 대략 이상과 같은 논의가 전개되고 있다. 여기에서는, 롯체에 의거하고 있다는 데서도 알 수 있듯이, 어디까지나 서남학파의 입장에 의존하고 있으며, 그 자신의 독자적인 '존재론'은 아직 발견되지 않는다. 그렇기는 하지만, 몇 가지 점을 우리는 주목할 필요가 있다.

첫째, 그의 이 논의가 궁극적으로는 "'존재'의 전 영역을 그 여러 가지 현실성 형식으로 분절하고, 그것들의 특색을 선명하게 끄집어내어, 그것들의 인식 방법과 인식의 사정을 확실히 규정하는 것"(FS186f)을 목표로 한다는 것이다. 다시 말해, 이미 이 단계에서 '존재'가 그의 염두에 있었다는 것이다.

둘째는, "판단에 있어서의 '존재의 의미'에 대한 물음"(FS178)을 세우고 그것이 '타당한 것이다'라고 결론지어, 《존재와 시간》에서의, "존재는 … 타당 … 속에 있다"(SZ7)고 하는 것이 이미 여기에서 준비되고 있다는 것이다.

단, 여기에서의 '존재'는, 아직 후에 보이는 사상적, 실존적인 무게는 전혀 갖고 있지 않다. 그것은 어디까지나 '학문적, 논리학적'인 차원의 것에 머물고 있다. 실제로, 《존재와 시간》 155쪽에서는, "롯쩨 이래 그 이상 환원할 수 없는 '근본현상'이라고 호칭된 '타당'의 현상"에는 '수많은 모호성'이 있는데, 그것은 '그 역할이 아직 존재론적으로 물어지지 않고 있기 때문이다'라며(SZ156), 그 한계를 인정하고 있다.

4) '교수자격논문'의 경우

다음으로, 그의 '교수자격논문'(Habilitationsschrift)인 〈둔스 스코투스의 범주론과 의미론〉을 살펴보기로 하자.

이 저술도 역시, 아직 '존재'나 '시간'을 본격적으로 취급하기 위한 것이라고는 할 수 없다. 그러나 이것도 또한 '존재'와 완전히 무관하다고 말할 수 없다. 어떤 점에서 그런가? 그것을 이하에서 살펴보기로 하자.

전체적으로 이 논문은, 둔스 스코투스(Duns Scotus)가 제시한 《사변적 문법학》(Grammatica spekulativa)을 '의미론으로서 해석, 서술'(FS 207)하려는 것이고, 그것을 위해, '의미론 일반의 이해를 가능하게 하는 요소들, 조건들에 대한 예비적 연구', 즉 '범주론'을 전개하려는 것이다(ibid).

이러한 의도로 그는, 우선 제1부에서 둔스 스코투스의 이른바 '초월개념'을 실마리로 하여 범주의 문제를 전개하고, 그리고 제2부에서 스코투스의 '사변적 문법학'을 실마리로 하여 의미의 문제를 논하고 있다.

그 전개의 내용을 좀 더 상세히 들여다보자.

우선, 제1부에서 그는 '범주'의 문제를 전개한다. 이때 '범주'란, 우선은 '대상영역'으로서 이해되고 있고(FS210), 이 '대상영역에는, 그것이 타당한 한, 존재(Ens)가 주어져 있다'(FS214)고 말한다. 그런데 이 '존재'란, '대상영역 일반의 총체적 의미'(ibid)이며, '대상적인 것 안에 일관되어 있는 요인'(FS215)이며, '범주의 범주'(ibid)이며, '대상인식 일반의 가능성의 조건'이라고 한다. 이 '존재'는 또, '궁극적인 것', '최고의 것'(ibid)이기 때문에, '대상규정의 본래적인 철학적 의미'인, 그 이상의 유(類)가 없는 '초월'(transcendentia)(FS216)이기도 하다. 더욱이 '존재'는, 일(Unum), 진(Verum), 선(Bonum) 등 다른 초월 개념들과 동등하게 병렬되는 것이 아닌, '대상성 일반'(FS216)으로서 가장 근원적인 초월 개념이기도 하다. 이렇기 때문에 하이데거는, '존재'에 눈을 돌리는 것이다.

그렇다면, '존재'는 아직 '일반적인 무언가'이고, 그것만으로는 더 이상 아무것도 시작되지 않는다(FS217). 그렇기 때문에 그는, 그 '무언가'는 '하나의 무언가이다'라는 것을 단서로, 그것이 또 '다른 것-이 아니다'라고 하는 성격, 즉 대상의 자기 자신에 대한 관계를 읽어내고(FS218), 대상성 일반의 저변에 잠재한 '하나와 다름'의 지정, 즉 '차이정립'(FS218)에 주목하여, 구체적으로는, '일'(Unum)의 논의로 이행해가게 된다.

하이데거는, 이 '일'을 단서로, 결과적으로는, 대상성 일반, 수학적 현실, 자연적 현실, 형이상학적 현실이라는 영역들을 확인한다(FS218-265). 그리고 다음으로, '진'(Verum)을 단서로, 논리적 현실, 심리적 현실의 영역을 확인한다(FS265-287).

다시 말해, '인식가능한 것의 영역'으로서, '자연적 현실의 감성적(물리적 및 심리적) 영역', '초감성적, 즉 형이상학적 객관영역', '비감성적인 수학의 대상영역' 및 '논리적 영역'이 확인되는 것이다(FS287).

그러나 이것만으로는 '불완전'하여(ibid), 그는 또, '언어형태'와 '언어내실'을 단서로 '의미의 영역'도 확인한다.

그런데 이 '의미의 영역'은, 의미가 논리적 존재의 성립요소인 한(vgl. FS290), '논리적 영역'과 깊이 관련되어 있다. 또 '논리적 성체'는, 의미가 언어에 부착되어 있는 한(vgl. FS290), '논리적 성체'와 서로 얽히는 의미내용들을 논한다. 물론 이 '논리적 의미성체'와 '문법적 언어성체'는, 여러 점에서, 우선 구별되기는 한다(vgl. FS291-294). 그러나 '인식'과 '인식의 표현'에서는 이 구별이 '지양'된다고 그는 말한다. 거기에서의 '언어성체'는, 그 '비논리적 성격'이 소실되고, '의미성체의 담당자'로서, 그리고 의미성체의 대상관계적 성격에 따라, '객관에 대한 표시(Zeichen)'로서 나타난다. 다시 말해, '언어성체는 의미의 표시이고, 의미는 또 대상의 표시인' 것이다(이상 FS295).

이와 같이 그는, '논리적 내실과 언어적 형태'의 '아주 특유한 얽힘', '언어와 의미'의 '통일'을 지적한다(FS302). 그러나 이것은 아직 '단지 예비적'(FS302)으로 지시된 것에 지나지 않고, 더 연구하지 않으면 안 된다고 스스로 한계를 긋는다.

이렇게 해서 논의는 제2부로 옮겨간다.

제2부에서는 '의미'의 문제를 상세히 다룬다. 이것을 그는, 둔스 스코투스의 '의미양상'(Modi significandi)을 단서로 전개해간다.

그의 정리에 따르면, '의미양상'에는 두 가지가 있다. 하나는 '능동적 의미양상'이고, 또 하나는 '수동적 의미양상'이다(FS309). '능동적 의미양상'은 '의식의 행위로서의 의미작용'(FS309), 즉 '의식의 주관적 측면'(FS310)이고, '수동적 의미양상'은 '행위의 결과 내지 작용의 대상적 상관자'(FS309), 즉 '의미의 객관적 측면'(FS310)이다. 이 양자는 '작용의 질과 작용의 질료', '노에시스와 노에마', '형식과 내용'과 같은 '필연적인 상관관계'를 나타낸다(FS311).

그런데 이 중에서 '질료'를 그는 '존재양상'이라고 한다(ibid). '존재양상'이란 '단순히 실재적인 자연적 현실'뿐만이 아니라, '비감성적인 논리적인 것'이고, '인식되는 것 일반'이고, '온갖 대상적인 것 일반'이고, '원범주라고 하는 보편적인 어떤 일반의 영역'이다(FS314). 이것이 바로 '의미양상'의 내용적 측면을 이룬다는 것이다.

단, 이 '존재양상'은 '의식'에 주어져있지 않으면 안 된다(FS315). 왜냐하면, 인식에 있어서만 대상이 알려지기 때문이다. 다시 말해, '의미'는 '대상 그 자체'에 관계되어 있는 것이 아니라, '인식된 것으로서의 대상'(FS316)에 관계되기 때문이다. 의미와 대상의 사이에 '인식양상'이 개재되는 것이다.

그런데 이 '인식양상'도 '능동적'인 것과 '수동적'인 것으로 구별된다(FS317). '능동적 인식양상'이란 '의식에 있어서 대상화 작용을 수행하는 것'이고, '수동적 인식양상'이란 '의식에 있어서 대상화되어 있는 것', 즉 '존재양상'에 다름 아니다(ibid).

결국, '존재양상'과 '수동적 인식양상'과 '수동적 의미양상'은, 그것이 내용적으로 무엇인가라는 점에서 보면, 다시 말해 노에마적 핵심에서 보면, '같은 것'(ibid), 즉 '질료'(Stoff)가 되는 것이다. 단, '존재양상'은 '체험가능한 것 일반'(FS318)이고, '수동적 인식양상'은 '인식에 혼입된 현실성'(FS319), '수동적 의미양상'은 '표현에 대한 관계를 갖는 것'(ibid)이라는 것이 다를 뿐이다. 다시 말해, 하나는 '소여성', 하나는 '인식', 하나는 '의미'라고 하는, '관점'이 다를 뿐인 것이다(ibid).

이러한 점은, 이상의 '질료'의 측면에서뿐만 아니라, '작용'의 측면에서도 마찬가지다. 즉, 소여성으로서의 '존재양상'에 대해, 인식으로서의 '능동적 인식양상'이 작용하여, 이것을 기초로 '능동적 의미양상'이 성립된다는 것이다(vgl. FS319-321).

요컨대, '의미형식(의미양상)은, 인식된(인식양상에 있어서의) 소여성

(존재양상)을 길잡이로, 읽어낼 수 있다'는 것이다(FS321). 그런데 그는 또, 이 '의미'와의 관련에 있어서, '말'(Wort) 내지 '표현'을 문제 삼는 다. 그리고 그 때문에 '순수문법학의 이념'[13] 내지 '의미의 형식론'이 필요하다며, 이것을 제2장에서 전개해간다.

그는 '의미형식' 내지 '의미양상'에 '자립적', '비자립적'인 두 가지 가, 달리 말해, '본질적', '우연적'인 두 가지가 있음을 주의하며(FS 342), 이것을 각각의 '품사', 즉 '명사', '대명사', '동사', '부사', '분사', '접속사', '전치사', '간투사'에 있어서, 상세히 고찰해간다(FS346-398). 이상이 '교수자격논문'의 전개 내용의 큰 줄거리이다.

그런데 하이데거는, 이 논문을 제출한 이듬해, 이것을 출간하면서 새 로이 '결론' 한 장을 추가한다. '범주문제'라는 부제를 갖는 이 장은, 그 의 독자적인 사상에 한발 다가가 있는 듯한 내용을 보여준다.

여기에서 그는 '범주문제'에 특별한 관심을 표명한다. 그리고 이 범 주문제의 '기대되는 해결을 위한 근본요건'으로서 세 가지를 역설한다.

첫째는, '대상영역의 경계설정'이고, 둘째는, 그것을 '판단문제에 편 입시키는 것'이고, 셋째는, '범주문제의 의미규정적 요소'로서의 '역사 및 그 문화철학적, 목적론적 해석'이다(FS408).

이러한 생각의 근저에는, 이미 단순한 '논리학' 자체를 초월한, '형이 상학'에 대한 지향이 싹터 있다. 그는 '논리학 및 그 문제는, 일반적으 로 그것들이 거기에서 해석되는 구조관계가 초논리적인 것이 되지 않 는다면, 진정한 빛 속에서 볼 수 없다'고 하면서, '철학은 그 본래적인 광학, 즉 형이상학을 영구히 없앨 수가 없다'(FS405f)고 선언한다. 여기 에서 그가 말하고 있는 '형이상학'이 무엇인지는 명확하지 않다. 하지 만 적어도 그가 지향하고 있는 것과 그렇지 않은 것은 분명히 구별해

---

13) 이것은 실은 후설이 제시한 것으로, 하이데거에 대한 그의 영향을 보여주는 부분이다(vgl. FS327).

말하고 있다.

우선, '논리적인 정신태도', '현실을 문자로 적는 것', '가지적인 것 전체를 끌어 모으는 언제나 예비적인 총괄'(FS406), 그리고 '인식론적 주관'(FS407), '생에서 유리된 이론의 단순한 한 점적 존재'(FS408) 등은, 여기서의 그에게는 중요한 의의를 갖지 않는다. 왜냐하면, '이론적인 정신태도'는, '살아 있는 정신의 형태들의 풍요로움 중에서는 … 단순한 하나'이기 때문이며, '현실을 문자로 적는 일'로 철학이 만족한다면, 그것은 결과적으로, '세계관으로서의 철학의 원리적이며 동시에 걱정스런 오류'가 되기 때문이며(FS406), '인식론적 주관'은, '형이상학적으로 가장 의미 있는 정신의 의미는 말할 것도 없고, 그 전 내용을 해결하지 못하기' 때문이다(FS407).

그가 지향하고 있는 것은, '철학의 본래적 사명, 즉 … 진정한 현실 및 현실적인 진리 속으로 돌파해 가는 것'(FS406), '형이상학적으로 가장 의미 있는 의미와 그 전 내용으로의 스며듦' 내지 그것에 의한 '범주문제의 본래적인 심화와 풍부화'(FS407)이다.

여기서 그는 '살아 있는 정신'(lebendiger Geist)이라는 것을 강조하고 있다. 이 '살아 있는 정신'이란, 가장 넓은 의미에서의 '역사적 정신'(FS407)을 말한다. 이 정신이 파악되는 것은, '정신의 전 업적, 즉 정신의 역사가 정신에 있어서 지양될 때뿐이다.'(FS408) 그리고 '역사의 철학적 개념화가 항상 증대되는 충실함과 함께, 신의 절대적 정신이 살아 있는 포착의 점증적 매체가 주어지는 것이다.' 거기서 '사람이 만약 범주의 세계를 향하여 그 빈곤한 도식적 범주표를 초월하려고 생각한다면, 역사와 그 문화철학적, 목적론적 해석이 범주문제의 의의규정적 요소가 되지 않으면 안 된다'고 그는 결론짓는다(FS408).

이상과 같이 '교수자격논문'은 기본적으로 리케르트 등 서남학파[14]의, 그리고 제2부는 후설의 영향[15] 하에서 쓴 것이다. 따라서 여기에서도 '존재'나 '시간'에 관한 훗날과 같은 본격적 논의는 보이지 않는다.

단, 다음과 같은 몇 가지는, '존재'문제와 관련하여, 확실히 우리의 주목을 끈다.

첫째는, 여기서 특히 '범주'의 문제가 다뤄진다는 것이다. "모든 존재론의 목적은 범주론이다"(EM142)라고 그가 말하고 있는 것처럼, 범주의 문제는 존재의 문제와 관련되어 있다. 그런 한, 여기서 보이는 '범주'에 대한 관심이, 어떤 의미에서는 '존재'에 대한 본격적 관심의 서막이라고도 말할 수 있다. 사실, 그 자신, '범주'를 '대상영역'으로 이해하고, 이 '대상에는 … 존재가 주어져 있다'고 분명히 말하기도 한다.

둘째는, 이미 살펴본 대로, 실제로 '존재'(Sein)를 언급하며, 그것을, '대상영역 일반의 총체적 의미', '대상적인 것 중에 일관된 요인', '범주의 범주', '대상인식 일반의 가능성의 조건', '궁극적인 것', '최고의 것', '초월 개념', '대상성 일반', '단순히 실재적인 자연적 현실뿐만이 아니라, 비감성적인 논리적인 것', '인식되는 것 일반', '온갖 대상적인 것 일반', '보편적인 무언가 일반' 등으로 해명하고 있다는 것이다. 물론, 이러한 해명은 아직 일반적인 차원의 것이고, 훗날과 같은 존재론적인 내실을 갖고 있지는 않다. 그러나 이 '존재'와의 관련에서, '일'(一, 특히 대상의 자기 자신에 대한 관계), '진', '언어' 등을 언급하고 있는 것은, 비록 그것이 미숙한 것이고, 철학사적 지식에 의존해 있다고 하더라도, 훗날의 사상과 관련하여, 특히 '동일성'(Identität) 내지 '에어아이크니스'(Ereignis), '진리'(Wahrheit), '언어'(Sprache) 등과 관련하여, 그 나름의 선구적 의의를 갖는다고 볼 수도 있다.

셋째는, 여기서 그가 '존재양상'을 언급하며, 그것이 '의식에 주어져 있지 않으면 안 된다'든가, '인식에 있어서만 대상은 알려진다'든가 하

---

14) 특히 '차이정립'의 사상이 그렇다.

15) 특히 '순수문법학'의 지향이 그렇다.

는 것을 말하고 있다는 것이다. 이것도 물론, 용어 자체에 한계는 있지만, 의식 내지 인식이 기본적으로 인간의 그것인 이상, 인간 즉 현존재와 존재와의 근원적인 관련성을 말하고 있는 《존재와 시간》의 사상과 관련지어서 생각해도 좋은 여지가 없지 않다.

넷째는, 여기서 '존재'를 '대상적인 것'으로서 말하는 경향이 있다는 것이다. 이것은 물론, 주관-객관의 구별을 비판하는 훗날의 사상에서 보면, 문제의 여지가 있지만, 너그러이 보면, 이것은 〈실재성 문제〉로 시작되는, 인간에 대한 존재 그 자체의 우위라고 하는 성격과 무관하지 않은 것이다.

다섯째는, 특히 그 '결론'의 장에서, '존재'를 그 기본적인 주제로 하는 '형이상학'에 대한 명확한 지향이 보인다는 것이다.16) (물론, 여기서 '형이상학'이라고 말할 때, '존재'가 명언된 것은 아니다.)

이상과 같이 '교수자격논문'은 '존재'와 관련된 적지 않은 시사를 포함하고 있다. 단, 이것은 아직 어디까지나 미숙한 것이고, 기본적으로는 스콜라적, 서남학파적인 것, 따라서 학문적, 논리적 성격을 강하게 갖는다는 것은 인정해야 한다.

5) '시험강의'의 경우

다음으로, 그의 강의허가를 위한 '시험강의'(Probevorlesung)인 1915년17)의 〈역사학에서의 시간 개념〉을 살펴보기로 하자.

---

16) 덧붙이자면, 이 장에는 '우리는 모든 곳에서 무제약자를 추구하고 있지만 항상 그저 사물만을 발견한다'고 하는 노발리스(Novalis)의 말이 표어로서 인용되고 있다. 이 경우, 무제약자를 '존재', 사물을 '존재자'로 생각할 수가 있다면, 이것은 이미 하이데거의 기본적인 입장을 극명하게 대변하고 있는 것으로 볼 수도 있다.

17) 잡지에 발표한 것은 1916년.

이것은 '시간'을 그 주제로 하고 있는 만큼, 《존재와 시간》과의 관련에 있어서 주목을 끈다. 그러나 이것도 역시 서남학파적 이념 아래서 쓰인 것으로, 그 독자적인 시간론은 아직 나타나지 않는다.

그러면, 여기에서는 어떠한 시간론이 전개되고 있는가?

우선, 여기에서의 그의 의도는, '역사과학의 시간 개념은, 이 학의 목표에 응하여 시간 개념으로서 기능할 수 있기 위해서, 어떠한 구조를 갖고 있지 않으면 안 되는가'(FS417) 하는 문제에 답하는 것이다.

이를 위해 그는, '자연과학(구체적으로는 물리학)의 시간 개념'과 '역사과학의 시간 개념'을 대비한다(vgl. FS418).

그런데 이러한 문제설정은, 실은 '학문론으로서의 논리학의 주요문제' 중 하나의 개별문제인 '개별과학에 있어서의 연구방법의 논리적 기초를 적출하는 것'(FS417)으로, 이른바 신칸트학파적인 문제의식 하에서 이루어진 것이다. 그리고 이 문제의식의 근저에는, 학문과 학문론에 관한 서남학파적 사고방식이 깔려 있다. 다시 말해, '학문이란 원리에 의해 질서가 세워지고 기초가 만들어진, 논리적 인식의 관련'(FS416)이고, 그 '인식은 판단 속에 담겨 있으며', 이 '판단은 진이고, 타당하다'는 것이다. 물론 이때 타당한 것은, '개개의 연구자가 인식을 획득할 때 내리는 판단작용이 아니라, 판단의 의미, 판단의 내실'이다. 따라서 '모든 학은, 그 완성된 이념에서 보면, 그 자체로 존립하는 타당적 의미의 연관'이라고 하는 서남학파적 학문관이 그 근저에 놓여 있는 것이다. 그리고 이 학에는 '근본개념들'이 있고, 그 '논리적 구조'를 탐구하는 것이 학문론적 문제설정에 있어서 중요하다는 것, 그것이 결국 '논리학의 궁극적인 근본요소인 범주'의 영역에 들어간다는 것(FS416), 그리고 역사학에서는 바로 '시간 개념'이 그러한 '특정한 개별범주'(FS417), '중심 개념'(FS418)이라는 것, 이러한 것이 기초가 되어서 이 강의의 위와 같은 문제가 설정되고 있는 것이다.

그러면, 여기서 하이데거는 '시간'을 어떻게 이해하고 있는가?

우선 '물리학의 시간'에 대해 그는 이렇게 설명한다. 즉, 물리학의 근본경향은 자연의 '법칙의 인식'(FS419)이며, 이것은 구체적으로 이중의 특성을, 즉, ① '어떤 특정한 영역의 현상들… 을 일반적으로 파악하게 하는 어떤 가정이 정립된다'는 것과, ② '이 가정은, 예컨대 어떤 숨겨진 성질을, 현상들을 설명하는 원인으로서 상정하거나 하는 것이 아니라, 현상의 이념적으로 사고된 계기들 사이의, 수학적으로 파악되는, 즉 계량적인 관계를 포함한다'(FS420)는 것이다. 그리고 이러한 물리학의 목표는, '물리학적 세계상의 통일', '일반역학의 수학적으로 확정가능한 근본법칙들이나 계속 규정되어야 하는 질량의 운동법칙들에, 모든 현상을 환원하는 것'(FS421)이다. 이런 전제 하에서 그는 '시간'을 바라본다.

그에 따르면, 물리학의 대상이 되는 것이 '운동의 법칙성'(FS421)이고, 운동은 '시간 속에서 경과하는' 이상, 물리학에서의 '시간의 기능'은 운동의 '측정을 가능하게 하는 것'(FS423)이다. 따라서 '시간'은, '운동의 정의에 있어서 필수적인 계기', '물리학의 대상의, 즉 운동의 수학적 규정가능성'으로서, '연속적으로 변화하는, 다시 말해 어떤 점에서 다른 점으로 비약하지 않고 한결같이 계속 흐르는' 것이고, 다시 말해, '단일하게 방향이 정해진 계열, 즉 그 속에서 각 시간의 점이, 시점에서 측량된 그 위치에 따라서, 구별되는 그러한 계열'(FS423)이고, 그리고 측정되면 그 '시간'은 '어떤 균질적인 위치질서, 측정척도, 매개변수'(FS424)가 되는 그런 것이다. 그러니까 이 '시간'은, '균일적인, 양적으로 규정가능한 성격'을, 다시 말해 '수학적인 성격'을 그 특징으로서 갖는 것이다(FS424).

그런데 이러한 '물리학의 시간'에 대해서, '역사학의 시간'은 어떻게 이해되고 있는가?

우선 그는, '역사학'이 '인간'을 대상으로 하고 있고, 그 '문화창조'

는, 다름 아닌, '인간정신의 객관화'로서, '시간의 경과 속에서 행해진다'(FS426)는 것에 주목하여, 결국 '역사학'의 목표를, '인간적 생의 객관화들[18]의, 영향이나 발전의 연관을, 문화가치들과의 관계를 통해서 이해할 수 있는, 그 객관화의 특수성과 일회성에 있어서, 서술하는 것'(FS427)이라고 한다. 그리고 '역사학'의 대상이 '항상 지나버리고 있'고, '엄밀히 따지면 이미 존재하지 않는다'는 것을 강조한다. 그리고 그 '지나간 것'은, '이미 실제로 있는 것이 아닐' 뿐만 아니라, 우리 쪽에서 보면, '우리나 우리의 생 관련이 오늘날 현재 있는 것과는 다른 것이었다'고 하는, '지나간 이런저런 시간의 질적인 차이성'을 강조한다. 이것으로 인해 그는, '역사학'의 필연적인 요구가, '시간의 초극'[즉 역사적 대상과 역사가 사이의 시간적인 틈의 초극, 다시 말해 시간적 틈을 넘어서 현재에서 과거로 들어가 사는 것]과 '과거의 서술'이라고 지적한다(FS427f).

그리고 이 '시간 초극'에서의 시간의 기능을 보려고 한다. 그 기능을 보기 위해 그는, 특히 '사료'의 경우를 주목한다. '사료'는, 그것들이 성립된 '시대'의 역사적 사실을 말하는 것이기 때문이며, 예컨대 그 서체와 어법은, 그 사료의 '시대규정을 가능하게 하는, 시대정신의 가장 솔직한 표현'(FS430)이기 때문이다.

이상과 같은 생각으로 인해 그는, '역사의 시간들'은 '서로 질적으로 구별된다'(FS431)고 말한다. 이것을 가장 중요한 특징으로 지적하는 것이다. 그리고 '역사학적 시간 개념의 질적인 것은, 역사 속에서 주어진 생의 객관화의 응축 — 결정화 — 이외의 다른 무엇도 아니다'라고 결론 내린다.

요컨대, 여기서 하이데거가 생각하는 '역사학적 시간'이란, 어떤 의미

---

18) 여기에는 딜타이의 영향이 보인다.

에서는, 역사상의 각각의 '시대'를 말하는 것이다. 그 시대란 '질적인 것'
이어서, 그것은 실은 인간의 '생의 객관화된 내실'에 다름 아닌 것이다.

그래서 '역사학적 시간'은, '물리학적 시간'과 같은 '균질적 성격을
조금도 가지고 있지 않'고, '수학적으로 하나의 계열에 의해서 표현될
수도 없'고, '어떻게 시간들이 계기하는가를 규정하는 법칙 같은 것은
아무것도 없다'(FS431)고 정리한다.

이상과 같이, 이 강의는 철두철미 서남학파의 학문론적 입장에서 전
개되고 있어,[19] 훗날과 같은 '시간성'의 사유는 아직 보이지 않는다. 하
지만 이것도 역시 몇 가지 점에서 의의가 없지는 않다.

첫째, 어쨌든 여기서 그의 최고 중요 개념 중 하나인 '시간'이 주제
로 다루어진다는 것이다. 비록 서남학파의 입장과 지식에 의존하고 있
다고는 해도, 문제설정 그 자체는, 결국 그의 무의식적 관심방향과 완
전히 무관할 수는 없는 것이다. 그래서 여기서 이미 '시간'에 대한 철학
적 관심이 싹트고 있다고 보지 않으면 안 된다.

둘째는, 여기서 '물리학적 시간'이 '역사학적 시간'에서 구별되어, 그
기본적인 내용이 서술되고 있다는 것이다. 이것은 《존재와 시간》에서
등장하는 '세계시간' 내지 '통속적 시간'과 무관하지 않다.

셋째는, '역사학적 시간'의 본질을 '질적인 것' 내지 '인간적 생이 객
관화된 것'으로 규정하고 있다는 것이다. 이러한 시간이해는, 이후까지
계속되는 것은 아니지만, 철학적인 사유가 하이데거의 사유의 한계를
넘어 결국 생동하는 생으로 돌아오지 않으면 안 된다고 한다면, 이러한
시간 개념은 제3의 시간 개념으로서 재차 중요한 의미를 갖게 될 가능
성을 품고 있다는 것이다.

---

19) 특히 리케르트의 《문화과학과 자연과학》의 영향이 강하게 보인다.

6) 《시간의 개념》의 경우

마지막으로, 그가 1924년에 마르부르크 신학자협회에서 행한 《시간의 개념》(*Der Begriff der Zeit*)이라는 강연을 살펴보기로 하자.

여기서는 '존재'와 '시간'에 관한 그의 독자적인 생각이 전개되고 있다. 그런 점에서 아주 중요하다.[20]

단 1924년은 《존재와 시간》이 출간되기 직전인 만큼, 그 내용은 《존재와 시간》의 그것과 거의 일치하고 있다.[21] 오히려 《존재와 시간》을 소박한 형태로 정리하고 있는 듯한 느낌마저 없지 않다. 그렇기 때문에 여기서 그 전 내용을 충실히 추적할 필요는 없다. 그래서 여기서는 그 요점의 정리만으로 만족하고자 한다. 그것은 대략 다음과 같다.

(1) 여기서는 '시간'이 주제적으로 다루어져, 그것에 관한 그의 독자적인 생각이 서술되어 있다.

(2) 여기서 그는, '일상성에서 만나게 되는 시간, 자연시간 내지 세계시간'을 우선 말하고 있고, 그 내용은, '시험강의' 및 《존재와 시간》의 그것과 근본적으로 다르지 않다.

(3) 그래서 그는, '인간적인 존재가 어떤 뛰어난 의미로 시간 안에 있고, 그것에 따라서 시간이 무엇인가를 읽어낼 수 있다'고 보고, 우선, '현존재 그 자체의 몇 가지 근본구조의 선행적인 지시'를 행하고 있다. 이것은 《존재와 시간》의 방식과 기본적으로는 마찬가지다.

(4) 그 근본구조[현존재의 존재]로서, '세계내존재', '상호적으로 공

---

20) Oskar Becker, Mathematische Existenz, in: *Jahrbuch für Philosophie und phänomenologische Forschung*, Bd.8, 1927, S.660 Anmk.3과, '시간'이라는 제목의 뢰비트의 필기로 알려져 있다. Vgl. 茅野良男, 《初期ハイデガーの哲学形成》, 380頁.

21) 가다머는 이것을 '《존재와 시간》의 원형'이라고 부르고 있다. Hans-Georg Gadamer, *Martin Heidegger und die Marburger Theologie*, S.479.

동인 존재, 타자와 공동인 존재, 타자와 공동인 동일 세계의 현소유', '말함', '각시태', '세인'(das Man), '신경씀', '스스로 자기를 만나는 것', '현존재 해석은 평균적으로는 일상성에 의해 지배되고 있다는 것' 등을 지적하고 있다. 이는 《존재와 시간》의 내용과 거의 일치한다.

(5) '일상성'뿐만이 아니라, '현존재의 본래성'도 언급하고 있다. 그 것은, '현존재의 가장 극단적인 존재가능을 이루는 것', '종말로의 존재'와 연관된다. 이 또한 《존재와 시간》과 내용적으로 일치한다.

(6) 여기서는 '종말로의 선구'가 문제시되고 있다. 그 내용 또한 《존재와 시간》의 그것과 일치한다.

(7) 이 선구야말로, '현존재의 본래적이고 유일한 도래(Zukunft)'이고, '시간의 근본현상은 도래'이다. 다시 말해 '본래적으로 도래성이 시간'이다. 이와 같이 결국, 현존재의 '도래적 존재'라고 하는 '방식'이 '시간적인 존재의 본래적인 존재모습'이라 하여, '현존재는 … 시간 그 자체이고, 단순히 시간 속에 있는 것은 아니다'라고 파악하고 있다. 그러니까 또한, '시간의 얼마만큼, 어디까지, 언제'에 대한 물음은, '시간에게 부적당'하다고 말하고 있으며, 그리고 '현존재는 이 도래적 존재에 있어서 그 과거와 현재로 되돌아간다'는 것이다.

(8) 그러나 현존재는, 일상성에 있어서는 '결코 본래성에서의 시간 속에 있는 것은 아니'며, 시계로 시간을 계산, 측정함으로써, 즉 '언제와 얼마만큼을 물음으로써, 현존재는 그 시간을 잃고 있다.' 그러니까 우선은 '시간을 현존재의 지금으로 본다'는 것이다. 즉 현재 중심의 '세인이 상호적으로 그 안에 있는 시간', '세인-시간', '상호 세계내존재의 시간'이 현존재를 지배한다.

(9) 그 일상성의 시간은, 지금이라고 하는 현재의 계기인 '현재-시간'이며, 이 '현재-시간'은, '연이어 지금을 지나 전개되는 경과의 연속으로서 표명되는 하나의 계기'라는 것이다. 그리고 이것에 대해서는, '그

방향의미가 오직 하나이며 불가역적'이라는 것이다. 생겨나는 것은, '무한한 도래에서 되돌릴 수 없는 과거로 전개한다'고 하여, 그 '불가역성'과 '지금이라고 하는 점으로의 등질화'라는 특성을 지적하고 있다.

(10) 또 '과거'와 '역사'도 언급하고 있다. 다시 말해, '현존재는 그 자신에 있어서 역사적으로 존재하고 있는' 것이며, 그런 한, '도래적 존재에 있어서 현존재는 그 과거를 존재한다.' '현존재는 그 존재방식에 있어서 과거로 회귀한다.' 또 이 회귀방식이 '양심'이고, 이 존재방식이 '반복가능'하다는 것이다. 다시 말해 '본래적인 역사로서의 과거'가 그 존재방식에 있어서 '반복가능'하며, 그 때문에 '현존재의 존재'인 '역사성'의 의의가 강조된다.

이상을 바탕으로, 하이데거는 다음과 같이 결론짓고 있다.

"시간이란 현존재이다. 현존재란 나의 각시태이며, 각시태란 도래적 존재에 있어서의, 확실하지만 무규정적인 종말로의 선구에서의, 각시태일 수 있다. 존재는 항상 그 시간 존재의 내적인 방식 안에 존재한다. 현존재는 시간인 것이다. 시간은 시간적이다. 따라서 이것이 시간의 본래적인 규정이다. 이 규정은 동어반복이 아니다. 시간성의 존재는 비할 바 없는 현실성을 지시하는 것이기 때문이다. 현존재는 그 종말을 존재한다. 현존재의 가능성은 이 종말로의 선구 안에 존재한다. 이 선구에서 나는 시간을 본래적으로 존재하며, 시간을 소유한다. 시간이 그때마다 나의 것인 한, 많은 시간이 있다. 시간은 무의미하다."

요컨대, 여기에서 하이데거는 '시간'을, '현존재'의 '존재방식'인 '도래적 존재'로서, 그런 의미에서 '현존재'로서 이해하고 있는 것이다. 그러니까 그는 마지막에서, "시간이란 무엇인가? 이것은, 시간이란 누구인가라고 하는 물음이 되었다"고 말하기도 한다. 시간을 철저하게 인간 현존재와 결부시키고 있는 것이다. 적어도 여기서는 그렇다. 이와 같은 사고방식은, 이미 살펴본 바와 같이, 《존재와 시간》에서의 그것과 기본적으로 일치하는 것이다.

이상 우리는, 준비적 초기에 있어서 하이데거의 사상이 어떠했는지, 특히 '존재'와 '시간'의 개념을 중심으로 통람해보았다. 여기에서 명확해진 것은, 이 시기의 하이데거는, 《시간의 개념》을 제외하고는, 기본적으로 서남학파적 문제의식의 영향권 내에서 움직이고 있다는 것, 그렇기는 하지만, '존재'나 '시간'에 대한 희미한 지향과 나름대로의 답이 보인다는 것, 다만 그것들은, 아직 그 고유의 주제 ― 문제 그 자체로서의 존재 ― 에까지 이르지는 못했으며, 학문적, 논리학적인 것으로서의 한계를 가지고 있다는 것 등이다. 이 시기의 그는 아직 미숙한 상태로, 《존재와 시간》에서 전개된 그 문제 그 자체, 현상 그 자체의 진상을 온전히 만나기 위한 모색의 도상에 있었다고 말할 수 있다.

2. 《존재와 시간》 이후, 존재탐구 도정에서의 여러 문제들

그러면 이제, 그《존재와 시간》이후 하이데거의 관심이 어디를 향하고, 또 '존재'나 '시간'에 관련한 어떠한 시사가 보이는가 하는 것에 초점을 맞추어 살펴보기로 하자.22)

단, 이 시기에는 방대한 자료가 주어지기 때문에, 그 모두를 일일이 충실하게 추적하면서 분석, 정리하기는 쉽지 않다. 따라서 우리는, '존재'와 관련된 몇 가지 주요 개념들을 중심으로 그 내용을 들여다보기로 한다.

그런데 그 이른바 후기 '존재탐구'의 성과들로 들어가기 전에, 우리는 우선, '사유'(Denken)라고 하는, 말하자면 후기의 방법론, 후기에서의 존재로의 접근방식이라고 할 수 있는 중요과제를 이해해둘 필요가 있다. '사유'란 '존재'에 대한 인간 측의 대응방식이며, 또 '논리적 문제설정'의 사정권에서 움직인 '초기'나, '현존재의 실존론적인 분석론'으로 관철된 '전기'에는 보이지 않는 후기 특유의 것이며, 더욱이 그것이 후기의 사상 전반을 지배하고 있다는 점에서, '존재'라는 본제에 못지 않은 중요성을 갖기 때문이다. 아니, 후에도 언급하겠지만, '사유'는, 이미 '존재'와 '공속'(zusammengehören)하고 있어 분리불가능한 것이기도 하기 때문이다. '사유'에 대한 이해 없이 하이데거의 후기 철학을 논

---

22) 여기서 소위 시기 구분이나 시기별 성격 규정이 여러 가지로 논란될 수 있지만, 그것은 '전환'문제를 논했을 때에 어느 정도 언급되었고, 또 무엇보다도 우리로서는, 이《존재와 시간》이후의 사유가 《존재와 시간》의 입장 변경은 아니'라는 것과, 그의 사유가 어디까지나 '하나의 도정'을 걷고 있다는 것을 굳게 지지하고 있기 때문에, 여기서 그 문제에 관한 더 이상의 논의는 피하고, 단지 '존재탐구의 도정'이라고 성격 짓는 것으로 만족하고자 한다.

하는 것은 불가능하다.

2-1. 존재에 대한 대응으로서의 '사유'

그러면, '사유'(Denken)란 구체적으로 어떠한 것인가?

《존재와 시간》이후 하이데거는, 예컨대《사유의 경험에서》,《사유란 무엇인가》[= 무엇이 사유를 명하는가],《사유의 사태로》,〈철학의 종말과 사유와 과제〉등 그의 몇몇 논고나 책의 제목에 '사유'라는 말을 내걺으로써, 이것에 대한 깊은 관심을 표면에 드러낸다. 뿐만 아니라,《휴머니즘에 대하여》(1949) 등에서 실제로 이것을 주제로 다루기도 한다.

이하,《휴머니즘에 대하여》에 보이는 견해를 중심으로, 그리고 다른 자료들도 참고하면서, 그가 말하는 '사유'의 본질에 접근해가고자 한다.

(1) 우선, '사유'란 '사유하는 것'인 이상, '무언가'를 사유하는 것이지 않으면 안 된다. 사유의 내용이 있어야 한다는 말이다. 그렇다면, '사유'란 무엇을 사유하는 것일까? 이 점에 대하여 하이데거는 명확히 답하고 있다. "사유란, 단적으로 말해, 존재의 사유이다."(UH7) 다시 말해, '사유'란 '존재를 사유하는 것'(UH38)이고, '사유해야 하는 것으로서의 존재의 진리 내로 지시하는' 것(UH37)이며, '무엇보다도 우선 존재의 진리를, 사유해야 할 것으로서 갖고 있는' 것(UH38)이라고 말한다. 그러니까, '존재'야말로 '사유의 요소'(UH6)이며, '사유의 문제사태'23)(ED9, SD4)이다. 그것은 '과학의 대상'(ED77)과는 구별되는 것이다.

(2) 그런데 '존재의 사유'라고 하는 것은, 실은 '이중의 사태'(UH7)

---

23) '시간'도 또한 '사유의 문제사태'이다.

를 말하고 있다. 즉, '사유가, 존재에 속하면서 존재에 귀를 기울인다'
는 것, 그리고 동시에 '사유가, 존재로부터 야기되어서 존재에 속해 있
다'(UH7)는 것이다. 말하자면, 사유에는 능동성과 수동성이 동시에 있
는 것이다. '사유가 존재를'이라는 측면과 '존재가 사유를'이라는 측면,
그렇게 설명하면 이해가 빠를지도 모르겠다. 그는 특히 이 중 사유에
대한 존재의 주도권('존재가 사유를'이라는 측면)을 주목한다. 다시 말
해 '사유'는, '존재의 진리를 말하도록, 존재에 의해 요구되고 있다'
(UH5)는 것이고, 이 '-게 함(Lassen)을 수행한다'는 것이며, '인간에 대
한 존재의 관여에 관계된다'(UH5)는 것이고, '존재의 요구에서 유래한
다'(ED77)는 것이다. 표현은 여러 가지지만, 요컨대, '존재가 사유를 가
능케 한다'는 것, '전자가 후자를 가능케 한다'(UH7)는 것이다. '사유는
존재의 관여이다'라는 것도, '사유는 인간본질에 대한 존재의 관여를
완수한다'는 것도, 결국은 바로 이것이며, 그것은 다시 말해, '사유는
이러한 관여를 만들거나 야기하거나 하지 않는다'(UH5), '사유는 결코
존재의 집을 창조하지 않는다'(UH43)는 것이며, '사유는, 사유 자체에
서 어떤 결과가 생기거나, 혹은 사유가 향해짐으로 인해, 비로소 활동
하는 것은 아니다'(UH5)라는 의미인 것이다. 이러한 관여는 어디까지
나 '존재가 사유 자체에게 위탁'한 것이다.

　여기서 하이데거는, 사유가 무엇으로 인해 있는가라는 것, 즉 그것은
'존재에 의해서 야기된다'는 것, 따라서 또한, '사유'에 대한 '존재'의
우위라고 하는 성격을 말해주는 것이다.

　　"사유는 그 본질상 존재의 사유로서, 존재로부터 요구된다. 사유는 온
　　것(l'avenant)으로서의 존재에 관계 지어져 있다. 사유는 사유로서, 존재
　　의 도래에, 도래로서의 존재에 결부되어 있다. 존재는 사유에게 이미 자
　　기를 보내줬다. 존재는 사유의 운명(Geschick: 보내진 것)으로서 존재한

220

다"(UH46)

사유는 이처럼 존재의 '요구'에 대한 응답인 것이다(vgl. WP29).

(3) 이러한 언급은, 사유와 존재의 관계를 명확히 하고 있다. 즉 "사유는 존재에 속하는 것이면서 … 존재를 사유한다"(UH42)는 것이다. 바로 그러한 의미로, 즉 이중의 의미로 사유는 '존재의 사유'가 된다.

그가 다른 데서 말하고 있는 '존재와 사유의 공속성'(Zusammenge-hörigkeit)(SD76, ID15)이라는 것도 이러한 양자의 상호연관을 가리킨다. 덧붙이자면, 이러한 점은 이미 저 파르메니데스가 "to gar auto noein estin te kai einai"(동일한 것이 사유이기도 하고 존재이기도 하다)라고 말한 그 사태를 다시 부연한 것으로 이해할 수도 있을 것이다. 실제로 하이데거 자신도, 이 말이, "사유와 존재는 동일한 것 안에서, 동시에 이 동일한 것에 의해서 결합(공속)하고 있음을 지시하고 있다"(ID14)고 풀이해준다.

(4) '사유'란 결국, '존재'에 의해, '존재'를 사유하는 것이라는 게 밝혀진 셈인데, 그 구체적인 수행방식은 어떠한가? 즉 그것은 어떠한 형태로 수행되는가? 단적으로 말해, '사유 속에서 존재가 언어로 된다'(UH5)는 것이 그 답이다. 그는, "사유하는 자 … 가 그들의 발언을 통해서, 존재의 드러남(Offenbarkeit)을 언어로 나타내고, 그리고 언어 안에 보존하고 있는 한에 있어서, 존재의 개명성이 완수된다"(UH5)고 명확하게 말한다. 여기에는, "언어는 존재의 집이다"(Die Sprache ist das Haus des Seins)(UH5)라는 기본적인 생각이 그 근저에 놓여 있다. 언어라는 이 '집에 인간이 사는(wohnt)'[24] 것이고, '사유하는 자와 시작하는 자가 이 집의 지킴이'(UH5)라고 그는 생각하는 것이다.

---

24) 이 '사는' 것이 '세계내존재'의 본질(UH42)이라고 그는 지적한다.

이러한 의미로 생각하면, "사유란 그 발언에 있어서 존재가 말하지 않는 말(Wort)을 언어로 오게 한다"는 그런 것이 된다(UH45). 즉, '존재의 도래를 … 그때마다 언어로 오게 하는 것이, 사유의 유일한 일(Sache)'(UH46f)인 것이다. 이것이 '사유의 눈에 띄지 않는 행위(Tun)의 일례'(UH45)이다. 이것은 중요한 일이다. 그가 후기에서, '언어'에 상당한 관심을 보이는 것도,25) 또 그 존재사유를 '언어로의 도상'으로서 성격 짓는 것도, 모두 이런 맥락에서 생각하지 않으면 안 된다. "존재는 항상 언어로의 도상에 있다"(UH45)고 하는 것도, 바로 이 '사유'에 있어서 이루어지는 일이다.

(5) 그러면, 이러한 '사유'는 어떠한 성격의 것인가?

① 그것은 '하나의 행위'에는 틀림없으나, '실천적'인 것은 아니다(UH6). 아니, 애당초 '이론적이지도 실천적이지도 않다.'(UH42, 46) 그것은 '이러한 구별 이전에 생기는'(UH42) 것이며, '온갖 실천을 능가하는'(UH45)하는 것이다. '사유'는 '존재에 대한 회상'(Andenken)[존재에 맞닿아 존재를 사유하는 것](UH42, ED82)으로서, 그 외의 '어떠한 성과도 갖지 않'고, '어떠한 결과도 갖지 않는다.' 사유는 '자기의 본질[즉 현성(Wesen)]로서 충분하다.'(ibid) 사유는 다른 무언가를 위한 어떤 것이 아니며 그럴 필요도 없다는 말이다. 사유 그 자체로 충분한 의미를 갖는다는 말이다. 하이데거는 그렇게 생각하고 있다.

② 또, 하이데거의 이 '사유'는, '유신론적인 태도'에 기초한 것이 아니라, '한계의 존중'을 근거로 한다(UH42). 이 '한계'는 '사유 그 자체'에 이미 설정되어 있고, '존재의 진리'가 그러한 한계를 설정하는 것이다. 단, 하이데거는 이 점을 결코 부정적으로 보지 않고, 오히려 '모든 가치와 모든 존재자보다도 한층 본질적'(UH37)이라며, 적극적으로 평

---

25) 〈말에 대한 대화〉, 〈말〉, 〈시에 있어서의 말〉 등이 모두 그렇다.

가한다.

③ 그리고 '사유'의 또 하나의 성격은, 그것의 '단순함'이다. "존재의 이 사유에 대하여 기이한 것은, 그 단순함이다"(UH46)라고 그는 말한다. 그러나 우리 인간은 '사유'를 '전문가만이 다가갈 수 있는 비범한 것'이라고 보며, 또 '학문적 인식과 그 탐구의 실시'라고 생각한다(ibid). 그러한 생각으로 보면, 단순한 것은 중요하지 않은 것처럼 보일 것이다. 그러나 '사유'는 '단순한 것'이다. 바로 이 "단순함이 우리를 사유에서 멀어지게 한다."(UH46) "존재의 사유는 그 단순한 본질을 통해서 우리에게 자기를 알 수 없는 것으로 만든다"(ibid)고 그는 말한다. 우리는 이러한 위험을 극복하여, 이 의미 있는 단순함과 친해지지 않으면 안 된다(vgl. UH46).

④ 그리고 또 하나 덧붙일 것이 있다. '사유'의 '시작적'(詩作的) 성격이다. 그가 말하는 사유는 '시작적 사유'(Hw252)인 것이다. 그러나 이 '사유의 시작적 성격은 지금도 덮여 있다.'(ED84) 그리고 만약 그 성격이 제시되어도, '그것은 오랫동안 반쯤 시적인 오성의 유토피아로 보일 것'이라고 우려를 표명한다. 그러나 '사유하는 시작'은, 사실은, '존재의 토폴로기(장소론)'에 다름 아니다(ibid). 존재의 토폴로기란, '존재의 도래를 … 말로 하는 것'과 내용적으로 일치하는 것이다. 그것이 '사유의 유일한 작업'이었기 때문이다.

'시작'의 의미는 물론, '존재의 토폴로기'만으로 끝나는 것은 아니지만, 그 내실은 방대한 횔덜린 해석을 포함한 독자적 연구영역을 이룰 수 있기 때문에, 여기서는 일단 이런 성격이 있다는 지적에만 머물기로 한다.26) 다만 하나 언급해두고 싶은 것은, '사유'와 '시작'은, '발언

---

26) '사유'와 '시작'의 관계를 포함하는 이 문제영역에 대해서는, 와타나베 지로(渡辺二郎)의 《하이데거의 존재사상》이 우수한 연구를 제공하고 있다. 그 285-428쪽을 참조 바람.

(Sagen)의 두 가지 두드러진 방식'(WS186, 199, 238)이며, 그 점에서 "시작적으로 말해진 것과 사유적으로 말해진 것은 … 같은 것이다" (WD8)라는 것이다.[27] 여기에서 '발언하는 것'이란, '나타나게 하는 것, 우리가 세계라고 이름 붙인 것을 현시한다고 하는 의미에서 그것을 명확하게 은폐하면서 해방하는 것'(WS200), '제시하는 것, 세계를 명확히 하고 은폐를 해방하면서 현시하는 것'(WS214), '나타나게 하고, 보이게 하고, 듣게 하는 것'(WS252)이라고 그는 설명한다. 바로 이 점에서 그 것들은 같다는 것이다.

"그들이 [사유자와 시작자가] 그들의 발언을 통해서 존재의 나타남을 말로 표현하고, 말 안에 보존하는 한에 있어서, 즉 인간이 거주하는 존재 의 집 … 언어라는 집의 지킴이로서 그들이 그것을 지킴에 있어서, 존재 의 개명성이 완수된다."

후기에 전개되는 그의 언어에 대한 관심과 횔덜린 시의 해명작업 등 은 바로 이런 점을 그 배경에 깔고 있다.

(6) 바로 이상과 같은 특별한 의미를 갖고 있기 때문에, '사유'는 다 른 행위들, 분야들과 엄격히 비교, 구별된다.

① 우선, '사유'는 '일종의 기술'이 아니다. 그런데 플라톤과 아리스 토텔레스에게서 이미 '사유'의 '기술적 해석'이 시작되고 있다고 그는 본다(UH6). 다시 말해 플라톤에게는, 사유가 '행위와 제작을 위한 숙려

---

27) 《철학 ─ 그것은 무엇인가》 30쪽에도 이에 관한 언급이 있다. 즉 그것들 사 이에는 '숨은 혈연과 찢긴 틈이 동시에 있다'는 것이다. 또, 《형이상학이란 무엇인가》의 후기에도, '시작'과 '사유'의 동일성과 차이성을 말하고 있다. 즉, '사유자'는 '존재를 말로 표현하고', '시작자'는 '성스런 것을 명명한 다'(WM51)는 것이다. 또한, '시작'의 의미에 관한 것으로서, 《집안친구 ─ 헤벨》도 중요하다.

방법, 즉 일종의 기술'이었고, 아리스토텔레스에게는 이 숙려가 이미 '행위나 제작에 대한 고려로부터 이해되고 있다'는 것이다(UH6). 이러한 '기술적 해석'은, '사유를 관조(Θεωρία)로서 특징짓는 일', '인식작용을 관조적(이론적) 태도로서 규정하는 일'이며, 이것은 모두 '행위나 행동으로부터 사유를 구출해 독자적이게 하려는 반작용적 시도'라고 그는 해석한다(ibid).

사유의 본질을 진정으로 이해하기 위해서는, 바로 이러한 '기술적 해석'에서 해방되지 않으면 안 된다(UH6)고 그는 말한다. 왜냐하면, 이러한 기술적 해석 이래, 이른바 '철학'은, '과학들에 대해 스스로의 존재를 항상 정당화하지 않으면 안 되는 괴로운 입장'으로 항상 몰리고 있어, 그 정당화는 '철학 자체가 일개 과학의 위치로 높아짐'으로써 실현된다고 철학은 생각하고 있는데, 그와 같은 노력은, 실은 '사유의 본질을 포기하는 것'(UH6)이라고 그는 생각하기 때문이다. 또한 철학은, '철학이 과학이 아니면, 그 모습과 가치를 잃는 것이 아닐까 하고 … 그저 두려워하고 있'는데, 이 두려움[철학의 대 과학 콤플렉스라고도 말할 수 있는 것]은, '비과학성과 같은 일종의 결점'에 지나지 않는다고 그는 생각하고 있기 때문이다(ibid). 그리고 또한, 그러한 '기술적 해석'에서는, '사유의 요인으로서의 존재가 … 포기되고 있'는데(UH6), 이래서는 사유는, 마치 '건조한 지상에서 얼마나 오래 물고기가 살 수 있는가 하는 것으로 물고기의 본질과 능력을 측정하려고 시도하는 방법'처럼, '그것에 적합하지 않은 척도를 가지고 측정하고 있다'(UH6)고 그는 생각하기 때문이다.

사유가 그 요인에서 떨어져 나와 종말을 알릴 때, 이 손실을 보완하기 위해 사유는 자기를 '기술' 등으로 통용시킨다(UH8). '철학은 그저 단순히 최고의 원리로 사물을 설명하기 위한 일종의 기술'(UH8)이 되어간다. 그런데 사유는 그러한 '기술'일 수는 없다고 하이데거는 경계

하는 것이다.

때문에, 당연한 일이지만, '사유'는 현대의 이른바 '과학적 기술'과도 구별된다(SD79). 어쩌면, 그 과학적 기술이 '합리적'이라고 해서 칭찬받고, 사유가 '비합리적'이라고 해서 비판받는 일이 있을지도 모르지만, 적어도 '사유'는 '비합리주의'라고 말할 수는 없다(vgl. UH6). 오히려 '합리적과 비합리적이라는 구별 외부에 있는 하나의 사유가 주어지고, 그 사유는, 과학적 기술보다도 더한층 사려가 있고, 그렇기 때문에 [과학적 기술에서는] 떨어져 있으며, 아무런 효과도 없지만 그럼에도 불구하고 독자적인 필연성을 가진 사유'(SD79)라고 그는 단언한다.

② 이상의 설명과정에서 이미 알 수 있지만, '사유'는 '과학[학문]과는 구별된다'고 그는 생각한다. 스스로 하나의 과학이고자 하는 철학의 노력은, '사유의 본질을 포기하는 것'이고, '[episteme로서의] 철학을 통과하는 가운데 과학이 성립하고 사유는 소멸한다'(UH39)고까지 그는 말한다. 사유는 과학에 대해 콤플렉스를 가질 필요가 없고 가져서도 안되며 사유가 과학을 닮으려는 것은 사유 자체의 훼손이라는 생각인 것이다.

③ 그리고 '사유'는, '논리학'과도, '윤리학'과도, '물리학'과도, 구별된다. "근원적 사유작용이 종말을 고하자, 논리적, 윤리적, 물리적과 같은 그런 명칭도 비로소 나타난다"고 그는 말한다(UH7).

특히 '논리학'의 경우, 그것은 '사유'를, '존재자를 그 존재에 있어서 표상하는 것'이라고 해석하여, '표상작용을 개념의 보편성 안에 건네는' 데(UH34), [진정한] '사유'란 '존재 그 자체를 숙려하는 것', '존재의 진리를 사유하는 것'이며, 이것이야말로 '로고스의 원초적인 본질에 적합한 것'이라고 그는 생각한다.28) 바로 이 점이, "플라톤 및 '논리학'의

---

28)《형이상학이란 무엇인가》의 후기에서는, "정확(exakt)한 사고는 결코 가장 엄밀(strengste)한 사유가 아니다"라는 말로 이 양자를 구별하고 있다.

건설자인 아리스토텔레스에게서는 이미 매몰되고 상실되어 있다"고 그는 지적하는 것이다(ibid).

단, 이와 같이 '논리학'에 반대하여 사유한다는 것은, '비논리적인 것을 변호'하는 것이 아니라(UH34), '로고스와, 사유의 초기에 나타난 로고스의 본질을 회상하는 [맞닿아 사유하는] 것', 그와 같은 '회상의 준비를 위해 우선 힘을 다하는 것'이라고 그는 주의를 촉구한다(ibid). 이것을 하지 않으면 '논리학'은 아무 의미도 없다고 그는 생각하는 것이다(vgl. ibid).[29]

그리고 '윤리학'의 경우, 이것은 '플라톤학파에서 처음으로 나타난' 것인데(UH39), 그것은 '사유를 철학으로 만들고, 철학을 학문으로 만들고, 학문 자체를 학파와 학교운영의 업무로 만든 시대'의 일들이라며, 그는 이것을 부정적으로 보고 있다(vgl. UH39). 한편, '플라톤 시대 이전의 사상가들'은, 논리학도 윤리학도 물리학도 몰랐지만, 그들의 사유는 '비논리적이지도 비윤리적이지도 않'았고, '자연을 후세의 모든 물리학이 결코 그 이상 도달할 수 없었던 깊이와 넓이로 사유했다'며, 이것을 높이 평가하고 있다(UH39).

그리고 실례로서 그는, "소포클레스의 비극작품이, 아리스토텔레스의 윤리학 강의보다도 더 원초적으로 윤리(ἦθος)를 담고 있다"(UH39)고 평가한다. 물론 그는 이 '윤리'를 헤라클레이토스적으로, '체류 내지 거주의 장소', '거기서 인간이 살고 있는 열린 지역'(ibid)이라는 특별한 의미로 해석하고 있다. 만약 '윤리'를 이와 같이 이해하면, '윤리적'이란 '인간의 집을 고려한다는 것'을 의미하게 되고(UH41), 그렇다고 한다면 그것은 이미 '존재의 진리를 실존하는 자인 인간의 원초적 요소로서 생각하는 사유'라고 그는 보는 것이다. 그러나 이것은 이미, 이른바

---

29) 이미 말한 그의 '논리학 불신'은 바로 이 점에 그 뿌리를 갖고 있다.

'윤리학'이 아니라 '존재론'이라고 말한다(UH41).

그러나 그는 결국, '명칭과 그것에 해당하는 개념의 말을, 우선 사유해야 할 문제 자체로부터 재고'하지 않고, 이 문제 자체가 오히려 명칭에서 표상되는 한, '사유'는 '윤리학도 존재론도 아니'(UH42)라고 말하며, 명칭보다 문제 자체가 중요함을 강조한다.

④ 그리고 그는, 이상과 같은 '사유'를 '형이상학'과도 구별한다. '사유는 형이상학을 극복한다'(UH37)고 그는 분명히 말하고 있는 것이다. 다만, 이 '극복'은, '더욱 높이 올라가면서 형이상학을 지양하는 것'에 의해서가 아니라, '오히려 사유가 가장 가까운 것의 가까움으로 가라앉는다'는 것에 의해서 행해진다고 그는 생각한다(ibid).

'사유'가 '형이상학'을 '극복'한다고 하는 이런 생각은, 애초에 두 가지를 전제로 하고 있다. 그 하나는, "형이상학이 존재의 망각 안에 머물러 있는 한에서, 그것은 존재의 진리에 대한 물음을 세울 수 없을 뿐만 아니라, 존재의 진리를 잘못 취급하고 있다"(UH31)는 것이고, 또 하나는, "존재의 진리에 대한 물음에서 시작하는 사유는, 형이상학이 물을 수 있는 것보다도 더 근원적으로 묻는다"(UH36)는 것이다.

(단, 여기서 말하는 '형이상학'은, 《형이상학이란 무엇인가》, 《형이상학 입문》 등에서 주제화하고 있는, 긍정적인 의미에서의 '형이상학'과는 다른, 이른바 '전통적'인 형이상학을 말한다.)

⑤ 그런데 이상과 이미 관련되어 있지만, 하이데거는 이 '사유'를 이른바 '철학'과도 구별한다. "미래의 사유는, 이미 철학이 아니다"(UH47)라고 그는 단정한다. 또 그는, "철학을 과신하고, 그 결과, 철학에 과대한 요구를 하는 습관을 그만둘 때가 바로 지금이다"라고도 말한다. "철학은 보다 적게, 사유의 세심함은 보다 많게, 문헌은 보다 적게, 문자의 염려는 보다 많게라고 하는 것이 지금의 세계의 곤란에 필요하다"(UH47)라고도 그는 주장한다. 그리고 예컨대, "그리스인은 사유를 단

한 번도 '철학'이라고 부르지 않았다"(UH7)라든가, "철학은 그저 단순히 최고원리로서 사물을 설명하기 위한 일종의 기술이 된다. 사람은 이미 사유하지 않고, '철학'에 종사한다"(UH8)라고 하는 말에서도 사유와 철학의 구별이 강하게 시사된다.

이러한 구별의 배경은, 결국, "사유는 철학의 별명인 형이상학보다 더욱 근원적으로 생각한다"[30](UH47)는 것과, 그리고 "열악한 위험, 따라서 분란케 하는 위험, 그것은 철학하는 것이다"(ED80)라는 것, 즉 '철학'이 '위험'으로서 '사유에 붙어 다닌다'(ibid)는 것이다.

여기서 말하는 '철학'이란, 그 문맥에서 보면, 예컨대, '논리학', '윤리학', '물리학'(UH7), '그 요소[존재]에서 벗어난 사유'(ibid), '최고원리로 사물을 설명하기 위한 일종의 기술'(UH8), '무슨 무슨 주의'(ibid), '문헌[학적 연구]' 등과 관련되어 있다. 그러니까, 이것 또한, "철학은 현존재의 해석학에서 출발하는 보편적인 현상학적 존재론이다"(SZ38)라는 긍정적인 의미로 생각된 전기의 '철학'과는 내용적으로 좀 다르다고 보아야 한다.

한편, 1956년의 《철학— 그것은 무엇인가》에서는, '철학의 미래의 본질'과 관련하여, "존재자의 존재의 말걸음에 말로 응하는, 특별히 인수되어 전개되는 응답이 철학이다"(WP29), 이 "상응이 발언이다"라는 등 '철학'을 '사유'와 거의 같은 의미로 해석하고 있다. 따라서 여기서 비판받는 '철학'이란, 일반적으로 그 본질이 왜곡되고 있는 이른바 '학문적 철학'을 말한다.

(7) 하여간, 일반적으로 이상과 같은 의미에서 철학이 이해되고 있다면, 이러한 '철학'은 '존재의 사유'와는 구별된다.

참고로 그는, '철학'에서 '사유'로의 이러한 회귀를, '되돌아감'

---

30) 물론 이 사유는, 헤겔의 '지혜에 대한 사랑이라는 명칭을 벗어던지고, 절대지의 형태에서 지혜 그 자체가 된다'고 하는 그런 것은 아니다(UH47).

(Schritt zurück)이라는 말로 표현한다. 이는 뒤에서 따로 살펴보기로 한다.

이상으로, 후기 하이데거의 '주제에 대한 대응방식'으로서의 '사유'가 어떠한 것인지 어느 정도 밝혀졌다. '사유'란, 존재에 의한 것이면서 존재의 진리 그 자체에 관련하는 것으로서, 존재와 공속하는 것이고, 존재를 말로 나타나게 하는 것이며, 이론적인 것도 실천적인 것도 아니고, 유신론적인 것도 무신론적인 것도 아닌, 어떤 단순한 것이며, 시작적인 성격의 것이고, 일종의 기술도, 과학도, 논리학도, 윤리학도, 물리학도, 형이상학도 아니며, 따라서 이른바 철학과도 구별되고, 그런 의미에서, '되돌아감'이라고 규정되는, 그 자체로서 이미 있으며, 그 자체로서 필연성을 갖는 독특한 것이었다. 이것이 후기 하이데거 철학의 가장 큰 특징의 하나로 중요한 위치를 차지한다. 사유 없이는 존재도 없고 존재 없이는 사유도 없다.

2-2. 존재에 대한 대응으로서의 '시작'

'사유'가 '존재'에 대응하는 우리 인간의 가장 두드러진 철학적 방식이라는 것은 이상의 논의에서 분명해졌다.

그런데 하이데거는, 이러한 '사유'와 함께, 특이하게도 '시작'(Dichten)이라고 하는 것을 후기의 여러 저작들에서 강조하고 있다. 예컨대, "노래와 사유란, 시작과 이웃한 수목들이다"(ED85)라든가, "말이라고 하는 집에 인간은 산다. 사유하는 자와 시작하는 자는, 이 집의 지킴이이다"(UH5)라든가 하는 것도 그중 하나다.

하이데거가 이와 같이 '시작'에 주목하는 것은, 아마도 '시작'이 '사유'의 경우와 마찬가지로, '같은 방법으로 같은 문제에 직면해 있다'는 것, 아리스토텔레스가 말하는 것처럼 '시작이 존재자의 탐구보다도 더

한층 참되다'(UH46)는 것 때문일 것이다.

그러므로 하이데거의 존재론을 이해하기 위해 우리는, 이 '시작'에
대해서도 깊이 들여다볼 필요가 있다. 단, 여기에서 그의 후기 사유의
거대한 성과이기도 한 휠덜린, 릴케, 트라클, 게오르게 등의 시에 대한
그의 구체적 해명을 제대로 살펴볼 수는 없다. 양적으로 너무 방대하기
때문이다. 그것은 또 다른 기회로 돌리고,31) 여기에서는, '시작' 내지
'시인'의 본질이 가장 잘 표현되어 있다고 생각되는 《집안친구— 헤
벨》(Hebel —der Hausfreund)을 중심으로, 그리고 다른 몇 가지 자료
들도 참고하면서 '시작'의 근본의의를 파악해보자.

《집안친구— 헤벨》에서 하이데거는 우선, '헤벨(J. P. Hebel)이란 누
구인가'(HH5)라는 물음을 제기하고, '헤벨은 집안친구(Hausfreund)이
다'(HH8)라고 답한다. 이렇게 해서, 본래의 '집안친구'라고 하는 말의
심원한 의미를 해명해간다. 그에게 있어 '집안친구'란, '시인적 규정'
(HH9) 내지 '시인성'(HH10)을 가리키는 말이기 때문이다. 그 '시인성'
을 그는, '시적으로 말하는 것'(HH12), 그것에 의해서 '우리가 통상, 세
계에 관해서, 인간적, 신적 사물에 관해서, 보고 있는 것'을 '가치 있는
것으로, 또 비밀에 싸인 것의 충만함으로 개조한다'는 것, 즉 '고귀하게
말하는 것'(HH12)으로 설명한다. 이것을 구체적으로 해명하기 위해서,
하이데거는 우선, '집안친구'라고 할 때의 그 '집'이란 무엇인가를 숙고
한다. '집'이란, 물론 보통의 '가옥'은 아니다. 그것은 '산다'(HH13)고
하는 것을 위한 것이다. 이 '산다'고 하는 것을 그는, '인간들이 하늘 아
래 땅 위에서, 탄생에서 죽음에 이르기까지 수행하는 편력의 방식', '인
간이 천지 사이에, 탄생과 죽음 사이에, 환희와 고통 사이에, 업무와 말
사이에, 체류하는 것'이라는 의미에서의 '편력'을 그 '주요특질'로 하는

---

31) 졸저, 《하이데거— 그의 물음들을 묻는다》 중 〈하이데거의 시인론〉 참조.

것이라고 이해한다.

그런데 바로 이 '집'이 다름 아닌 '세계'라고 그는 말한다. '세계'란, '여러 겹을 가진 사이'로서, '우리네 죽어야 할 자들이 사는 거처'(HH13)를 의미한다. 바로 이런 의미의 '세계'라고 하는 '집'에 있어서의 [이미 헤벨만이 아닌] '본래의 집안친구'(HH15)란 누구인가를 그는 묻는다.

그 답을 위한 힌트를 그는, 헤벨의 문장에서 따온다. 그 문장이 대단히 흥미롭다.

"애초에 달은 하늘에 있으면서 본래 무엇을 행해야 하는 것일까? ─ 답, 지구가 행하는 것과 같은 것이다. 이것만은 확실하다. 즉, 달은 그 부드러운 빛, 그 빛은 달에 닿는 태양 빛의 반사인데, 그 부드러운 빛으로 우리의 매일 밤을 비추고, 어떻게 해서 남자가 여자에게 입 맞추는지를 보고 있다. 달은 우리 지구에서의 본래의 집안친구이고, 첫 책력의 작자이며, 그리고 모두가 고요히 잠들었을 때에는 밤을 지키는 최고의 불침번이다."(HH15f)

이 문장이 말하는 '달'에서, 하이데거도 [헤벨과 마찬가지로] '본래의 집안친구'가 지니는 의미를 발견한다. '달'은 '지구에서의 본래의 집안친구'로서, '비춤으로서, 빛을, … 부드러운 빛을 가져다준다.' '달'은 '우리의 밤마다 그 빛을 가져다준다.' "그러나 그것이 가져다주는 빛, 그 빛은, 달 자신이 밝힌 것은 아니다. 그 빛은, 달이 사전에 ─ 태양에게서, 즉 그 빛남이 동시에 지구를 비추고 있는 태양에게서, 받은 것 …이다."(HH16) 바로 이 '달'처럼, '집안친구'는, '말을 함으로써 어떤 빛을 … 어떤 부드러운 빛을 가져다준다.' 단, 그 '말함'은, 달의 빛이 태양의 반영인 것처럼, '집안친구에게 주어진 말을, 그가 말하는' 것이다.

즉, "말이 집안친구에게 말해주고, 그렇게 해서 집안친구가 조명되고, 그렇게 해서 그는, 그에게 말해진 것을, 그와 함께 지상에 사는 사람들에게 다시금 말해준다." 이러한 '말함'에 있어서, '집안친구'는 '본질적인 것'을 '지켜본다'. 그 본질적인 것이란, '사는 자로서의 사람들에게 맡겨졌지만, 그들이 잠자고 있는 동안에 너무나도 쉽게 잊혀버리는 것'이다. 그래서 '집안친구'는 '불침번', '밤에 홀로 깨어 있는 자'인 것이다(HH16).

이런 의미에서, '집안친구'란 '시인'(HH19)의 본질을 나타내는 것에 다름 아니라고 그는 생각한다. 이렇게 해서 그는 결론적으로 말한다.

"시인은, 세계를 어떤 하나의 언어(Sagen) 속에 모아 넣고, 그 언어에 속하는 낱말(Wort)은 어디까지나 어떤 하나의 부드럽게 — 억제된 절제된 빛으로서 머물고, 그 빛 속에서 세계는, 그것이 지금 처음으로 보인 것처럼, 드러난다. 집안친구는 단순한 교훈을 주려고도 하지 않고, 교육하려고도 하지 않는다. 그는 독자의 뜻에 맡겨서, 집안친구가 우리와 함께 말하기 위해 미리 마음을 두고 있는 본질적인 것으로, 독자가 스스로 마음을 기울이게 하려는 것이다."(HH19)

'시인' 즉 '세계'라고 하는 '집'에 있어서의 '친구'가 원하는 것, 그것을 하이데거는, '설교한다'(predigen)(HH20)고 하는 특이한 말로 설명한다. 물론, 여기서 설교하는 것은 '목사'가 아니라(HH19) '시인'이다(HH20). 그러면, '시인'이 원하는 이 '설교'란 어떠한 것인가? 그는 이것을, 라틴어 'praedicare', 즉 '어떤 것을 미리 말하는 것, 그렇게 함으로써 고지하는 것, 그렇게 함으로써 예찬하는 것, 그리고 그렇게 해서, 말해야 할 것을 그 빛 속에 나타나오게 하는 것'(HH20)이라고 해명한다. 바로 이러한 의미로서의 '설교한다'는 것이, '시적으로 말하는 것'

(das dichterische Sagen)(HH20)의 본질이라고 그는 말한다. 이것은, 구체적으로 말하자면, '독자들을, 우리가 사는 세계를 꿰고 있는 자연의 여러 사건이나 상태 속에 고지되어 있는 문제에 침잠하도록 마음을 기울이게 하려는 것'(HH21)이다.

여기서 '자연'(Natur)이 문제가 되는데, 그것은 단순한 '계산가능한 자연', '근대 자연과학의 대상으로서의 자연'(HH21)이 아니다. 그보다 아주 오래된 '자연의 자연성'(HH21), 다시 말해 고대의 '퓌시스'(HH22) 즉, '모든 현성하는 것(Wesenden)이 그 현재 속에 나타나고, 그리고 또 그 부재 속으로 돌아간다는 것', 이것에 있어서 특별히 간파되고 있는 것이라고 주의한다(HH22).

그런데 문제가 하나 있다고 그는 지적한다. 그 문제란, '오늘날 우리는 헤매면서 세계라고 하는 집안을 지나가는데, 그 집에 집안친구가 없다'는 것이다(HH24). 구체적으로 말하자면, '기술적으로 건축된 세계라고 하는 건축물과, 더한층 근원적인 방식으로 살기 위한 거처로서의 세계, 그 양쪽에 대해 동등한 방법과 강인함으로 마음을 기울이고 있는 집안친구', '자연에 대한 계산가능성과 기술을, 자연의 어떤 새로운 방법으로 경험된 자연성이라는 열린 비밀스러움 안으로 다시 가져와 간직할 수 있도록 하려는 집안친구', 그런 집안친구가 '결여되어 있다'는 것이다.

따라서 그는, 다음과 같은 것을 터득하고 있는 '세우는 이들'이 '필요하다'고 주장한다. 즉, '인간은 원자력에 의해서는, 살아갈 수 없고, … 멸망하지 않을 수 없다. 즉 그의 본질을 잃지 않을 수 없다'는 것, '원자력이 오직 평화적인 목적들을 위해서만 사용되고, 이 목적들이 인간의 모든 목표정립과 사명에 대해서 유일한 기준을 주는 그런 경우라 하더라도, 그렇게 될 수밖에 없다'는 것, 이것을 터득하고 있는 '세우는 이들'이 없어서는 안 된다는 것이다. 그런 이들은, '사람이 산다고 하는 단순한 삶'은, 아직 제대로 '사는 것'은 아니라는 점을 숙고한다. 왜냐하면, '시적으로 인간은 이 지상에 살기'(HH24) 때문이다.

그런데 그는 이상과 같은 '집안친구' 즉 '시인'의 구체적인 역할을 이렇게 규정한다. 즉, "집안친구는, 세계라고 하는 집을 인간들이 살게 하기 위해, 언어화한다."(HH25) '언어화한다'(zur Sprache bringen)는 것, 이것은 도대체 무엇을 의미하는가? 그것은, '이전에는 말로는 말해지지 않았던 것을, 결코 말해지지 않았던 것, 그런 것을 처음으로 말 속으로 다루어, 지금까지 은폐되었던 것을 말함으로써 드러나게 하는 것'이다. 이것은, "말은 그 자체 안에 모든 본질적인 것의 보물을 간직하고 있다"32)(HH25)는 것을 이미 전제로 하고 있다. 단, '인간이 말하는 것은, 단지 사전에 이미 그가 말을 경청하고 있다고 하는 것에 의해서만'(HH26) 그렇다. 인간이 말하는 것보다 말 그 자체가 우위에 있으며, 그것이 비로소 인간이 말하는 것을 가능하게 한다는 것이다. 다시 말해, "인간은, 그 말(Sprache), 다시 말해 그것을 향해서 그의 본질이 말을 걸고 있는 [요구되고 있는] 바의 그 말, 그 말에서 말하기 시작한다."(HH26) 그는 심지어 "본래, 말하는 것은 말이지 인간이 아니다. 인간은 그가 그때마다 말에 응해서-말하는(ent-spricht) 한에 있어서 비로소 말하는 것이다"(HH26)라고까지 말한다. 그는 '말의 단순한 도구화'를 엄하게 경계하는 것이다. 다른 곳에서, "시작과 사유는, 자기를 말로 표현하기 위해 말을 사용하는 것이 아니라, [...] 그 자체가 원초적이며 본질적인, 따라서 또한 궁극적인, 인간을 통해서 말이 말하는 그 말인 것이다"(WD87)라고 하는 것도 바로 이런 취지다.

그런데 하이데거의 경우 '시작적으로 말하는 것'이란, 요컨대 '말에 대한 인간의 관련방식'으로 생각되고 있다. '말'(Sprache), 그것은 '완전

---

32) 이것은, "말은 존재의 집이다"(UH7)라는 것과 내용상 같은 의미이다.

히 감각적인 것의 깊은 심연과 극도로 대담한 정신의 고고한 절정 사이에 놓인 길과 다리'(HH29)로서, '말 그 안에서 인간이 대지 위에, 하늘 밑에, 세계라고 하는 집에 사는 지역을 열어주는'(HH29) 그런 것이다. 그와 같은 것으로서의 '말'에 비추어 말하는 것, 그것이 바로 '시작', '시적으로 말하는 것'이며, 그것이 곧 인간의 본질에 다름 아니라고 하이데거는 생각하는 것이다.

한편, 하이데거는 《횔덜린과 시작의 본질》에서, 다른 형태로, 그러나 내용적으로는 같은 것을 설명하고 있다. 여기에서 하이데거는, 횔덜린의 몇몇 시구를 단서로, 시작의 본질에 관해 다섯 가지를 말해준다. 정리하자면 이렇다. (그것을 단서로 삼는 것은, '횔덜린의 시가 본질을 특별히 시작(詩作)한다고 하는 시인의 사명을 담당하고 있기 때문'이다(EH32).)

(1) '시작'은 '온갖 작업 중에서 가장 천진한 것이다.'(EH32)

(2) '시작'의 장(場)인 말은, '가장 위험한 재보이다.'(EH33)

(3) '말은 인간 현존재의 최고의 사건(Ereignis)이다.'(EH38)

(4) '그래도 상주하는 것을 시인은 세운다.'(EH38)

(5) '시인적으로 인간은 이 지상에 산다.'(EH43)

이것들은 각각 무엇을 의미하는 것일까? 조금만 더 들어가보자.

(1) 시작이 온갖 작업 중에서 '가장 천진한 것'이라는 말은, 그것이 '유희'(Spiel)(EH32)의 형태로 나타나, '어떤 것에도 구속당하지 않고 자기의 형상의 세계를 만들어내어, 상상된 것의 영역에 빠져 있기' 때문이며, '결단의 심각함'(EH32)과 다르기 때문이며, '현실 중에 파고들어 그것을 변화시키는 행위와 전혀 무관'(EH33)하기 때문이며, '단순히 말하는 것과 이야기하는 것'에 지나지 않기 때문이며, 그런 한, '어떤 작용도 없기' 때문이다(EH33).

(2) 시작의 자리인 말이 '가장 위험한 재보'라는 것은, 우선 ① '존재

사가 가능하기 위해, 인간에게 말이 주어졌다'고 하는 점에서, '말'이 '인간의 재보'(EH34)라는 것, ② 말이 '비로소 존재자의 드러난 상태의 한가운데에 서야 할 가능성을 준다'(EH35)는 것, 즉 '말은 인간이 역사적인 것으로서 존재할 수 있기 위한 보증을 준다'(EH35)는 것, 다시 말해 '말이 있는 곳에만 세계가 있다'(EH35)는 것, 이런 한에서, '말'이 '인간의 재보(Gut)'(EH35)라는 것, ③ 말이 '존재자에 의한 존재의 협박'(EH34), '존재 위협'(ibid)이라는 의미에서의 '위험', '미혹', '존재상실'이라는 의미에서의 '위험', 그런 '위험의 가능성을 만들어내는' 한에서(EH34), 말은 '온갖 위험 중의 위험'(EH34)이라는 것, 또 말은, 그 자신에 있어서도, '이해되고, 그렇게 해서 만인에게 있어서 하나의 공통된 소유물이 되기 위해, 스스로를 속된 것(gemein)으로 하지 않으면 안 되는'(EH34f) 한, '자기에게 가장 고유한 것, 진정으로 말하는 것을 위험하게 하지 않으면 안 된다'(EH35)는 것, 이러한 세 가지 의미로 그런 것이다.

(3) 시작의 자리인 말이 인간 현존재의 '최고의 사건'이라는 말은, "신들이 우리를 대화로 이끈 이래, 시간이 시간이었던 이래, 그 이래로 우리 현존재의 근거는 대화이다"(EH37f)라는 것, 즉 "말은 본래 대화에서 처음으로 생기한다"(EH36)는 것, 다시 말해, 말의 본질은 애당초 처음부터 이미 대화라는 것, 이것을 의미한다. 하이데거가 워낙 기이한 표현을 많이 사용하긴 하지만, 여기 이 말은, 대화 즉 말이라는 현상이 인간에게 일어난 최고의 사건이라는 통상적인 뜻으로 이해해도 좋다.

(4) 시인이 '상주하는 것을 세운다'는 말은, '상주하는 것', 예컨대 '단순한 것', '척도', '존재' 등이 '떠나가지 않도록 확립 상태로 이끌지 않으면 안 된다'는 것, 즉 그것을 '쟁취하지 않으면 안 된다', '막아서 지키지 않으면 안 된다', '개현되지 않으면 안 된다'(EH38)는 것이다. 왜냐하면 상주하는 것은 '항상 이미 목전에 존재하는 것'이 아니며 '도

망가기 쉬운 것'(EH38)이기 때문이다. 세운다는 것은, '말에 의한 존재의 수립'(EH38, 39)이다. 다시 말해 '시인'은, [그 시작에 있어서] '신들을 명명하고, 또 모든 사물을 그 존재하는 곳의 사물에 따라서 명명한다.'(EH38) 다시 말해, 이 '명명하는 것에 의해 존재자는 비로소, 그것이 그런 것으로 명명되고, 그렇게 해서 존재자로서 알려지는' 것이다. 그래서 "시작은 말에 의한 존재의 수립이다"(EH38)라고 결론 내려지는 것이다.

(5) 인간이 이 지상에서 '시인적으로 산다'는 말은, '현존재가 그 근거에 있어서 시인적'(EH39)이라는 뜻이다. '시작'이 '신들과 사물의 본질을 수립하면서 명명하는 것'인 한, '시인적으로 산다'란, '신들이 현재 안에 선다는 것, 그리고 사물의 본질 가까이에 관여하고 있다는 것'(EH39)이며, 따라서 그것은, '공적'이 아니라, '선물'이며, '현존재에 부착하는 장식품'도 아니고, 또 '때때로의 영감, 흥분, 오락' 등도 아니고, '문화현상'도 아니고, '문화정신의 단순한 표현'도 아니다(EH39f). 바로 이러한 시작이 인간의 한 본질이라고 그는 생각하는 것이다. '시작'의 본질은 대략 이상과 같다.

하이데거의 표현은 좀 번잡하지만, 이상을 종합해보면, '시작'이란 결국, 세계, 자연, 신들, 상주하는 것, 말 그 자체, 이러한 것으로서의 존재의 모습을, 그 존재 자체에 비춰서, 그와 같이 이야기하는 것, 이것에 있어서, 나타내고, 수립하고, 그 진실을 망각하고 있는 타인에게 주목하게 한다는, 인간의 순수한 본질적인 존재방식, 다시 말해 말을 매개로 한, 인간존재에 대한 언어적 관련방식의 하나, 이것에 다름 아닌 것이다.

2-3. 존재에 대한 초월로서의 '형이상학'

한편, 존재에 대한 인간의 관련에 대해 하이데거는, 이상과 같은 '사유'나 '시작' 외에, '형이상학'(Metaphysik)이라는 방식을 이야기한다. 특이하고도 흥미롭다. 형이상학이라는 것 자체를 존재에 대한 인간의 관련방식으로 이해하고 있는 것이다. 그것을 그는 여러 곳에서, 특히 교수취임 강연(Probevorlesung) 《형이상학이란 무엇인가》(*Was ist Metaphysik*, 1929)에서 전개한다.

하이데거가 여기에서 말하는 '형이상학'이란, 우선 전래의 학적 형이상학과는 무관하다. 왜냐하면, 그것은 '강단철학의 한 분과'가 아니고, '자의적인 착상의 한 분야'도 아니며, 어디까지나 우리 '인간의 본성에 속해 있는' 것, '현존재 안에서 일어나는 근본현상'(WM41), 어떤 의미에서는 '현존재 자체'라고 그는 생각하기 때문이다. 구체적으로 그것은, '현존재의 본질 안에서 일어나는', '존재자를 초출하는 것', 그것을 말하고 있다. '이 초출하는 것이 바로 형이상학 자체이다'(ibid)라고 그는 명언한다.

그래서 그는, 이 형이상학을, '메타'(meta-)와 '퓌시스'(physis)를 결합시킨 그리스어 본래의 의미로 이해하고, 이것을 '존재자 자체를 넘어 그 밖으로 나가는 물음(Hinausfragen)'이라고 규정한다(WM38). 구체적으로 말하면, 그것은, '존재자를 그 자체로서, 그리고 전체에 있어서 파악하기 위해, 재차 돌아올 것을 목적으로, 그 존재자를 넘는 물음'이다. 이러한 '형이상학'은 바로 '전체로서의 존재자를 넘어가는 것', 즉 '초월'(Transcendenz)(ibid)에 다름 아니다.

그런데 그는, 이러한 초월이 '무란 무엇인가'라고 하는 '무'(Nichts)에 대한 물음에 있어서 가능하게 된다고 말한다. "무에 대한 물음에 있어서는, 전체적으로 있는 존재자로서의 존재자를 이와 같이 넘어서는 현상이 일어난다"(WM38)는 것이다.

그렇기 때문에, 그의 형이상학론은, 바로 이 무에 대한 물음을 먼저 전개한다. 결과적으로는 '존재자를 그 자체로서, 그리고 전체적으로 파악하기 위하여 재차 돌아올 것'이 목적임을 염두에 두고, 그 자신의 논의를 충실히 추적해보기로 하자.

무에 대한 물음은, 독일어 그 자체의 언어구조와 관련하여, 마치 말놀이처럼 전개된다. 즉, 그는 학문의 본질에 대해 언급하면서 이렇게 말한다. "학문의 가장 고유의 목표에 따르면, 우리는 모든 학문에 있어서, 결국 존재자 자신에 관계한다."(WM25) 그런데 학문에 있어서 "연구해야 할 것은 오직 존재자이며, 그 이외의 아무것도 아니다. 오직 존재자이며, 그 이상의 — 아무것도 아닌(nichts) — 것이다."(WM26) 바로 이 '아무것도 아닌 것', 즉 '무(Nichts)는 어떤 상태인 것인가'라는 식으로, 즉 학문 고유의 본질이 말로 표현될 때 동시에 무가 물음을 받는다고 하는 형태로, 그는 이 문제를 전개하는 것이다. 좀 엉뚱하고 작위적인 시작이기는 하다.

그런데 무에 대한 이러한 물음이 과연 물어질 수 있는 것인가 어떤가 하는 것이 우선 해명되지 않으면 안 된다. 왜냐하면, 외견상 무에 대한 물음은 일종의 모순처럼 보이기 때문이다. 즉, '무란 무엇인가'라고 하는 물음에 있어서, '우리는 처음부터 무를 이런저런 상태에 **있는** 무언가로서, 즉 존재자로서 보고 있는' 것이다(WM27). 뿐만 아니라, 이에 대한 답도 또한 마찬가지다. 무에 대한 답도 반드시 '무는 이런저런 것**이다**'(존재)라고 하는 형식으로 이루어지기 때문이다(WM28). '무는 존재이다'라는 이런 외견상의 모순에서, 이 물음은 우선 일반논리학에 의해 배제된다. 왜냐하면, 논리학에 따르면, '사고는 항상 본질상 어떠어떠한 무언가의 사고이기 때문에, 무(아무것도 아닌 것)의 사고라고 하는 것은 사고 그 자체의 본질에 위배되기' 때문이다(WM28). 그러나 그는 단적으로 이러한 논리학의 한계를 넘어선다. 무에 대한 논의는 논리학이 끼어들 자리가 아니라는 것이다.

즉, 그는 "우리의 탐구는 단지 무의 근본경험을 통해서만 그 정당성이 증명될 수 있다"(WM30)고 말한다. 이와 같은 '근본경험'을 그는 '불안'(Angst)에서 찾는다.

"인간이 무 자체를 직면하게 되는 그러한 기분상태가 인간의 현존재 안에서 일어나는가. 그 현상은 — 비록 상당히 드물긴 하지만 — 불안이라고 하는 근본기분 안에서 순간적으로 가능하고, 또 실제로 일어난다." (WM31)

그런데 여기에서 말하는 불안은, 그 고유의 의도대로 이해하지 않으면 안 된다. 그것은 오해되기 쉽기 때문이다. 그가 말하는 '불안'[33]이란, 흔히 말하는 '걱정'을 의미하지 않는다. 뿐만 아니라, 그것은 '공포'와도 근본적으로 다르다(WM31). 불안은 오히려, 그 안에서 '모든 사물과 우리 자신이 어떤 무관심 속에 가라앉아버리는'(WM32) 그러한 '근본기분'(Grundbestimmung)을 가리킨다. 여기에서는 우리가 수동적으로 감지하고 있던 모든 현실도 완전히 문제 밖이 된다. 좀 더 명확히 말하자면, '불안'은, "그것이 전체로서 있는 존재자를 미끄러져 달아나게 하기 때문에, 우리를 허공에 뜨게 하는 것이다." 또 "여기에서는 그 존재자 안에 있는 우리 자신 — 이 존재하는 인간 — 이 우리로부터 함께 미끄러져 달아나게 한다는 사실이 있다." 그래서 이 불안 속에는 "그저 순수한 현존재만이 아직 남아 있을 뿐이다." 바로 이러한 의미에서의 근본기분 — 불안 — 이 무를 물을 수 있는 최종근거라고 그는 지적하는 것이다. 즉, "불안이 무를 현시한다."(WM32)

---

33) 이것은 이미 《존재와 시간》의 제2편에서도 언급한 적이 있다.

그런데 이 불안은 '존재자 그 자체의 절멸'이 아니다(WM34). 그리고 '이윽고 물러나는 것'이다. 그렇기 때문에, "불안이 무를 현시한다고 하는 것은, 불안이 물러났을 때, 비로소 인간 자신이 확인한다." (WM33) 실제로 있는 일이므로 모순이 아니라는 것이다. 이상과 같은 서술이 반박되지 않는 한, 무에 대한 그의 물음은 '해명'된다.

이와 같이 논리학이 그 외견상의 모순을 지적하면서 배제하는데도 불구하고, 실제로 있는 '불안'을 통해서 우리는 '무'에 대한 물음을 물을 수가 있게 된다. 다만, '우리는 … 무를 그것이 스스로 알려주는 그대로 파악하지 않으면 안 되는' 것이고, "무 자체가 직접 알려주지 않은 무의 특성 등은 단연코 물리치지 않으면 안 된다"고 그는 각별히 주의한다.

이렇게 해서 '무'는 다음과 같이 설명된다. 즉, "무는 불안에 있어서 현시된다. 그러나 존재자로서 현시되는 것은 아니다." 또한, "그것은 대상으로서도 주어지지 않는다." "불안에서 전체로서의 존재자와 함께, 무가 나타난다."(WM33) "무는 미끄러져 달아나는 전체로서의 존재자와 함께, 그리고 그것과 관련하여 자기를 알린다."(WM34) 불안 속에서 일어나는 무 자체의 이런 자기 알림이 그것에 대한 논의의 가능근거가 되는 것이다.

이러한 '무'를 좀 더 자세히 이해하기 위해, 하이데거 자신의 문장에서 결정적인 일부분을 인용해보기로 하자.[34]

"불안에는 …에서 물러난다고 하는 현상이 있다. 이것은 물론 '도망치는 것'과는 다르다. 오히려 이것은 매료된 편안함이다. 이 …에서의 물러

---

[34] 이렇게 하는 것은, '불안'이나 '무'에 관한 그의 논술이 워낙 미묘하기 때문에, 그 진의를 될 수 있는 한 해치지 않고 전하여, 있을지도 모를 오해를 막기 위함이다.

남은 무에서 출발한다. 무는 자기 쪽으로 잡아당기는 것이 아니다. 오히려 그것은 본질적으로 거부적이다. 그러나 자기를 거부한다고 하는 것은, 그 자체로서 침몰해가는 '전체로서의 존재자'를 미끄러져 달아나게 하면서 지시하는 작용이다. 미끄러져 달아나는 '전체로서의 존재자'를 이렇게 전체적으로 거부하면서 지시하는 것이— 이런 지시에 의해서 무는 불안에서 현존재의 주변으로 다가오는 것인데— 무의 본질, 즉 무화(Nichtung)이다. 이것은 존재자의 소멸도 아니고, 그리고 이것을 부인 속에 넣어서 생각할 수도 없다. 무 자체가 무화한다(Das Nichts selbst nichtet).

무화는, 어떤 멋대로 일어나는 사건이 아니라, 미끄러져 달아나는 '전체로서의 존재자'를 거부하면서 지시하는 작용이다. 이것은 '전체로서의 존재자'를 무에 대한 절대적인 타자로서, 이제까지 잠재해 있던 기묘한 성격에 있어서 현시한다. 불안이라고 하는 무의 밝은 밤에 비로소, 존재자가 있으며, '그리고 무가 아니다'라고 하는, 존재자 그 자체의 근원적인 현시가 가능해진다. 그런데 우리가 이 진술에서 부가한 '그리고 무가 아니다'라는 것은, 후에 보충한 설명이 아니라, 존재자 일반의 명시성(Offenbarkeit)을 선행적으로 가능하게 하는 것이다. 근원적으로 무화하고 있는[무이고 있는] 무의 본질은 현존재를 비로소 존재자 그 자체의 현전으로 이끄는 것에 있다."(WM34f)

이상의 인용에서 보이는 '불안'과 '무', '무화'와 '존재자'에 관한 설명은 그가 말한 그대로 순수하게, 그리고 주의 깊게 받아들여지지 않으면 안 된다. 그리고 무엇보다도 논의의 중심이 무에서 '존재자 그 자체'로 서서히 그리고 교묘하게 옮겨가는 것을 간파하지 않으면 안 된다. 그리고 몇 가지 특이한 표현, 즉 '무 자체가 무화한다'든가 '불안이라고 하는 무의 밝은 밤'이라든가 하는 표현의 진의를 올바르게 이해하지 않으면 안 된다.

'무 자체가 무화한다'고 하는 표현에서, 무화란, (있던 것이) 사라지는 것, 없어지는 것, 소멸하는 것을 의미하는 것이 아니다. 무화는 일종의 현상이다. 어색하지만 굳이 말하자면 '무이고 있다'는 일종의 존재현상이다. 이 현상은 특별한 작용을 한다. 즉, '미끄러져 달아나는 전체로서의 존재자를 이렇게 거부하면서 지시하는 것'이다. 이러한 지시하는 작용이 존재자의 소멸이나 부인으로 오해되어서는 안 된다는 것을 하이데거는 분명히 하고 있고, 이런 작용을 하는 것이 어떤 상상된 무가 아니라, 인간의 온갖 고의적 작용에 완전히 선행하고 있다는 의미로 '무 자체'인 것도 분명히 하고 있다. 따라서 두 가지, 즉 무화의 의미와 무의 의미가 하이데거가 말하고자 하는 고유의 의미대로 이해된다면, '무 자체가 무화한다'고 하는 표현은 조금도 이상한 게 아닐 것이다.

그리고 '불안이라고 하는 무의 밝은 밤'이라는 표현도 마찬가지다. 전체의 문맥에서 파악한다면, 이 또한 무리 없이 이해될 수 있다. 이것은 즉, '불안이라고 하는 기분에서, 거기에서 드러나는 무를 매개로, 존재자 그 자체의 근원적인 현시가 비로소 가능해진다'는 뜻으로, 그 불안을 '무의 밝은 밤'이라고 하는 다소 문학적인 표현으로 장식한 것뿐이다. 이러한 표현의 의도는, 그것이 불안의 다음 두 가지 성격을 현시하려는 것이라고 이해하는 한, 명백할 것이다. 즉, 무의 밤— 즉, 불안에는, …에서 물러난다고 하는 현상이 있다는 의미에서, 그리고 그것이 모든 것을 잘라버린 일종의 매료된 편안함이라는 의미에서, 불안은 '무의 밤'이라고 표현된 것이다. 그러나 이 무는, 존재자 그 자체의 근원적인 현시를 비로소 가능하게 한다는 점에서, '밝은 밤'인 것이다. 이상과 같이 이해한다면, 두 가지 특이한 표현은 이 이상 문제시하지 않아도 좋을 것이다.

그런데 이상의 인용을 주의 깊게 읽는다면, 그 마지막 문장에서 논의의 중심이 '존재자 그 자체'로 옮겨간 것을 알게 될 것이다. 그 전에 길게 논의된 무는, 우리로 하여금 모든 현실에서 초월하게 하여, 완전한 무관심 속에 밀어 넣게 하는데, 그것도 결국, 우리를 존재자 그 자체의 현전에 맞닥뜨리게 함에 있어서 결정적인 역할을 하는 것임이 밝혀진 다. 존재자 그 자체의 앞으로 우리를 이끄는 것이 무의 본질이며, 불안 에 있어서 현시되는 그 무가 근원적인 무화 — 즉, 미끄러져 달아나는 전체로서의 존재자를 거부하면서 지시하는 작용 — 를 수행하는 것이 다. 이와 같은 논의는, 결국 다음의 한마디로 집약된다. 그것은 즉, 'Ex nihilo omne ens qua ens fit'(무로부터 모든 존재자로서의 존재자가 생 긴다)(WM40)는 것이다. 이것은, "무가 인간의 현존재에게 존재자 자체 가 나타나는 것을 가능하게 한다"(WM35)는 뜻이다. 발생론적인 언명 이 아니라, 말하자면 인식론적인 언명인 셈이다.

우리는, 이 한마디에서, 존재자를 그 자체로서 그리고 전체적으로 파 악하려고 재차 돌아오는 것을 목적으로 하여 그 존재자를 넘어서 묻는 초월로서의 형이상학이, 바로 무를 문제 삼음으로써, 실제로 구체적으 로 수행되었음을 본다. 다시 말해, 결과적으로 하나의 거대하고 은밀한 근원적 현상 — '하여간 무가 아니라, 존재자가 존재하고 있다'(daß Seiendes ist)라고 하는 것에 이르렀기 때문이다. 이것을 하이데거는, '도대체 왜 무릇 존재자가 있고, 오히려 무가 아닌가'(Warum ist über- haupt Seiendes und nicht vielmehr Nichts)(WM42) 하는 물음35)의 형 태로 표현한다. 이 물음은, '존재자가 있다!'고 하는 '경이'의 표현에 다 름 아니다. 그것은, "이것이 결코 인과적인 답을 요구하는 것은 아니다" (WM22)라고 하는 그의 주의와, "존재자가 있다고 하는, 혹은 존재가 있다고 하는 이 사실 이상의 수수께끼가 또 어디에 있을까"(WM23)라 고 하는 고백적 발언에서도 분명히 알 수 있다.36)

---

35) 이 물음을 그는, '무 자체가 강요하는 물음'(WM41)이라고 말하며 이것이 자 의적인, 학적 호기심에서 나온 것이 아님을 주의한다.

그가 말하는 '형이상학'이란, 바로 이상과 같은 것이었다. 즉, 그것은 그저 단순한 철학의 한 분과가 아니고, '현존재 자신의 근본현상'으로서, 요컨대 '존재자를 초출하는 것', 즉 '초월' 그 자체이며, 이것은 결국 존재자를 그 자체로서 그리고 전체적으로 파악하기 위한 초출(뛰어넘음)이었던 것이다. 그리고 바로 이 초출이, 불안에 있어서 현시되는 무 자체의 무화에 의해서 가능해지는 그런 것이었다.

단, '형이상학'의 이러한 의미는, 이 시기에[37] 나타나는 독특한 것으로, 나중에까지 계속되는 것은 아니다. 실제로, 이미 살펴본 대로, 그는 후기에서는 형이상학을 더 이상 적극적으로 주제화하지 않을 뿐만 아니라, 오히려 '사유'에서 구별하여, 그 '극복'을 외치기도 한다.

그러나 분명히 해두어야 할 것은, 여기서 말하는 초월로서의 '형이상학'과, 후에 그 극복이 요구되는 형이상학은, 내용적으로 다른 것으로, 그 둘은 엄격하게 구별하지 않으면 안 된다는 것이다. 하나는 존재망각으로 빠져든 전통적인 학문적 형이상학이며, 하나는 존재에 대한 현존재 자신의 한 관련방식인 것이다. 후자의 이 긍정적 의미로의 '형이상학'[형이상학하는 것]은, 불안이 있고, 거기서 무가 현시되고, 그 무가 스스로 무화함으로써, 전체로서의 존재자가 함께 지시되는 한, 그리고 그것이 현존재 자신 안에서 생기는 '근본현상'인 한, 즉 "우리가 — 우리 자신 실존하는 한 — 이미 항상 형이상학 안에 있다"(WM42)고 말할 수 있는 한, 언제까지나 그 독특한 의미를 유지할 수 있다. 실제로, 후기의 하이데거에게 있어서도, 전통적 형이상학과의 혼동을 피하기 위

---

36) 또 1943년에 덧붙인 후기에서, 그는 "온갖 존재자 중에서 오직 인간만이 존재의 목소리의 부름으로, 온갖 경이 중에 이 경이를 경험한다. 이 경이는 존재자가 존재한다는 것, 바로 이것이다"(WM47)라고 이 사실을 명언하고 있다.

37) 1929년의 일.

해 '형이상학'이라고 하는 명칭에 그 고유의 사상을 의탁하는 것은 삼 가지만, 여기에서 말한 초월로서의 형이상학을 스스로 부인한 적은 단 한 번도 없다. 이것은 이것으로서 시기에 상관없이 유효한 것이다.

2-4. 존재에 대한 태도로서의 '내맡김'

한편 하이데거는 특히 그의 후기 한때에, '내맡김'(Gelassenheit)이라 고 하는 인간의 태도를 진지하게 사유해 이를 강조한다. 특히, 자연 내 지 세계에 대한 인간의 기술적 사고 내지 조작적 사고를 강하게 우려, 경계하는 맥락에서 이것이 강조된다. 단, 기술의 단순한 배격이 아니라 그 본질에 대한 사유로부터 그것을 돌파해나감으로써 새로운 가능성을 모색해나가고자 하는 하이데거의 염원이 그 바탕에 깔려 있다.

《내맡김》(1959)에서 그는 '기술적 세계에 대한 동시적인 긍정과 부 정의 태도'가 필요함을 천명하며, 이러한 태도를 '사물들을 향한 내맡 김'(GI 23)이라는 특이한 용어로 표현한다. 또한 그는 '기술적 세계 안 에 간직된 의미를 위해 우리 자신을 개방해두는 태도'가 필요함을 말하 며, 이것을 '비밀을 위한 개방성(열어둠)'(GI 24)이라고 부른다. 내맡김 과 열어둠 ― 사물과 비밀에 대한 내맡김과 열어둠 ― 이라고 하는 이 두 가지 태도는 환경에 대한 우리 인간들의 관계설정이 어떠해야 하는 가에 대한 하이데거 나름의 대답이 될 수 있다.

내맡김이란 기술적 세계, 기술적 대상들에 대한 동시적인 긍정과 부 정의 태도라고 말할 수 있다. 여기서 긍정이란 '기술적 대상들에 대한 회피할 수 없는 사용'(GI 22)을 인정한다는 것이며, 부정이란 '기술적 대상들이 우리를 독점적으로 요구하고 그렇게 해서 우리의 본질을 왜 곡하고 혼란시키고 마침내는 황폐화시킨다는 것', 이러한 것을 우리가 거부한다는 것이다(GI 23). 이러한 양면을 동시에 보는 것이 하이데거가 요구하는 내맡김의 태도인 것이다. 예컨대 그것은 다음과 같다.

"우리 모두에게 있어 기술적 세계의 여러 설비들, 장치들, 기계들은 오늘날 결여할 수 없는 것이다. 어떤 사람들에게는 보다 큰 범위에서, 다른 사람들에게는 보다 작은 범위에서 그렇다. 기술적 세계에 맞서 맹목적으로 돌진하는 것은 어리석은 일일 것이다. 기술적 세계를 악마의 짓으로 저주하려는 것은 단견일 것이다. 우리는 기술적 대상들에 대해 의지하고 있다. 심지어 우리는 그것을 점점 더 고도로 개선해나가도록 들볶이고 있는 입장이다. 하지만 우리는 알게 모르게 기술적 대상들에게 얽매여 그것들에 대한 노예상태에 빠져들게 된다."(Gl 22)

이러한 인식과 진술에는 그야말로 긍정과 부정이 동시에 있다. 이것을 그는 다음과 같이 말하기도 한다.

"우리는 비록 기술적 대상들을 사용할 수 있지만, 그러나 동시에 사태에 적절하게 사용하는 모든 경우에 있어서 우리 자신을 그것들로부터 자유롭게 해, 그것들을 언제나 내버려둘 수가 있다. 우리는 기술적 대상들을, 그것이 사용되지 않을 수 없다는 듯이 그렇게 사용할 수 있다. 그러나 우리는 동시에 이 대상들을, 가장 내적이고 고유한 점에서 우리와 아무런 상관도 없는 어떤 것으로서 내버려둘 수도 있다."(Gl 22)

요컨대 그는 '얼핏 보기에 전혀 하나 속에 함께할 수 없는 그런 것에 우리가 관계하도록' 우리에게 요구한다. 바로 이것이 '계산적 사유'와 구별되는 '성찰적 사유'의 요구이기도 하다. 다시 말해 '우리가 하나의 표상에 일면적으로 얽매여 있지 않는 것, 우리가 하나의 표상방향에서 단선적으로 내닫지 않는 것'(Gl 22), 이것을 성찰적 사유는 우리에게 요구하는 것이다. 바로 이러한 균형적 태도가 그가 우리에게 제시하는 이른바 '내맡김'의 태도이다.

그런데 여기서 우리가 놓치지 말고 주의해야 할 것은, 이러한 내맡김이 '사물을 향한' 내맡김이라는 것이다. 하나의 해석을 곁들이자면, 이는 하이데거가 내맡김의 결과로서 사물(das Ding)의 개념이 회복되는 것을 기대하고 있다는 것이다. 다시 말해 그는 기술적 대상들이 사물로서— 세계를 불러 모으는 그런 사물로서— 사유되기를 기대하는 것이다. 기술적 대상들에 대한 동시적인 긍정과 부정이 그 가능성을 열어준다. 즉, 그러한 태도— 하이데거는 이러한 내맡김의 태도를 '기술적 세계에 대한 우리 인간들의 관계'라고도 말한다— 는 얼핏 보기에 분열되고 불확실한 듯한 인상을 주기는 하지만, 실은 그와 반대로 어떤 놀라운 방식으로 단순하고 안온해진다고 말한다. 내맡김은 기술적 대상들을 우리의 일상적인 세계 안에 들어오도록 하는 것이며, 동시에 바깥에 놓아두는 것, 즉 그것을 사물로서 방치해두는 것이다. 사물이란 무엇인가? 강연 〈사물〉(Ding)에서도 확인되듯이 그것은 '절대적인 것이 아니며, 그 자신 보다 높은 것에 얽혀 의지되고 있는 것'이다(Gl 23). 이 말은 사물이 그 자체만으로 성립되는 것이 아니라 세계를 이루는 사자(四者: 천, 지, 신, 인)를 자신 안에 불러 모으는 본질을 갖는다는 것이다. 바로 그러한 사물로서 기술적 대상들을 바라보자는 것이 — 즉, 사물을 더 이상 기술적으로만 바라보지 말자는 것이 — 내맡김의 태도인 것이다. 이러한 태도로써 하이데거가 기대하는 것은 무엇인가? 그것은 사물에 대한 우리 인간들의 새로운 관계설정, 자연과 세계에 대한 우리 인간들의 관계변경이다. 여기서 우리는 하이데거적 환경철학의 한 귀결점을 발견한다. 그것을 그는 다음과 같이 말한다.

"이러한 태도에서 우리는 사물들을 더 이상 기술적으로만 보지 않는다. 우리는 눈이 밝아져 다음과 같은 것을 알아차리게 된다. 즉, 기계의 제작과 사용이 우리에게 사물에 대한 어떤 다른 태도를 요구하지만 그럼에도 불구하고 그것이 무의미하지는 않다는 것이다. 그래서 예컨대 경작과 농업은 기계화된 식품산업이 된다. 여기에서 — 다른 분야들에 있어서와 마찬가지로 — 자연과 세계에 대한 인간의 태도에 있어서 어떤 근본적인 변화가 생겨난다는 것은 확실하다. 그러나 어떠한 의미가 이 변화 속에 주재하는가 하는 것, 이것은 아직 불확실한 채로 남아 있다."(Gl 23)

자연과 세계에 대한 인간의 근본적인 태도변화, 그것을 위한 기술적 대상의 사물화, 또 그것을 위한 내맡김, 기술에 대한 동시적인 긍정과 부정, 이러한 일련의 논의를 우리는 하이데거식 환경철학의 메시지로 해석할 수도 있다.38)

2-5. 존재에 대한 태도로서의 '되돌아-감'

또 한편 하이데거는 역시 후기의 도처에서 '되돌아-감'(Schritt-zu-rück)이라고 하는 독특한 개념을 제시하여 강조한다. 존재에 대해 우리 인간이 취해야 할 태도인 셈이다. 앞서 이미 언급한 바 있지만, 특히 '철학'에서 '사유'로의 회귀를 그는 '되돌아감'이라는 말로 표현한다. "우리가 사유의 유래 안에 정착하게 되자, 철학에서 존재의 사유로 되돌아-감이 우리에게 허락된다"(ED82)는 것이다.39) '되돌아감'이란, '사유를 경험하면서 묻는 것으로 인도하고, 또 철학의 익숙한 사념을 떨쳐

---

38) 이 부분은 졸저, 《하이데거 — 그의 물음들을 묻는다》에서 원용. 한편, 이 '내맡김'에 대해서는 전동진의 탁월한 연구업적들이 있다. 한국하이데거학회, 《하이데거연구》의 관련 논문들을 참조 바람.
39) 또, SD32, 51에도 되돌아-감(Schritt-zurück)에 관한 간단한 언급이 보인다. 그리고 VA174도 참조 바람.

낸'(UH29) 것이다. 이것은 '하이데거의 사유를 관통하는 가장 근본적인 특색'이며, 하이데거 철학에 시대 초월적인 의의를 부여하는 것이다. 이는 이른바 '원초적 사유'(anfängliches Denken)에 대한 하이데거의 강한 긍정과 지향에 그 바탕을 두고 있다.

참고로, 《동일성과 차이성》(Identität und Differenz)에서 그는, 이에 관해 이렇게 말하고 있다.

" '되돌아-감'(Schritt-zurück)이라고 하는 명칭은, 여러 오해를 동반하기 쉽다. '되돌아-감'은 개개인의 사유의 발걸음을 의미하지 않고, 오히려 사유의 움직임의 양식과 긴 도정을 의미한다. 되돌아감이란, 서양적 사유의 역사와 나누는 우리의 대화 성격을 규정하는 의미에서, 사유를, 철학에서 종래 사유된 것으로부터 일정한 방식으로 벗어나게 하는 것이다. 사유는 그 스스로의 문제, 즉 존재 앞으로 물러나고, 그리고 사유된 것을 어떤 맞은편(ein Gegenüber) 안으로 가져오는 것이다. 그 맞은편 안에서 우리는 이 사유의 역사 전체를 보게 되는데, 그것은, 이 전 사유의 원천이 그 사유가 체류하는 구역을 사유 일반을 위해 준비함으로써, 바로 그 원천이 되는 것에 관해서 이루어지는 것이다."(ID40)

이 말에서 짐작할 수 있듯이, 하이데거가 이 개념을 강조하는 것은 '철학에서 종래 사유된 것'이 오히려 진정한 존재사유를 방해하는 부분이 있기 때문이기도 하다. 그리고 또 한 가지 주의할 것은, 이 '되돌아-감'이 단순한 철학사의 원점으로 되돌아가는 것뿐만이 아니라, 존재 그 자체의 앞으로 끊임없이 되풀이 되돌아가 그것을 직접 사유하는 태도라는 것이다.

후기의 최고 주요작인 《철학에의 기여》에서도 우리는 이 '되돌아-감'에 대한 그의 사유를 목격할 수 있다.

2-6. 존재의 여러 모습

이상에서 우리는, 《존재와 시간》 이후 전개된 존재와의 관련방식으로서 '사유'와 '시작'과 '형이상학'을, 그리고 존재에 대한 태도인 '내맡김'과 '되돌아-감'을 살펴보았다. 특히 '사유'란, 존재 자체에 의해서, 존재를 말로 표현하게 하는 것이라는 점이 두드러졌다. 그러면, 그러한 '사유'에 있어서 말로 표현된 존재의 진상으로서는 도대체 어떤 것이 있었는가? 하이데거 사유의 풍요로움과 날카로움을 보여주는 그 내용들을 전체적으로 조망할 수 있도록 일목요연하게 정리해보기로 하자.

1) '존재의 장막'으로서의 '무'

우선, 우리의 눈길을 끄는 것으로서, '존재의 장막'로서의 '무'(Nichts)라고 하는 것이 있다. 앞에서도 잠깐 언급했다.

'무'란, 일반적으로 말하면, '존재'의 반대이다. 실제로 하이데거도, '존재자에 대한 타자로서의 무'(WM52)라고 표현하기도 한다. 그러나 하이데거는, 그 '무'를 '존재의 장막(Schleicher)'(ibid)이라고 규정한다. 때문에, 우선 무엇보다도 '무'와 '존재'의 관계가 명확히 밝혀지지 않으면 안 된다. 하이데거는 이 '무'를 《형이상학이란 무엇인가》에서 상세히 논하고 있다. 그것은 이미 '형이상학' 부분에서 대략 살펴보았다. 따라서 여기에서는 '무란 무엇인가'라는 핵심에 초점을 맞추어서, 특히 '존재와의 관련에서 무란 무엇인가'라는 관점에서, 이것을 다시 한 번 좀 더 상세히 되짚어보기로 한다.

하이데거는 '상상된 무'와 '본래적인 무'를 구별하고 있다(vgl. WM30). 예컨대, 우리가 일반적으로 '무는 존재자 전체의 완전한 부인이다'라고 할 때, 우리는 이 존재자 전체를 '생각' 속에서 그려낼 수가 있고, 또 이렇게 상상된 것을 사상 속에서 부인하거나, 부인된 것을 '생각'할 수가 있다. 그런데 이와 같은 방법으로 얻을 수 있는 '상상된 무의 형식적인 개념'을, 그는 '상상된 무'(WM30)라고 규정한다. 그는 이런 의미의 무를 일단 배제한다.

이에 대해, '본래적인 무' — 그가 주목하는 무 — 는, '무 자체', '존재하는 무'(WM30), '존재로서 현성하는 … 무'(WM46)이다. 존재하는 무라니! 이런 말은 일견 황당하게 들린다. 이것은 마치 빨간 파랑이나 비오는 맑은 날처럼, 일단 논리적으로 모순된 개념이기 때문에, 오성의 반대가 그 탐구를 방해한다. 그러나 이 무 자체의 탐구는, "오직 무의 근본경험을 통해서, 그 정당성이 증명될 수 있다"(WM30)고 그는 말한다. 가능하다는 것이다. 이러한 '무의 근본경험', 즉 '우리를 무 앞에 세운다'는 것, 이것은, 이미 살펴본 대로, '비록 상당히 드물기는 하지만, 불안이라는 근본기분 안에서, 순간적으로 가능하며, 또 실제로 일어난다'(WM31)고 그는 알려준다. 다시 말해 "불안이 무를 현시한다"(WM32)는 것이다. 좀 더 구체적으로 말하면, "불안 속에서 '전체로서의 존재자'와 하나가 되어, 무가 생긴다"(WM33)는 것이다. 즉, 불안 속에서 "무는, 전체로서 미끄러져 달아나는 존재자와 하나가 되어, 그리고 그것에 붙어서, 자기를 알린다"(WM34)는 것이다. 바로 이 '전체로서 미끄러져 달아나는 존재자를 이렇게 전체적으로 거부하면서 지시하는 것', 이것이 즉 '무의 본질', '무화'(Nichtung)라고 그는 말한다. '무화'란 '존재자의 근절'도, '부인'도, '임의적인 사건'도 아니다. 그것은 어디까지나 '무 자체가' 무이고 있는 것, 즉 본질적 현성으로, '전체로서의 존재자를 거부하면서 지시하는 작용'이며, '전체로서의 존재자를, 무에 대한 절대적인 타자로서, 그 지금까지 은폐되어 있던 기묘한 성격에 있어서 현시하는 것'이다. 즉, '존재자가 있으며 — 그리고 무가 아니라고 하는, 존재자 자체의 근원적인 현시'(WM34),로서 '현존재를 비로소 존재자 그 자체 앞으로 이끄는 것'(WM35)이다.

그러나 '무'란 '어떠한 대상도 아니고, 또 어떠한 존재자도 아니'다. 그것은 일종의 존재이지만, "무는 자기 혼자서는 드러나지 못하고, 또 존재자 옆에, 말하자면 무가 존재자에게 부속되어서 드러나지도 않는다", "무는, 그것이 비로소 존재자에게 대립 개념을 제공하는 것이 아니라, 근원적으로 존재자의 본질 그 자체에 속해 있다", "존재자의 존재 안에서 무의 무화가 일어난다", "무는 인간의 현존재에 존재 자체가 현시되는 것을 가능하게 한다."(이상 WM35) 무는 그런 것이다.

이런 면모를 그는, "ex nihilo omne ens qua ens fit"(무로부터 모든 존재자로서의 존재자가 생긴다)라는 한마디로 나타낸다(WM40). 이때, 즉 '무가 현존재의 근거 속에 현시되어 있을 때', '기묘한 성격이 우리를 엄습한다'(WM41)고 그는 지적한다. 다시 말해, "존재자는 경이를 불러일으키고, 또 경이의 대상이 된다"(WM40)는 것이다. 라이프니츠의 저 유명한 형이상학적 고백, "도대체 왜 무릇 존재자가 있고, 오히려 무가 아닌가"(Warum ist überhaupt Seiendes und nicht vielmehr Nichts)(WM42) 하는 물음을 그는 이렇게 해명하는 셈이다.

말하자면, 이와 같은 '존재자의 현시', 바로 이것이 '무'의 본질적 혹은 형이상학적 작용인 셈이다. '무가 아니다'라고 하는 것, '존재자가 있다'라고 하는 것, 단순한 논리적 규정이 아닌, 실제적인 이 최근원적 사태를 단적인 '경이'로서 현시하는 것, 바로 이것이 '무'의 본질인 것이다. 무 자체보다도, 오히려, 존재자의 존재를 알린다고 하는 것, 이것이 무의 본질이기 때문에, 하이데거는 '무'를 '존재의 장막'이라고 설명한 것이다.

그런데 지금까지의 논의를 뒤집어서, '존재'를 중심으로 이것을 되읽어보면 이렇게 된다. 즉, '존재'란, '무라고 하는 장막'을 가지고 있어서, 현존재의 불안에 있어서 현시되는 그 무 자체의 무화[=무의 존재]에 의

254

해서, '전체로서의 존재자의 존재'40)[존재자가 있다는 것(daß Seiendes ist), 《존재와 시간》에서 말한 존재사실(Daß-sein)]로서 현시된다는 것이다.

2) 이중태

하이데거 후기 존재사유의 한 결과로서, 또 하나 우리의 주목을 끄는 것은, '존재자'와 '존재'의 '이중태'(Zwiefalt)라는 것이다.

하이데거는, "존재자와 존재의 이중태야말로, 그 존재방식에 있어서, 명백하게 눈앞에 두고, 주목하고, 또 지키지 않으면 안 된다"(WD136)고 말하며, 이것의 중요성을 강조한다.

그는, "사유는 에온(eon), 즉 이 말이 본래적으로 지명하고 있는 그것에 맞닿아 사유할 때, 비로소 사유이다. 그것이란, 다시 말해 존재자와 존재의 이중태이다"(WD149)라고 말한다. 고대 그리스어에서 그는 이 이중태의 힌트를 얻고 있는 것이다.

그러면, 이 '존재자와 존재의 이중태'란 어떤 것인가? 단적으로 말해 그것은, '존재자와 존재의 서로-속함'을 가리킨다. 혹은, 하나의 사태가 갖는 두 개의 측면을 나타낸다. 그 두 개의 측면을 갖는 하나의 사태[이 것을 그는 '단일체'(Einfalt)라고 부르고 있는데]란, 결국, 그리스어로 말하는 '온'(on) 내지 '에온'(eon)이다. 고대 그리스에서 사유된, 존재와 존재자를 동시에 의미하는 이 말을 설명하면서 그는 이 '이중태'를 지적하고 있는 것이다. 다시 말해, '에온'(das Seiend)이, '그 양의성에 있어서 이중태를 가리킨다'(VA234)는 것이다. 이 양의성이란, "온(on)은

---

40) 강연 그 자체에 있어서는 '전체로서의 존재자'를 주로 이야기하고 있지만, 마지막 물음을 볼 때, 거기에서 정말 문제시되고 있는 것은 실은, 그 존재자의 '존재'[존재자가 존재한다는 것(daß Seiendes ist)]임이 틀림없다.

'존재자가 존재한다'라는 의미로, '존재하고 있는'(seiend)을 말하고 있고, 또한 동시에, 존재하는 존재자를 지명하는 것이기도 하다"(Hw317)는 것이다. 다시 말해, "온(on)의 분사적 의미의 이중태 안에 '존재하고 있다'(seiend)와 '존재하는 것'(Seiendes)이라는 구별[존재론적 차이(on-tologische Differenz)]이 숨어 있다는 것이다. 이러한 말투는, 언뜻 보기에 억지처럼 보이지만, 실은 이것이 존재의 수수께끼이다"(Hw317)라고 그는 말한다. 《존재와 시간》에서부터 말한 존재와 존재자의 말하자면 '동일성과 차이'가 바로 이 '이중태'인 것이다. 존재와 존재자는 분명히 구별되는 것이지만, 어디까지나 존재자'의' 존재라는 불가분리성, 필연적 연관성도 함께 지닌다는 특이한 면모를 그는 이 한마디로 집약해 보여주는 것이다.

또 다른 곳에서도 그는 같은 것을 말하고 있다.

"에온(eon), 즉 '존재하고 있음'(das Seiend)['존재하고 있는 것'(das Seiende)이 아니다!]은, 오히려, 존재와 존재자의 이중태에 있어서 생각되었고, 그래서 분사적으로 생각되었다.41) … 이 이중태는, '존재자의 존재'라든가, '존재에 있어서의[즉, 존재하는] 존재자'라고 하는 표현을 통해, 적어도 암시된다."(VA232)

온 내지 에온이라고 하는 하나의 사태가 갖고 있는 두 개의 측면, 존재하는 존재자와 그 존재자의 존재라고 하는 한 사태의 양면, 이것이 바로 '이중태'인 것이다.

---

41) 그는, 이것이 문법적 이의성으로 끝나는 것이 아니라, 이 말이 지시하는 사태 그 자체가 '이중성'(WD134)임을 강조한다. '분사의 양의적인 것은, 비록 명확하진 않지만, 지시하고 있는 것의 이중성 안에서 안식하고 있다'(WD134)는 것이다.

그가 존재를 '존재자의 존재(목적의 2격)'임과 동시에 '존재의 존재자(주격의 2격)'로서 설명하고 있는 것도(ID59), 바로 이 '이중태'를 가리키는 것이며, 또, "우리는 존재를 존재자와의 차이에 있어서, 또 존재자를 존재와의 차이에 있어서, 사유할 때만, 존재를 사태적으로 사유한다"(ID59)고 말하는 것도, 바로 이 '이중태'를 염두에 둔 것이다.

그러니까 이것은, '존재는 존재자는 아니지만, 그러나 어디까지나 존재자의 존재이다'라고 하는 것, 즉 존재와 존재자 양자는 엄밀히 구별되면서도 근원적으로 결부되어 있어서, 완전히 잘라낼 수는 없다고 하는 그 사상을 이어받고 있는 것이다. 단, 《동일성과 차이성》(ID)에서의 언급은, 말하자면, '상관성에 있어서의 차이성' 면을 더 강조한 것이고, 《사유란 무엇인가》(WD), 《강연과 논문》(VA), 《숲길》(Hw)에서의 언급은, 그 '차이성에 있어서의 상관성' 면을 더 강조한 것이다. 결국은 같은 것이다.

요컨대, 그 두 개의 성격이 하나로 되어 있는 것이, 바로 '온 내지 에온'인 것이다. 때문에 그는, '존재와 존재자의 이중태…'(VA232), '에온에 있어서, 즉 현존과 현재자의 이중태에 있어서…'(VA237), '에온의(즉 현존자의 현재)'(VA238, 239)라는 표현을 하고 있는 것이다. (문법적 구조는 다르지만 한국어의 '존재'도 실은 이 두 가지 의미를 동시에 담고 있다.)

그런데 이 '이중태' 역시, '존재자'보다는 어디까지나 그 '존재' 쪽에 중점이 놓여 있다는 것은 주의할 필요가 있다. 그러한 '존재중심'은 하이데거 철학의 일관된 기본경향 혹은 근본전제이다. 그의, "파르메니데스는, 에온에 관해서, 즉 (현존자의) 현존에 관해서, 즉 이중태에 관해서 이야기하고 있으며, 결코 '존재자'에 관해서 이야기하고 있는 것은 아니다"(VA243)라는 말에서도 그러한 존재중심은 확인된다. '에온'과 '이중태'와 '(현존자의) 현존[존재자의 존재]'이란 결국 같은 것이다. 더욱이 '(현존자의) 현존'이라고 할 때, '현존자의'라는 것을 괄호 침으로써, 그 중점이 현존 쪽에 있음을 그는 분명히 보여준다.

그러나 물론, 그것이 '이중태'인 이상, 현존이 '(현존자의) 현존'이라는 것, 즉 차이성을 간직한 상속성(서로 속함)임을 잊어서는 안 될 것이다.

바로 그 '양자의 이중태, 즉 에온을 위해 사유는 있는'(VA235) 것이며, '존재자 그 자체(에온타)'를 위해서도, 또 '존재 그 자체(에이나이)'를 위해서도, 사유는 있는 것이 아니다(VA234f)라고 그는 말한다. 때문에 또, 이렇게도 그는 말한다.

"주목해야 할 것은, 에온 엠메나이(eon emmenai), 즉 현존자의 현존(Anwesen des Anwesenden)이라는 것이다. 즉, 현존자 그 자체도 아니고, 존재 그 자체도 아니며, 또 종합적 연관에서 생각된 양자도 아니다. 그렇지 않기 때문에, 양자의 단일체의 은폐에 기초하여 발생하는 이중태야말로, 사유의 명령을 포함하고 있다."(WD148)

"사유는 말하지 않고 항존하는 이중태이기 때문에 현존한다. 사유의 현존은, 존재와 존재자의 이중태로의 도상에 있다."(VA234)

바로 이 미묘한 '이중태'가 사유해야 할 과제가 되고, 사유를 불러일으키는 문제사태가 되는 것이다.

그런데 이상의 논의도, '존재'를 중심으로 되짚어보면, '존재'가 어디까지나 에온이라고 하는 이중태, 즉 '존재하는 존재', '현존자의 현존'으로서의 '존재'라는 것이다. 이러한 한, 그것은 '형이상학'의 원인이자 결론인 저 경이적 사실, 즉 '존재자가 존재한다는 것'(daß Seiendes ist), 그것과 다른 것이 아니다.

3) 배정

다음, 후기 하이데거의 존재사유에서 또 하나 눈에 띄는 것은, '배정' (配定, Austrag)이라는 것이다. '배정'이란, '[존재의] 도래와 [존재자의] 안착이라는 배정'으로서, '… 사태적으로 생각된 사유의 문제', 즉 '차이[라는 점]에서 생각된 존재'(ID57)라고 하이데거는 설명한다. 즉, '존재와 존재자의 차이'가, '도래와 안착의 구-별(Unter-Schied)[즉 같은 것이면서 그 동일성 하에서 근본적으로는 구별되는 것]로서', '그 양자의, 드러나면서 감추는 배정'(ID57)이라는 것이다. [배정이라는 이 독일어 단어에는 '밖으로 내어 나름'이라는 의미도 포함되어 있다.] 존재의 이 특이한 면모에 대한 하이데거의 설명은 충분하지 않다. 솔직히 말해 표현도 설명도 좀 고약하다. 단 한 가지 분명한 것은, 그가 여기에서 사유하고 있는 것은, 결국 '존재'의 한 모습, 특히 '존재자와 존재의 차이를 염두에 둔 존재'(ID37)라는 것이다.

그러면 '차이'란 무엇을 말하는가? '배정'이라는 이 면모를 제대로 이해하기 위해서는, 이 '차이'라고 하는 것을 제대로 이해해둘 필요가 있다. 그는 이렇게 말한다.

"우리가 존재를 사태적으로 사유하는 것은, 우리가 존재를 존재자와의 차이에 있어서 사유하고, 또 존재자를 존재와의 차이에 있어서 사유하는 경우뿐이다. 그렇게 하면 차이를 명료하게 볼 수가 있다."(ID53)

이 '차이'가 '존재와 존재자의 차이'임은 분명하다. 그러면, 이 '차이'의 구체적인 내용은 어떠한 것인가? 그 '차이'의 진상은 어떠한 것인가? 이 점에 관해서 그는 이렇게 설명한다.

"존재자의 존재란, 존재자를 있게 하는 존재를 말한다. 이 '있게 하는'(ist)이라는 말은, 여기에서는 타동사, 이행적으로 말하고 있다. 존재는, 여기에서는, 존재자로의 이행이라는 방식으로 현성한다. … 존재는, (그것) 쪽으로 이행한다. 즉, 드러나면서 (그것으로) 도래하는 것인데, 그것이란, 이러한 도래에 의해 비로소, 스스로(von sich her: 그 자신 쪽으로부터) 비은폐적인 것으로서 안착하는 것을 말한다. 안착이란, 비은폐성에 있어서 자기를 감추는 것, 이렇게 감추며 존속하는 것, 즉 존재자가 존재하는 것이다."(ID56)

이것은 요컨대, '존재는 나타나고 있는 도래로서 자기를 드러낸다. 존재자 그 자체는 비은폐성에 있어서 자기를 감추는 안착이라고 하는 방법으로 나타난다'는 것이다. 그는, '나타나고 있는 도래라고 하는 의미에서의 존재와, 자기를 감추고 있는 안착이라고 하는 의미에서의 존재자 그 자체는, 같은 것(das Selbe)으로부터, 즉 구별[같은 것의 뿌리에서 근본적으로 구별되어 있는 것]로부터, 그와 같이 구별된 것으로서 현성한다'(ID56)고 하는 것을 지적하고 있는 것이다. 같은 것이면서 또한 다르다고 하는, 이 '근본에서의 구별'(Unter-Schied)을 그는 주시하는 것이다. 왜냐하면, 바로 이 '구별'이, 도래와 안착이, 거기서 서로 보유되고, 따로따로 서로 담당되고 있는 바의 '사이'라는 것을 비로소 만들어내어, 각각 보유하는 것(ID56f)이기 때문이다.

존재와 존재자가 바로 이러한 양상인 것이어서, 그것들의 '차이'는, '도래와 안착이라고 하는 [동일자] 하에서의 구별(Unter-Schied)'이 되는 것이며, '[도래와 안착, 즉 존재와 존재자] 양자가 드러나며 감추는 배정'이 되는 것이다. 때문에, 이 '배정'에 있어서, 즉 '은폐 밖으로 내어 날라 존재자로서 존재케 함'에 있어서, '자기를 감싸 숨기면서 폐쇄하는 것의 트임(Lichtung)이 지배한다. 그 지배는, 도래와 안착의 그 따로와 서로라고 하는 성격(das aus- und Zueinander)[분리와 융합]을 생기게 한다'(ID57)고 그는 말하는 것이다.

'배정'(Austrag)이란, 이렇게 '존재자와 존재의, 동일자 하에서의 차이'라는 점에서 사유되고 있다. 그런 만큼, 이것은 요컨대, 이미 살펴본 '이중태'라고 하는 존재의 모습, 그것의 다른 이름이라고 이해할 수도 있다. 특히, 그것이 존재자와 [동일성 하에서] 구별된다고 하는 '차이'의 면을 그는 좀 더 특별히 사유하여, 그리고 은폐 밖으로 내어 날라 존재자로 존재케 한다는 그 동성을 고려하여, '배정'이라고 부른 것이다.

물론 그의 이런 언어해부적 사유는 충분한 설명이 되지 못하고 읽는 (혹은 듣는) 우리를 미로로 밀어 넣기도 한다. 그러나 존재의 이 면모 자체가, 함께이면서도 다르다고 하는 존재와 존재자의 이 면모가, 워낙 미묘한 것이다 보니 말하긴 해야겠는데 충분한 설명의 언어를 찾지 못한, 그런 사정도 아마 없지 않았을 것이다. 존재사유의 도상에 잠시 모습을 드러낸 이 개념을 우리는 그런 '궁여지책' 혹은 '시도'의 하나로서 이해할 수도 있을 것이다.

4) 진리, 알레테이아, 비은폐성

다음, 후기 존재사유의 또 하나의 결과로, '진리 내지 알레테이아' (Wahrheit-Aletheia)라는 것이 있다. 이것은 특히 돋보인다. 이미 《존재와 시간》에서도 하이데거는 이 '진리'에 특별한 관심을 기울이고 있었는데(vgl. SZ§44), 후기에서도, 예컨대 1934년의 《진리의 본질에 대하여》에서 최만년의 《사유의 사태로》에 이르기까지, '진리'는 그의 사유의 가장 중요한 주제의 하나로 다각도로 조명되면서 결정적인 위치를 차지하고 있는 것이다.

그러면 하이데거가 말하는 '진리'란 어떠한 것인가?

(1) 우선 주의해두어야 할 것이 있다. 하이데거는 이 '진리'라는 것을 그 특유의 관점에서 보고 있다는 것이다. 다른 진리론들과는 달리 아주 독특하다. 따라서 진리의 일반적 내지 전통적인 해석은 일단 곁으로 치워둘 필요가 있다. 때문에, '진리는 사실에 대한 지성의 합치이다'(veritas est adaequatio intellectus ad rem)라고 하는 통념, 따라서 또, '진리는 명제 안에 있다'(Wm185)고 하는 통념, 이것은 배제된다(vgl. WW1, 2절, Wm178-185). 이 때문에 그는 심지어 진리가 '베리타스'(veritas)가 아니라 '에세'(esse)라고까지 말한다(Wm237 Anmk.a.). "aletheia(진리)는 esse(존재)를 나타내는 명칭이고, veritas에 대한 것은 아니다"라는 것이다. 그의 진리론의 방향이 어떤 것인지를 이 발언이 분명히 알려준다. (그의 진리론은 말하자면 인식론적 진리론이 아닌, 존재론적 진리론인 것이다.)

그리고 그는, 진리에 관한 플라톤적 해석도 배제한다. 즉 그는, "플라톤적으로 이해된 비은폐성은, 항상, 간파, 인지, 사유 및 진술에 대한 관련과 연계되어 있다. 이 관련에 따르는 것은, 비은폐성의 본질을 포기하는 것을 의미한다. 비은폐성의 본질을 이성에, 정신에, 사유에, 로고스에, 즉 모종의 주관성에 기초하게 하려는 시도는, 모두 항상 비은폐성의 본질을 구제할 수 없다"(Wm238)고 말하는 것이다. 그가 말하는 진리는 곧 '비은폐성'을 가리킨다.

그러면 그가 생각하는 이 진리의 본질은 어떠한 것인가?

(2) 우선 알아두어야 할 것은, 그가 '진리의 본질'을, '존재자 자체[42]의 근본동향'(Wm237)으로, 내지는 '존재(Seyn)의 근본동향'(Wm201)으로, 다시 말해 다른 말로는, '본질[즉 현성(Wesen)]의 진리'로 해석하

---

42) 전집판의 Wm237의 각주 b에는, '즉, 존재함(Seyn)으로서의'라고 하는 언급이 있다.

고 있다는 것이다. 그는 말한다. "진리의 본질에 대한 물음은, 다음의 명제에서 그 답을 찾는다. 즉, 진리의 본질은 본질[현성(Wesen)]의 진리이다." "진리의 본질에 대한 물음의 답은, 존재사 내부에서의 어떤 전향(eine Kehre)[43]의 발언이다."(Wm201)

(3) 그러면, 그 존재의 근본동향, 동사적으로 이해된 본질(Wesen: 본질적 존재함)[44]의 구체적인 모습은 어떤 것인가? 이 점에 관해서 하이데거는 확실하게 답하고 있다. "그 사이에, 진리의 원초적 본질이 상기되었다. 이 상기에게 비은폐성은, 자기를 존재자 자체의 근본동향으로서 나타낸다."(Wm237) 즉, 그는 그것을 '비은폐성'(Unverborgenheit, 알레테이아)에서 찾아내고 있는 것이다. 이는 《존재와 시간》에서 말한, '노정하는-존재', '노정된 존재', '개시성'과는 분명히 다른 모습이다. 다른 관점에서 바라본 것이다. 그러면 '비은폐성'의 어떠한 점을 그는 진리의 본질로 보는 것일까?

(4) 그는, "우선 필요한 것은, 알레테이아의 결성적 [즉 탈피적] 본질 안에 있는 적극적인 점을 존중하는 것이다. 이 적극적인 것은 존재 그 자체의 근본동향으로서 우선 경험되어야 한다"(Wm238)라고 말한다. 즉, 그는 '비은폐성의 탈피적 본질'이라는 적극적인 어떤 성격을 주목하고 있는 것이다.

그런데 '비은폐성'의 이 '탈피적 본질'이란, '비-' '은폐'성('아-' '레

---

43) 이 전향의 의미에 대해서는, 앞의 제1부 제6절을 참조 바람.

44) 본질(Wesen)이라는 이 명사가 독일어에서는 동사처럼 -en으로 끝나기 때문에, 하이데거는 이것을 동사적으로 해석하는 것이다. 단어의 이면에 있는 의미를 끄집어내어 자기 식으로 해석하는 것은 하이데거의 전형적인 수법의 하나이다. 독일인이 아닌 외국인에게는 좀 고약한 방식이다. 아니 독일인들도 이런 것은 아주 난해해한다. 일부에서는 그의 매력처럼 받아들이기도 하지만, 일반인의 사유적 접근이 어렵다는 점에서 사실 별로 칭찬할 일은 못된다.

테이아')라는 말의 표현 자체가 이미 암시하고 있듯이, 두 개의 측면을 갖는 것이다. 이 두 개의 측면은, "진리는, 존재함(Seyn)의 근본동향으로서, 밝히면서 감추는 것(Lichtendes Bergen)을 의미한다"(Wm201)라는 말에 단적으로 나타나 있다. 즉, 진리의 본질은, '존재'가 동시에 갖는 '밝힘'과 '감춤', 즉 '은폐'와 그 '탈피'라는 두 개의 성격, 이것에 다름 아닌 것이다. 아주 쉽게 말하자면, 은폐를 탈피해서 자기를 나타내는 것이 곧 진리요 존재함이라는 말이다. "진리란 자기를 은폐하고 있는 나타냄(das Sichverbergende Entbergung)을 의미한다"(WD8)라는 말도, 또 "진리란 밝힘과 은폐가 서로 마주보고 있는 것이다"(Hw44)라는 말도, "진리는 원래 밝힘과 은폐 사이의 투쟁으로서 있다"(Hw51)라는 말도 바로 이것을 뒷받침해준다. 또 결국은 같은 말이지만, "존재에는 밝히면서 감추는 것이 속해 있기 때문에, 존재는 원래 은폐하면서 물러서는 것에 속하는 밝음(Licht) 안에서 드러난다. 이 밝게 트임(Lichtung)의 명칭이 알레테이아[비은폐성]이다"(Wm201)라는 말에는, 진리문제와 관련한 하이데거 사유의 결론이 포함되어 있다. 하이데거가 말하는 '진리'를 이해하기 위해 우리는 이 '탈피', '비-', '아-', '밝힘', '나타냄'이라는 적극적(?)인 면과 '은폐', '레테'라는 소극적(?)인 면, 양면을 함께 주목해보지 않으면 안 된다.

(5) 그러면, 진리가 갖는 두 개의 본질적 측면 중 하나인 '은폐성'(Verborgenheit), '레테'(은폐), '감춤'(Bergen), '자기를 은폐하는 것'(das Sichverbergende), '은폐하고 있는 물러섬'이란 어떠한 것을 의미하는가? 이것을 좀 더 파고들어 살펴보기로 하자.

《강연논문집》(Vorträge und Aufsätze, 1936)에서 그는 이런 말을 하고 있다.

"모든 나타냄(Entbergen: 감춤을 풀어줌)은, 현존자를 은폐성(Verborgenheit)에서 끄집어낸다. 나타냄은 은폐성을 필요로 한다. 진리(알레테이아)는 은폐 안에서 편안한데, 거기에서 꺼내지고, 그로써 은폐된 것을 눈앞에 갖다 놓는다(vor-legen). 로고스는 그 자체에 있어서 동시에, 나타냄(Entbergen)이며 은폐함(verborgen)이다. 그것이 진리(알레테이아)라는 것이다. 비은폐성(Unverborgenheit)은 은폐성(Verborgenheit, 레테)을 그 배경으로서 필요로 한다. 그 배경에서 나타냄(Entbergen)이 꺼내진다. 로고스, 즉 수집하는 통치는, 그 자체, 나타내면서 감추는 성격(der entber-gend-bergende Charakter)을 갖는 것이다."(VA220f)

이 말을 주의 깊게 읽으면, '은폐성'이란 것이, 알레테이아로서의 진리 내지 나타냄이 유래하는 그 배경에 있음을 알게 된다. 진리가 현존자를 '나타내는' 것이라고 한다면, 바로 이 '은폐성', '은폐되어 있는 상태'로부터 나타낸다는 것이다.

이 '은폐'(Verborgung)를 그는 '비-진리'(Un-Wahrheit)라는 말로도 설명한다(Wm193). "은폐성(Verborgenheit)은 알레테이아에게 나타냄을 거부하고, 알레테이아를 아직 스테레시스(탈피)로서 허용하지 않고, 그 자체에게 가장 고유의 바를 소유물로서 보존하고 있다"(Wm193)는 것이다. 그리고 "이때, 은폐성은, 나타남(Entborgenheit)으로서의 진리와 연계해 생각하면, 안-나타남(Un-entborgenheit)이며, 따라서 진리본질[진리현성(Wahrheitswesen)]에 가장 고유한 본래적 비-진리이다"(Wm193)라고 말하고 있다. 다시 말해, '은폐성'은 '안-나타남', 따라서 그런 의미에서의 '비-진리'로서, '드러냄으로서의 진리' 이전의 것이며, 나타냄이 필연적으로 거기에서 유래한다고 하는 점에서, '진리현성에 가장 고유한 본래적 비-진리'라는 것이다. 때문에 이 '본래적 비-진리'는, '전체에 있어서의 존재자의 은폐성'으로서, '이 또는 그 존재자의 드러나 있음(Offenbarkeit)보다도 더 이전의 것(älter)'(Wm193f)이며,

'나타내면서 은폐되어 있고, 은폐에 관련된 존재케 함(Seinlassen)보다
도 더 이전'(Wm194)이라고 그는 말한다. 요컨대 이것은 존재자에 얽힌
비밀이라고도 할 수 있는 그런 성격에 관련된 것이다. 즉, 존재케 함이
은폐에 대한 이 관계에 있어서 보존하고 있는 것은, '전체에 있어서의
은폐된 것의 은폐, 존재자 그 자체의 은폐, 즉 비밀'(Wm194)이라고 그
가 말하고 있는 그런 비밀이다. 그가 말하는 은폐란 이렇듯 '비밀'과 통
한다. 해석하자면 존재의 유래에 대한 비밀이다. '왜?'를 알 수 없음이
다.

  이런 비밀스런 면모 때문에, "비-진리로서의 진리의 원초적 비-본질
[비-현성]에서 말하고 있는 '비-'(Un-)란, (존재자가 아니라) 존재의 진
리가 아직 경험하지 않은 영역"을 의미하는 것이라고 그는 말하고 있
는 것이다(Wm194). '비'란 존재의 그런 비밀스런 면모를 나타낸다. 아
주 쉽게 풀어 말하자면, 존재에는 그것이 왜 존재하는지 알려지지 않는
그런 비밀스런 면모가 있다는 것이다. 그것을 그는 '아'(a-), '비'(Un-)
라는 표현에서 읽어낸다. 혹은 그런 표현으로 말하려고 한다.

  '최초의, 그리고 가장 넓은 비출현성(Unentborgenheit: 안 나타남)',
이것이 즉 '본래적인 비진리'이며, '진리의 본래적 비본질(현성하지 않
음)'이며, 이것이 즉 '비밀'이며, 이것이 즉 '존재의 진리의 미경험의 영
역'이며, 이것이 즉 '전체에 있어서의 존재자의 은폐성'이라는 것이 그
의 생각인 것이다.

  단, 이미 밝혀졌지만, 여기서 '비본질'이란, '일반적인 것, 그것의 가
능성, 그리고 이 가능성의 근거라고 하는 의미에 있어서, 본질[현성]에
로 아직 떨어져 나오지 않은 것', 그러한 의미에서 '본질[현성] 이전의
본질'(das vor-wesende Wesen)을 의미하는 것이다(Wm194).

  설명은 선명하거나 친절하지 않지만, 하여간 이상과 같은 '은폐'의
성격이, 진리 그 자체의 한 측면으로서 본질적으로 있고, 이것이야말로

266

비은폐성의 그 '은폐성', 알레테이아의 그 '레테'의 의미라고 그는 보고 있다.

그런데 그는 이러한 점을, '물러섬(Entzug)'이라는 다른 말을 통해서도 해명하고 있다. 그는 도처에서, 존재의 이 '물러섬'이라는 성격 내지 존재모습을 말하고 있다. 예컨대 그는, "존재는 자기를 존재자 속으로 드러내면서, 자기를 뒤로 뺀다(entzieht sich: 자기는 뒤로 빠진다)"(Hw310)든가, "사유해야 할 것은 인간에게서 피한다. 그것은 인간에게서 자기를 뒤로 뺀다(entzieht sich ihm)"(WD5)든가, "사유해야 할 것은 인간에게서 자기를 피한다. 그것은 인간에게 자기를 유보하면서, 인간에게서 자기를 뒤로 뺀다"(VA134)든가 하는 말로 이것을 지적한다. 그는 또, "그러나 자기를 뒤로 빼는 것(Sichentziehen)은 아무것도 아닌 것이 아니다. 물러섬은 본연적인 것(Ereignis)이다"(VA135, WD5)라는 말로 이것이 우연적인 현상이 아님을 강조한다.

그리고 그는 또 이런 현상과 인간과의 관계에도 특별히 주목한다.

"자기를 뒤로 빼는 것은, 보다 본질적으로 인간에게 관련하고, 또 그것에 관계하여, 이런 현존자로서, 보다 내적으로 인간을 요구할 수 있는 것이다. 사람은, 현실적인 것에 의해서 파악되는 것이 현실적인 것의 현실성을 구성하고 있다고 생각하기 쉽다. 그러나 현실적인 것에 의해 파악되면, 인간은, 인간에게 관련되는 바의, 더욱이 그것이 자기를 물리치기 위해서, 관련하고 그 자체가 인간에게서 도망가버리는 그런 전혀 불가사의한 방법으로 관련되어 오는 것을, 이해하는 길이 막혀버린다."(VA134f)

즉, '물러섬'이라는 것은 인간에게서 자기를 뒤로 빼는 것이지만, 그렇다고 해서, 전혀 인간에게 알려지지 않는 것이 아니다. 바로 그와 같은, 뒤로 빼는 것으로서, 인간에게 관련되어온다는 것이다. 그것이 불가사의라고 그는 말한다. 요컨대, 이 '물러섬'은, 존재가 자기를 드러내면서, 자기를 뒤로 빼는 것인 이상, 위에서 말한 비은폐성의 그 '은폐성', 알레테이아의 그 '레테'와 다른 것이 아니다. 즉 그것은, 존재의 가장 고유한 부분이 드러나지 않고 비밀스럽게 머물러 있는 것, 그런 모습을 가리키는 것이다. 그가 자주 헤라클레이토스의 말, "자연은 숨는 것을 좋아한다"를 인용하는 것도 같은 맥락에서 이해할 수 있다(vgl. VA 262).

(6) 그런데 진리에는 또 하나의 본질적 측면이 있다. 적극적인 면이기도 하다. 진리의 '탈폐적 본질 안에 포함된 적극적인 것', 그것이 바로, 알레테이아의 그 '아-', 비은폐성의 그 '비-'가 의미하고 있는 바이다. 그것은 무엇인가? 이미 언급했듯이, 그것은 동사적으로 이해된 현성(Wesen), 밝힘(Lichten), 나타남(Entbergung), 트임(Lichtung)이라는 말로 표현되기도 한다. 이것들의 구체적인 의미를 좀 더 파고들어 살펴보기로 하자. 하이데거는 이렇게 말한다.

"비은폐성은, 이미 나타났고, 때문에 은폐성을 배후에 버리고 온 것의 근본특징이다. 그것이 여기에서의 '아-'의 의미이며, 후세의 그리스적 사유에 의거한 문법이, 결성의 '아-'로서 특징지은 것이다."(VA259)

그는 알레테이아의 근본의의를 그 '아-'에서 읽어내고 있는 것이다. 단, 이 결성적 의미의 '아-'는, 위에서 말한 은폐성을 완전히 소멸시키는 것은 아니다. 나타난다고 해도, 은폐성 자체는 계속 그러한 것으로서 머물러 있다. 그런 완전히 드러나지 않는 비밀스러움이 바로 진리의 근본특징인 것이다. 이것은, "레테, 은폐에의 연관과 은폐 그 자체는, 우리의 사유에 의해, 비은폐적인 것이 직접 나타난 것, 현존자, 로서 경험됨으로써, 결코 힘을 잃는 것은 아니다"(VA259)라는 지적에서도 확인된다. 드러나는 것은 드러나더라도 감춰진 것은 계속 감춰져 있다는 말이다. 진리는 그런 양면을 동시에 갖고 있는 것이다.

그리고 밝힘(Lichten) 내지 트임(Lichtung)으로 표현되는 측면도 함께 주목하지 않으면 안 된다. 하이데거가 이것을 '진리'로서, '진리의 근본특성'으로서 보고 있는 것은, (4)에서의 인용, 즉, "진리는, 존재의 근본동향으로서, 밝히면서 간직하는 것을 의미한다"는 말에서도 명백히 알 수 있다. 그는 후기의 도처에서 이것을 언급하고 있다. 예컨대, '밝음 그것이 존재이다'(UH20)라든가, '존재는 자기를 밝힌다(lichten)', '존재는 비은폐성(진리) 속으로 도래한다'(WM7)고 말하고 있는 것도 그 하나이다. '밝게 있는 것(das Lichtende)은, 밝힘(Lichten)에 의해서 존속한다. 우리는, 이 밝힘을 트임이라고 부른다'(VA258)고 말하고 있는 것도, 역시 이런 면모에 대한 지적이다. 그는, 이 밝음에 무엇이 속하는가, 어떻게, 또 어디에서, 그것은 생기하는가를 숙려해야 한다, 고 말하는데, 이것에 대해 그는 이렇게 답하고 있다. " '밝다(licht)'라는 말은, 비춘다(lichtend), 빛난다(strahlend), 밝힌다(hellend)라는 것을 의미한다. 밝히는 것이, 비추는 것(Scheinen)을 허락하고, 비추는 것을 현상(Erscheinen) 속으로 해방한다. 이 해방된 것이, 비은폐성의 영역이다. 그 영역을 드러남이 지배하고 있다"(VA258)고. 다시 말해, 밝음에는 '밝다(licht)'라고 하는 성격이 근본적으로 속해 있고, 그것에 의해서, 혹은 그것에 있어서, 비은폐성이 성립된다는 것이다. 이렇게 그는 진리라는 것이 갖는 '밝다'는 성격을 특별히 주목한다.

그런데 이 '밝음'에 있어서도, 역시 '은폐'라고 하는 성격은 남는다고 그는 주의한다. "숙려하고, 수집하고, 해방하는 밝힘은, 드러남이며 또한 자기은폐 안에서 쉬고 있다"(VA276)는 것이다. 이것은 왜냐하면, "자기은폐는 드러남 속에 그 본질을 갖고, 따라서, 결코 단순한 은폐로의 매몰은 아닌 것으로서, 드러남이라고 하는 것에 속해 있는" 것이기 때문이다(VA276). 다시 말해, '밝힘'은 어디까지나 '드러나며 은폐하는 밝힘'(VA277)이고, '밝음'은 어디까지나 '드러나며 감추는 수집'(VA 280, 281)인 것이다. 이런 의미에서 그는, "밝힘은, 단순히 밝히는 것(Erhellen), 비추는 것(Belichten)이 아니다"(VA277)라고까지 말한다. 역시 밝히면서도 감춤, 감추면서도 밝힘, 밝힘과 감춤, 이 모순된 양면의 공존이 바로 이른바 '진리'의 결정적 특징인 것이다.

그런데 그는 또, '진리'의 이러한 적극적인 측면을, '해방'(Freiheit)[45]이라는 말로도 설명한다. "진리의 본질은 … 해방이다"(Wm186)라는 것이다. 이 해방도 역시 그 특유의 의미로 이해되고 있다. '해방[= 자유]은 인간의 한 특성'이라고 보통 생각하지만 그것은 '선입견'이고, 더욱이 '가장 완고한' 것이라고 그는 주의한다(Wm187). 보통의 의미와는 달리 생각하는 것이다. 따라서 자유는, '선택할 때, 이쪽 또는 저쪽으로 기운는, 때때로 나타나는 임의'를 가리키는 게 아니다. 그가 생각하는 '해방'이란, '열려 있는 것의 개시성에 대한 해방'(Wm187)으로서, '존재자를 존재케 하는 것'(das Seinlassen von Seienden)이다(Wm188). '열려 있는 것의 개시성에 대한 해방이, 그때마다의 존재자를, 그것이 그것인 존재자로 있게 한다'는 것이다(Wm188). 여기서 '존재자를 존재케 한다'는 것은, '존재자를, 그것이 존재하는 존재자로서 있게 하는 것'이다. 따라서, 일상적인 독일어가 표현할 수 있는 '태만'이나 '무관심'을 의미하는 것이 아니라, 오히려 그 반대로, '존재자에 관계하는 것'(Wm188), 다시 말해, '열려 있는 것과, 그때마다의 존재자 안에 들어가 있는 개명성(Offenheit) — 말하자면 존재자가 이것을 동반하는 것

---

45) 이것은 흔히 '자유'라고 번역되는데, 이하의 설명에서 분명하듯이, 이 번역어는 인간의 정치적, 사회적 자유와 혼동되어서는 안 되기 때문에, 이것을 피하고 은폐의 상태를 해제하여 개명 상태로 놓아둔다고 하는 의미를 살려, '해방'이라고 번역했다.

인데— 그것에 관계하는 것'(Wm188)이다. 바로 이 '열려 있는 것'(das Offene)을 그는, '알레테이아', 즉 '비은폐적인 것'(das Unverborgene)으로서 해석하는 것이다. 바로 이 점으로 해서, '진리'를 '비은폐성', '알레테이아', '존재자의 드러남(Entborgenheit)과 드러냄(Entbergung)'[46]이라고 보는, 그의 독특한 해석이 성립하는 것이다(Wm188). '진리'는, '어떤 개명성(eine Offenheit)이 그것에 의해 현성하는(west: 본질적으로 존재하는) 존재자의 드러남이다.'(Wm190) 바로 이 드러남의 별칭이 다름 아닌 '해방'인 것이다.

이상의 고찰을 통해, '알레테이아'로서의 '진리'가 갖는 두 측면이 어느 정도 명료해졌다. 요컨대 '진리'란, 극단적으로 단순화해서 말하자면, 레테가 알레테이아로 되는 것, 은폐되어 있음(Verborgenheit)이 안-은폐되어 있음(Un-verborgenheit: = 비-은폐성)으로 되는 것, 감춤(Bergen)이 나타냄(Entbergen)으로 되는 것, 그러나 그래도 역시, 자기를 감추는 것(Sichverbergen)이라고 하는 존재 자체의 면모, 이것에 다름 아니라고 말할 수 있을 것이다.

5) 로고스

다음, 후기 존재사유의 결과로 또 하나 주목할 것이 '로고스'(logos)라는 것이다. 이는 헤라클레이토스를 통해 철학사에 등장한 최중요 개념 내지 현상의 하나이기도 했다.

---

46) 이렇게 그는 드러내는 작용과 드러난 상태[이고 있음] 양쪽을 모두 '진리'라고 해석한다. 이는 《존재와 시간》 §44에서도 마찬가지였다. 작용과 상태는 분리된 별개가 아니라 하나 안의 양면이다. 이것은 또, 진리로서의 존재가 자기를 주는 그것(Es)인 동시에 주어지는(gibt) 것이라는 것과도 관련되어 있다. 하나의 '의식' 안에서 '의식작용'(noesis)과 '의식내용'(noema)이라는 두 요소를 구분해 읽어내는 후설의 영향일 수도 있다.

이미 앞 절에서도 말했지만, 하이데거는 이 로고스를 진리 내지 나타 남과 동일시하고 있다. 그는, "나타남이란 알레테이아이다. 그것과 로 고스는 같은 것이다"(VA212)라고 분명히 말한다. 그뿐만이 아니다. 그 는 좀 더 확실히, 이 로고스가 존재와 같은 것임을 말하고 있다. 즉, "헤라클레이토스의 사유에서, 존재자의 존재(현존)는 로고스(ho logos) 로서, 모으는 두기(die lesende Lege)로서 나타난다"(VA219), "로고스 는 존재자의 존재에 대한 명칭이다"(VA220)라고 명언하는 것이다. 그 러면, 이 로고스의 본질은 어떤 것일까?

그는 우선, '로고스'의 의미를 '이성(Ratio)으로, 말(Veruum)로, 세계 법칙으로, 논리적인 것 및 사고필연성으로, 의미로, 이성으로' 해석하는 고대부터의 일반적 해석을 물리치고(vgl. VA200), 그것을 '레게인' (legein: 말한다)에서 추정해간다. 그는 이 '레게인'이 '진술한다(reden), 말한다(sagen), 이야기한다(erzählen)'를 의미함과 동시에, 독일어의 '둔 다'[또는 '놓는다'](legen)와 같은, '밑에- 그리고 앞에 두는 것'(nieder- und vorlegen), '자기와 타자를 모으는 밑에- 그리고 앞에-두는 것'(das sich und anderes sammelnde Nieder- und vor-legen)을 의미한다는 것 에 주목한다(VA200). 그리고 후자의 의미가 어째서 전자에게까지 이르 는가를 해명해간다.

그의 결론은 이렇다. 즉, '레게인'은 '둔다는 것'으로서, '함께 현존하 는 것이 자기 안에 모여 앞에 놓이게 함'(in sich gesammeltes vorlie- gen-Lassen des beisammen-Anwesenden)(VA203)이며, 그리고 '말한다 는 것'으로서, '모이고-모으면서, 함께 앞에 놓이게 함'(gesammelt- sammelndes beisammen-vor-liegen-Lassen)(VA205)이다. 이 후자는, "말을 말함이, 현존하는 것의 비은폐성에서 생겨나, 현존하는 것이 앞 에 펼쳐짐에 맞닿아 자기를 '함께 앞에 펼쳐지게 하는 것'으로서 규정 한다고 하는, 생각이 미칠 수 없는 비밀"(VA205)을 가리킨다는 것이다.

금방 이해되는 쉬운 말이 아니다. 간단히 다시 말하면, 후자가 전자에게 관계되어 있기 때문에, 즉 '말한다는 것과 진술한다는 것의 본성이 본래의 둔다는 것의 지배하에 놓여 있'기(VA204) 때문에, 전자의 의미가 후자의 의미에까지 이른다는 것이다. legein(말한다)-legen(둔다)에서 그는 logos(로고스)의 진정한 의미를 읽어내고 있다.

그는, '듣는다'는 것도 또한 '말한다'는 것과 마찬가지로, '둔다'(legen: 놓는다)는 것에서 유래한다고 설명한다. 즉, 본래의 '듣는다'는 것은, "이미 함께 앞에 놓여 있는 것을, 더욱이 자기 안에 함께 놓여 있는 모든 것이 그 놓여 있음에 있어서 관련을 갖는 '둔다'는 것에서 놓여 있는 것을, 앞에 놓여 있게 하는 그런 레게인이다"(VA207)라는 것이다.

바로 이러한 '둔다'는 것으로서의 '레게인'에서, 그는 '로고스'의 의미를 읽어낸다. "이 탁월한 '둔다'는 것이야말로, 로고스가 그러한 것으로서 생기는 바인 레게인이다"(VA207)라고 그는 생각하는 것이다. 로고스의 의미의 핵심이 레겐, 즉 '둔다'는 것으로서의 레게인에 있는 셈이다.

이렇게 해서 그는 '로고스'의 의미를 다음과 같이 규정한다.

"로고스는, 단적으로, 호 로고스, 즉 두기(das Legen)라고 말해진다. 두기란, 자기 스스로 앞에 놓여 있는 것을, 그것의 놓여 있음 안에, 단순히 함께 앞에 놓여 있게 하는 것이다. 이렇게 해서 로고스는 순수한 집중적인 모아두기로서 현성한다. 로고스는 시원적인 두기에서 발하는 시원적인 모으기의 근원적 집중이다. 호 로고스는, '모으는 두기'(die lesende Lege)일 따름이다."(VA207f)

그리고 그는, 이 로고스가 어떠한 방법으로 현성하는지를 들여다본다. 그것은, '헨 판타'(hen panta)라고 하는 헤라클레이토스의 말이 알려준다고 그는 해석한다. 일반적으로 이 말은, '모든 것은 하나이다'라고 번역되는데, 하이데거는 그것에 반대한다. 그런 게 아니라는 것이다. 그의 해석에 따르면, '헨'(hen)이란 '하나이고 있는 것으로서의 유일한 일자'를 가리킨다. 그것은 '모으면서 하나이고 있다'(Es eint, indem es versammelt)는 뜻이고, '앞에 놓여 있는 것 자체를, 또 앞에 놓여 있는 것 전체를, 모으며 앞에 놓여 있게 하면서, 집중한다'는 뜻이다. '유일한 일자는, 모으면서 두기(die lesende Lege)로서 하나이고 있다(eint)', '이 모으면서 두고 있는 하나이고 있음(Dieses lesend-legende Einen)은, 하나이고 있음이 이 일자이고, 또한 이것으로서 유일자라는 것에로, 하나이고 있음을 스스로의 안에 집중한다'(이상 VA212)라고 설명하고 있다. 번역된 한국어로는 해괴한 느낌마저 주는 이런 말이 과연 설명이 되는지, 독자들은 곤혹스럽지만, 요컨대, '레게인'이 '모으면서 함께 앞에 놓여 있게 하는 것'(lesendes beisammen-vor-liegen-Lassen)임을 그는 말하고 싶어 한다. '하나이고 있음(das Einen)의 본질, 즉 모든 것을 단순한 현존의 전체(All) 안으로 모으는, 하나이고 있음의 본질'이 레게인이라는 것이다(VA212).

그는 결론적으로 말한다. "로고스가 무엇인가 하는 물음에는 단 하나의 적절한 답밖에 존재하지 않는다. 그것은 … 호 로고스 레게인이다. 로고스는 함께 앞에 놓여 있게 한다(Er läßt beisammen-vor-liegen). 무엇을? 로고스를."(VA212) 다시 말해, '헨 판타는, 로고스로서, 현존자 전체를 현존케 하는 것이다.'(VA215) 이것이 그의 해석이다. 이것을 좀 더 부연하여 하이데거는 이렇게도 말한다.

"모으면서 둔다는 것은, 로고스로서, 온갖 것을, 즉 현존자를, 비은폐성으로 밑에다 둔다(niederlegen). 둔다는 것은 간직하는 것(Bergen)이다.

그것은 온갖 현존자를 현존에로 간직한다. … 로고스는, 현존에로 앞에-두고(vor-legen), 현존자를 현존에로 밑에-둔다(nieder-legen). 즉 저축해 둔다(zurück-legen). 그러나 현존이란, 비은폐적인 것 안에 나타나서 존속 한다는 것이다. 로고스는, 앞에 놓여 있는 것을 그 자체로서 앞에 놓아두 는 한, 그것은 현존자를 그 현존에로 드러나게 한다.”(VA212)

이것을 보면, 로고스는 이제 알레테이아로서의 진리와 같은 것이라 는 게 명확해진다. 때문에 하이데거 자신도, “드러나는 것은, 그러나 알 레테이아이다. 이것과 로고스는 같은 것이다. … 로고스는 알레테이아 이다”(VA212f)라고 분명히 말한다.

바로 이러한 것이기 때문에, ‘로고스’는 ‘그 자신에 있어서 운명(das Geschick)[보내짐]이며, 그 운명에, 현존이 그 자체로서, 또 모든 현존 자를 위하여, 기초하고 있다.’(VA217) 그리고 그것은 ‘존재자의 존재 (= 현존)’(VA219, 220, 221)로서 규정된다. 로고스가 존재 즉 현존과 다른 것이 아님은 다음 말에서도 확인된다.

“호 로고스라는 것은, 그것을, 즉 모든 현존자를 현존 안으로 모으고, 그 안에서 앞에 두는 바의 그것을 가리킨다. 호 로고스는, 현존자의 현존 이 그 속에서 생기는, 그것을 가리킨다. 현존자의 현존은, 그리스인에게 는 토 에온(to eon), … 로마적으로는 에세 엔티움(esse entium), 우리가 말하기로는 존재자의 존재이다.”(VA219)

이렇게 ‘로고스’란 ‘존재자의 존재’, 그것의 또 하나의 존재모습에 다 름 아닌 것이다.

6) 퓌시스

다음으로, '퓌시스'(Physis, 자연)라는 것이 후기 사유의 또 하나의 성과로 눈길을 끈다. 주지하는 대로, 이것은 고대 그리스 철학 초창기의 핵심주제이기도 했다.

하이데거는 《존재와 시간》 이후 도처에서 이 '퓌시스'를 언급하고 있다. 그는 이 말을 통해서 '존재'의 또 다른 면모를 사유하고 있는 것이다.

그는 '퓌시스'를 '그리스적 사유의 근본어'(VA259), '저녁나라[= 서양] 형이상학의 근본어'(Wm241)라고 하면서, 이것을 '존재'와 동일시한다. 즉 그는 다음과 같이 분명히 말한다. "존재의 본질은 … 즉 퓌시스이다."(Wm300f) "존재는 … 즉 원초적인 의미에서의 퓌시스이다."(Wm301) "존재는 퓌시스로서 현성한다."(EM109) "존재는 원초적으로 퓌시스이다."(EM206) "퓌시스는 존재자의 존재를 의미한다."(EM20)

그러면, 그는 이 '존재의 본질'인 '퓌시스'의 내실을 어떻게 해명하고 있는가? 그는 이렇게 말한다.

"존재의 본질은 자기를 드러내는 것(sich zu entbergen), 나타내는 것(aufzugehen), 비은폐인 상태 속으로 나타나는 것(hervorzukommen ins …) ― 즉 퓌시스이다."(Wm300f)

"존재는 자기를 은폐하면서 드러내는 것(sich verbergende Entbergen) ― 즉 원초적 의미로서의 퓌시스이다."(Wm301)

이 인용은 퓌시스의 결론적인 두 성격을 이미 말해준다. 즉 '퓌시스'

란, '알레테이아'와 똑같이,47) '자기출현'과 '자기은폐'라고 하는 두 근
본특성을 함께 갖는 것이다. 이것들을 둘러싼 그 자신의 논술을 좀 더
들여다보기로 하자.

(1) 우선, '자기출현'(Sichentbergen)의 면을 보자. 하이데거가 여러
군데에서 하고 있는 퓌시스의 해명을 들어보면, 하나의 특성이 눈에 띈
다. 그것이 '자기출현'이라고 할 수 있는 것이다. 그의 설명에 따르면,
퓌시스란 이런 것이다.

> "그 자신으로부터 일어나는 것(von sich aus Aufgehende: 예컨대 장미
> 의 피어남), 자기를 개시하면서 펼치는 것(sich eröffnende Entfalten), 이
> 렇게 펼침에 있어서 현상 속에 자기를 유지하고(halten), 거기에 오래 머
> 무는 것(verbleiben), 간단히 말해, 나타나-체류하는 지배를 말한
> 다."(EM16)

그는 이것을 퓌시스의 '근원적인 의미'(EM17)라고 규정한다. 또한
그것은, '끊임없이 나타나는 것'(VA260), '항상 존속하면서(immer-
während) 자기를 출현하는 것'(VA260), '지금까지 계속 존속하면서 나
타나는 것'(VA261), '지금까지 계속 존속하고 있는 출현'(VA262), '항
상 존속하고 나타나는 것'(VA262), '자기 자신 쪽으로부터 나타나는
것'(WD135), '모든 존재자가 그 현존 속으로 나타나고, 그리고 또한 부
재[비현존(Abwesen)] 속으로 후퇴하는(zurückgehen) 것'(HH22), '전체
에 있어서의 존재자 … 전체에서의 존재자 그 자체, 더욱이 일어나고
있는 현존(aufgehende Anwesen)이라는 의미에서의, 존재자 그 자체의
전체를 의미한다'(Wm189f) 등으로도 설명되고 있다. 그리고 결국은 같

---

47) "존재와 진리는 그 본질을 퓌시스에서 길어 올린다"(EM120)고 그는 말한다.
또, "퓌시스야말로 알레테이아이며, 출현이다"(Wm301)라고도 말한다.

은 말이지만, 퓌시스는, '나타나면서 자기를 일으키는 것(Sichaufrich-ten), 즉 자기 안에 체류하면서 자기를 펼치는 것'(EM65), '근원적으로 지배하는 것'(EM67), '발생하는 것(Ent-stehendes)으로서 자기 안에 서는 것(In-sich-stehen)'(EM68), '나타나는 지배, 자기 안에 와서 서 있는 것(In-sich-dastehen), 존속성(Ständigkeit)'(EM191), '나타나는 지배와 그것에 의해 끝까지 지배된 존속(Währen)'(EM17), '비추는 빛이 나타나는 것, 빛의 화로, 빛의 자리'(EM55)이기도 하다.

하이데거 특유의 말 다루기로 이 경우에도 독자는 곤혹스럽지만, 이러한 설명에서 가장 공통된 것은, 퓌시스가 '나타나-체류하는 지배'라는 의미로 하이데거에게 받아들여지고 있다는 것이다. 그리고 이것에 더해, 그것이 '끊임없이' 그렇다고 하는 성격, '그 자신 쪽으로부터', '자기를' 그렇게 한다고 하는 성격, 그 나타남이 '현존으로의' 나타남이라는 것, 그리고 그렇게 하는 것이 구체적으로는 '존재자', 더욱이 '전체에 있어서의 존재자' 내지 '존재자 자체의 전체'라고 하는 것이다. 이러한 것은, 표현은 조금씩 다르지만, 실은 모두 '자기출현'이라고 하는 존재의 진리적 모습에 다름 아닌 것이다.

(2) 그런데 하이데거는 이 퓌시스에 있는 '자기은폐'(Sichverbergen)의 면도 동시에 지적한다. 그는, "우리는 퓌시스를 이젠 단순히 나타나는 것으로만 생각해서는 안 된다. 퓌시스는, 근본에 있어서 또한 결코 단순히 나타나는 것만은 아니다"(VA262)라며, 퓌시스에 출현과는 다른 측면이 있음을 알려준다. 그 다른 측면을 그는, '퓌시스 크륍테스따이 필레이'(physis kryptesthai philei)라고 하는 헤라클레이토스의 말을 통해서 해명한다. 그는 이 단편의 의미가, 일반적으로 알려진 '사물의 본질은 스스로를 잘 숨긴다'(VA262)는 것이 아니라, 실은 '퓌시스와 크륍테스따이, 즉 나타나는 것(자기를 출현하는 것)과 은폐하는 것이, 가장 가까운 근린성에 있어서 가리켜지고 있다'는 것을 말한다고 주의

하며, 이것을 '자기를 출현하는 것은 자기를 은폐하기를 좋아한다'(VA 262)는 의미로 해석한다.

단 이것은, '나타나는 것은 은폐성을 추구한다(aufsucht)'든가, '퓌시스는, 나타나는 대신에, 심심풀이로 자기은폐에 대하여, 때때로 생기는 일종의 편애를 갖는 것에 불과하다'든가, '나타나는 것이 때때로 기꺼이 자기은폐로 전환하여, 그 결과 때로는 나타나는 것이 지배하고, 또 때로는 자기은폐가 지배한다'든가, 그런 것은 '결코 아니다'(VA262)라고 그는 주의한다. 그의 설명에 따르면, 이 말은, '나타나는 것이, 어떻게 하여 자기은폐로서 현성하는 것인가라는 그 존재방식'(VA263), 다시 말해, '퓌시스가 현성하는 것(동사로서의 Wesen)'(VA263)을 말하는 것이다.

구체적으로 말하면, '나타나는 것은, 그것으로서, 그때마다 이미 자기를 가두는 것(Sichverschließen)으로 기울어져 있다. 나타나는 것은, 자기를 가두는 것 속에 감추어져 있다'(VA263)는 것이다. 그러니까, 퓌시스 자체가 갖고 있는 다른 측면, '크뤕테스따이'는 '자기은폐하는 것으로서, 단순히 자기폐쇄하는 것이 아니라, 감추는 것이고, 이 감추는 것 속에 나타나는 것의 현성가능성이 계속 보존(verwahren)되고 있으며, 그것에 나타나는 것 그 자체가 속해 있다'(VA263)는 그런 것이다. 요컨대, "자기은폐하는 것은 자기출현하는 것에 그 현성을 보증한다. 자기은폐하는 것 속에는, 역으로, 자기출현하는 것에 대한 경향을 억제하는 것이 지배한다"(VA263)는 것이다.

(3) 이와 같이 하이데거는, '퓌시스'와 '크뤕테스따이'를 '서로 마주보고 서로 기울어 있다'라고 하며, '양자는 같은 것'이라고 해석한다(VA263). 이 말은, 크뤕테스따이[자기은폐]라고 하는 성격이 퓌시스 자체에 속해 있다는 것, 그것이 '자기출현'인 퓌시스의 다른 측면이라는 것과 다르지 않다. "나타나는 것과 자기은폐하는 것이 서로 인사를 나

누는 이 호의 속에, 퓌시스의 본성 충실이 존재하고 있다"(VA263)는 말도 결국은 같은 의미다.

결론적으로 말할 수 있는 것은, '우리가 퓌시스를 단순히 나타나는 것이나 나타나게 하는 것으로서 사유하고, 이어서 그것에, 무언가의 특성을 더 인정해주고, 그때에, 자기출현하는 것이 은폐하는 것을 결코 배척하지 않을 뿐만 아니라, 그것이 감춤을 푸는 것(Ent-bergen)으로서 현성하는 그대로 현성하기 위해서는, 오히려 은폐하는 것을 필요로 한다'(VA263f)는 것이다. 퓌시스의 현성이 지니는 출현과 은폐, 이 양면을 함께 주의하지 않으면, 퓌시스의 이해는 '표면적'인 것에 그치게 된다.

(4) 그런데 퓌시스가 이상과 같은 특별한 의미를 갖고 있는 이상, 그것을 '이데아'라고 보는 플라톤의 해석이나, 그것을 '에이도스'라고 보는 아리스토텔레스의 해석은, 불충분(vgl. EM188ff)하고, 후대의 '자연'(natura)이라는 개념도 멀리하지 않으면 안 된다(EM65)고 그는 본다. 왜냐하면, 존재자를 나타내는 그리스의 근본어[퓌시스]는 흔히 '자연'이라고 번역되고 있고, 라틴어로는 '태어나다', '탄생'이라는 의미의 'natura'라는 번역이 사용되고 있는데, "그러나 이 라틴어 번역에서는 퓌시스라고 하는 그리스어의 근원적인 내실은 이미 없어지고, 그리스어 본래의 철학적 명명력은 파괴되어버렸다"(EM15)고 그는 보고 있기 때문이다. 따라서 '현대 물리학이 자연(Physis)으로서 연구하고 있는 원자나 전자와 같은 질료적 사물' 등도 이미 진정한 의미에서의 퓌시스는 아니며(vgl. EM17), 근대 자연과학이 생각하는 '대상(Gegenstand)이라는 의미에서의 자연(Natur)'도 퓌시스와는 거리가 멀다(vgl. HH21).

(5) 그런데 한 가지 애매한 것이 있다. 그것은 이 '퓌시스'가 '존재'와 동일시되면서, 동시에 '전체에 있어서의 존재자'이기도 하다는 것이다. 그는 분명히 "전체에 있어서의 존재자는 퓌시스, 즉 '자연'으로서

노정된다"(Wm188)고 말하고 있다. 단, 이 '자연'은 여기서 '존재자의 한 특수한 영역', 즉 아리스토텔레스가 '인위물'(techne onta)과 구별한, '그 자신에서 출현하여 생기는 것'은 아니다. '인위물'은 물론 아니고, 그것과 구별되는 소위 '자연물'이라고 하는 존재자의 특수한 영역도 아니다. 그것과도 구별되는 '전체에 있어서의 존재자'가 '퓌시스'라고 그는 말하는 것이다. 아무튼 '존재자'인 것은 분명하다.

이런 의문은, 좀 불명료하긴 하지만, 그것에 바로 이어진 말에 의해 어느 정도 해소될 수 있다. 즉 그는, "자연은 … 전체에 있어서의 존재자 그 자체, 더욱이 나타나고 있는 현존이라는 의미에서, 전체에 있어서의 존재자 자체를 의미한다"(Wm189)고 말한다. 그러니까, 여기서 말하는 존재자 전체란, 어디까지나 '현존'이라는 의미에서의 존재자인 것이다. 그것은 이미 살펴본 '이중태'와 다르지 않다. 그 개념을 매개로 생각하면, '전체에 있어서의 존재자'가 '퓌시스'이며, 또 '존재'가 '퓌시스'라고 하는 일견 혼란스런 설명도 어느 정도 이해될 수 있다. 그리고 일반적으로, 하이데거의 '존재'란, 그렇게 있게 하는 것이기도 하고, 또 그렇게 있게 된 것이기도 하다는 것을 생각해봐도, 이 혼란은 어느 정도 해소될 수 있다.

이상의 고찰로, 하이데거가 존재와 동일시한 퓌시스의 본질이 어떠한 것이었는지가 대략 밝혀졌다. 그리고 그 내용에서, 이제 우리는, "존재는 로고스(logos)이고, … 알레테이아(aletheia)이고, 퓌시스(physis) … 이다"(EM142)라는 그의 말도 이해할 수 있게 되었다. 존재, 로고스, 알레테이아, 퓌시스는 각각 다른 것이 아니다. 다 같은 것이다. 같은 것을 조금씩 다른 각도에서 바라본 것이다.

7) 문제사태

다음, 그의 후기 사유의 주요 항목으로 또 하나 놓치지 말아야 할 것이 '문제사태'(Sache: 문제, 문젯거리), 특히 '사유의 문제사태'로서의 '존재'라는 것이다.

그는 후기에서 종종 이 '사유의 문제사태'라는 표현을 즐겨 사용한다. 《사유의 [문제]사태로》(*Zur Sache des Denkens*)라는 저술의 제목도 그 한 사례다. 내용적으로 이것은 '존재'를 가리킨다. 예컨대, 그는 《동일성과 차이성》에서 "우리의 경우, 사유의 문제사태는 동일한 것(das Selbe)이며, 따라서 존재이다"(ID37), "사유의 문제사태는 존재자 그 자체, 즉 존재이다"(ID51), "사유의 문제사태는, 서양적 사유에서는, '존재'라고 하는 명칭으로 전승되고 있다"(ID53)고 말하고 있는 것이다.

그러면, 그는 어떠한 의미로 이 '문제사태'라는 말을 이해하고 있는가? 그는 비교적 명확히 이것에 답하고 있다.

"['문제사태'란] 주어진 규정에 따라서, 사유에 관련된 바의, 오로지 사유에 있어서의 장면인 논점 혹은 논쟁점이다. … 그러나 이 논쟁점을 이루는 논쟁은, 결코 사유에 의해서 처음으로, 말하자면 시비가 붙은 것은 아니다. 사유의 문제사태는 한 논쟁의 그 자체로 논쟁적인 것(das in sich Strittige eines Streites)이다. 논쟁(Streit)이라고 하는 말은, 주로 불일치를 의미하는 게 아니라, 오히려 곤고(Bedrängnis)를 의미한다. 이러한 사유의 사태는 사유를 곤란하게 하여, 그 사태가 비로소 사유를 사유의 사태로까지 가져오게 하고, 그리고 이 사태에서 사유 그 자체로 나아가게 하는 것이다."(ID31)

요컨대, '문제사태'란 '사유의 문제사태'이며, 그 자체가 '논쟁적'[문제적]인 것이며, 그와 같은 것이기 때문에, '사유를 일어나게 하는 것이다'라는 것, 이게 핵심인 것이다. 위에서 '사유'를 고찰했을 때의 문맥에서 생각해봐도 이는 분명하다. 하이데거는 '존재'야말로 이러한 '문제사태'에 다름 아니라고 생각하는 것이다. '존재'는 그러한 '문제사태'임이 틀림없다. 그 자체가 우리로 하여금 그것을 사유하지 않을 수 없도록 만들기 때문이다.

특히, 존재가 하나의 '문제사태'(Sache)(SD4)라는 것은, 존재자라는 의미에서가 아니라, '어떤 회피하지 못하고 간과할 수 없는 것이 숨겨져 있다는 점에서, 어떤 기준결정적인 점에서 문제의 중점인 것'이라는 의미에서의 문제인 것이다. 그런 의미에서 존재는 '사유의 문제사태 바로 그것(die Sache)'이라고 그는 말한다. 그리고 후기의 최중요 개념인 '에어아이크니스'도 그는 존재라는 문제사태를 그 고유의 상태로 가져다주는 '사태'(Verhalt), '문제-사태'(Sach-Verhalt)라고 일컫는다.

8) 운명, 에스 깁트(Es gibt)

다음, 후기 하이데거의 존재사유가 보여주는 또 하나의 중요한 성과로 '운명'(Geschick)이라는 것이 있다. 그는 이렇게 말한다. "존재는, 존재의 운명(= 보냄)으로서, 항상 자기를 밝힌다."(SG169) 존재가 운명이라는 것이다. 하이데거가 말하는 이 '운명'이란, 그러나 일반적으로 말하는 '숙명'이나 '어쩔 수 없는 것'이라고 하는 의미에서의 '운명'은 아니다. 왜냐하면, 그는 존재가 지니는 어떤 특별한 성격을 꿰뚫어보고, 그 특별한 의미를 담아 이 말을 사유하고 있기 때문이다. 그렇기에 '운명'이란, 어디까지나 '존재의 운명'(Geschick des Seins 또는 Seinsgeschick)인 것이다.

(1) 그러면, 이 '운명'이라고 하는 존재의 특별한 성격은 도대체 어떤 것인가? 단적으로 말해 그것은, "존재는 우리에게 자기를 보내온다. 그러나 그것은, 존재가 동시에 그 현성[본질]에 있어서 자기를 거둔다고 하는 식으로 보내온다"(SG114)는 것이다. 그러니까 '존재의 운명'이란, 바로 '존재가 자기의 현성[본질]을 물리치면서, 우리에게 자기를 보내오는, 그런 존재의 보냄(운명)'(SG108)인 것이다. 하이데거는 운명 (Geschick)이라는 독일어에 내재하는 보냄(schick)이라는 어근적 의미와 필연이라는 일상적 의미를 겹쳐서 읽어내고 있는 것이다. 하이데거 사유의 전형적인 수법 중 하나인 셈이다.

그리고 또한, 하이데거는 이 '운명'이라는 말에서도, (진리, 로고스, 퓌시스와 마찬가지로) 존재가 동시에 지니고 있는 서로 다른 두 성격을 함께 보고 있음을 알 수 있다. 그 둘이란, 요컨대 존재의 '자기송부'와 '자기퇴거', 이 둘이다. 때문에 존재의 운명이란, "존재자가 나타나오기 위한 영역을 어떤 각인으로써 밝히는 식으로 허용하는, 그러한 존재의 자기보냄이며, 그때 동시에 존재 그 자체의 현성적(본질적) 유래는 뒤로 빠져버리는"(SG150) 그러한 것이라고 말하는 것이다. 존재가 보내져 오기는 하되 그 유래는 알 수 없다는 그런 성격이 바로 존재의 운명인 것이다. (유래의 '뒤로 빠짐'과 운명적 성격이 모종의 방식으로 연결되어 있다고 해석할 수 있다.)

여기서 말하는 '자기송부'란, 요컨대 "존재가 자기를 우리에게 말하고, 자기를 밝히고, 또 밝히면서 거기에 있어서 존재자가 나타날 수 있는 시공을 허용한다"(SG109)는 것이며, '자기퇴거'란, 요컨대 "밝히면서 자기를 보내오는 것으로서의 존재는, 동시에 퇴거이다. 존재의 보냄[운명]에는 물러섬[퇴거]이 속한다"(SG122)는 것, 이것에 다름 아니다.

바로 이 둘이 각각 다른 것이 아니라 한꺼번에 같이 있다는 것이 '운명'의 가장 큰 특징이다. 다시 말해, '자기를 보내온다'고 하는 것이 '자기를 거둔다'고 하는 성격을 동시에 띠고 있다는 것, 이 둘이 결국 같다고 하는 것(vgl. SG109, 110, 114, 120, 122), 이것이 즉 '존재의 운명'이라는 것의 핵심적인 의미인 것이다.

(2) 이상과 같은 하이데거의 설명에서 특히 눈에 띄는 것은, 그 '보낸다'고 하는 성격이다. 그는 이 '보낸다'(schicken, zuschicken)는 것에서, '운명'(Geschick: 보냄)이라는 것의 본질을 사유하고 있는 것이다. 실제로 그는, 이 '보낸다'는 것을, '조절하다'(bereiten), '질서 지우다'(ordnen), '각각의 것을 그것이 귀속하는 장소로 가져오다', '허용하다'(einräumen), '앉히다'(einweisen)라는 의미로 해석한다(SG108). 이러한 의미에서 그는, 존재가 바로 자기 자신 그런 것으로 있게 하는 것이라고 사유한 것이다. 더욱이, 아직 이 단계에서 확실히 설명되지는 않지만, '보낸다'란 원래, 보내는 내용만을 도착지에 보내고, 보내는 자기 자신은 발송지에 머문다고 하는 성격이기 때문에, 그는 존재를, 자기를 거두는 것으로 사유했을 것이다. 그리고 바로 이 두 성격을 아울러서, 그는 어떤 '운명'적인 요소를 동시에 사유하기도 했을 것이다.

(3) 그런데 여기서 하나 주의해야 할 것은, 여기서 말하는 '존재의 운명'이, 전기에서 말하는 '타자와의 공존재에 있어서의 현존재의 생기'(SZ386)인 '운명'(Geschick)과는 내용적으로 구별할 필요가 있다는 것이다. 《존재와 시간》에서는, 현존재가 타자와의 공존재라는 것, 그리고 그것에 기반한 생기(Geschehen)라는 현상 내지 '역사성'이라는 것이 '역사'의 근거로서 주목되었고, 그것과 관련해서 '운명'이 거론되는데, 그 '현존재의 운명'과 이 '존재의 운명'이란 내용적으로 확연히 다른 것이다. 후자는 현존재의 운명이 아니라, 어디까지나 '존재의' 운명으로서, 존재 그 자체의 특별한 성격으로부터 사유된 존재의 존재방식이기 때문이다.

(4) 그리고 그는 이 '운명'을, '에스 깁트'(Es gibt: 있다, 그것이 준

다)라는 말을 통해서도 해명한다. "이 '에스 깁트'는, 존재의 운명(보냄)으로서 지배한다." "그것(Es) 즉 존재가, 자기를 주는(gibt) 것으로 인해서, 존재는 운명[증여]이 된다"(UH23)고 그는 말한다. 때문에 이 '에스 깁트'의 특성에서 존재의 '운명'적 성격을 보다 명확히 아는 것도 또한 가능하다. '준다'(gibt)와 '보낸다'(schicken: 운명의 '운')는 서로 겹치는 셈이다.

'에스 깁트'란, 일반적 독일어에서는 '…가 있다'라는 의미를 나타내는 말인데, 하이데거는 이것을, '그것이 준다'라고 하는 축어적 의미를 살려서 철학화하고 있다. 물론 '그것이 존재를 준다'는 의미에서. 결국은, '존재가 있다'(das Sein ist)는 것과 같은 말이다. '이스트'(ist)란 일반적으로 '존재자'에 대해서 하는 말이며, '존재자'가 아닌 '존재'에 대해서 이것을 사용하면, '존재가 너무나도 쉽게 존재자로 표상되기'(UH22) 때문에, 그것을 피하기 위해, '에스 깁트'가 사용되었다고 그는 해명한다.

이때, 그는 '깁트'(gibt: 준다)라는 것을, '존재를 주고 있는 본질, 그것의 진리를 보증하고 있는 존재의 현성', '이 현성 자체에 의해서 열림 안으로 자기를 주는 것'이라는 의미로 해석하고 있다. 그리고 '에스'(Es: 그것)라는 것을, '존재 자체'의 의미로 해석하고 있다. 다시 말해 "여기서 '주는' 자인 '그것'이란 존재 그 자체이다"(UH22)라는 것이다. 그런데 '그것(Es)은 자기를 주고, 동시에 자기를 거부하는'(UH23) 것이기도 함을 그는 특별히 지적한다. 누차 강조된 존재의 자기송부와 자기거부라는 동시적 양면성이다.

이런 것인 한, '에스 깁트 자인'(Es gibt Sein: 그것이 존재를 준다, 존재가 있다, 존재한다)이 '존재의 운명'과 다른 것이 아님은 명확하다.

결국, '에스 깁트 자인'이란 '존재가 주어져 있다'는 것, 더욱이 그때 '주는 자는 존재 그 자체'라는 것, 그러나 '그 자체는 또 자기를 현성으

286

로부터 거부한다'는 것, 다시 말해 존재의 '운명'[보냄]이라는 존재방식
에 대한 표현에 다름 아닌 것이다.

9) 역사, 존재사

그리고 또 한편으로 그는, 존재의 이 '운명'(Geschick)적 성격을, '역
사'(Geschichte)라는 말을 통해서도 사유하고 있다. 운명과 역사, 이 양
자의 독일어 표현이 거의 유사하며 내용적으로도 연관되어 있기 때문
이다. 그는 이렇게 말한다.

  "존재사란 존재의 운명을 말하는 것이다. 즉, 존재가 자기의 현성을 거
  둠으로써 우리에게 자기를 보내오는, 그런 존재의 운명을 말한다."
  (SG108)

  "존재가 우리에게 자기를 보내온다. 그러나 그것은, 존재가 동시에 그
  현성에서 이미 자기를 거두고 있다는 것이다. 이것이 존재사라고 하는
  말이 의미하는 것이다."(SG114)

'존재사'(Seinsgeschichte: 존재역사)란 하이데거의 후기 사유 전체를
특징짓는 말이기도 한데,48) 요컨대 존재운명[Seinsgeschick: 자기생기,
존재송부, 존재가 자기를 우리에게 보내옴]이라고 하는 존재의 존재방
식에 대한 별칭에 다름 아니다. 때문에 이 '역사'(Geschichte)란, 어디까
지나, '생기한다'(geschehen), '보낸다'(schicken)라는 말의 근원적인 의
미에서 사유된 '존재사'(Geschichte des Seins, Seinsgeschichte)'이며,

---

48) 그래서 프리드리히 빌헬름 폰 헤르만은 하이데거의 후기 사유를 '존재사적
   사유'(seinsgeschichtliches Denken)라고 부른다.

따라서 큰 사건들의 연쇄인 이른바 인간의 역사(Historie)와는 구별하지 않으면 안 된다. 이 혼동이 너무나도 자주 독자들을 혼란에 빠트린다. 그렇기 때문에 그는, 존재의 '역사'를, '무언가의, 설령 그것이 아무리 중대하더라도, 시대 속에서의 일어난 일들[사건]의 연속'(Hw64)도 아니고, '그 경과 속에서 다양한 일이 발생한 결말로서의 생기[생김]'(WD103)도 아니고, 더욱이 '존재의 역사'를 '인간의 역사'로 파악하는 것이야말로, '존재운명의 망각의 지배'(VA80)라고까지 말하는 것이다.

"'Historie'(historein)라는 말은, 찾아내서 볼 수 있게 하는 것을 의미하고, 그렇기 때문에 단지 눈앞에 표상적으로 세우는 것을 지칭한다. 이에 대해, 'Geschichte'라는 말은, 그것이 이러이러하게 준비되고 정리되어서, 다시 말해, 처치되고 보내지고 있는 한에 있어서, 자기를 건네주고 생겨나는 것을 의미한다."(VA63)

이렇게 그는, 애초에 이 둘을 구별하고 있다. 때문에 '존재의 운명에 있어서의 존재의 역사'는, "경과라든가 과정이라든가 하는 것에 의해서 특징지어진 사건들의 생기라고 하는 것에서 생각되는 것은 아니다. 오히려 역사의 본질은, 존재의 운명으로부터, 보냄으로서의 존재로부터 … 자기를 규정한다"(SG109)고 그는 명확히 그 구별을 지적하고 있는 것이다. '역사'라는 그 특유의 개념의 핵심은 존재의 운명, 즉 존재의 생기, 존재의 보냄이라는 말이다.

단, 하나 주의할 것은, '존재사'란 '본질적인 사유자의 말 속에서 말이 되어 나타난다'(UH23)는 것이다. 즉, '존재사'란 어떤 의미에서는 '존재의 운명' 그 자체보다도 더 구체적으로 전개되어, 인간의 사유에서의 말에까지 이른 것이다. 바로 이 점에서 '존재사'는, 존재가 자기를 보내온 구체적인 흔적으로서의 '사유', 그런 '사유의 역사'가 되는 것이

다. '사유의 역사'는 '존재의 운명에 의거한 존재 본질의 보냄'(SG147)
이라든가, '저녁나라[서양]49)의 사유의 역사는, 존재의 운명에 의거한
다'(SG130)든가 하는 말도, 바로 이러한 점을 시사한다. 때문에 '존재
사'는, 구체적으로는 '아낙시만드로스(Anaximandros)의 사유', '헤라클
레이토스(Herakleitos)의 사유', '파르메니데스(Parmenides)의 사유' …
라는 형태로 나타나 있는 [그러한 언어적 형태로 구체화되어 있는] 것
을 가리키기도 한다. 말하자면 '존재의 운명적 보냄'과 '그것에 응한 인
간의 사유적-언어적 결과'를 그는 연결시켜서, 혹은 겹쳐서, '존재사'라
고 부르는 것이다. 주의가 필요하다.

또 하나 주의할 것은, 그러한 '사유의 역사'로서의 '존재사'에 '존재
망각'(Seinsvergessenheit)이 지배하고 있다는 것이다. 그는, "존재사는
존재망각과 함께 시작한다"(Hw243, 310)고까지 말한다. 그가 말하는
'존재망각'이란, "존재와 존재자의 차이의 망각"(Hw336)이다. 그리고
이 존재망각조차도 망각될 만큼, 이 망각이 심각해져가고 있는 것이 서
양 사유의 역사, 형이상학의 역사(Hw244)라고 그는 지적한다. 그리고
이것이 이른바 '고향상실'(Heimatlosigkeit)의 사상으로까지 연결되어간
다. 이것은 어떤 의미에서는, 실제로 서양에서 전개된 인간적 사유의
역사에 대한 비평이라고 할 수 있는 문제에 속하기 때문에, 별도의 독
립된 연구가 필요한 부분이기도 하다. (이는 하이데거 사유의 가장 큰
배경 내지 발생근거의 하나이기도 하지만, 여기서는 더 이상의 자세한
논의를 유보한다.)

---

49) '아침나라'[동양]에 대비되는 용어다. 그가 서양을 굳이 이렇게 지칭하는 것
   은 그가 서양을 절대적인 중심으로 생각하지 않고 동양(특히 중국)을 강하게
   의식하고 있다는 증거이기도 하다. 그 중심에 노자가 있다. 그는 노자에 깊
   이 매료되어 여러 차례 그를 언급하고 있으며 《도덕경》의 독일어 번역을 직
   접 시도하기도 했다. 졸고, "Heidegger and Laotzu: the echt meaning of the
   'and'," in 《현대유럽철학연구》 55집, 2019 참조.

10) 근거

다음으로, '근거'(Grund)라고 하는 것이 있다. 이 말을 둘러싼 그의 논의 또한 존재의 한 존재방식을 잘 보여준다.

(1) 그는, 존재자의 "존재에는 근거라는 것이 속해 있다. 존재는 근거로서(근거적으로, grundartig, grundhaft) 있다"(SG90), "존재자의 존재는 근거 지을 근거로서 전제적으로 생각된다"(ID49)고 말한다. '존재 그 자체가 근거이다'라는 이 말은 도대체 무슨 뜻인가? 어떤 사태를 가리키는가? 존재가 '근거로서' 있다는 것은, '존재가 근거를 갖는다'는 것이 아니라, '존재는 그 자체에 있어서 근거 짓는 것으로서 현성한다'(SG90)는 것, 요컨대 '근거와 존재, 즉 같은 것'(SG93, 994, 188)이라는 것을 가리킨다. 그러면, 존재가 근거라고 한다면, 그것은 '무슨 근거'인가? 그것이 근거 짓는 것으로서 있다고 한다면, 도대체 무엇을 근거 짓는다는 말인가? 답은 '존재 그 자체'이다. 즉, '존재'는 '존재'의 근거라는 것이다. 존재가 존재의 근거라는 이 일견 말장난 같은 말은 도대체 무슨 뜻인가?

(2) 이것을 그는, 앙겔스 질레지우스의 시구를 실마리로 해명한다.

"장미는 왜라고 하는 것이 아니라 있다; 그것은 핀다.
그것은 자기 자신을 주의하지 않고,
사람이 자기를 보고 있는지 어떤지를 묻지도 않는다."(SG68)

하이데거는 질레지우스의 이 시구에서 다음과 같은 것을 읽어낸다. 즉, '장미는 분명히, 왜가 없이 있다. 그러나 그것은 근거 없이 있는 것은 아니다.'(SG72) '장미가 핀다는 것은, 그 자체로부터 나타난다고 하는 단순한 것'(SG73)이며, 따라서 그 피기 '때문에'라고 하는 것 그 자체가 피는 것의 근거라는 것이다. " '때문에'란 근거를 지칭하고 있다. 어떤 한 기이한, 그리고 아마도 탁월한 근거를."(SG101) 다시 말해, '핀다고 하는 것은, 그 자체에 의거하고 있으며, 그 근거를 그 자체에, 또한 그 자체 안에 갖고 있다'(ibid)는 것이다. 때문에 '근거'는 "장미가 그저 핀다고 하는 것이며, '장미가 장미-이다'라고 하는 것이다."(SG102)

이렇기 때문에 하이데거는, "존재란 근거를 말하고, — 근거란 존재를 말한다"(SG205)라는 생각에 이르는 것이다. 존재의 존재 자체가 그 존재의 근거인 것이다. (이것은 'Es gibt Sein'[그것이 존재를 준다]의 'Es'[그것]가 'Sein'[존재] 그 자체라는 것과 결국은 같은 말이다.)

(3) 이와 같이, 존재 그 자체가 존재의 근거이기 때문에, 즉 그것이 존재하고 있기 때문에 존재한다고 하는, 그 '때문에'가 다름 아닌 '근거'라고 생각되는 이상, '존재'는, 그것을 더욱 근거 짓는 근거, 즉 '왜'라고 하는 의미로의 근거를 따로 갖지 않는다. (이는 존재를 존재하게 하는 제3의 근거가 따로 있지 않다는 말이기도 하고, 존재가 왜 존재하는지, 무엇이 존재를 존재하게 하는지, 그 이상의 혹은 그 배후의 존재 근거를 알 수 없다는 말이기도 하다.) 때문에 존재는, '왜 존재하는가, 무엇이 존재를 존재하게 하는가'라고 하는 의미에서의 근거, 그런 '근거는 존재에서 탈락된다'(SG93)고 말해진다.

이것이, 말하자면, 존재의 '심연'적 성격을 나타낸다고도 그는 말한다. '심연'이라는 말을 이런 성격에 결부시키는 것이다. 심연이라는 말을 독일어로는 'Ab-grund'(무-근거, 혹은 탈-근거)라고 표현하기 때문이다.[50] "이 근거가 존재에서 결락되어 있다는 의미에서, 존재는 심연(Ab-Grund)'이다' "(SG93), "존재, 즉 심연"(SG93, 94)이라고 말하고 있는 것도, 바로 그런 의미인 것이다. [무-'근거'라는 원의를 살리기 위

---

50) 이것도 단어 본래의 의미를 풀어서 활용하는 하이데거의 전형적 수법에 해당하는 것이다.

해 근거(Grund)의 G를 대문자로 표기함.] 존재란, 그 자체가 존재하고 있다고 하는 자기근거 이외에, 어떠한 근거도 더 [혹은 따로] 가지고 있지 않은 것이다. 그런 의미에서 존재는 심연인 것이다. 존재에는 오로지 존재의 단적인, 단순한, 절대적인 존재함이 있을 뿐이다.

"존재가 근거로서 있는 한, 그것은 그 자체로서는 근거를 갖지 않는다. 그러나 그것은, 존재 그 자체가 기초 지어져 있기 때문이 아니라, 모든 기초 지음, 아니 바로 그 자체에 의한 기초 지음조차도 근거로서의 존재에는 어울리지 않기 때문이다. [⋯] 존재는 존재로서 무-근거(grund-los)이다."(SG185)

이렇게 그는 이 존재의 절대성을 말한다. 또한 "너는 '때문에'에 머물며, 그리하여 '어째서'를 묻지 말라"(SG206)고 하는 괴테의 말을 그가 인용하는 것도 바로 이 존재의 절대성에 대한 승인 이외의 다른 것이 아니다. 존재의 이러한 성격 때문에 그것은 또한 '유희'(Spiel)(SG185)라는 말로 불리기도 한다. 일종의 자율적 존재전개를 표현하는 이 말은 후기에서 전개되는 또 하나의 중요한, 주목되는 존재모습이 되기도 한다. (강연 〈사물〉(Ding)[VA] 참조.)

(4) '근거'란 이상과 같은 것으로서 이해되고 있다. 따라서 그에게 있어서, "Nihil est sine ratione"(아무것도 근거 없이 있지는 않다)라고 하는 '근거율'(근거의 명제)은, 어디까지나 '모든 것은 그 근거를 갖는다'고 하는 '긍정적 형식'(SG75)으로 받아들여지고 있고, '아무것도 이유 없이는 없다'고 하는 '라이프니츠적인 의미에서의 근거율 인식은, 그 완전한 인식이 못 된다'(SG63)면서 배척된다. 근거와 이유는 서로 다른 것이다. 하이데거에게 있어 근거율이란 어디까지나 '존재의 발언'(SG151)이며, '존재자에 대한 근본명제'(SG151)가 아니기 때문이다.

11) 사물화, 사화, 세계화

다음, 후기 존재사유의 주요성과로, 주로 《강연논문집》(VA)에서 전 개되고 있는 '사물화'(das Dingen)라는 것이 있다. 이것은 상당히 파악 하기 힘든 표현으로 서술되고 있지만, 존재가 구체적으로 전개되고 있 는 그 존재모습을 제시하는 것으로서, 특별히 주목을 끈다.

(1) 여기서 그는, '존재자의 존재'라는 표현 대신에 '사물이 사물이고 있다[물화한다](dingen)'[51](VA116)라는 독특한 표현을 사용한다. (일반 독일어에는 없는, 명사를 억지로 동사화한 괴상한 표현이다.) 그러나 '사물'(Ding)이라는 말은, '서양 형이상학의 관용어로서는, 일반적으로 무언가의 무언가임을 지칭한다. 그렇기 때문에 사물이라는 명칭의 의의 는 존재하는 것, 즉 존재자의 해석에 따라서 변한다'(VA169)고 말해지 는 이상, 종래의 '존재자'의 진정한 의의이고, "사물이 사물이고 있음에 서 비로소, … 현존자의 현존[존재자의 존재]도 자기를 본래적으로 생 기시키고, 자기를 규정한다"(VA170)고 말하고 있는 데서, 사물의 사물 화(사물임, 사물이고 있음)가, 곧 '존재자가 존재하는' 진정한 모습임을 알 수 있다. 다만, 사물의 사물화라고 하는 표현은, 이하에서 보듯이, 존재의 어떤 생생한 구체적인 존재모습을 보여주기 위해 불가피하게 사용된 말이다. 그러면, '사물이 사물화한다[사물이고 있다]'란 어떤 것 일까?

(2) 우선, '사물'(Ding)이란, 예컨대 '단지나 작업대, 오솔길이나 가 래', '나무나 연못, 시냇물이나 산', '왜가리나 노루, 말이나 황소', '거 울이나 자물쇠, 책이나 그림, 관이나 십자가'(VA175) 등과 같은 것, 즉 일반적으로 말하는 '존재자'이다. 단, 사물은, 예컨대 '단지'가 그런 것

---

51) 이것은 흔히 듣는 표현은 아니지만, 억지로 말해, '사물이 그것인 바의 그것 으로 있고 있다'고 하는 의미로 이해하면 그 진의에 비교적 가까울 것이다.

처럼, '그 스스로 성립되어 있는 어떤 것'(VA158), '자립적인 어떤 것' (VA159)으로서, '대상'(Gegenstand)과는 구별된다(VA159).[52]

(3) 이러한 '사물'의 '본질'이, '사물화'[사물이고 있음](VA116)라고 그는 말하는 것이다. 그러면 이 '사물화'란 어떠한 것인가? '사물의 본질', '사물화'란, '모으는' 것, '사자체(Geviert: 사방)를 본연화시키면서, 사자체의 잠시 동안을 그때마다 잠시 동안의 것, 즉 이 사물, 저 사물 속으로 모으는 것'(VA166), 요컨대 '사자체를 모으면서, 본연화시키면서 잠시 동안 체류시키는 것'(VA166)이라고 그는 말하고 있다. 그것은 또, '일중(Einfalt: 한 겹)의 사자체를 잠시 동안의 속으로 순수히 보내면서 모으는 것'(VA166)이기도 하다. 여기서 말하는 '잠시 동안의 체류'란, '어떤 목전에 있는 것의 단순한 존속'이 아니라(VA166), '본연화하는' 것, '사자를 그것들의 고유함의 밝음(Lichte) 속으로 가져오는' 것, '이 밝음의 일중체[일종의 사위일체 같은 것]에 의거하여 사자가 서로 신뢰를 맺고 있는'(VA166) 그러한 것, '이와 같이 서로 마주보는 속에서 통일적으로 사자가 은폐되지 않고 존재하는'(VA166) 그러한 것을 말한다. 사물의 사물화에 대한 이 설명들은, 일반적인 어법으로 보자면 참으로 해괴한 설명이다. 문법파괴적인 느낌이 들기도 한다. 그러나 이것은 그 나름의 고심의 결과로 그의 사유가 목도한 혹은 도달한 장면이 이렇듯 미묘하기 때문이다.

(4) 특히 여기서, 사자(Die Vier)라든가 사자체(Das Geviert)라든가 하는 특이한 표현들이 등장하는데, 이것과 관련하여 하이데거는, '사화' (Vierung: 넷 됨)라는 표현도 주조하고 있다. 독일어 사전에도 없는 이 '사화'란 무엇인가. 그것은 '사자체[사방]의 통일'(VA173)로서, '일중적 [한 겹적]으로 서로 신뢰를 맺고 있는 것을 본연화시키는[본래 그렇도

---

52) 하이데거는 근대 이후 성립된 이 '대상'이라는 개념에 대해 근본적으로 비판적이다. 졸고 "Zeitkritik bei Heidegger," in *Vom Rätzel des Begriffs*, 참조.

록 되게 하는] 반영-작용(Spiegel-Spiel)으로서 현성하는'(VA173) 것이다. 따라서 이것은, 사자를 포괄하고, 이 포괄하는 것으로서 비로소 추가적으로 사자에게 추가된다는 식으로 생기는 것은 결코 아니다. 마찬가지로 그것은, 사자가 하여간 바로 앞에 그저 나란히 놓여 있다는 식으로도 설명될 수 없는(VA173) 것이다. 요컨대 '사화'란, 사자가 본래적으로 통일적으로 서로 관여하는 그 근원적인 존재모습에 다름 아니다. 그러면, 이 '사자'란 도대체 무엇인지, 좀 더 자세히 들여다보기로 하자.

(5) '사자'(Die Vier)란, 단적으로 말해서, '땅과 하늘, 거룩한 것과 죽어야 할 것'(VA165f, 170), 이 넷이다. 간단히 말해 '천, 지, 신, 인'인 셈이다. 여기서, '땅'(Erde)이란 '해양과 바위산, 식물과 동물을 감싸면서, 쌓으면서 감당하는 것, 기르면서 결실하게 하는 것'(VA170) 등이고, '하늘'(Himmel)이란 '해의 운행, 달의 주행, 별의 빛남, 매년의 계절, 낮의 빛과 박명, 밤의 어둠과 밝음, 날씨의 은혜와 불순, 구름의 오감, 영기로 찬 창공의 깊이'(VA171) 등이고, '거룩한 것'(Die Göttlichen)이란 '신성의 눈길을 보내는 사자(使者)'(VA171)이고, '죽어야 할 것'(Die Sterblichen)이란 우리 '인간들'(VA171)이다. 요컨대 '사자'(四者)란 이 세계를 이루고 있는 가장 근본적인 네 요소를 일컫는 것이다.

(6) 그런데 이 '사자' 각각을 말할 때 '우리는 이미 다른 삼자를 사자의 일중체[단일체]에서 함께 사유하고 있다'(VA171)는 사실을 그는 주목한다. 이 사자가 불가분리하게 서로서로 연관되어 하나를 이루고 있다는 것이다. 말하자면 '사위일체'인 셈이다. 이 '사자의 일중체(Einfalt)', 이것을 그는 '사자체'(Geviert: 사방)(VA166, 172)라고 표현한다. '세계'의 다른 말이기도 한 이것은 요컨대, 사자가 본래적으로 통일적으로 서로 관련되고 있는 한에서의, 그 사자의 통일적 전체를 말하는 것이다. 그리고 이 사자가 '그들 자신으로부터 통일적으로 서로 의거하

고 있는'(VA166) 것, 그들이 '그들 자신으로부터 서로 통일적으로, 통일적인 사자체라고 하는 일중체에 의거하여 서로 의거하는'(VA172) 것, '사자의 각각이 그 나름의 방식으로 다른 것의 본질을 반영하는'(VA172) 것, 이것을 그는 사자의 '사화'라고 생각하는 것이다. 사자의 사화는 이 사자체에 있어서 서로를 반영하는 것이다. 요컨대 1은 2-3-4를, 2는 1-3-4를, 3은 1-2-4를, 4는 1-2-3을 각각 본질적으로 반영하는 것이다.

(7) 그런데 사자의 이러한 상호작용의 모습을 그는 또, '반영'(Spiegeln), '작용'(Spiel), 나아가서는 '반영-작용'(Spiegel-Spiel)이라는 표현으로 나타내기도 한다.

"사자의 각각은, 그 나름의 방식으로 다른 것의 본질을 반영한다." 그런데 "그때 각각은, 사자의 일중체의 내부에 있는 각자의 독자적인 것에 스스로를 그 나름의 방법으로 반영한다."(VA172) 이것이 바로 '반영'(Spiegeln)이라고 하이데거는 말한다. 다시 말해 '반영'이란, '사자 각각을 밝히면서 사자 독자의 본질적인 고유함을, 서로 마주보는 일중체의 고유화 속에 발현시키는'(VA172) 것이며, "이와 같이 본연화시키면서 밝힌다고 하는 방식으로 반영하면서, 사자의 각각은 스스로를 남은 각각에 몰래 건넨다"고 하는 것이며, '사자의 각각을 각각의 독자적인 것 속으로 해방하는데, 이들이 자유롭게 해방된 것을 이들이 본질적으로 마주보는 일중체 속에 속박하는'(VA172) 것, 이러한 것을 가리키는 것이다.

(8) 한편 그는, 사자의 이러한 상호반영을 '작용'(Spiel: 유희, 놀이)이라고 부르기도 한다. 즉 "해방된 개방으로 속박하면서 반영하는 것이, 작용이다"(VA172)라는 것이다. 그는 이 '작용'을, '고유화라는 겹의 어떤 지탱에 기초해서, 사자의 각각에게 각각에 대한 굳은 신뢰를 맺게 하는'(VA172) 것이라고 설명한다. "사자는 어느 것이나, 스스로

가 분리된 특수자라고 완강하게 주장하지 않는다. 오히려 사자의 각각은 사자의 고유화의 내부에서 각각의 고유성을 자제하고서, 하나의 독자적인 것이 되어 있다"(VA172)고 그는 지적하는데, 바로 이러한 사자의 존재모습을 그는 '작용'(유희)이라고 부르는 것이다.

(9) 그는 또, 사자의 이러한 성격 내지 모습을 '반영-작용'(Spiegel-Spiel)이라고 부르기도 한다. 즉, "이렇게 고유성을 탈거시키면서 고유화되는 것이, 사자체의 반영-작용이다"(VA172)라는 것이다. 바로 이 '반영-작용'에 의거하여, "사자의 일중체는 완벽하게 맺어져 있다"(VA172)고 그는 본다. 사자가 서로를 서로에게 반영하면서 서로 무관할 수 없는 하나를 이룸, 그런 모습을 하이데거는 꿰뚫어보고 있는 것이다.

(10) 그는 또, 이런 의미에서의 '반영-작용'을 '세계'(Welt)라고 부르기도 한다. 즉, "우리는 [사자의] 일중체를 본연화시키는 반영-작용을 세계라고 이름한다"[53](VA172)는 것이다. 다만 그는, "세계는 세계이고 있음(welten)에 있어서 현성한다"(VA172)고 말한다. 이 또한 명사를 억지로 동사화한 괴상한 표현이다. 세계의 본연적인 존재하고 있음을 이렇게라도 표현하고 싶었을 것이다. 그러니까, '반영-작용'은, 보다 정확히는, '[본연적으로] 세계이고 있는 한에 있어서의 세계'일 것이다. '세계는 세계이고 있음에 있어서 현성한다'라는 이 낯선 표현은, '세계의 세계화'가 [세계이고 있음이] '그것 이외의 것에 의해서는 설명하는 것도 기초 짓는 것도 불가능하다'(VA172)고 하는, 세계현상의 자족성-절대성의 고백이라고 그는 말한다. 세계존재의 이런 자족성, 절대성, 이게 중요한 것이다. 세계현상이 설명불가능, 정초불가능이라는 것은, 우리 인간의 사유가 그러한 설명이나 기초 놓기의 능력을 결여하고 있기 때문이 아니다(VA172). 오히려 "세계의 세계화에는, 이유나 근거라는

---

53) 때문에, '세계'란, '일반적으로 존재자나 존재자의 어떠한 분야도 의미하지 않고, 존재의 개명성을 의미하는'(UH35) 것이다.

것은 어디까지나 부적절하다'(VA172)고 그는 생각한다. '존재는 그 자신이 그 자신의 근거이다'라고 하는, 앞 절에서 본 바로 그것을 여기서도 말하고 있는 것이다.

(11) 그는 또, 이러한 '세계의 반영-작용'을 '본연의 윤무'(der Reigen des Ereignens)(VA173)라는 문학적인 표현으로 말하기도 한다. '윤무'란, '테두리처럼 외부에서 사자를 둘러싸는' 것이 아니라, [사자가 서로] '반영하는 것으로서 작용하면서 사슬을 이루는'(VA173) 것이고, '사자를 본연화하면서 그것들의 일중체의 빛 속으로 밝히는'(VA173) 것, '빛나면서, 사자를 사방팔방으로 열고서 그것들의 본질의 수수께끼 속으로 고유화시키는'(VA173) 것, 그런 것이라고 그는 설명한다. 이런 말들이 과연 설명이 되는 것인지 독자들은 곤혹스럽지만, 세계를 구성하는 근본요소들인 이 사자가 따로따로 다른 것들과 상관없이 독자적으로만 존재하는 것이 아니라 애당초 본래부터 다른 삼자들과 서로서로 얽혀 마치 강강술래처럼 연결고리를 이루며 존재한다는 것, 그런 세계의 존재양상을 그는 꿰뚫어보고 궁여지책으로 이런 낯선 말들로 표현한 것이다.

(12) 이와 같이 '고리를 이루는 세계의 반영-작용이 모아진 본질'을 그는 또 '원환'(Gering)(VA173)이라는 말로 표현하기도 한다. 이 또한 낯선 문학적 표현이지만, 역시 미묘한 존재모습에 대한 그의 통찰과 고심의 결과이다. "반영하면서 작용하는 사슬의 원환 안에서, 사자는 스스로의 통일적인, 그럼에도 불구하고 역시 각각의 독자적인 본질에 스스로를 순응시킨다"(VA173)고 그는 말한다. 사자의 독자성과 통일성, 그 모순되는 양면의 결합을 그는 이 '원환'에서 보고 있는 것이다.

(13) 이상과 같이 하이데거는 여러 가지 말을 동원해 세계의 이 미묘한 존재모습을 표현해내려고 애쓴다. 그 모든 것은 결국, "사자가 유순하게 세계를 세계이게 하면서 정돈한다"(VA173)는 것, "세계이고 있는

세계의 반영적 작용이 사슬의 원환으로서, 통일적인 사자를 그것들의 본질에 독자적인 유순함, 경쾌함에 들어가게 하여 사슬을 이룬다" (VA173)는 것, "사슬을 이루는 원환의 반영적 작용에서, 사물의 사물화가 본연화된다"(VA173)는 것, 요컨대, 처음에 말한 그 '사물의 사물화[사물이고 있음]'라는 사태를 명확히 보여주기 위한 것에 다름 아니다.

(14) 그러면, 언제 어떻게 해서 사물로서의 사물은 존재하게 되는가? 언제 어떻게 해서 사물로서의 사물은 우리를 찾아오는가? 그것은 '인간에 의해서'도 아니고, 또 '인간 없이'도 아니다. "그것들은 인간의 기획에 의해서는 도래하지 않는다. 그러나 죽어야 하는 자들[인간]의 살핌 없이도 도래하지 않는다"(VA174)고 하이데거는 말한다. 그리고 그 '살핌'이란, 그 '살핌의 첫걸음'이란, 바로 '표상 즉 설명만 하는 사고에서, [존재에 맞닿아 사유하는] 추상하는 사유로 되돌아-감(Schritt-zurück)' (VA174)이다. 인간의 이러한 되돌아-감에 있어서 비로소 사물의 본질은 나타난다.

(15) 그러한 사물의 본질, 즉 '사물화'(dingen)란, 사자가 그 사자체에서 사화하는 것, 사자가 서로 반영하는 것, 작용하는 것, 반영적으로 작용하는 것, 세계가 세계이고 있는 것, 윤무, 원환 속에서 사자가 그 본질에 자기를 순응시키는 것 등으로 해명되었다. 이것들은 다 어떤 의미에서는 신비적인 표현인데, 결국은 근원적인 사자가, 무제약적으로, 본래적으로, 근원적으로, 더욱이 필연적으로, 그렇게 서로 연관되어 있다고 하는 그 신비롭고 절대적인 존재모습, 그것을 말로 드러낸 하이데거의 고심의 결과였다.

(16) 그런데 하이데거는 존재의 이러한 사위일체적 모습을, 《존재문제에 부쳐》(*Zur Seinsfrage*)에서, 'X 표시의 존재'(S~~ein~~)라는 특이한 형태로 해명하기도 한다. 그에 따르면, '존재'라고 하는 단어 위에 덧씌워

진 이 X 표시는 두 가지를 말하고 있다. 우선 소극적으로는, 그것은 '존재를, 그 자체로서 존립하고 있으며, 인간 쪽으로 이따금 도래해오는 대립자인 것처럼 표상하는, 거의 빠져나오기 힘든 습관'을 일단 거부하는 것이고, 따라서 그것은 '십자형의 말소' 표시를 의미하는 것이며 (Sf30), 그리고 적극적으로는, 그것은 '단순한 말소라는 소극적인 표시'가 아니라, 오히려 '사자체(Geviert)의 네 방위를 제시하고, 또 교차하는 장(場)에서의 사자의 결집을 지시하는'(Sf31) 것이다. 그러니까 그 특이한 X 표시는, '존재'가 사자의, 사자체에서의, 근원적인 관련, 그 교차, 즉 사화, 그것을 나타내는 것, 따라서 또한 사물의 사물화, 세계의 세계화, 사자의 반영적 작용, 윤무 등을, 즉 사자가 본연적으로 어우러지는 존재의 모습을 나타내는 것이다. 그는 이 평범하고 흔한 X 표시에서 실로 기발한 것을 생각해낸 것이다. 이 또한 그의 고심의 결과라 아니 할 수 없다. 존재의 모습 자체가 이렇듯 워낙 미묘하기 때문이다.

12) 말－존재의 집

다음, 후기의 존재사유에서 비록 간단하게라도 꼭 언급해두어야 할 것이 있다. 그것은, 존재 그 자체라고 할 수는 없지만, 그러나 하이데거 자신에 의해서 '존재의 집'이라고 이름 붙여진 '말'(Sprache: 언어)이라는 것이다.

(1) '말'이라는 것은, 하이데거 철학에서 빠트릴 수 없는 가장 중요한 주제의 하나이며, 특히 그의 후기 사유에 있어서 독특한 위치를 차지하고 있다. 그 단적인 제시가 바로 《휴머니즘에 대하여》 등에 보이는 "말은 존재의 집이다"(Die Sprache ist das Haus des Seins)(UH5, 9, 21, Hw286)라는 발언이다. 그것은 존재 그 자체는 아니지만, 존재의 '집'이며, '그 주거에 인간이 산다'(UH5)고 하는 그런 것이다. 여기서

보는 것처럼, '말'은, 인간과의 연관에서, 특히 인간의 '말하기'(Sagen) 내지 그것에 관련되어 있는 '사유'와 '시작', 그런 것과의 연관에서 서술된다.

이에 관한 논의는 횔덜린 론을 포함하여 방대한 양에 이르는데, 여기서 그것에 관하여 깊이 들어갈 수는 없고, 단지 그 말의 본질과 의의에 대해 간단히 언급하는 것으로 만족하기로 한다.

(2) 그는 이미 《집안친구— 헤벨》에서, 이 '말'의 인간에 대한 선행성을 강조하고 있다.

"달이 부드럽게 하면서 지구에 다시 전해주는 태양의 반영은, 이러한 빛으로서 집안친구에게 주어진 말하기(Sagen)를 그가 말하는 것에 대한 시적인 비유이다. 즉, 그 말하기는 집안친구에게 주어지고, 그렇게 해서 집안친구는 조명되고, 그렇게 그는, 그에게 주어진 것을, 그와 함께 지상에 사는 사람들에게 말해준다."(HH16)

말[= 말하기(Sagen)]은, 지구에 있어서의 태양처럼, 인간에 대해 선행하고 있다. 때문에 "인간이 말하는 것은, 단지 미리 그가 말을 경청하고 있다는 것에 의해서만 가능하다"(HH26)든가, 또 "본래 말하는 것은 말이지 인간이 아니다. 인간은, 그가 그때마다 말에 응하면서-말하는(ent-spricht) 한에 있어서, 말한다"(HH26)라고까지 말하고 있는 것이다. 바로 이 '말'이 '존재의 집'이며, 사유자와 시작자가 이 집의 지킴이 역을 함으로써 존재의 개시성이 완수된다고 그는 생각하는 것이다. 다시 말해, 사유에 있어서 존재가 말로 오게 되는 것이다(UH5).

(3) 때문에 하이데거에 있어서, '말'이란 우리가 취급하는 기타 모든 일상의 사물과 마찬가지로 그저 한낱 '도구'에 지나지 않는, 더욱이 '의사소통과 정보의 도구'에 지나지 않는, 그런 것이 아니다(HH27). "근대

형이상학의 지배하에 있는 말은, 거의 막을 수 없이 그 [근본]요소로부터 탈락해간다. … 말은 오히려 존재를 지배하는 도구로서 우리의 단순한 의욕이나 영위에 맡겨져 있다'(UH9)고 하는 것도 그 점에 대한 지적에 다름 아니다. 그에게 있어 '말'이란, 결코 단순한 '표현의 수단'도, '일종의 전달'로서 '상호이해를 위한 도구'도 아닌 것이다(vgl. VA190, WD87, 99, WP44, Hw60, EH35, HH35).

(4) '말'은, '그 자체 안에 모든 본질적인 것의 보물을 간직하고 있는'(HH25) 것으로서, 그 스스로가 말하고 있는 것이다. 즉, "말은 말한다"(Die Sprache spricht)(VA190)라는 것이 말 자체의 본질인 것이다. '말'은, 어디까지나 '존재의 말'(UH47)이고, 인간은, 이 존재의 말의 말걸음[요구]에 응답하는(Entsprechen) 자로서, 말하고 있는 것이다. 그렇게 하이데거는 생각한다.

"말은 존재자를 존재자로서 우선 공개적인 것 속으로 가져온다. … 말이 최초에 존재자를 명명함으로써, 그러한 명명이 존재자를 비로소 말로 데려오고, 현출하게 한다. 이 명명이 존재자를 비로소 존재에로, 이 존재로부터 명명하여 정한다."(Hw60f)

이것이 말의 본질인 것이다.

"말의 언어는, 현존재의 비은폐성에서 생겨 나와, 현존재의 눈앞에 가로놓여 있는 것에 어울리게, 모아서 눈앞에 가로놓이게 하는 것이라고 규정된다"고 그는 말한다. 말의 본질은 '현존재의 현존', 즉 '존재자의 존재'에 의거하는 것이다(VA212f). 다시 말해 '말은 존재 그 자체를 밝히면서-은폐하는 도래이다.'(UH16) 이런 것이 하이데거가 생각하는 말의 본질인 것이다.

(5) 그러나 그것은 또한 동시에 '인간본질의 주거'(UH45)이기도 하

다는 것이 간과되어서는 안 된다. "말의 본질을, 존재에 대한 말-대응 [응답]으로부터, 더욱이 이 말-대응으로서, 즉 인간본질의 주거로서 사유하는 것이 간요하다"(UH21)고 하이데거 자신도 주의하고 있다. 물론, 이 말-대응은, 존재의 말걸음[요구]에 의한 것이다.

"인간은, 인간이 그 속에서 존재에 의해 추구되는 자기의 본질 속에서만 현성한다(west). 이 추구에서만 인간은, 자기의 본질이 그 속에 거주하는 것을 찾아내어서 '갖는다.' 이 거주하는 것에서만 인간은, 자기의 본질을 위해 탈아적인 것을 지키는 주거로서의 '말'을 '갖는다'."(UH13)

하이데거가 생각하는 말의 본질은 대략 이런 것이다. 존재에 대한 말-대응 자체가 인간본질의 주거인 말에서 이루어지는 거주의 한 양태인 셈이다.

바로 이러한 관계에서 이루어지는 말의 존재모습을 하이데거는 실제로, 횔덜린, 트라클, 게오르게(S. George), 릴케 등의 시작품을 통해 해명했다. 그러나 그 자세한 논의는 별도의 연구를 요한다.54)

13) 단순한 것, 가까운 것, 동일한 것, 가장 오래된 것, 이미 있던 것, 머무는 것, 위대한 것

다음, 후기 저작의 여러 곳에서 언급되고 있는 '존재'의 또 다른 여러 모습들을 살펴보자.

(1) 그중에서 우선 눈에 띄는 것은, '존재'가 '단순한 것'(das Ein-fache)이라는 사실이다. 관련된 그의 말을 일단 직접 들어보자. 이런 종

----

54) 졸저, 《하이데거 — 그의 물음들을 묻는다》 중 〈하이데거의 시인론〉 및 〈하이데거의 언어론〉 참조.

류의 말은 직접 들어보는 것이 가장 좋다.

"《존재와 시간》이 처음으로 진술하려고 시도한 그 사유가 달성하려고 한 유일한 것은, 어떤 단순한 것이다."(UH21)

"이러한 단순한 것으로서, 존재는 비밀로 가득 차 있다. 즉 그것은, 억지스럽지 않은 어떤 지배의 단적인 가까움이다."(UH21)

"사유 안에서 사유되어야 하는 것은, 어떤 단순한 것(etwas Einfaches)이기 때문에, 그것은 철학으로서 전승되어온 표상[= 사고방식]으로는 파악하기가 곤란하다."(UH29)

"단순한 것은 머무는 것과 위대한 것의 수수께끼를 간직하고 있다."(Fw4)

"이렇게 해서 인간은 정신분열적이 되어 갈 길을 잃고 있다. 정신이 분열된 자에게는, 단순한 것은, 단조로운 것으로 보인다. 단조로운 것은 따분하다. 안달하는 인간이 찾아낼 수 있는 것은 그저 단일한 것에 지나지 않는다. 단순한 것은 날아가버렸다. 그 조용한 힘은 고갈되어버렸다. 확실히 단순한 것을 자기가 획득한 재산으로 인정하는 인간의 수는 급격하게 감소하고 있다. 그러나 소수자는 언제나 남을 것이다."(Fw5)

"단순한 것은 한층 단순해졌다."(Fw6)

"우리가 통상 세계에 대해서 보고 있는 것, 즉 인간적인 사물이나 신적인 사물에 대해서 보고 있는 것은, 시적으로 말함으로써, 다시 빚어지고, 비밀에 찬 영묘한 것의 고귀함과 충일로 변한다. 다시 빚으면서 고귀하게 한다는 것은, 고양된 말에 의해서 일어난다. 그러나 이 고양은, 단순한 것 속으로 향해 간다. 말을 단순한 것 안으로 고양시키는 것, 이것은 모든 것을 편안하게 울려 퍼지는 말의 부드러운 빛 속으로 변모시키는 것을 말한다."(HH12)

"우리의 사유의 발걸음을 강요해 마지않는 길은 멀다. 이 길은 로고스의 이름 하에서 사유되어온, 그 단순한 것으로 통한다."(VA199)

"물음을 던짐에 익숙할 수 있기 위해 필요한 것은, 단순한 것에 놀라고, 이 놀람을 사는 장소로서 인수하는 그런 능력이다."(VA251)

이상의 인용이 공통적으로 말하고 있는 것은, '존재'가 곧 '단순한 것'이라는 점이다. 그것은 결코 복잡한 것이 아니다. 따라서 철학적 사고의 훈련, 예컨대 전통적 논리학 혹은 소위 학문적 연구 등에 의해서 비로소 다가갈 수 있는, 그러한 것은 아니라는 말이다. 단, 단조로운 것이나 단일한 것, 간단한 것, 따라서 대수롭지 않은 것은 아니다. 그것은 이미, 또한 항상, 우리 주변에 자기의 모습을 드러내고 있는 바로 이것, "존재는 그것 그 자체이다"(UH19)라고 일컬어지고 있는 그런 것이다. 예컨대 그가, 《들길》, 《사유의 경험에서》, 《횔덜린 시의 해명》 등에서 묘사하고 있는 극히 익숙한 세계의 모습, 그러한 단순한 것이야말로 최대의 비밀이며, 그것이야말로 존재에 다름 아니라고 그는 말하려는 것이다.

이렇듯 존재는 단순한 것이기에, 그는 그 '존재의 사유'도 또한 '단순한 것'이라고 말한다.

"존재의 사유에서 기이한 느낌을 들게 하는 것은 단순한 것이다. 바로

이 단순한 것이 우리를 사유에서 멀어지게 한다."(UH46)

"존재의 사유는 그 본질의 단순함 때문에 우리에게 잘 알려지지 않았다."(UH46)

"사유하는 자의 사유를 배우는 것은 본질적으로 더욱 곤란하다. 왜냐하면, 이 사유가 더욱 복잡하기 때문이 아니라, 오히려 그것이 단순하기 때문이다. 더욱이 통상 행해지는 표상[= 생각하기, 사고작용]의 능숙함에 비해서 너무나도 단순하기 때문이다."(WD145)

이 발언들은 모두 그 사유의 단순함을 지적하고 있다. 사유는 복잡하거나 까다롭거나 어렵거나 하지 않다. 그런데 아이러니하게도 바로 이 단순함이 오히려 우리를 사유에서 멀어지게 한다는 것이다. 실제로 그렇다. 우리는 단순한 존재에 대한 단순한 사유가 복잡하고 까다로운 표상적, 현학적 사고보다도 더 중요하고 위대한 것임을 깨닫지 않으면 안 된다. '존재가 있다', '이러이러하다', 이 너무나도 단순하고 당연한 것이 실로 최고의 철학적 주제임을 하이데거는 사유적으로 포착한 것이다.

(2) 그런데 '존재'는 이와 같이 '단순한 것'인 동시에, 아니, 어떤 의미에서는, 바로 그렇기 때문에, 그것은 또한 '가장 가까운 것'(das Nächste)이라고 하이데거는 말한다. 이 또한 '존재'의 모습에 대한 중요한 진술이다. 그는, "존재는 가장 가까운 것이다"(UH20)라고 분명히 말한다. '존재'가 바로 우리 자신인 인간에게도 적용되어 '현존재의 존재'가 논의된 것만 봐도 그것은 충분히 증명된다. 우리 주변의 모든 것도 다 존재다. 그러니 존재는 '가장 가까운 것'이 아닐 수 없다.

"그러나 이 가까움은 인간에게 가장 멀리 있다"(UH20)고 그는 지적한다. 언뜻 모순적인 말로 들리지만 모순이 아니다. "가까운 것에 이르는 길은, 우리 인간에게 있어서 언제나 가장 곤란한 길이다"(SG16)라는 뜻이다. 역시 아이러니하게도 가까움이 오히려 우리를 거기서 멀어지게 한다는 것이다. 그 이유는 무엇인가? 그것은, "인간은 당장, 항상 이미, 또한 그저 단순히 존재자에게 연관되어 있기 때문이다."(UH20) 그리고 아마, 존재 자체의 자기은폐 때문이기도 할 것이다. 전기부터 지적되어온 이 두 가지 점은 하이데거의 다음 말에서 분명히 드러난다.

"인간은, 당장은, 가장 가까운 것을 잘 못 보고, 가장 먼 것에 연관된다. 더욱이 그는, 이 가장 먼 것을 가장 가까운 것이라고도 생각한다. 그러나 가장 가까운 것보다도 한층 가까운 것이, 동시에 보통 생각함에 있어서, 가장 먼 것보다도 한층 먼 것이, 가까움 그 자체(die Nähe selbst), 즉 존재의 진리이다."(UH20f)

요컨대, 존재의 진리야말로 가장 가까운 것이라는 말이다. 바로 이 '가장 가까운 것의 가까움'에 이름으로써, 그 '사유'는, '형이상학'을 [전통적인 형이상학의 한계를] '극복'할 수 있다고 하이데거는 생각한다.

(3) 그는 또, 이 '존재'가 '동일한 것'(das Selbe)임을 도처에서 말하고 있다.

"사유의 문제사태[= 문젯거리]는 동일한 것이며, 따라서 존재이다."(ID37)

"사상가들 사이의 논쟁은, 문제 그 자체를 '사랑하는 논쟁'이다. 이러한 논쟁은, 서로 사상가들의 '동일한 것'에 대한 단순한 귀속을 돕고, 이

동일한 것에서 사상가들은, 존재의 운명 속에, 상응하는 것을 찾아낸다."
(UH24)

"본질적 사상가는 항상 동일한 것을 말한다."(UH47)

이처럼 존재는 '동일한 것'이라는 성격을 갖는다.

단, 이 '동일한 것'은, '동등한 것'(das Gleiche)은 아니라고(UH47, ID35, WD147) 그는 또 도처에서 주의하고 있다. '동일한 것'이란, 존재가 다른 무언가와 같은 것이라는 그런 뜻이 아니라, 말하자면 자기 자신과 같다고 하는 그런 뜻이다. 표현상으로는 좀 억지스럽지만, 하이데거는 이 표현에서 오히려 힌트를 얻고 있는 것이다. 'das Selbe'란, 영어의 self와 same을 합친 것과 같은 그런 자기동일적 의미로 사용되고 있다. 그런 의미로 '동일한 것'은, '자기동일적인 것'으로서 이해되어야 한다. 말하자면 A = B가 아니라 A = A인 셈이다. 외견상 좀 억지스럽고 별난 것은 분명하지만, 이것은 실은 그리스적 배경을 갖고 있다.

" '동일한 것', 그것은, 그리스어에서 말하는 '토 아우토'(to auto)를 말한다. 그것이 그것이기 위해서는, 다시 말해 무언가가 동일한 것이기 위해서는, 항상 하나로 충분하다."(ID10)

이렇게 그는 명언한다. 그것은, "그 스스로에게 있어서 그 스스로와 같은 것"(ID11)이라는 의미이며, 요컨대 '존재자의 존재'(ID12)를 지시하고 있는 것이다.

명확히 말하지는 않았지만, 하이데거가 존재를 '동일한 것'이라고 표현하는 것은, 아마도 존재는 자기 자신이 자기 자신의 근거라는 것, 존재 그 자체 이외에 다른 근거는 따로 없다는 것, [적어도 확인할 수 없다는 것] 그리고 그와 같은 것으로서의 존재가, 모든 시대, 모든 사상가, 모든 장소에서 공통된다는 것, 이 두 가지를 동시에 나타내기 위해서일 것이다. '존재'란 실제로 바로 그와 같은 것이다.

(4) 그렇기 때문에, 그것은 또한, '가장 오래된 것'(das Älteste des Alten)(ED82), '이미 있던 것'(das Gewesene)(ED82), '머무는 것'(das Bleibende: 항상적인 것)(Fw4, UH46), 그렇기 때문에 또한 '위대한 것'(das Große)(Fw4)이라고 말해지기도 한다. 특별한 설명은 별로 없지만, 이러한 언급 내지 표현 자체에서 우리는 존재의 기본 성격 내지 면모에 대한 하이데거 특유의 성찰을 충분히 읽어낼 수 있다. 반드시 길고 복잡한 설명이 있어야만 중요하고 의미 있는 것은 절대 아니다. 언급 그 자체가 이미 충분한 철학적 의미를 지니고 있다.

존재는 '가장 오래된 것'이 맞다. 가장 오래된 이른바 '태초'에 무언가가 시작되었다면 바로 그것이 '존재'였던 것이다. 비록 신화적이지만, 우리는 저 〈창세기〉의 '… 있으라'라는 말에서 가장 오래된 존재의 시작을 확인할 수 있다. 그리고 존재는 '이미 있던 것'이 맞다. 우리는 출생에서부터 이미 우리 이전에 존재하고 있던 일체를 '만나게 된다'는 사실이 존재의 '이미성'을 확인해준다. 우리 모든 인간은 이미 있던 존재에 잠시 들어와 머물다 갈 뿐이다. 그리고 존재는 '머무는 것'이 맞다. 그것은 우리 이전에도 있었고 지금도 우리와 함께 있고 우리 이후에도 있을 것임을 우리는 무수한 증거들을 통해 확인한다. 인간존재의 오고 감에 상관없이 존재는 항상적으로 머물러 있다. 함께 있던 타인이 떠나간 이후에도 존재는 추호도 변함없이 그대로 항상 머물고 있음을 우리는 너무나 쉽게 확인한다. 그리고 존재는 '위대한 것'이 맞다. 그것은 우리가 아는 모든 위대한 것들을 근본적으로 뛰어넘는다. 존재는 우리가 아는 모든 것을 포괄하기 때문이다. 존재는 온 우주와 만물을 다 포괄한다. 위대하지 않을 도리가 없다. 인간의 어떤 위대함도 존재의 대단함에 비하면 바다에서 떠 온 한 잔의 물, 사막에서 쥔 한 줌의 모래 같은 것이다. 존재의 이 위대함-대단함을 사유할 때, 우리는 삼가 옷깃을 여미지 않으면 안 된다.

　지금까지 우리는, 하이데거 후기 사유에서 '존재'를 둘러싸고 전개된 여러 가지의 논의, 그 면모들을 대강 더듬어봤고, 이제 그것이 '단순한 것' … '동일한 것'이라고 하는 데까지 도달했다. 그런데 이 동일한 것의 본질은 '에어아이크니스의 소유'(ID27)라고 그는 말하고 있다. '에어아이크니스라고 이름 붙인 그 단순한 것…'이라고 말하기도 한다(ID25f). "세계의 사자체 안에서의 서로 마주보는 열림이, 가까움을 에어아이그넨(본유화)시킨다"(WS214)고 말하기도 한다. 존재의 주요 면모들이 다, 즉 '동일한 것'도 '단순한 것'도 '가까운 것의 가까움'도 다, 에어아이크니스와 연관되는 것이다. 이 부분을 우리는 특별히 주목할 필요가 있다. 바로 이 '에어아이크니스'(Ereignis: 발현, 본래 그리 됨), 이것을 그는 또 후기의 도처에서 말하고 있다. 후기 사유의 최고 중요 개념이자 최종 도달점이기도 하다. 존재 그 자체가 "에어아니크니스 안에서 사라진다"고까지 그는 말한다. 그러면 이 에어아이크니스는 도대체 어떤 것인가? 이것은 우리가 지금까지 여러 가지로 살펴본 '존재' 그 자체도 감싸는, 궁극의 현상, 궁극의 모습이다. 따라서 이것을 확인하고 이해해야만 하이데거의 존재'론'도 비로소 온전한 것이 될 수 있다. 이제 장을 새롭게 해서 그 '에어아이크니스'에 대한 그의 논의를 좀 더 상세히 추적해보기로 하자.

3. 존재사유의 궁극적 경지 — 발현(Ereignis)

그러면, 이 '에어아이크니스'(Ereignis)란 도대체 어떤 것인가?

우선, 이 개념은 하이데거의 철학 전체에 있어서 어떠한 위치를 차지하고 있는가? 저명한 하이데거 연구자 푀겔러에 따르면, "발현으로서의 존재: … 이 규정으로써 하이데거의 사유는 그 목표에 도달했다"[55]고 평가된다. 목표라는 것이 무엇을 말하며, 목표에 도달했다는 것이 어떠한 사태를 의미하든 간에, 발현이 하이데거 철학에서의 궁극적인 그 무엇임을 지적한 이와 같은 이해는 타당한 것이다. 《존재와 시간》 이래 그의 철학의 확고한 중심과제였던 '존재'가 '발현에 속하는' 것으로서, "발현 안에서 사라진다"(Das Sein verschwindet im Ereignis)(SD22, 46)는 말은 이와 같은 이해가 타당함을 뒷받침해준다. 그리고 " '발현'은 1936년 이래로 내 사유의 주도어이다"[56]라는 그 자신의 명백한 언급이 또한 이 사실을 결정적으로 말해준다.[57]

---

55) Otto Pöggeler, "Sein als Ereignis", in: *Zeitschrift für philosophische Forschung*, 1957, XIII, S.622.

56) 이 말은 UH 단독판의 메모에 나타나 있다.

57) 참고로, 일본에서는 이미 몇몇 연구자들에 의해 이 개념의 중요성이 지적된 바 있다. 예를 들어 와타나베 지로(渡邊二郎)는, '구극의 것 즉 발현'이라든가 '존재와 시간의 배후에 있어 그것들을 보내 주는 구극의 발현'과 같은 표현을 쓰고 있으며, 또 타케이치 아키히로(竹市明弘)는 '무엇이 현상인가' 하는 문제와 관련해서 '그것은 발현이라고 하는 것이 된다'는 식으로 말하고 있다. 그리고 카와하라 에이호(川原榮峰)도 "이 성기(性起)[발현]라고 하는 것이 하이데거의 긴 사유의 길의 최종노정인 듯이 생각된다"고 하는 의견을 피력하고 있으며, 카야노 요시오(茅野良男)도 또한 마찬가지 취지를 다음과 같이 말하고 있다. "후기인 1950년대 이후 '자현'(自現)[발현]이라는 말이 등

이렇듯 '발현'은 하이데거의 철학을 이루는 가장 중요한 개념의 하나이며 또한 하이데거 철학의 궁극적인 귀착점을 시사하고 있는 가장 귀중한 개념이기도 하다. 따라서 이것을 논하지 않고서는 하이데거의 존재 개념 이해도 완전할 수 없다.

그런데 하이데거는 이 개념으로써 도대체 무엇을 말하려 하고 있는 것일까? 도대체 어떠한 사태를 보여주려 하고 있는 것일까? 그가 제시하는 언어에 귀를 기울이면서 우리는 발현 그 자체가 보이는 곳까지 우리의 발걸음을 옮겨 가보기로 한다.

1) 이 개념의 전개경위

먼저, 이 개념의 전개경위, 즉 이 개념이 하이데거의 사유활동 중 어느 시기에, 또 어느 작품에, 그리고 어떤 형태로 나타나 있는지를 극히

장해 그것이 하이데거 만년의 사색의, 따라서 하이데거의 사색을 집약하는 근본어임은 아무도 의심할 수 없을 것이리라."

그 밖에 하이데거의 이 주제를 일찌감치 주목하고 관심을 표명한 연구자로는, 푀겔러, 피에타, 예거, 그리고 폰 헤르만 등이 있으며, 독일 바깥에서는 리처드슨, 渡邊二郎, 辻村公一, 川原榮峰, 茅野良男, 大江精一郎, 佐々木一義, 小島威彦, 大橋良介, 溝口宏平, 赤松宏, 岡田紀子, 竹市明弘, 大江精一郎, 大津留直 등도 각각 나름의 형태로 관심을 표명하였다. 이들의 성과물 중 '발현'의 문제를 정면으로 다룬 것은 다음과 같다.

O. Pöggeler, "Sein als Ereignis", in: Zeitschrift für philosophische Forschung, XIII, 1957.

F.-W. von Herrmann, *Wege ins Ereignis: Zu Heideggers »Beiträgen zur Philosophie«*, 1994.

渡邊二郎, 《ハイデッガーの〈第二の主著〉《哲学への寄与試論集》, 研究覚え書き》, 2008.

大津留直 , 〈ハイデッガーにおける〈性起〉について—存在史的解釈の課題と一面性〉, 《現代思想》臨時増刊号 〈ハイデッガー思想〉第二十七巻第六号, 1999.

개략적인 형태로 소개한다.58)

우선 그 시기와 작품 중 중요한 것을 열거하면 다음과 같다.

⓪ 《발현-사유에 관하여》 : 1932-만년(2013년 출간) GA73

① 《철학에의 기여》 : 1936-38년 사이(1989년 출간) GA65

② 《발현에 관하여》 : 1941-42년 사이(2009년 출간) GA71

③ 《휴머니즘에 관하여》 : 1946년 가을(1949년 출간, Wm에 포함) GA9

④ 〈존재라는 것으로의 향입(向入)〉(Einblick in das, was ist) : 1949년 12월 1일(1994년 출간, BFV에 포함) GA79

⑤ 〈전향〉(Kehre) : 1949년 12월 1일(1962년 출간, TK에 포함) 현 GA79

⑥ 〈사물〉(Ding) : 1950년 6월 6일(1954년 출간, VA에 포함) GA7, GA79

⑦ 〈기술에의 물음〉 : 1953년 12월 18일(1954년 출간, TK에 포함) 현 GA79

⑧ 〈동일성의 명제〉 : 1957년 6월 27일(1957년 출간, ID에 포함) GA11

⑨ 〈언어로의 길〉: 1959년 1월(1959년 출간, US에 포함) GA12

⑩ 〈시간과 존재〉: 1962년 1월 31일(1969년 출간, SD에 포함) GA14

이상의 각 작품에 있어서 '발현'이 어떠한 모습으로 등장하고 있는지를 살펴보기로 하자.

우선 ⓪, 이것은 '발현'을 직접 주제적으로 다루어 중요하지만 양적

---

58) 이 사실을 알기 위해서는, 1969년 출간된 《사유의 사태로》에 포함된 〈시간과 존재〉에 관한 '세미나 기록'(Protokoll), 특히 38쪽 이하와 46쪽 및 《언어로의 도상》 260쪽의 각주 등이 도움이 될 수 있다.

으로도 방대하고 또 사후 출간된 관계로 별도의 연구를 요한다.

다음 ①, 이것은 1989년 출간되기 전까지, 에곤 피에타의 《마르틴 하이데거에 있어서의 존재문제》(1950)와, 오토 푀겔러의 《마르틴 하이데거의 사유의 길》(1963)에서 극히 일부분이 소개되어 많은 사람들의 관심을 불러일으켰다. 그러나 이들 인용만을 보고서 그 전모를 파악할 수는 없었다. 다만, 이 단계에 있어서 발현의 '본질구성을 이루는 연관들(Bezüge)과 관련들(Zusammenhänge)'이 이미 '완성'(ausgearbeitet)되어 있었다(SD46)는 사실만은 확인될 수가 있었다. 예컨대 "존재의 현성(Wesung)을 발현으로서 기투하는 일이 감행되지 않으면 안 된다"든가 "존재 그 자체가 발-현으로서 모든 역사를 비로소 담당한다"든가 하는 적극적이고 주제적인 발언에는 확실히 완성된 것으로서의 울림이 있음을 느낄 수 있다. 단, '발현'이라고 하는 생각이 여기서 처음으로, 즉 갑자기 등장한 것은 아니며, 그 이전부터 이미 '초고 중에서 사용되고 있었다'는 사실이 하이데거 자신에 의해 시사되고 있다(US260a 참조). '그 이전부터'라는 것은 즉 1934년 이전부터를 뜻하는데,[59] 구체적으로는 아마도 1930년경부터를 말하고 있는 것이 아닌가 생각된다. 예컨대 1930년의 《진리의 본질에 관하여》에 다음과 같은 용례가 보이기 때문이다.

"존재케 함(Seinlassen)이 개별적인 관계태도(Verhalten)에 있어서 그것이 관계하고 드러내는 존재자를 그때그때 존재케 하는 바로 그 경우에 그 존재케 함은 전체로서의 존재자를 은폐하고 만다. 존재케 함은 그 자체에 있어서 동시에 하나의 은폐이기도 하다. 현-존재의 탈-자적(脫-自的) 해방 안에서 전체로서의 존재자의 은폐가 '본연적으로 발현한다'

---

59) 왜냐하면 〈언어로의 길〉이 쓰인 1959년의 시점에서 '25년 이상이나 이전부터'라 말하고 있기 때문이다.

(sich ereignen). 즉 은폐성이 존재한다."(WW19)

이 예문에서는 확실히 특별한 의미를 띠고서 '발현한다'(sich ereignen)란 말이 사용되고 있다. 그리고 리처드슨에 따르면, 이것이 에어아이그넨이 특별한 의미로 사용된 '최초의 용례'라고 지적된다.[60] 물론 그 이전에도(예를 들면 《존재와 시간》 284쪽) 에어아이그넨이라는 단어는 사용되고 있으나 아무런 주제적인 의미도 포함되어 있지 않으며 따라서 무시되어도 좋으리라고 생각된다. 단, 이 책에서 전개된 발현의 논의는 별도의 상세한 연구를 필요로 하므로 뒤에서 따로 다루기로 한다.

다음으로 ②, 이것은 많은 연구자들의 궁금증을 자아내었으나, 비교적 늦게 2009년에야 출간되었다. 역시 ⓪과 같은 이유로 별도의 연구를 요한다.

다음으로 ③, 여기서는 '이미 발현에 관해 말하여져 있다'고 〈시간과 존재〉의 연습기록이 보고하고 있다. 그러나 이 단계에서는 아직 '어떤 의식된 애매함에 있어서'(SD38) 말해져 있다고 한다. 의식된 애매함이란 무엇을 말함인가? 그 자신에 의한 구체적인 언급이 없으므로 확정적으로 말할 수는 없으나 아마도 다음과 같은 것을 말하고 있는 것이 아닐까 생각된다. 즉, 이 서간에서 그는, '에스 깁트'(Es gibt: 그것이 준다, 주어져 있다, 있다, 존재한다)와 관련하여 "… 여기서 '주는', '그것'은 존재 그 자체입니다"(UH22)라는 말을 하고 있는데, 이는 〈시간과 존재〉의 입장에서 보면, 분명히 '발현'을 말하고 있는데도 불구하고, '존재가 존재를 부여한다'라고 하는 애매한 말투를 사용하고 있는 것이다. 〈시간과 존재〉의 세미나에서 일부러 그 해명을 시도하고 있는 점

---

60) W. J. Richardson, *Heidegger — Through Phenomenology to Thought*, p.219.

에서 미루어보더라도 '애매함'이란 바로 이것을 말하는 것으로 짐작할 수 있다. 단, 이러한 애매함은 그 자신에게도 의식되어 있었다. 실제로 〈시간과 존재〉에서는 "부여하는 바로 '그것'은 발현으로서 명언된다" (SD20)고 수정되어 있는데, 이러한 수정 자체가 의식되어 있었다고 하는 사실을 뒷받침해줄 수도 있을 것이다. 그러나 '존재 그 자체'로부터 '발현'으로의 이 이행은 어떤 별개의 것으로의 이행이 아니라, '존재 그 자체'가 '이미 발현을 이름하고 있는 것이며', 따라서 이 양자는 '동일한 사태'의 '서로 다른 표현방식'으로서, '그 사이에는 어떠한 모순도 존재하지 않는다'(SD46)고 그는 말한다. 우리는 그의 설명을 수긍할 수 있다.

그러나 이 단계에 있어서는 아직 발현 그 자체의 주제적인 논의가 이루어지지는 않는다. 따라서 여기서는 다만, 이 서간에서 9회 정도 'ereignen'(또는 sich ereignen)이라는 표현이 사용되고 있다는 점과 (단, Ereignis라는 표현은 전혀 발견되지 않는다) 후에 발현과 밀접하게 관련되는 'Es gibt'의 적극적인 해명이 시도되고 있다는 것을 지적해두고, 그 이상 깊이 들어가지는 않기로 한다.

다음으로 ④, ⑤, ⑥, ⑦ 이것은 네 개의 연속된 강연으로 이루어져 있다. 〈사물〉(Ding), 〈작위〉(Gestell), 〈위험〉(Gefahr), 〈전향〉(Kehre) 이라는 제목의 이들 강연은 1994년에야 출간되었다. 단, 이들 중 셋은 일찍부터 그 내용을 접하는 것이 가능했다. 즉, 첫 번째 〈사물〉은 1950년에 '확장된 형태로' 재차 강연되어, 1954년에 《강연과 논문》에 포함돼 출간되었으며(위의 ⑥), 두 번째 〈작위〉는 1953년 11월 18일에 역시 '확장된 형태로', 〈기술에의 물음〉이라는 제목으로 재차 강연되어, 《강연과 논문》에 포함되어 있기 때문이다(위의 ⑦). 이들은 또, 1962년 출간된 《기술과 전향》에 그대로 전재되어 있기도 하다. 그리고 네 번째 〈전향〉은 '원형 그대로' 1962년 〈기술에의 물음〉(위의 ⑦)과 함께 출간되었다(위의 ⑤). 현재는 전집 79권에 온전한 형태로 실려 있다. 이들 강연에서는 '보다 명확히'(SD39) 발현이 말해져 있다고 그는 말한다. 그렇다면 어떻게 말해져 있다는 것일까?

먼저, 원형 그대로 출간되어 있으며, 강연 전체의 결론부라고도 할 네 번째 〈전향〉(Kehre)부터 살펴보기로 하자. 이 강연은 '발현'을 이해함에 있어 결코 간과할 수 없는 중요한 것이라고 말할 수가 있다. 〈시간과 존재〉의 세미나 '마지막에 즈음하여, 또한 세미나 도중 계속 토론되어온 것이 다시 한 번 다른 측면으로부터 그리고 더한층 통일적으로 다시 한 번 들려오도록 하기 위해', 이것이 하이데거에 의해 낭독된 사실을 보아도 그 중요성을 잘 알 수가 있다(SD58 참조).

여기서는, 문제로 되어 있는 '발현'이나 '발현함'(Ereignen)이라는 표현이, 출간된 것 중에서는 '처음으로' 그러한 형태로 등장하고 있다. (참고로 말하자면 여기서는 항상 'sich ereignen'[발현된다, 자기를 발현한다]이라 하고 있으며 'ereignen'[발현시킨다]이라는 표현은 한 번도 사용되지 않는다.) 그것만으로도 확실히 '보다 명확히' 말하여져 있다고 할 수가 있다. 그리고 또한 여기서는 "발현이란 고유화하고 있는 현전화이다"라는 식의 주제적인 규정이 내려지고 있다. 그뿐이 아니다. 이 강연 그 자체가 실은 '다른 측면에서' 본 발현론 그 자체라 하여도 결코 과언이 아닐 것이다. 그 '다른 측면'이라는 것이 바로 '전향'(Kehre)이며, 이 강연 전체의 제목이기도 한 '존재라는 그것으로의 향입[번뜩여 들어감]'인 것이다. 그런데 이것들은 도대체 무엇을 말하는 것일까?

우선 '전향'이란 '존재의 망각이 존재의 현성이라는 진리로'(TK40) 전(轉)하여 향(向)하는 것이며, 또 그것에 있어서 '존재의 빛이 돌연히 자신을 비춰 보여주는' 그러한 것이라고 설명되고 있다. 그리고 그 '돌연한 자기개명(開明: 열어 밝힘)이 번뜩임(Blitz)이다'라고 그는 말하는

데, 이 번뜩임이 즉 'Blicken'이고, 이 'Blick에 있어서, 또 Blick로서 현성(Wesen)은 자기 본래의 빛남(Leuchten) 안으로 들어온다'고 그는 설명한다. 그리고 '존재 즉 진리의 번뜩임의 도래가 번뜩여 듦(向入, Einblicken)'(TK43)이라고도 말하는데, 이 번뜩여 듦이 '존재 그 자체의 현성에 있어서의 전향의 정세(情勢)인 발현'(TK44)이라고 명언한다. 따라서 '번뜩여 듦'이란 결코 '존재자를 향해 우리가 행하는 그러한 우리의 통찰(Einsicht)'을 말하는 것이 아니라, '존재에 있어서의 전향인 발현(Ereignis)', '존재의 현성의 거절이 존재의 진리의 발현함으로 전향한다고 하는 그러한 전향', '존재의 현성에 있어서의 정세', '존재 그 자체에 있어서의 발현'을 말하는 것이다.

이와 같이 '번뜩여 듦'이란 '발현 그 자체'를 말한다. 이러한 이상 이것으로부터 발현의 보다 자세한 이해를 우리는 얻을 수가 있는 것이다. 그것은 '존재하게 됨', 존재의 '그리 됨'이 곧 발현임을 알려준다.

다음으로, 첫 번째 강연을 확장했다고 하는 〈사물〉(Ding)을 살펴보기로 하자. 여기에서는, 그러나 '발현'이라는 표현 자체는 보이지 않는다. 물론 '발현'이라는 사태 그 자체의 직접적인 해명도 행해지지 않는다. 단, 여기서는 어떤 특별한 사태의 양상을 해명하기 위해 'ereignen' (혹은 'sich ereignen', 'ereignend')이란 말이 사용되고 있다. 그 '어떤 사태'란 천, 지, 신, 인이라는 '사자'(die Vier) 내지 '사방'(das Geviert)을 말한다. 그 내용은 대체로 이렇다. 즉, 그 '사자는 체류(verweilen)하는 것인데 그 체류가 에어아이그넨한다. 즉, 그 사자를 그 고유함의 밝음에로 가져온다.' 그리고 '사방의 모아들이면서 ereignen하고 있는 체류'(VA172)라는 식으로도 말해진다. 즉, 그 양쪽에 대해 함께 그것이 말해지는 것이다. 또 다른 곳에서는 '사물(Ding)의 사물화(Dingen)로부터 비로소 … 현전하는 것의 현전이 자신을 규정한다'(VA176)고 말하기도 한다. 그런데 이 사자를 그들 각각의 고유함으로 해산하고, 그들의 본질적인 상호연관(zueinander)의 단일체(Einfalt)로 묶는 것(binden)을 Spiegeln[반영, 비추기]이라고 하는데, 바로 이 반영이 ereignen하면서 반영하는 것이라고 그는 말한다. 요컨대 여기서는 발현 그 자체보다도 '발현되는 바의 사태(das Ereignete)'가, 즉 본래적으로 그리 되는 것이 주제로 되어 있는 것이다. 따라서 여기서 말하는 ereignen(발현한다)의 의미를 충실히 이해하기 위해서는, 이 강연에 있어서 주제적으로 논해지고 있는 중요 개념들, 즉 체류(Verweilen), 사자(die Vier), 사방(das Geviert), 사물(das Ding), 사물화(das Dingen), 반영(das Spiegeln), 반영-작용(das Spiegel-spiel), 사화(die Vierung), 윤무(der Reigen), 사슬(das Ring), 어우러짐(das Ringen), 원환(das Gering), 세계(die Welt), 세계화(das Welten), 단지(der Krug) 등과 함께 관련지어서 생각하지 않으면 안 된다. 이는 앞에서도 살펴보았으므로 여기서는 일단 발현과 관련된 그 사실만을 다시 한 번 확인해두기로 한다.

다만 한 가지 꼭 주의해두어야 할 것은, 여기서 단 한 번 '탈현한다'(enteignen)라는 표현이 보인다는 것이다. 그는 '탈현하면서[자기를 뒤로 빼면서] 고유화하는 것이 사방의 반영-작용(Spiegel- spiel)이다'(VA 178)라고 말하고 있다. 탈현(Enteignis: 자기퇴진)은 〈시간과 존재〉에서 주제적인 의미를 지니게 되는 것으로 중요하지만, 이 또한 앞에서 다루었으므로 여기서 이를 재론하는 것은 피하기로 한다.

다음으로, 두 번째의 〈작위〉(Gestell)를 확장했다고 하는 〈기술에의 물음〉을 살펴보자. 이 강연에서도 '발현'이 어떠한 사태를 말하는가 하는 직접적이고 주제적인 설명은 보이지 않는다. 다만 문맥 안에서 이 말이 사용되고 있을 따름이다. 예를 들면, "은폐된 것이 은폐되어 있지 않은 상태(Unverborgene)에로 오는 한, 이쪽으로 가져온다는 것(her-vorbringen)이 오로지 발현된다(sich ereignen)"(TK11)든가, "비은폐성이 이미 발현되었다(sich ereignen)"(TK18)든가, "작위(Gestell)에 있어서 비은폐성이 발현된다(sich ereignen)"든가, "작위(Gestell)가 탈은폐의 운명으로서 발현된다(sich ereignen)"(TK31)고 하는 것이 그 일례이다. 따라서 여기서의 에어아이그넨의 의미를 완전히 이해하기 위해서도, 관련되어 있는 작위(Gestell), 기술(Technik), 드러냄(Entbergen), 비은폐성(Unverborgenheit) 등과 함께 고찰하여야 하는데, 이것도 여기서는 일단 확인만 해두기로 한다.[61]

다음으로, 세 번째 강연 〈위험〉(Gefahr)이 있지만, 이 또한 늦게 출간된 관계로 자세한 고찰은 별도의 연구를 요한다.

다음으로 ⑧, 〈동일성의 명제〉(Der Satz der Identität)의 경우를 살펴보자. 〈시간과 존재〉의 세미나 기록에 의하면 여기에서 '가장 명백히' '발현'이 말해져 있다고 되어 있다. 아닌 게 아니라, 여기에서 처음으로 '발현'을 주제로 한 논의가 주어져 있다. 그런 점에서 '가장 명백히' 말해져 있다는 것은 사실이다. 그 논의에 관해서는 뒤에서 상세히 고찰할 필요가 있으므로, 여기서는 일단 확인만 해두기로 한다. 다만, 이 강연은 본래 '동일성'(Identität)을 그 주제로 하고 있으며, 동일성이란 'A가 B와 동등하다'고 하는 '상등성'(相等性)이 아니라, 'A가 그 자신과 같다'고 하는 의미로서의 '자동성'(自同性)으로서, 결국 '그 본질은 발현의 소유이다'라는 맥락 속에서 논의가 진행되고 있다는 것, 그리고 이 강연에서는 '인간과 존재를 그들의 본질적 결합 안에 고유화시키는' 일로서 발현이 논해지고 있다는 것, 그리고 작위(Gestell)에 지배되고 있는 고유화(Vereignen)와 사유화(Zueignen: 보내줌)로부터 발현의 의미가 도출되고 있다는 것, 그리고 여기서도 (주제적으로 논해지는 것은 아니지만) '발현한다'와 짝을 이루는 '탈현한다(enteignen: 자기를 뒤로 뺀다, 뒤로 빠진다, 퇴진한다)라는 표현이 보인다는 것'(ID29)만을

---

61) 졸저, 《하이데거 — 그의 물음들을 묻는다》 중 〈하이데거의 기술론〉 참조.

주의해두기로 하겠다.

다음으로 ⑨, 〈언어로의 길〉(Der Weg zur Sprache)을 보자. 이것은 〈시간과 존재〉의 연습기록 중에 있는 '발현 속으로의 갖가지 길'에서는 왠지 언급되어 있지 않다. 다만 이 〈언어로의 길〉에서 말해진 '모든 것'이 '발현된 것'(das Ereignete)에 '속한다'(SD45)는 사실이 연습기록의 다른 부분에서 간단히 언급되고 있는데, 이는 '발현'을 이해함에 있어 결코 간과할 수 없는 중요한 자료라고 우리는 본다. 그 내용에 관해서는 뒤에서 재론하겠지만, 특히 주의해두어야 할 것은, 여기서 에어아이그넨의 명확한 규정이 내려지고 있다는 사실이다. 즉 에어아이그넨은 "밝음의 해방을 부여하며, 이 밝음 속으로 현존하는 것(Anwesendes)은 존속(anwähren)하고, 이 밝음으로부터 부재하는 것(Abwesendes)은 물러나며, 이 이탈 속에서 그 존속을 견지할 수가 있는 것이다"라고 해명되어 있다(US258). 그리고 여기에서 '발현'이라는 말에 관한 하이데거 자신의 언급이 각주의 형태로 주어져 있는 것도 주의를 끄는 일이며, 또 지금까지의 사실을 재삼 확인하고 있는 것도 결코 간과할 수 없는 일이다. (예를 들면, '존재로 빛나듦'으로서 발현을 이해하는 것이 그 일례이다.)

그러나 역시 가장 결정적인 것은 ⑩ 〈시간과 존재〉(Zeit und Sein)라 할 수 있다. 이 내용이 이하에서 중점적으로 검토될 필요가 있다. 그러므로 여기서는 우선 몇 가지 주의만 해두기로 하겠다. 즉, 〈시간과 존재〉에서는 '발현'이 주제적으로 논해지고 있다는 것, 그리고 그것에 속하여 있는 특성으로서, 처음으로 '탈현'(Enteignis)이 논해지고 있다는 것, 그리고 존재와 시간과 같은 그의 고유한 주제들을 바로 이 '발현' 안에 흡수시켜버림으로써 그의 철학의 최종적인 경지를 보여주고 있다는 것 등을 특히 주의해두기로 하겠다.

이상 발현의 전개사라고도 볼 수 있는 것을 극히 간략하게 살펴보았다. 그러나 이로써 발현 자체에 관한 충분한 이해가 얻어졌다고 할 수는 없다. 이제 한 걸음 더 접근해서 그 발현의 의미를 살펴보기로 하자.

2) 이 개념의 기본적인 의미

그 첫 번째 단계로 우선 이 개념의 기본적인 의미를 고찰해보기로 하겠다. 무엇보다도 앞서 이것을 문제 삼아야 하는 이유는, 발현이라고 하는 이 표현 자체가 통상적인 의미와는 동떨어진 하이데거 특유의 의미를 지님으로 해서, 이에 대한 우리의 이해를 곤란케 하고 있기 때문이다.[62]

---

62) 참고로, 한자권 안에서 이 말에 붙여진 번역을 보면 이러한 곤란을 실감할 수 있다. 중국에서는 '与有', '事件', '本有', '自身的缘构发生', '大道' 등으로 옮겨지고, 일본의 경우는 '本有化', '生起', '出來', '出現', '나와-드러남', '自現', '性起', '自性-性起', '만남', '生起', '생긴 일' 등과 같은 번역어들이 어지러이 사용되고 있다. 또한, 번역의 곤란 때문에 통상 '에어아이크니스' 그대로 음역되는 경우도 많다. 어쩌면 이러한 음독이 불가피할지도 모르겠다. 왜냐하면, 하이데거 자신이 이 개념의 번역불가능성을 언급하고 있기 때문이다. "이 말[발현]은 … 그리스어의 중요어 로고스라든지 漢語의 道와 같이 거의 번역이 불가능하다."
그리고 이 개념과 관련된 동사형 'ereignen'(또는 sich ereignen)의 경우나, 발현에 속하여 있다고 말해지는 'Enteignis'의 경우도 사정은 마찬가지다. 우선 'ereignen'은, '惹起된다', '생기고 있다'(sich ereignen), '생겨난다', '생긴다', '適合시키는 일'(das Ereignen), '現起해온다, 現起한다'(sich ereignen), '出現이라는 점에서 말해'(ereignishaft), '생기다, 일어나다'(Er-eignen), '생기는 일'(Er-eignen), '目前에 생기다'(sich-ereignen), '性起시키다', '고유한 것을 얻게 한다'(Er-eignen), '고유한 것을 소유시킨다', '自現시킨다', '本有化시킨다', '本有化한다'(sich ereignen), '에어아이그넨한다' 등으로 번역되고 있으며, 'Enteignis'는, '엔트아이크니스'라는 음독을 비롯해, '그것 자신을 脫去시키는 일', '고유한 것을 退去시키는 일', '脫自現', '奪性', '收用한다'(enteignen), '自己를 버리고 있다'(enteignen) 등으로 번역되고 있다.
이러한 번역은 각 연구자가 나름대로 고심하고 사색한 결과이며, 따라서 여

따라서 이 개념이 지시하는 사태를 정확히 이해하기 위해 우선 그 어의를 고찰해보는 것이 도움이 될 것 같다. 이 말은 보통의 독일어로는 '일어난 일'(Geschehnis) 또는 '사건'(Vorkommnis)을 의미한다. 따라서 어떤 특정의 사건과 같은 것이 이 말에 의해 표현되고 있다. 예를 들면, '(아이의 출생과 같은) 기쁜 일'(freudiges Ereignis)이라든지, '즐 거운 일', '슬픈 일'과 같은 표현이 가능하며, 또 '이 사건 이후 몇 달이 지났다'와 같은 말도 가능한 것이다.63) 따라서 이 말은 당연히 복수로도 사용될 수가 있다. (예를 들면, voller Ereignisse[가득한 사건들], ereignisreiche Tage[사건 많은 날]) 그러나 하이데거 자신은 발현이라는 말을 이러한 의미로 이해하는 것을 명백히 거부하고 있다. "발현이라는 말은, 이미 여기서는, 우리가 다른 경우에 어떤 Geschehnis라든지 Vorkommnis라고 이름하는 것을 의미하지 않는다."64) 따라서 하이데거에 있어서는, 이 말의 복수적 사용이 원칙적으로 허용되지 않는다. "이 말은 이제 단적으로 단수로서 사용된다. 그것이 의미하는 바는 오직 단수에 있어서만 목전에 생겨난다. 아니 오히려 유일하게(einzig) 생겨나고 있다."(ID25)

이와 같이, 즉 유일하게, 발현이라는 이 말은 '사유에 도움주기 위한 주요어로서' 사용된다. 하이데거는 이 말이 갖는 '원천적'(ursprünglich)인 의미를 살리려 하고 있다. 그에 따르면 '발현'(Ereignis)은 '에어-아이그넨'에서 오는 말로, 'Er-eignen은 … er-äugen, 즉 erblicken[보다], im Blicken zu sich rufen[봄에 있어서 자기에게로 부른다], an-eignen [내 것으로 만든다]의 뜻이다'라고 설명된다.

그러나 이러한 설명은 결코 명확한 것이 되지 못하며 애매함을 남기

기서 그 어느 것이 가장 정확한 번역인가를 논하는 것은 쉽지 않다.

63) Wahrig, *Deutsches Wörterbuch* 참조.

64) ID25, 그리고 같은 사실이 US258, SD21에서도 언급되어 있다.

고 있다. 즉 '보다'(er-blicken)라든지 '보는 일'(das Blicken)이라고 할 경우, 그것은 사태 그 자체 쪽에 속하는 '빛나다(leuchten), 빛을 발하다 (strahlen), 비추다(anstrahlen)'라는 것, 내지 '빛(Glanz), 섬광(Blitz)'을 말하는 것인지,[65] 아니면 우리 인간 쪽에 속하는 순수한 '본다'(sehen, schauen)는 것을 말하는 것인지 분명하지 않고, 또 '자신에게로 부른다' 라는 경우도 그 자신이라는 것이 무엇을 말하는 것인지, 인간 자신인지 존재 자체인지 도무지 분명치가 않다. 그리고 an-eignen이라는 것에 있어서도 무엇이 무엇을 자기 것으로 만든다는 것인지는 전혀 언급되어 있지 않다.

단, 우리는 이 설명에 있어서 그가 'er-'와 'eignen'을 나누어 그것을 하이픈으로 연결시키고 있다는 것, 그리고 'er-eignen'을 어쨌거나 'Auge'[눈]에 어원을 갖는 'er-äugen'과 관련짓고 있다는 점에 주의함 으로써, 이해를 위한 약간의 힌트를 얻을 수는 있다.

즉, 그는 'er-'과 'eignen'을 나누어 '-'로 연결함으로써, 'er-'와 'eignen'이 제가끔 갖는 본래 의미를 살리려 하고 있음을 우리에게 암 시하고 있다. 그렇다면 'er-'는 무엇을 의미하며 'eignen'은 무엇을 의미 하는가?

① 먼저 'er-'의 경우: 이 독일어 전철에는 '건네준다', '가져다준다' 혹은 '얻게 한다', '…이도록 한다', '수여한다', '…이게끔 시킨다', '허 용한다' 등의 뉘앙스가 포함되어 있다.[66] 그리고 예거에 의하면 'er-'는, '파악한다'(erfassen), '헤아린다'(ermessen), '거머쥔다'(ergreifen), '창 조한다'(erschaffen)의 경우처럼, '근저로부터'(vom Grund aus)라는 의 미를 갖기도 한다.[67]

---

65) 이상, *Duden: Etymologie*, Manheim, 1963, S.71-73 참조.
66) 渡邊二郎,《內面性の現象學》, 東京, 192쪽 참조.
67) Jaeger, *Heidegger und die Sprache* 참조.

하이데거 자신이 "가져다주면서 고유화하는 것을 발현함이라 한다"
(Das erbringende Eignen … heißt das Ereignen)(US258)고 말하고 있
는 것을 보면, 'er-'에는 확실히 '[어떤 근원으로부터] 가져온다, 가져다
준다'(erbringen)는 의미가 포함되어 있는 것 같다. 그리고 이러한 의미
는 'Er-eignen'을 굳이 '결-과'(Er-gebnis)라든지, '건네면서 주는 것'
(reichendes Geben)과 결부시키고 있는 하이데거 자신의 설명에 의해
더욱 뒷받침될 수가 있다.

그리고 예거의 이해는, 독일인의 언어감각에 의해서만 확인될 수 있
을지 모르겠으나, 만일 그의 해석이 정당한 것이라면, 그것은 그 '가져
다줌'의 '근원적인 성격'을 알려주는 증언으로서 도움이 될 수 있다.

단, 이러한 이해만으로 충분하지는 않다. 우리는 다음과 같은 그의
말, 즉 발현을 특징짓고 있는 '고유케 한다'(Vereignung)(SD24)는 말에
서의 'Ver-'(…케 한다)를 이상의 이해에 포함시키지 않으면 안 된다.
그리고 〈시간과 존재〉에서 강조되고 있는 '준다'(geben), '보낸다'
(schicken), '건네준다'(reichen), '허용한다/…이도록 한다'(lassen) 및
'보내준다'(zueignen), '맡겨준다'(übereignen)는 것도 모두 이상의 이해
와 상관시켜 생각하지 않으면 안 된다. 하이데거 자신이 거론하는 이
의미들이 결국은 가장 중요한 것이다.

② 다음으로 'eignen'의 경우: 이것은 '현전하는 것과 부재하는 것을,
그때그때 그 고유함(das Eigene)으로 가져다주는' 것으로 설명되고 있
다(US258). 이 설명에 따르면, 'eignen' 자체가 이미 '가져다준다'는 성
격을 의미로서 포함하고 있는 셈이다. '발현'을 'das Eignen[고유화]으
로부터' 이해해야 한다는 그의 설명(SD21)도 이 선상에서 생각해볼 필
요가 있다. 그렇다면, 그런 한에 있어서, 앞서 살핀 'er-'는 강조 내지
근원성의 의미를 띤 전철로서 이해되어도 좋을 것 같다.

그리고 이 사실과 더불어 주의되어야 할 것은, 'eignen'이라는 이 말

의 핵심은 '가져다주어지는' 바의 것인 'das Eigene'(고유한 것)라는 사태를 가리키고 있다는 것이다. "시간과 존재 양자를, 그들의 고유한 상태에로(in ihr Eigenes) … 규정하는(bestimmen) 것, 그것을 우리는 발현이라고 부른다"(SD20)는 설명에 있어서도 역시 이 'Eigenes'라는 것이 언급되어 있음을 우리는 본다. 그렇다면, 이 'Eigenes'(고유한 것)란 무엇을 말함인가? 예를 들면, '시간'과 '존재', 그리고 그것들의 '공속'(Zusammengehören), '존재와 인간의 공속', '세계라고 하는 사방(Geviert)', '말로서의 언어를 향해《언어로의 도상》에서 거론된 것들' 등이 그 내용으로서 제시될 수 있다. 모두 다 '발현'된 고유한 결과들이다. 그러나 여기서는 그 구체적인 검토를 일단 접어두고, 우선 'eignen'에 포함된 'Eigenes'의 형식적인 의미, 즉 '고유한 것', '본래 고유의 것', '그러한 그 자신 본유의 것', '본유적인 것', '본래 고유의 모습'이라는 형식적인 의미의 확인에 머무르기로 한다.68)

한편, 하이데거는 'eigen'을 중심으로 한 이러한 이해와는 별도의 또 하나의 방향에서 '발현'을 생각한다. 즉, 그는 'Er-eignen'을 'er-äugen'으로서 생각하는 것이다.

'eräugen'은 'eräugnen'과 함께 '눈'(das Auge)에 그 어원을 갖는 말이다.69) 실제로 'er-eignen'은 18세기까지 'er-äugnen'이라는 철자로 '눈앞에 둔다', '나타낸다'를 의미하고 있었다. (그리고 Trübner에 의하면, 'er-äugnen'은 '눈앞에 가져온다(vor das Auge bringen), 보게 한다(sehen lassen)'는 것을 의미한다.) 그리고 이것이 후에 '나타난다(erscheinen), 생긴다(sich begeben)'를 의미하게 된다. 그렇다고 한다면, 'ereignen'은 확실히 '눈'이라든가 '본다'든가 하는 요소와 관련이 있는 것으로 되며, 그 '눈'이나 '본다'가 당연히 우리 인간에 속하는 것이라

68) 渡邊二郎,《內面性の 現象學》, 192쪽 참조.
69) *Duden*, "Ethymologie", S.130, 141 참조.

는 점을 감안하면, 그것은 '우리 인간에게 관련해온다'는 것이 분명해진다. 즉, 'Eignen'의 의미에 포함된 그 '가져다준다'는 것은 '인간에게까지 다다르며, 그리고 인간에게 그것을 보도록 한다'는 형태로 관련해온다는 것이다. 앞서, 'Eignen'은 '그때그때 고유함으로 가져다주는 것이다'라고 설명되었는데, "가져다주어진 그 고유한 것으로부터, 고유한 것은 그 자신에 있어서 스스로를 내보이고 그 자신의 방식으로 그 자신에 머무른다"(US258)고 하이데거도 이를 확인해준다. '가져다주어진 것은 … 그 자신에 있어서 스스로를 내보인다'는 것이, 눈앞에 가져다주는 것을 전제하므로, 그것의 '인간에 대한 관여'를 이미 시사하는 것이다. 하이데거가 군이 괴테의 시를 끌어들이면서까지, 'eignen'을 'sich zeigen'(스스로를 내보인다), 'bezeichnen'(표시한다)과 결부시키려 하는 것(US259 참조)도, 이러한 해석과 동일선상에서 이해되어야 하리라고 우리는 본다. 그리고 이상과 같은 생각은, '우리 인간에게 관련해온다(angehen)'는 것을 '발현의 또 하나의 특성'으로서 지적하고 있는 《사유의 사태로》의 발언에 의해, 더욱 확실해진다(SD23 참조). 그렇다고 한다면, 처음에 문제되었던 '자신에게로 부른다'는 것도, '인간을 불러들인다'는 것으로서 해석될 수 있을 것이다.

그런데 코지마(小島)의 설명에 따르면, " 'er-äugnen'으로서의 'er-eignen'과 eignen 내지 eigen과의 결부는, 어원으로 보자면, 오해에 기초하고 있다"고 한다.[70] 그리고 예거도 또한 이것이 '역사의 흐름 안에서 이루어져온 두 개의 서로 다른 계통'임을 보고하고 있다.[71] 하이데거가 이 둘을 멋대로 이어 붙이고 있는 셈이다. 그러나 그렇다고 하더라도 만일 사태 그 자체가 이 두 계통의 의미를 동시에 포함시켜 이해할 것을 요구하고 있다면, 그러한 한에 있어서 그와 같은 혼용도 마땅

---

70) 小島의 日譯本 《技術論》 역주 (5) 참조.
71) Jaeger, *Heidegger und die Sprache* 참조.

히 허용될 수 있다. 확실히 하이데거는 이 두 계통의 의미를 뒤섞어서 발현을 이해하고 있으며, 코지마도 예거도 이 사실을 긍정적으로 받아들이고 있다. 그와 같은 결부시킴의 단적인 예를 우리는 다음과 같은 표현에서, 즉 "발현은 고유화하면서 현전화하는 것(das eignende Eräugnis)이다"(TK 44)라는 말에서 찾아낼 수 있다.

이제 이상의 이해들을 기초로, 우리는 다음과 같이 발현의 기본적인 의미를— 단, 형식적인 의미를— 정리할 수 있다. 즉, 발현이란 '…을' (이 내용에 관해서는 따로 언급하겠지만), '그 고유한 상태(das Eigene), 그 자신의 본연적 상태, 고유의 모습으로', '알 수 없는 근저로부터', '허용하고, 가져오고, 부여하고, 보내고, 건네주고, 그렇도록 하고, 보내주고, 맡겨주고', '규정하고', '밝히면서 견지하고', '부재를 거기에서 떠나게 하는' 것, 그렇게 해서 '그 자신에 있어서 스스로를 내보이며', 그것이 '인간에까지 이르러, 인간에게 관여해오는' 것, 이런 것이다.72)

---

72) 에어아이크니스(Ereignis)의 번역어로서는, 지금까지 사용해온 '발현' 외에 '본연'(本然), '본현'(本現), '본성'(本成), 또는 '자현'(自現), '자성'(自成) '자화'(自化), 그리고 '발연'(發然), '[본디] 그리 됨', '일어남' 등도 가능할 수 있다. 발현은 위에서 보았듯이 결국 '그 자신의 본연적으로 그러함을 가져다줌' 또는 '고유한 그 상태로 됨'이라는 측면을 강하게 지시하기 때문이다. 이 경우 '본'(本)과 '자'(自)는 '알 수 없는 근저', '본래적', '본유적', '본연적'이라는 의미를 나타낼 수 있으며, '연'(然)과 '현'(現)은 '고유한 상태', '밝혀짐', '드러나 있음', '나타나 있음', '견지됨', '그러한 모습', '일어남' 등을 나타낼 수 있다. 그리고 '성'(成)과 '화'(化)는 '그렇도록 됨'(sich ereignen)이나 '그렇도록 함' 또는 '성취', '성과', '결과', '현상' 등을 복합적으로 나타낼 수 있을 것이다. 그러나 어느 것도 '에어아이크니스'를 정확하게 반영하는 데는 한계가 있어 그 채택이 쉽지는 않다.
사실 우리로서는, 만일 '연'(然)이라는 글자가 동사적으로 사용되어, '그러하다'가 아닌, '그러한다', '그러하고 있다', '그리 된다'를 의미할 수 있다면(하이데거 식으로, 이러한 언어의 변용이 불가능한 것은 아니지만 약간 이상하기는 하다), '스스로, 그 자신의 그러한 상태이고 있다', '…이도록 되고 있다'는 의미로, '자연'(自然)이나 '본연'(本然)이라는 역어가 'Ereignis'의 원뜻

그러나 이로써 발현이 온전히 이해되었다고 말할 수는 없다. 지금까지는 겨우 그 형태를 살펴본 데 불과하다. 이제 우리는 발현이라는 사태 그 자체로 접근해 들어가볼 필요가 있다.

3) 이 개념의 몇 가지 측면

그런데 위의 형식적 의미규정73) 그 자체에 있어서, 이미 발현이라는 이 사태 자체의 몇 가지 중요한 — 가장 본질적인 — 측면들이 부지중에 암시되어 있다. 즉, 어쨌거나 '고유의 상태로 가져다주는 것'으로서 특징지어진 발현에 있어서, 주어지는 바의 것은 무엇인가, 가져다주는 행위를 담당하는 자는 누구인가, 그리고 가져다주는 행위 그 자체는 애당초 어떠한 작용인가, 이 세 가지 측면이 위의 형식적 의미규정에 있어서 이미 방향 지어져 있는 것이다. 우리는 이 세 가지 측면을,

(1) 발현에서의 '무엇을'의 문제
(2) 발현에서의 '무엇이'의 문제
(3) 발현에서의 '어떻게'의 문제

로서 정리할 수 있다고 생각한다. 이하, 이 세 가지 문제를 보다 상세히 검토해보기로 하자.

―――――――

에 가장 가까울 수도 있다고 생각하나, 이는 이미 굳어진 자연(세계, 본성)의 뜻과 혼동될 우려도 없지 않아 부득이 포기할 수밖에 없다. 단, 일각에서 사용되고 있는 '존재사건'이라는 번역은 하이데거 자신이 '사건'과 무관함을 굳이 강조하므로 조심할 필요가 있다. 그러나 일상적 의미와 어원적 의미를 아울러 이해하는 것이 그의 전형적인 수법이므로, 'Ereignis'에 '최고의 사건'이라는 의미가 없다고는 할 수 없다.

73) 본고 2절 마지막 부분을 가리킴.

(1) 발현에서의 '무엇을'의 문제

발현에 있어서, 가져다주어지는 것, 즉 에어아이그넨되는 것은 무엇인가? 이 문제에 관해서는 이미 지금까지의 고찰이 그 기본적인 대답을 제시하고 있다. 즉, 그것은 '본래 그러한 고유의 것', '고유의 상태'(das Eigene)였으며, 내용적으로도 '현전하는 것과 부재하는 것', '시간과 존재', 그리고 그것들의 '공속', '세계라고 하는 사방(Geviert)'[또는 사자계(四者界), 사자체(四者體)], '존재와 인간의 공속', '말로서의 언어를 향해 《언어로의 도상》에서 거론된 모든 것' 등이, 비록 주제적으로 다루어지지는 않았지만, 이미 언급되어 있었던 것이다. 그러나 그 구체적인 검토는 지금껏 유보되어 있었으므로 이제 그 유보가 해제되지 않으면 안 된다.

그런데 이 문제에 관해서는 무엇보다도 하이데거 자신의 언급이 있음을 간과할 수 없다. 〈시간과 존재〉의 세미나 기록에 의하면, "발현되는 것에 관하여, 강연[〈시간과 존재〉] 자체에 있어서는, 아무것도 이야기되지 않았지만, 그러나 다른 저작들에 있어서는 이미 몇 가지 것이 사유되었다"(SD45)고 하는 사실이 지시되어 있는 것이다. 예를 들면, 《동일성과 차이성》, 〈횔덜린의 땅과 하늘〉과 〈사물〉, 《언어로의 도상》 등에서 이야기된 것, 즉 방금도 말한 '존재와 인간의 공속', '사방', 그리고 '언명(Sage)으로서의 말(Sprache)을 향해 … 말해진 모든 것' 등이 '그것에 속한다'는 것이다. 물론 이상은 하이데거 자신이 말하듯, '단순히 선구적이고 선견적(先見的)으로 눈길을 보낸다는 방식으로'밖에 수행되지 않았다. 왜냐하면 그것들에서는 우선 '발현에의 전입을 준비하는 것만이 문제'였기 때문이다. 그러나 그렇다 하더라도, 우리는 이 부분을 결코 가볍게 보아서는 안 된다. 왜냐하면 이들 부분은 발현을 주제로서 논하고 있는 것은 아니나, 발현되는 것, 즉 발현을 그것 자체 안에 지니고 있는 현상들을 직접 말함으로써, '…에 관한 설명'보다 오히려 살아 있는 발현의 생생한 모습을 보여주고 있기 때문이다.

바로 그러한 것으로서, 우선 '인간과 존재의 공속(Zusammengehören)'이 《동일성과 차이성》에서 거론되고 있다. '인간과 존재의 공속', 이것은 즉 인간과 존재와의 '본질적인 결부(Zusammen)'(ID27)를 말한다. 이 사태를 하이데거는 '동일성'으로부터 이끌어내어, 결국 '발현'으로 관련지어나간다. 애당초 본연적으로 그러하다, 그리 되어 있다는 말이다.

처음에 그는 주지하는 '동일성 명제' A = A를 검토한다. 그에 의하면, 이것은 어떤 하나의 것이 다른 어떤 것과 동등하다고 하는 '상등성'이 '아니라'(ID10) 오히려 'A가 그 자신과 동일하다'(ID11)고 하는 의미로서, 단적인 A의 '존재'(ID12)를 말하는 것이라고 설명된다. 그리고 이러한 의미로의 '동일성'을 그는 바로 '인간과 존재의 공속'이라는 사태에 적용시켜 생각한다. 즉, '인간과 존재의 공속'이라는 사태 그 자체를 그는 '동일(同一)의 것'(das Selbe)으로 생각하는 것이다. 이러한 생각을 그는 파르메니데스의 말 "τὸ γὰρ αὐτὸ νοεῖν ἐστίν τε καὶ εἶναι"[74]에서 발견한다. 그래서 그는 이 말을, '동일의 것이 즉 사고이기도 하고 또 존재이기도 하다'(ID14)로 번역하고, '여기서 상이한 것인 사고와 존재가 동일의 것으로 생각되어 있다'고 해석한다. 즉, 그는 여기서, 사고(내지는 인간)이기도 하며 또 존재이기도 한 바의 어떤 하나의 사태, 즉 그야말로 다스 젤베(동일자)라 할 수 있는 그러한 하나의 사태를 생각하고 있는 것이며, 결코 사고와 존재라고 하는 두 개의 서로 다른 것을 대비시켜서, 그것들이 서로 같다고 하는 상등성을 말하고 있는 것은 아니다. 그러한 대비 이전에, 사고와 존재는 이미 하나의 결합된 사태를 이루고 있다. 바로 이 사태를 그는 '공속'(Zusammenge-

---

74) 파르메니데스, B3.

hören)이라 부르고 있는 것이다.

그러면, '공속'이란 구체적으로 어떠한 것을 말하는가? 그에 의하면, 그것은 인간과 존재가 '상호간에 서로서로 속하고 있다는 것'(Zueinander-Gehören)(ID18), 즉 우선 '인간'이 '사유하는 본질로서, 존재에 대해 개명적(開明的)으로 존재의 현전에 놓이고, 존재에 관여하게 되고, 이렇게 해서 존재에 응답하는 것을 그 특질로 하고 있다'는 것, 즉 '인간은 본래 이 응답에 의한 관여이다'라는 것, 그리고 '존재'가 — '현전하는 것'이라는 원초적인 의미를 갖는 이상 — '인간에 관련맺음으로 해서만, 현성하고 또 지속한다'(ID19)는 것, 즉 '인간이 존재를 향하여 개명적으로, 존재를 현전존재로서 도래케 한다'는 것, '현전이 어떤 개명성을 사용하고 이 사용에 의해 인간본질에 위탁되어 있다'는 것, 이 것을 의미하고 있다고 설명된다. 이상과 같은 것은 결국, "인간과 존재가 상관적으로 항상 이미 그들의 본질을 서로 달성하고 있다"고 하는 것을 가리킨다.

여기서 하이데거는, '인간이 존재에 적응(vereignet)하고, 존재가 인간본질에 제공(zugeeignet)되어 있다'(ID24)는 것에 특히 주의한다. 이 진귀한 적응과 제공, 즉 '인간과 존재가 서로 적합하는 바의 이 고유화'를 바로 발현과 결부시키고 있는 것이다. 즉, 인간과 존재가 서로 그들의 본질에 있어서 상호도달하고, 그들의 현성하고 있음을 획득하는 것은 '발현을 통해서'(ID26) 그러한 것이며, 인간과 존재를 그들의 본질적인 결부 안에 '고유화시키는' 것도, 바로 '발현'(ID27)이라고 설명되는 것이다. 쉽게 말하자면, 인간과 존재 양자의 본질적인 결부 자체가 본연적으로 그리 된 것이라는 말이다.

이때, 존재와 인간의 본질적인 결부가 곧 발현이라는 사태 그 자체에 대한 설명이라고 오해되어서는 안 된다. 본질적인 결부 자체는, 어디까지나 동일성으로서 이해되고 있으며, 이 동일성과 발현과의 '관계'가 하이데거 자신에 의해 물어지고, '발현은 동일성에 대해서 … 아무런 관계도 없고'[즉, 아무런 영향도 받지 않고](ID26), 반대로 '동일성은 발현에 대해 … 많은 관계가 있다'고 대답되기 때문이다. 발현에 대한 동일성의 관계, 그것은 '동일성의 본질이 발현에 유래한다'(ID27)고 하는 관계이며, '동일성의 본질이 발현의 소유이다'라고 하는 관계라고 말해진다. 이는 쉽게 말해, '동일성이라는 것이, 즉 어떤 본질적 존재상태가, 발현이라는 식으로 발현되는 것이다, 즉 본래 그리 되는 것이다'라는 뜻이다. 발현 개념 자체에 대한 설명은 아닌 것이다.

이렇게 해서 우리는 당면한 문제의 하나를 확인해본 셈이다. 즉, 인간과 존재와의 공속은 ── 그 자체, 동일의 사태로서 ── 양자가 상호귀속하여 일체를 이루고 있다는 말이며, 이러한 사태가 바로 발현에 유래하는 것, 다시 말해, 이것이 바로 발현되는 것이라는 말이다.

그런데 하이데거는 또, 이상과 같은 공속에 있어서 공속하는 것, 즉 존재와 인간을 이미 단순한 존재와 인간이 아니라, '세계라고 하는 사방에 있어서의 죽게 될 자'(SD45)로서 확대해석하고 있다. 이 사방, 즉 발현되는 것에 관해서는 강연 〈횔덜린의 땅과 하늘〉과 〈사물〉이 또한 서로 다른 방식으로 논하고 있다. 우선 전자를 살펴보자.

이 강연에서 그는, 횔덜린의 시 〈그리스〉에 의거하면서, 발현되는 것으로서의 '사방'(das Geviert)을 논하고 있다. 그는 특히, "작용하면서 상호관련 전체에, 중앙과 더불어"[75]라는 횔덜린의 시구에 주목하여, 이것을 사자(die Vier), 즉 '땅과 하늘의, 신과 인간의, 그 전체에 대한 명사'로 해석한다. 이렇게 해서 그는 '땅과 하늘 및 그 연계가 그 안에 귀속하는 이보다 풍요한 관련 전체'를 주제적으로 사유한다.

그에 따르면 이 상관[상호관련]은 '무-한한'(un-endlich) 것이라고 한

---

75) EH163(이하 EH의 쪽수는 전집 제4권에 따름).

다. '무-한한'이란 '단순히 끝없는 것'(EH163)이라는 뜻이 아니라, '그 말단과 측면이, 그 상호관련의 향방들이 단절되어 일면적으로 그것 자체에 존립하고 있는 것이 아니고, 일면성과 유한성으로부터 해방되어, 그 향방들을 두루 그 중앙에서 종합하여 지탱하는 상호관련 안에서, 무-한히[자기만으로 한정됨 없이] 상호귀속하는 것'이라는 의미이다. 이는 즉, '사자 중 어느 하나도 일면적으로 그 자체만으로 존립해나가는 것은 없다'(EH170)는 것, '그 어느 것도 다른 것 없이는[배제하고는] 존재하지 않는다'는 것, 바로 이것이다. 이것을 그는, (횔덜린의 시에 의거해서) '사자의 소리가 울려 퍼진다(tönen)'는 말로 표현한다. 우선, '하늘이 울려 퍼진다.' 예를 들면 '떼구름의 환한 정조'가 '그 소리'이며, 그것은 '뇌우라는 최고의 영상, 번개, 천둥, 폭풍, 그리고 살 같은 빗줄기' 등을 그 자신 안에 비장하고 있다고 그는 말한다. 그리고 '땅도 또한 울려 퍼진다.' 이 땅의 울려 퍼짐은 '하늘의 반향'(EH166)이며, '반향 안에서 땅은 하늘에게 자기 자신의 발걸음을 응수한다'고 그는 말한다. 그리고 그는 '보는 것과 호소하는 것의, 가인(歌人)들의 지상에서의 노래 속에서의 신묘한 합일성'(EH168)에 주의하면서 "호소하는 자들[인간]은, '시인의 천직' 안에서 노래에의 사명을 부여받음으로써 그 스스로 운명의 소리 중 하나로 된다"(EH169)고 한다. 이어서 그는 인간들의 '불멸에의 사랑' 즉 '신성에의 사랑'이 '어느 유일한 신의 것'임에 주의하면서, 그와 같은 사랑은 신에게 속한다고는 해도, 신이 자신을 그 속에 보내주는 하나의 알 수 없는 것에 머무른다고 해, '신'도 '운명의 소리들 가운데 하나이다'(EH169)라는 것으로 이끌어간다.

이렇게 해서 그는 '사자의 소리가 울려 퍼진다(tönen)'는 것을 확인한다. 요컨대 사자가 서로 상관관계 속에 있다는 것이다.

바로 이러한 사태에 대해 하이데거는 훗날, '발현되는 것'이라는 규정을 내리고 있는 것이다. 그러나 이 강연 그 자체에서 직접 발현이 언급되어 있는 것은 아니다. 그 대신 '운명'(Geschick)이 이 사태에 지배되고 있다고 그는 말한다. 즉, '운명이 사자를, 상호관련 전체를, 자신 아래에 끌어 모아 견지함으로써, 사자를 서로에로 보내준다'(EH171)는 것이다. 이러한 '운명'이 '사자를 그 상호귀속 안에 보내주는' 것이며, 또 이 사자의 상호귀속, 즉 [자기 자신 하나에만] 한정됨 없는 무한한 상호관련 자체가, '도래하는 것'(EH171)으로서 특징지어져 있다. 말하자면 이것이 '발현된 것'의 구체적인 사례인 셈이다. '운명'을 '발현' 이전의 다른 이름으로 해석해도 좋다. 전혀 무관한 별개가 아닌 것은 확실하다.

그런데 이 강연에서 이야기된 내용은 실은 1950년의 강연 〈사물〉에서 처음으로, 그러나 어느 의미에서는 보다 더 적극적으로, 논해져 있다.

강연 〈사물〉에 의하면, 사방은 하늘, 땅, 신, 인간이라는 사자로 이루어진 '합일적인'(einig)(VA170) 것으로 되어 있다. '합일적'이란 사방을 이루는 사자가 제가끔 자기완결, 자기폐쇄적인 것이 아니라, 근본적으로 다른 삼자와 서로 관련하고 있다는 것을 의미한다. 그것을 그는, "사자 중 어느 하나를 말할 때, 우리는 이미 다른 삼자를, 사자라는 단일체(Einfalt)로부터 함께 생각하고 있다"(VA171)는 식으로 말하고 있다. 이 말은 즉, 사자가 '그들 자신으로부터 서로 마주하여 합일하고, 합일된 사방이라고 하는 단일체[한 겹, 하나로 포개진 것]에 기초하여 상호귀속하는 것'(VA172), '사자의 각각이 그 나름의 방식으로 나머지 것의 본질을 다시 반영한다'는 것을 가리킨다. 사자의 이와 같은 양상을 그는 '반영'(Spiegeln)이라는 이름으로 부른다. 그리고 이 '반영'은 또 '사자의 각각을 제가끔의 고유함 속에로 해방하고', '이들의 해방된 바를 이들이 본질적으로 마주하는 단일체 안에 속박하는' 것으로서 '작용'(Spiel)이라 불린다. 이러한 작용은, 고유화라는 바탕에 기초해서 사자의 각각으로 하여금, 다른 각각에 대한 굳은 신뢰를 맺게 한다. 이 경우, 사자 모두 '스스로가 분리된 특수자라고 … 주장하지 않고', '오히려 … 고유화의 내부에서 각각의 고유성을 탈거시키고, 하나의 독자적인 것으로 되어 있다'는 점이 지적되어, 이 '고유성을 탈거시키면서 고유화하는 것'을 그는 또, 사방의 '반영-작용'(Spiegel-spiel)이라 부르고 있다. 결국 이러한 '반영-작용으로 해서 사자의 단일체는 굳게 맺어져 있'는 것이다.

이러한 사태의 미묘한 모습들을 그는, 더더욱 여러 각도에서 조명한다. 예를 들면 그것은, '세계'라는 말이나 '사화'(四化, Vierung)(VA 173)라는 말로, 또는 '윤무'(Reigen)나 '원환'(Gering) 등으로 모습을 바꾸어 말해진다. 그러나 이들 모두는 결국 '사자가 본질적으로 서로 관련하고 있는 모습'을 말하고 있는 것이며 그 밖의 다른 것이 아니다.

바로 이러한 사태를 그는, '발현하면서' 그러한 것이라고 해명하는 것이다. 물론 여기에서도, 발현이라는 주제를 두고서 사방을 문제 삼는 것이 아니라, 순서는 오히려 그 반대이므로, 양자의 관계에 관한 보다 명확한 해명을 들을 수는 없으나, 아무튼 발현되는 것으로서의 '사방'이 대략 어떠한 사태인가 하는 것은 분명히 확인된 셈이다.

그러나 이것뿐만이 아니다. 그는 '언명(Sage)으로서의 말(Sprache)을 향해 말해진 모든 것'도 또한 '발현되는 것'이라고 말하고 있다. 그 '모든 것'을 여기서 논할 수는 없으므로, 우선 그것을 중점적으로 거론하고 있는 강연 〈언어로의 길〉을 살펴보기로 하자.

이 강연에서 그는 특히 '언명'(Sage)이라는 중요한 개념을 내세우고 있다. 결론을 미리 말하자면, "언명(Sage)을 그 지시작용 안에서 움직이고 있는 바의, 가져다주면서 고유화하는 것이, 발현이다"(US258)라는 게 그 핵심이다.

그러면, 이 '언명'(Sage)이라는 말로 하이데거는 무엇을 의미하고 있는가? 그는 언어의 본질 전체를 바로 이 '언명'이라고 생각한다. 따라서 이 단어가 갖는 보통의 의미인 '전설'(US253), '소문' 등 '소위 보증되어 있지 않고 따라서 믿을 만하지 못한 것'이나 '신화나 영웅전설이 화제가 될 때 생각되는 그런 본질적인 의미'는 배제된다. 그는 트라클에 따라, '지시작용으로서의 사물을 말하는 일'로부터 이 단어를 이해한다. 즉 "언어의 본질적인 것은 지시로서의 언명(Sage)이다"(US254)라는 것이다.

이러한 생각은, 단순한 '말하는 것'(Sprechen)과는 다른 '언명하는 것'(Sagen)의 이해로부터 나온다. 즉, 그의 이해로는, '언명한다'(US 252)는 것은, '내보인다'(zeigen), '나타나게 한다'(erscheinen lassen), '듣게 한다'(hören lassen)는 것을 의미한다. 여기서 '내보인다'는 것은 '전적으로 인간의 행위'에 귀착되는 게 아니다. 그에 의하면, '스스로를 내보이는 것(sich zeigen)은, 출현(erscheinen)으로서, 모든 종류 및 단계의 현존하는 것의 현존과 부재를 특징짓는다.' 그러므로 '우리가 말함으로 해서 지시작용이 성숙되는 경우라도, 지시하는 것(hinweisen)인 이 지시작용에는 스스로를 지시시키는 것(das sich zeigen lassen)이 선행되어 있다.' 바로 이러한 생각으로부터 '언명'(Sage)이라는 단어가 제시된다. "언명(Sage)은 지시작용이다."(US257) 그것은 '현존하는 것을 출현시키고, 부재하는 것을 소멸시키는 작용'으로서, '우리에게 말거는 것, 이야기 나누어진 것이라든지 이야기된 것으로서 우리에게 만나지는 것, 우리에게 말 걸어 자신을 부여하는 것, 이야기되지 않은 것으로서 우리를 기다리고 있는 것, 이 모든 것들에 있어서', '지배하고 있다.' 따라서 "언명(Sage)은 결코 나타나는 것을 나중에 덧붙여서 언어로 표현하는 것이 아니라, 오히려 빛나거나 꺼지거나 하는 모든 것이 지시하는 언명에 기초하고 있다"고 그는 본다.

여기서 하이데거는, 이러한 지시작용이 어디서부터 오는지를 묻는다.

그리고 이 물음에 답하기 위해서는 '장황한 탐구 따위는 필요 없고', '지시할 때에 활동하고, 그 활동적인 것이 해결하는 것에 주의하면 족하다'고 하여, 결국 그 활동적인 것에서 발현을 찾아낸다.

즉, "언명(Sage)의 지시작용 안에서 활동하고 있는 것이 발현"(US 258)이며, "지시로서의 언명(Sage)을 그 지시작용 안에서 움직이고 있는 '가져다주는 고유화'가 발현"이며, "발현시키는 것은 발현 그 자체이며 — 그 이외의 아무것도 아니다"라는 것이다. 쉽게 말해, '언명'의 모든 작용들이 애당초 본래 그리 된 것, 즉 발현된 것의 사례라는 말이다.

발현되는 것으로서의 언명(Sage)은 아무튼 이와 같이 해명되어 있다.

이상과 같이 하이데거는 '발현되는 것'을 말하고 있다. 우리는 그의 지시에 따라, 우선 '존재와 사고(인간)의 공속(Zusammengehören)', '사방에 있어서의 사자의 근본적인 상호반영(Spiegeln)', '언명(Sage)에 있어서의 근원적인 지시작용(Zeigen)'을 중심으로 그것을 확인해보았다.

그러나 '발현되는 것'에 관련하고 있는 그의 사유는 이것으로 그치지 않는다. 우리는 적어도 강연 〈시간과 존재〉에서 이야기된 내용을 이 맥락에 포함시켜서 생각하지 않으면 안 된다. 왜냐하면 이 강연에 있어서도 그는, 지금까지의 경우와 마찬가지로 어떤 사태를 제시하고, 그 사태를 그렇도록 만드는 것으로서, '발현'을 거론하고 있기 때문이다. 그 사태란, 즉 '시간과 존재의 공속'이라는 것이다. 그것을 그는 이렇게 말한다.

"시간과 존재 양자를, 그들의 그러한 고유성 안으로, 즉 그들의 공속 안으로 규정하는 것, 그것을 우리는 발현이라 부른다."(SD20)

"양쪽 사항을 상호귀속시키고 있는 것, 즉 그 두 가지 것을 단순히 그들의 고유성 안으로 가져다줄 뿐 아니라 두 가지 것을 그들의 공속[상호귀속] 안으로 보유시키고, 또한 그 안에서 견지하고 있는 것, 즉 양쪽의 견지태, 다시 말해 사태, 그것은 발현이다."

"이 사태야말로 존재와 시간을 그들의 상호관련으로부터 그들의 고유성 안으로 비로소 발현하며, 또한 보냄과 건네줌 안에 감추어져 있는 발현을 통하여 발현한다."

그러면, '시간과 존재의 공속(Zusammengehören)'이란 어떠한 것인가? 그것을 그는 이렇게 말한다. 즉 우선 "존재는, 현존성으로서, 현재로서, 시간에 의해(즉 시간과 그 어떤 방식으로 관련하는 것에 의해), 규정되어 있다."(SD3) 그리고 "시간은, 연이어 지나감에 있어서, 그것으로서 머물러 있"는데, "머무른다는 것은 소멸하지 않는다는 것이며, 이렇게 해서 현존한다는 것이다. 따라서 시간은 그 어떤 존재에 의해 규정되고 있다"는 것이다. 즉, "존재와 시간은 교차해서 상호규정하고 있다"는 말이다. 이렇게 해서 "존재와 시간, 시간과 존재, 그들은 쌍방의 상호관련을, 즉 쌍방을 서로 타에 향하도록 해서 유지함과 동시에 그 상호관련을 철저히 견지하고 있는 사태를 일컫는다"(SD4)는 것이다.

이와 같은 의미로서의 공속, 이것이 바로 다름 아닌 발현을 통한 것이라고 그는 말하는 것이다. 이러한 한에 있어서, 우리는 '존재와 시간의 공속'이라는 사태도 또한 '발현되는 것'으로서 이해할 수가 있는 것이다.

이렇게 해서 이제 우리는 개략적으로나마 발현에서의 '무엇을'의 문제', 즉 '발현되는 것'의 실태를 확인해보았다.

그런데 또 다른 문제가 우리를 기다린다. 즉, 이상과 같은 사태를 그러한 고유의 상태로 가져다주는 것이 곧 발현이라고 한다면, 그때 '도대체 무엇이, 누가, 그렇도록 하는가' 하는 것이다.

(2) 발현에서의 '무엇이'의 문제
그러면, 도대체 무엇이, 어떠한 자가 그렇도록 해주는 것인가? 결론부터 말하자면, 그것은 '알려지지 않는다.' 즉, '드러나지 않는다.' (SD23) 이 사실은 그 자체가 발현의 중요한 하나의 '특성'으로서, '발현의 유한성'이라고 설명된다. 이러한 성격이 다름 아닌 '탈현' (Enteignis: 자기퇴진)이라 불리기도 한다. 그는 말한다. "발현은, 그의 가장 고유한 것[즉 '무엇이'에 해당하는 것]을 무제한한 드러남으로부터 퇴거시킨다." 이로 해서 "발현 그 자체에는 탈현(Enteignis)이 속하여 있다"고 말해진다. 그리고 이러한 한에 있어서 탈현은 발현 안에 포함되어 있는 '독자적인 성격'으로 규정된다.

그런데 하이데거는 탈현이라는 이 성격을 발현 안에 있는 '시간을 건네줌'(Reichen)과 '존재를 보냄'(Schicken)으로부터 사유해내고 있다. 즉, '운명으로서 보냄인 부여함(Geben)'에는, '그것 자체에 머무름', 즉 '그것 자체[부여하는 자]를 부여하지 않음'[이라는 성격]이 '속'하여 있으며, '기재(旣在)와 도래를 건네줌' 안에는 '현재에 머무름을 거절함'과, '현재로 옴을 유보함'이 '작용하고 있'는데, 이러한 것이 '그것 자체를 물러나게 함', 즉 '퇴거'(Entzug)인 것이다, 이러한 '퇴거'를 [즉, 결과만을 이쪽에 보내주고 당사자는 뒤로 빠져 그쪽에 그대로 머문다는 것을] 특징으로 하고 있는 그 부여방식, 즉 '보냄'과 '건네줌'이 발현 안에 존재하고 있는 한, "퇴거는 발현의 독자적인 성격에 속한다"고 말할 수 있는 것이다.

즉, 발현 안에 보냄과 건네줌이 존재하며, 그 보냄과 건네줌 안에 퇴거[물러섬]가 존재하고 있는 한, 발현 안에 퇴거가 존재한다는 말이 된다.

이와 같이 그는 존재와 시간이 부여되는 방식[보냄과 건네줌]에 있어서의 퇴거[물러섬]로부터, 발현에 있어서의 탈현을 사유해내고 있다. 즉, 퇴거와 탈현은 전혀 별개의 것이 아닌 셈이다.

그런데 강연 〈시간과 존재〉의 연습기록은 이러한 탈현에 관련해서 한 가지 주의를 환기시키고 있다. 즉, "칸트 서(書)[《칸트와 형이상학의 문제》]에서 말해진 존재의 유한성과, 발현의 유한성[즉 탈현]과는 구별된다"(SD58)는 것이다. 그것은, 칸트 서의 경우와는 달리, 〈시간과 존재〉에서 말하는 유한성, 즉 발현의 유한성, 그러니까 탈현은 '무한성에의 관련에서 사유되고 있는 것이 아니며', '그것 자체에 있어서의 유한성으로서 사유되고 있다'는 점에서 그러한 것이다. '그것 자체에 있어서의 유한성'이란 '종말', '한계', '고유성', '고유성 내에 감추어져 있는 것'으로서, '유한성의 새로운 개념'이라고 설명된다. 단, '새로운 개념'이라고 해서 하이데거에 의해 처음으로 생각되었다는 의미는 아니다. 그는 예컨대 그리스어 알레테이아(ἀλήθεια)에 있어서의 레테(λήθη)(SD44)나 헤라클레이토스가 말한 크륍테스따이(κρύπτεσθι: 그 자신을 숨기다)(SD56) 안에서 퇴거가 말하여져 있음을 지적한다. '새로운'이란 어디까지나 '무한성에의 관련'을 배제한다는 뜻이다.

아무튼 이와 같은 유한성은 그 자신이 '그 자신을 내보인다'[그 스스로 드러나 있다], 즉 그것이 '바로 보일 수 있도록 되어 있다'(SD53)는 사실에 의해, 사유의 주의를 끈다. 그러한 것으로서 그것은, 결코 어떤 부정적인 것을 의미하지 않으며, 오히려 적극적인 의의를 갖는다. 즉, 그것은 발현 그 자체를 '퇴거하면서 보내줌, 건네줌'으로서 특징짓는다는 의의를 갖는 것이다. 즉, '무엇이'라고 하는 것은 알 수 없다. 그것은 스스로를 퇴거시키므로 알려지지 않는다. 그럼에도 불구하고 발현되는 것들은 그렇도록 된다. 바로 이것이 발현 그 자체의 특징이기도 한 것이다.

이제, 이러한 결론은 자연히 우리를 다음 문제 앞에 세워놓고 있다. 즉, 무엇이 그렇게 하는지는 알려지지 않고, 아무튼 그렇게 되는 것들은 그렇게 된다는 것, 이것은 도대체 어떠한 사태를 말하는 것인가?

(3) 발현에서의 '어떻게'의 문제

이 문제는 발현의 가장 핵심적인 부분을 이룬다고 말할 수 있다. 이 문제를 이해하기 위해서는, 우선 무엇보다도 '에스 깁트'(Es gibt)라는 표현과 관련된 그의 설명에 귀 기울일 필요가 있다.

강연 〈시간과 존재〉에서 그는 특별히, '존재가 주어져 있다'(Es gibt Sein), '시간이 주어져 있다'(Es gibt Zeit)고 할 때의 그 '준다'(geben)고 하는 것을 세밀하게 분석한다. 그 분석에 따르면, 존재가 주어져 있다[그것이 존재를 준다]고 할 때의 '준다'는 것은, '운명으로서 보내는 (schicken) 것'(SD17)이며, 시간이 주어져 있다[그것이 시간을 준다]고 할 때의 '준다'는 것은, '사차원적 영역을 밝히면서 건네주는(reichen) 것'이라 설명된다. 그리고 이러한 '보낸다'와 '건네준다' 안에 '발현'이 '감추어져 있다'(SD20)고 그는 말한다. 즉, "건네준다는 것은, 보낸다는 것과 함께, 발현 안에 존재하고 있다"는 것이다. 이러한 보냄과 건네줌을 그는 또, '고유화'(Eignen)(SD12)라는 말에 의탁하기도 한다. 즉, '그 고유한 상태이도록 하는 것'(Vereignung)(SD24)이 발현에 '두드러져 있다'고 하는 것이다.

그런데 이러한 '…이도록 한다'는 성격은, 아마도 존재(현존)한다는 것의 경우에 말해지는 '…케 한다'(lassen: 시킴)에 통하고 있다고 생각된다. 이 '…케 한다'를 그는 바로 발현의 한 결정적인 특성으로서 생각하는 것이다(SD40). 그에 따르면, '…케 한다'란 '받아들이게 한다'

(허용한다), '허여한다', '갖다준다', '보낸다', '속-하게 한다'를 의미한다고 설명된다. 바로 이러한 의미에서의 '…케 한다'는 것 안에서, 그리고 이러한 '…케 한다'는 것에 의해서, 현존은 그 고유의 상태로 허용되는 것이다.

이상과 같은 설명은 발현한다는 것이 어떠한 것인가를 어느 정도 명확히 해준다. 그러나 충분한 대답이라고 할 수는 없다. 우리는 앞서 살펴본 '탈현'(Enteignis), 즉 보냄과 건네줌에 있어서 보내는 자신, 건네주는 자신은 물러서서 드러나지 않는다는 사실, 이 사실이 발현의 중요한 특성을 이루고 있음을 결코 잊어서는 안 된다.

부여하는 자신은 결코 부여되지 않고, 부여되는 것만을 부여하는 일로서 스스로를 성격 짓는 것, 어디까지나 그러한 것으로서, 발현은 발현인 것이다.

그리고 우리는 여기서 또 한 가지 사실에 주의를 기울이지 않으면 안 된다. 즉, "부여한다는 것(geben) … 안에는 … 이미 인간에의 관련이 포함되어 있다"(SD42)는 것, 말하자면 '발현과 인간과의 관계'다. 예를 들면, 그 강에는 잉어가 있다고 할 때, 단순한 잉어의 존재가 확인되고 있는 것이 아니라, 그 이전에, 그 강은 잉어가 있는 강으로서, 즉 인간이 낚시할 수 있는 강으로서 성격지어진다는 식으로, 그는 '부여한다'는 것 자체로부터 '인간에의 관련'을 읽어내고 있는 것이다. '그것이 주는 것(주어져 있는 것)은 그저 앞에 있을 뿐 아니라, 그것은 인간에게 관련해온다.' 다시 말해 '그것이 준다'[주어져 있다, 존재한다]는 것 안에는 인간에의 관련이 '함께 울리고 있다'는 것이다. 이 관련은, '뜻대로 할 수 있도록 한다'(SD4)는 것이며, '인간 쪽으로부터의 가능한 섭취동화(즉, 제 것으로 만드는 것)에의 관련'이다. 단, 이것은 '인간 쪽으로부터의 어떠한 창조나 구상'과는 무관하다. 발현은 어디까지나 "저 자신에 있어서 움직이고 있는 영역"(das in sich schwingende Bereich)

(ID26)이기 때문이다.

아무튼 우리는 발현한다는 것의 한 극단에 우리 인간이 가능적으로 대기하고 있다는 것을 발현 자체의 한 측면으로 함께 생각하지 않으면 안 된다.

이렇게 해서 이제 우리는 발현에서의 세 가지 본질적인 측면들을 살펴본 셈이다. 이로써 발현 그 자체가 어떤 것인지를 어느 정도 해명할 수 있었다. 다만 한 가지 말해둘 것은 많은 논점들이 아직도 남아 있다는 것이다. 예를 들면, 하이데거의 다른 중요 개념들을 발현과의 관련이라는 관점에서 재해명해 보이는 일, 특히 《존재와 시간》의 사상과 발현과의 내적 연관, 발현이 등장하게 되는 사정 내지 내적 필연성, 특히 이른바 전환과의 관련성, 발현의 철학사적 배경 등등에 관해서는 거의 아무것도 언급하지 못했기 때문이다. 이 논점들에 관한 본격적인 검토는 또 다른 기회로 미룬다 치더라도, 여기서 단 한 가지, '발현을 발언하는 것'의 기본적인 의미만은 마지막 마무리로서 언급해둘 필요가 있을 것 같다.

4) 이 개념을 발언하는 일의 기본적 의미

발현을 발언하는 일의 기본적인 의미 — 이것은 실은 두 가지 사실을 묻고 있다. 하나는, 발현에 적합한 발언방식이 어떠한 것이어야 하는가 하는 것이며, 또 하나는, 발현이라는 사태를 발언함으로써 제시하는 일의 의의는 어디에 있는가 하는 것이다. 즉, 전자는 발현을 **'발언하는'** 것의 의미를 묻고 있으며, 후자는 **'발현을'** 발언하는 것의 의미를 묻고 있다.

① 우선 전자, 발현을 **'발언하는'** 것에 대해 생각해보자. 하이데거가

말하는 바에 따르면, 발현에 관해서는 '존재한다'고 말하는 것도 '주어 져 있다'고 말하는 것도 적당하지 않다(SD24). 왜냐하면 '존재하는' 것 이 바로 발현으로서 보내져 오는 것이며, '준다'는 것 그 자체로부터 바 로 발현이 생각되고 있는 이상, 그런 식으로 말하는 것은, 마치 수류(水 流)로부터 수원(水源)을 이끌어 오려는 것처럼, '사태의 본말을 전도'하 고 있기 때문이다. 그래서 발현에 관해서는, 그저 "발현은 발현한다" (Das Ereignis ereignet)는 식으로밖에 말할 수가 없다고 단정한다. 이 사실은 즉 "그 자체적인 것(das Selbe)으로부터, 그 자체적인 것을 향 해, 그 자체적인 것을" 언술하는 것이며, "그것에 근거해서, 그것을 향 해, 그것을 말하는 것"(SD25)이다.

이것을 '단순한 명제로서 듣고, 또 그 명제를 논리학에 의한 심문에 회부하는' 것을 하이데거는 준엄하게 경계한다. 진술명제라고 하는 방 식으로 말하는 것은 발현에는 적합하지 않으며, '장해의 하나임을 면할 수 없는', '부적절'(SD27)한 것이다. 알다시피 이러한 논리학 불신은 하 이데거 철학 전반에 기조로 깔려 있다. 그러면 발현에 적절하게 말하는 것은 어떤 것일까? 명확한 답은 주어지지 않으나, 위에서 하이데거 자 신이 지적한 것, 즉 '그것에 기초해서, 그것을 향해, 그것을 말하는' 것 이야말로, 바로 그 유일한 대답이라고 이해해도 좋을 것이다.

그런데 이와 같이 말하는 것은 실은 다름 아닌 '현상학적'인 것이라 는 사실을 나는 지적해두고 싶다. 즉, '그것에 기초해서'라는 것이 바로 '자기를 현시하는 것'의 우위를 말하고 있으며, 그리고 '그것을 향해서' 라는 것이 바로 '사태(문제) 그 자체로'라는 현상학의 준칙을, 그리고 '그것을 말하는 것'이라는 것이 바로 '말하는 것'으로서의 '학'(로고스) 을 표명하고 있기 때문이다(SZ 7절 참조). 무엇보다도, 발현을 논하고 있는 〈시간과 존재〉 안에서의 진행이 "현상학적인 것으로서 표시될 수 있다"(SD48)는 하이데거 자신의 언명이 이 사실을 뒷받침해준다.

② 그렇다면 후자, 즉 '**발현을**' 발언하는 것의 의미는 어디에 있는 것일까? 이것에 답하기 위해서는 지금까지의 고찰에서 밝혀진 발현 그 자체의 여러 성격들을 다시금 재음미해볼 필요가 있다.

우리는 먼저 세계라고 하는 사방이 '발현되는 것'으로서 이해되어 있음을 보았다. 이 사실은, 적어도 우리 일상인으로 하여금 잡다한 그 일상사를 떠나 궁극적인 사태, 즉 세계의 거대한 수수께끼 앞에 서도록 한다는 의의를 갖는 것이다.

그리고 우리는 발현이 어디까지나 '저 자신 안에서 움직이고 있는 영역'임을 보았다. 이 사실은, 예컨대, '…케 한다'는 것이나 타동사로서의 '발현한다'(ereignen)와 함께, 적어도 '인간'의 지위를 한정시키고 인간으로 하여금 세계 앞에서 겸허케 한다는 가능적인 의의도 갖는다.

그러나 우리는 또, '인간에게로 관련해오는 것'이 발현의 독자적인 성격을 이룬다는 것도 보았다. 이 사실은 아마도 그것이 우리 인간에게 풍성한 사유의 세계를 마련해준다는 의의를 갖는다고 해석될 수도 있을 것이다.

이러한 의의를 갖는 발현, 그것은 하이데거가 우리에게 보여준 궁극적인 현상인 동시에, 철학 그 자체가 도달해야 할 최종적인 문제점이기도 하다. 이제 우리는 존재를 지나 발현으로 가야 한다. 하이데거는 어쩌면 그리스를 지나 독일로 향하는 이정표를 우리에게 제시한 것인지도 모를 일이다. '발현'이라는 이정표를.

5) 《철학에의 기여》에서의 발현

추가적으로 조금 더 보완하자. 1936-38년에 작성된 그의 이른바 '제2의 주저' 《철학에의 기여》(*Beiträge zur Philosophie*)[76]에서는 '발현으로서의 존재'(Seyn als Ereignis)라는 말이 수도 없이 등장한다.[77] 이 책은 '발현으로부터'(Vom Ereignis)[78]라는 것을 부제목으로 달고 있기도 하다. 이 사실만으로도 이 '발현'이라는 현상, 문제, 사태는 하이데거 철학의 최고 주제임이 분명해진다. 여기에서 우리는 그 《철학에의 기여》에 전개된 '발현'의 논의를 중점적으로 살펴봄으로써 이 근원적 현상이 하이데거 철학에서 갖는 의미, 그리고 궁극적으로는 이 시대에서의 의미, 그리고 우리 인간의 삶에서 가질 수 있는 의미가 무엇인지를 다시 한 번 깊이 새겨보기로 한다.

(1) 용어 번역의 문제

먼저, '발현'(Ereignis)이라는 용어에 대한 문제를 다시 한 번 짚고서 넘어가는 것이 좋겠다. 'Ereignis'라는 용어의 한국어 번역은 사실 지난의 과제에 속한다. "에어아이크니스는 그리스어의 중요어 로고스(logos)나 한어의 도(道)처럼 거의 번역이 불가능하다"고 하이데거 본인이 말하고 있을뿐더러, "발현이라는 말은, … 우리가 다른 경우에 어떤 사건(Geschehnis)이라든지 일어난 일(Vorkommnis)이라고 부르는 그런 것을 의미하지 않는다"[79]라고 하여, '사건'이라는 이 말의 일상적

---

76) 이하 BP 혹은 《기여》로 줄여 표시한다. 이 책의 제목 중 '기여'(Beiträge)라는 말은 '기고', '기여논고', '기여시론집' 등으로 번역되기도 하나 필자는 번잡함을 피하기 위해 그냥 '기여'라고 옮긴다. 여기에 '논고'라는 의미가 함께 포함되어 있음을 부기해둔다. 하나의 단어에 두 개 이상의 의미가 복합적으로 포함되는 것은 하이데거 철학의 큰 특징이다. 이 점이 그 이해를 어렵게 할뿐더러 특히 번역상의 큰 난점으로 작용한다. Vom(의하여/관하여), Ereignis(발현/사건), Wesen(본질/현전), Einblick(밝아듦/통찰) 등도 모두 그런 경우에 속한다.
77) 이 표현은 '발현'을 공론화시킨 최초의 공로자 오토 푀겔러의 논문 제목으로 일찌감치 우리에게 알려졌다.
78) 이 말은 '발현에 의하여' 혹은 '발현에 대하여'로 해석될 수도 있다.
79) ID25, 그리고 같은 사실이 US258, SD21에서도 언급되어 있다.

인 의미를 하이데거 본인이 굳이 배제하고 있기 때문이다. 그는 이 말의 어원적인 의미를 살려 그만의 독특한 뜻으로 이 말을 사용하고 있다. 우리는 그 뜻을 최대한 반영해서 이 말을 옮기지 않으면 안 된다. 그래서 필자는 고심 끝에 '발현'이라는 단어를 선택한 것이다. 이것이 하이데거가 지시하고자 하는 사태에 그나마 '내용적으로' 가장 가까운 살아 있는 한국어라고 판단했기 때문이다.[80) 이는 본 논고의 가장 중요한 '제안'이라고도 말할 수 있다. 이 경우, '발'은 'er-' 즉 'vom Grund aus'[근저로부터], 'erbringen'[어떤 근원으로부터 가져와짐]이라는 뜻을, '현'은 'eignen'[고유한 자기화]이라는 뜻을 각각 반영한다. (이 '현'은 하이데거가 강조한 '현상[파이노메나] 즉 존재, 문제사태'를 반영하는 것으로 읽을 수 있는 장점도 있다.) 따라서 '발현'은 '현'을 '발함'이라는 어원적인 의미로 새겨서 읽어주는 것이 좋겠다. 그것은 하이데거 자신이 '에어아이크니스'를 '사건'이라는 일상적인 뜻과는 달리 '고유화', '현전화'라는 어원적 의미로 해석하는 것과 그 맥을 같이한다. 일종의 파격 표현인 셈이다. 하이데거에게 가능한 일은 우리에게도 가능하다는 것, 그리고 하이데거에게 불가피했던 것은 우리에게도 불가피하다는 것이 나의 입장이다. 발현은 또한, '····은 ···의 발현이다'라고 하는 한국어의 어법상 그 배후에 제3의 어떤 존재를 전제하는 듯한 어감이 있는데, 하이데거의 경우는 어디까지나 존재의 자기발현이라는 의미가 견지되어야 한다.

현재 국내의 연구자들 사이에서는 '발현'과 함께 '존재사건'과 '생기'

---

80) 적절한 번역이 쉽지 않으므로 그냥 '에어아이크니스'로 부르자는 입장도 있으나, 나는 'Ereignis'라는 이 현상이 독일어에 의해서만 이해될 수 있는 것이어서는 안 된다고 생각한다. 또한 소수의 하이데거 연구자들에게만 이해될 수 있는 것이어서도 의미가 없다고 생각한다. 따라서 이 개념은 이해될 수 있는 가장 가까운 한국어로 번역이 '감행'되어야 한다는 입장이다. 그것이 일단은 '발현' 내지 '본래 그러함/그리 됨'(本然)이라고 판단한 것이다.

라는 말이 혼용되고 있다. 그 어느 것도 연구자의 깊은 통찰과 고민을 반영하고 있음은 인정되어야 한다. 그러나 '존재사건'은 하이데거 본인이 '사건'이라는 의미를 굳이 배제하고 있으며 '존재'가 이것에 속하는 것으로서 이것 '속에서 사라진다'고 말한다는 점에서 적지 않은 오해의 소지가 있음이 우려된다. '생기'도 좋은 번역이기는 하나, 이 말이 일상적으로 통용되는 말이 아닐뿐더러 '생기 있다', '생기발랄하다'고 하는 그 생기(生氣)를 먼저 떠올리며, 또한 '생긴다', '생성한다', '발생한다'는 의미가 너무 강하게 강조되고, 더욱이 하이데거 연구자들 사이에서도 이미 거의 정착되어 있는 'Geschehen'의 번역어 '생기'와 혼동될 수 있다는 적지 않은 난점이 있다. 그리고 또한 이것이 일본에서 만들어진 용어라는 점도 그 사용을 주저하게 한다. 원어와 번역어의 완벽한 일대일 대응은 어차피 불가능하다.81) 그럴 바에는 그 근본 취지에 가장 가까운 말을 선택하는 것이 차라리 낫지 않을까 생각하여 필자는 고심 끝에 '발현'을 선택한 것이다. '발현'은 '근원적 현상들이 본래적으로 그리 됨', '자기 자신의 고유한 상태로 됨', '존재현상들이 본연적으로 일어남'이라는 하이데거의 본뜻에 내용적으로 가장 가까운 것이라고 말할 수 있다. 연구자들의 이해와 용어통일을 기대한다.

참고로 영어권에서는 'Ereignis'가 'Enowning'(고유화), 'Appropriation'(소유, 전유) 등으로 번역되고 있으며, 중국에서는 '庸与'(용여), '与有'(여유: 존재를 줌), '发生'(발생), '本有'(본유), '事件'(사건), '大道'(대도), '自身的缘构发生'(자신적연구발생) 등으로, 그리고 일본에서는 주로 '性起'(성기), '呼び求める促し'(불러 구하는 재촉), '出来事'(일어난 일) 등으로 번역되고 있다. 이 용어의 사용자들 사이에서는 미묘한 대립과 불신이 있다. 이 밖에도 '本有化'(본유화), '生起'(생기),

---

81) 《기여》의 주요 개념들은 거의 대부분이 그렇다고 해도 과언이 아니다. 약간 과장해서 말하자면 그것들은 거의 암호의 수준이라고 할 수 있을 정도다.

'出來'(출래), '出現'(출현), '出で-現れ'(나와-드러남), '自現'(자현), '自性-性起'(자성-성기), '自性-現起'(자성-현기), '出会い'(만남) 등으로 번역되는 경우도 있다. 그리고 이 개념과 관련된 동사형 'ereignen' (또는 sich ereignen)의 경우나, 발현에 속하여 있다고 말해지는 'Enteignis'의 경우도 사정은 마찬가지로, 그 번역이 일정치 않다. 우선 '(sich) ereignen'은, '야기한다', '생기고 있다', '생겨난다', '생긴다', '현기(現起)해온다, 현기한다', '목전에 생기다', '성기시키다', '고유한 것을 소유시킨다', '자현시킨다', '본유화시킨다', '본유화한다', '에어아이그넨한다', '출현이라는 점에서 말해'(ereignishaft), '적합시키는 일', '생기는 일', '일어나다', '고유한 것을 얻게 한다'(Er-eignen) 등으로 번역되어 있으며, 'Enteignis'는, '그것 자신을 탈거(脫去)시키는 일', '고유한 것을 퇴거(退去)시키는 일', '탈자현(脫自現), '탈성'(奪性), '엔트아이크니스', '수용(收用)한다', '자기를 버리고 있다'(enteignen) 등으로 번역되고 있다.[82]

필자는 가급적 이런 일본식 표현들을 배제하고 살아 있는 한국어에 의해 하이데거의 통찰내용이 전달되기를 희망하는 입장이다.

(2) 《철학에의 기여》와 발현

이제 하이데거의 '제2의 주저'[83]로 평가되는 《철학에의 기여》[84]를

---

82) 이 내용들은 앞 장에서도 이미 언급한 바 있다.

83) 이 책의 책임 편집자이기도 한 폰 헤르만이 이렇게 평가한 이래 이 평가는 별다른 이의없이 연구자들 사이에 통용되고 있다. (Vgl. F.-W. von Hermann, »Wege ins Ereignis«, Vittorio Klostermann, Frankfurt a. M., 1994, S.6, 56.) 이 책이 이른바 '후기 사유'의 거의 모든 주요 테마들을 선구적으로 다루고 있으며, '전기 사유'의 주도적인 물음을 계승하고 있다는 점에서 이러한 평가는 정당하다. 단, 하이데거 본인이 "여기에 오랜 망설임 속에서 삼가되었던 것이 한 형태화의 가늠자로서 시사적으로(andeutend) 확립된다"(서언)고

중심으로 '발현'의 모습을 살펴보기로 하자.85) 이미 말한 대로 이 책은 '발현으로부터'[발현에 관하여]라는 부제목을 달고 있으며,86) 절들의 제목에만도 '발현'은 16차례나 그 모습을 드러낸다. 그리고 본문 중에서는 '발현' 및 그와 관련된 언급들이 무수히 많이 등장한다. (제목만 보면 이 말이 제1장 '미리보기'에 집중적으로 나타나지만, 본문에서는 제목과 상관없이 거의 전편에 걸쳐 골고루 포진하고 있다.) 그런 점에서 '발현'은 이 책의 핵심주제임이 분명해 보인다. 훗날의 하이데거가 이 책과 관련해, "이 단계에 있어서 발현의 '본질구성을 이루는 연관들(Bezüge)과 관련들(Zusammenhänge)'이 이미 '완성'(ausgearbeitet)되어 있었다"87)고 자평하는 것을 보더라도 우리는 이 책을 주목하지 않을 수 없다.

그런데 정작 큰 기대를 가지고 이 책을 들여다보면 우리는 약간의

말하고 있듯이 이 책은 시사적인 '비망록'의 성격이 강하다는 점에서 그 의의가 제한적이다. 또한 이 책이 '울림', '전송'(패스), '도약', '정초', '도래할 자들', '궁극적 신'이라는 6개의 이른바 '마디들'(die Fügungen)로 구성된 '결합체'(das Gefüge)의 성격을 갖지만, 그것이 예컨대 《존재와 시간》과 같은 유기적인 '체제'를 이루지 못한다는 점에서도 '주저'로서의 의의는 다소 제한적이다. (하이데거 자신은 '체계'를 거부(BP81 참조).)

84) 이 책의 전반적인 이해를 위해서는 鹿島徹(카시마 토루) 外, 《ハイデガー 《哲学への寄与》解読》, 東京: 平凡社, 2006 및 渡邊二郎(와타나베 지로), 《ハイデガーの〈第二の主著〉《哲学への寄与試論集》研究覚え書き—その言語的表現の基本的理解のために—》, 東京: 理想社, 2008을 참조 바람. 특히 전자의 말미에는 독일과 미국의 관련서적들이 망라되어 소개되어 있음.

85) 이하, 별도의 표시 없이 숫자만 제시된 것은 모두 이 책으로부터의 인용을 나타낸다.

86) 더욱이 그는 이것을, '공식적인(öffentlich) 제목'인 '철학에의 기여'에 대해 '본질적인(wesentlich) 표제', '적절한(gemäß) 표제', '올바른(recht) 제목'이라고 규정한다(BP3, 77, 80).

87) Heidegger, *Zur Sache des Denkens*, Pfullingen, S.46.

아쉬움과 함께 몇 가지 점에서 큰 곤란을 겪지 않을 수 없게 된다. 그것은 대략 다음과 같다.

① 이 책이 비록 '발현'을 다루고 있기는 하지만, 하이데거 본인이 '그것에 관하여'(davon)나 '그것에 대하여'(darüber) '보고하는' 것이 아니라고 확인하고 있듯이(BP3), '발현이 어떤 것인지'에 대한 '설명' 내지 '해명'이 거의 없다는 점.

② '발현이 무엇인지'가 하이데거 자신의 머릿속에서 이미 전제된 채, '무엇이 발현인지'가 대뜸 말해지고 있다는 점. 그래서 독자는 문맥 속에서 그 의미를 '짐작'할 수밖에 없다는 점. 그것을 위한 독자의 높은 사유력이 요구되고 있다는 점.

③ 하이데거의 논의들이 일상적인 언어표현의 틀을 크게 벗어나 있어 그 의미의 파악이 결코 수월하지 않다는 점. 특히 이 저술이 '시사적인' 비망록의 형태를 취하고 있기 때문에 그 난해함이 하이데거의 그 어느 저술보다도 커서, 독자의 접근을 어렵게 하고 괴롭힌다는 점.

④ 특히, '발현'이라는 이 개념이 '사건'이라는 일상적인 의미를 배제할 뿐 아니라, 그 어원적인 의미에 따라 이해되고 있으며, 더욱이 그 어원도 '눈'(Auge)과 '고유함'(eigen)이라는 것이 이중적으로 얽힌 채 복합적으로 꼬여 있다는 점.88)

그러나 이러한 곤란에도 불구하고 우리는 '발현'과 관련된 결코 간과할 수 없는 하이데거의 통찰들을 접할 수가 있다. 우선 몇 가지 두드러진 (기본적) 사항들을 짚어둔다.

① '발현'에서 '사건'(Begebenheit), '뉴스'(Neuigkeit)와 같은 일상적인 의미가 일단 배제되고 있다는 것(256).89)

---

88) 이 용어의 언어적 해석에 대해서는 위에서 언급한 와타나베 지로(渡邊二郎)의 논문이 놀라운 연구 성과를 보여주고 있다.

89) 이하, 괄호 안의 숫자는 BP의 쪽수를 나타냄.

② '발현으로서의 존재'(Seyn als Ereignis)라는 표현이 빈번하게 사용됨으로써 '발현'이 '존재'를 포괄하는 보다 근원적인 현상이라는 인상을 주고 있다는 것.90)

③ '발현'이 Ereignung, Ereignen, Er-eignen, ereignen, er-eignen, sich ereignen, eignen, Eignung, Eigenheit, Eigentum, Eigentumschaft, Aneignung, zueignen, übereignen, eineignen, enteignen, ureigen, das Ereignete 등 다양한 변형태로 논해짐으로써 그 미묘한 국면들을 지시하고자 한다는 것. 그러나 그 모든 것의 핵심에 'eig'(自/本/固)라는 의미가 공통적으로 놓여 있다는 것.

④ '존재' 특히 그 동적 의미가 강조되는 '존재함'(Seyn)의 본질적 전개 내지 지속인 '본질현전'(Wesen/Wesung/west)이 '발현'으로서 설명되고 있다는 것.91)92)

⑤ '진리'(Wahrheit)의 본질이 '발현'과 관련해 특히 강조되고 있다는 것.93)

---

90) 《철학에의 기여》 거의 전역에서 이와 관련된 언급들을 접할 수 있다.
   16, 26, 29, 30, 31, 43, 46, 58, 66, 79, 116, 117, 140, 158, 177, 183, 185, 227, 228, 230, 236, 247, 248, 251, 252, 254, 256, 260, 261, 263, 265, 268, 274, 278, 279, 294, 299, 318, 338, 344, 345, 348, 356, 360, 372, 375, 381, 401, 405, 412, 413, 415, 447, 452, 455, 460, 464, 465, 466, 467, 470, 472, 477, 479, 482, 485, 486, 490, 494, 500 등을 참조.

91) 다음을 참조.
   3, 4, 7, 8, 11, 13, 16, 18, 24, 26, 30, 31, 46, 52, 58, 66, 70, 73, 74, 77, 78, 95, 96, 108, 116, 118, 174, 183, 227, 230, 233, 236, 243, 247, 250, 254, 256, 258, 260, 261, 268, 280, 286, 288, 297, 298, 312, 329, 344, 346, 348, 349, 351, 360, 381, 386, 407, 460, 466, 470, 472, 473, 477, 484, 486, 507 등.

92) 이하에 적시되는 숫자들은 관련 언급이 발견되는 쪽수이다. 단 이것은 '발현'과 함께 등장하는 부분만을 한정적으로 표시한다. 각 개념들이 따로 논해지는 부분들은 그 밖에도 무수히 많다.

(단, "본질현전이란 존재에 속하고 존재에 발원하는, 진리 그 자체이다"(259)라고 말하듯이, 이 양자[본질과 진리]가 서로 다른 별개의 현상이 아니라는 것을 주의해야 한다.)94)

⑥ '현'(Da) 내지 '현-존재'(Da-sein)가 '발현'과의 관련에서 특별히 강조되고 있다는 것.95)

⑦ '발현'에 대한 '귀속'(Zugehörigkeit)이 역시 특별히 강조되고 있다는 것.96)

⑧ 그 밖에도, 다음과 같은 이른바 후기 사유의 주요 개념들이 모두

---

93) 다음을 참조.
4, 20, 23, 24, 26, 27, 30, 52, 58, 73, 74, 78, 95, 96, 108, 183, 185, 207, 228, 233, 237, 243, 250, 256, 258, 268, 273, 274, 279, 283, 288, 293, 294, 318, 322, 323, 329, 330, 331, 341, 342, 344, 345, 346, 348, 349, 353, 356, 371, 372, 380, 381, 383, 386, 390, 405, 410, 415, 416, 446, 455, 467, 470, 472, 488, 500 등.
'감춤' 246, 249, 268, 297, 330, 339, 344, 351, 353, 360, 380, 381, 383, 390, 477 등.
'밝힘/트임'(Lichten/Lichtung) 230, 236, 244, 247, 268, 297, 329, 344, 349, 351, 353, 380, 381, 383, 477, 482, 488 등.

94) "진리는 … 밝히면서 감추면서(lichtend-verbergend), 존재에 속하고 있다"(348)고 말하듯이, 밝힘과 감춤도 진리와 별개의 개념이 아니라는 것을 주의해야 한다. ['진리'(감춤의 트임, Lichtung der Verbergung)(BP80)라는 표현도 있음.]

95) '현' 70, 183, 231, 239, 244, 247, 248, 249, 273, 299, 311, 328, 331, 372, 381, 482 등.
'현-존재' 18, 26, 30, 31, 32, 44, 52, 68, 71, 72, 75, 78, 80, 86f, 116, 118, 140, 233, 238, 239, 249, 254, 256, 261, 262, 274, 280, 283, 293, 294, 299, 300, 301, 304, 308, 309, 311, 320, 322, 330, 391, 401, 407, 447, 455, 462, 470, 482, 483, 484, 485, 487, 488, 500, 506 등.

96) 다음을 참조.
32, 43, 57, 64, 67, 71, 82, 87, 96, 102, 227, 233, 235, 251, 256, 262, 278, 285, 288, 298, 308, 311, 317, 318, 320, 321, 322, 342, 372, , 385, 392, 399, 407, 409, 414, 464, 476 등.

'발현'과의 관련에서 논해지고 있다는 것. 즉, 이 모든 사유의 근저에 발현에 대한 통찰이 전제되어 있다는 것.

'가장 물어야 할 것'(das Fragwürdigste), '각축'(der Streit), '간직함' (Bergung), '거절'(Verweigerung)/'퇴-거'(Ent-zug), '결-단(성)'(Ent-scheidung/Entschiedenheit), '과도'(Übermaß), '관계 지음'(Beziehen), '구별 지음'(Unterscheidung), '근거'(Grund), '근원'(Ursprung), '근본기분'(Grundstimmung), '기초열기'(Ergründung), '기-투'(Ent-wurf), '내던짐'(der Loswurf), '눈짓함'(Erwinken), '도약'(der Sprung), '뛰어넘음' (Überspringen), '마주/대립'(das Gegen), '맞진동'(der Gegenschwung), '말하지 않음'(Versagnis/Versagung/versagen), '빠짐'(Berückung), '사유-해냄'(Er-denken), '사이'(Zwischen), '삼감'(Verhaltenheit), '세계' (Welt), '수호'(Verwahrung), '순간'(Augenblick), '시간과 공간'(Zeit und Raum), '시-공간'(Zeit-Raum)/'순간장'(Augenblicksstätte), '신' (Gott/Götter), '심연'(der Abgrund/Abgründung/abgründig(keit)/das Abgründige), '아니'(Nicht), '아프리오리'(Apriori), '언어'(Sprache), '역사' (Geschichte), '예술'(Kunst), '원초'(Anfang), '응-대'(Ent-gegnung), '인간'(Mensch), '자기성'(Selbstheit), '전향'(Kehre), '제작성/작위'(Machenschaft), '존재이탈'(Seinsverlassenheit), '죽음'(Tod), '집합'(Sammlung), '터져-열림'(Erklüftung/Klüftung/Zerklüftung), '호소'(Zuruf/Anruf)

이상의 사항들을 이제 하나씩 좀 더 구체적으로 살펴보기로 한다. 그러나 이 주제들은 사실상 《기여》의 전편에 걸쳐 방대한 규모로 전개되고 있을 뿐 아니라, 전체 후기 사유의 핵심을 이루는 주요 개념들이기도 하기 때문에, 그 하나하나를 '상론'하는 것은 여기에서는 도저히 불가능한 일이다. 따라서 여기서는 오직 '발현'이라는 직접적인 표현(및 관련된 표현들)과의 관련에서 그것들이 어떻게 언급되고 있는지 그 대략적인 개요를 짚어보는 것으로 만족할 수밖에 없다.

(3) 발현의 이모저모

《기여》에서 확인되는 '발현'의 모습들은 대략 다음과 같다.

① "발현은 무슨 '사건'이나 '뉴스'같이 '표'-상[생각]될 수는 없다."
(256)

이 점은 "발현이라는 말은 … 우리가 다른 경우에 어떤 사건(irgend-ein Geschehnis)이라든지 일어난 일(ein Vorkommnis)이라고 부르는 것을 의미하지 않는다"라고 한 다른 곳에서의 발언들[97]과 그 맥락을 같이한다. 이 말은 특히 '발현'이라는 것이 "어떠한 존재자의 사례도 해당되지 않는 영역"(GA11, 45f)이라는 점과 연결된다. 그가 다른 곳(ID25)에서 '발현'의 복수성을 부정하고 '오직 단수'의 형태로서만 나타낼 수 있음을 강조한 것도 이런 생각과 무관하지 않다. 《기여》에서 드물게 복수의 형태로 표현되는 경우도 있으나 그것은 발현의 여러 측면들을 말하는 것이지 결코 그 존재자적인 복수성을 의미하지는 않는다.[98]

다만, 하이데거의 다른 경우도 그러하듯이, 발현이라는 것 또한 '사건'을 포함한 다중적인 의미를 복합적으로 지닌다고 볼 수도 있다. 언어라는 것이 그 표면적인 액면가를 완전히 무시하고 사용될 수는 없기 때문이다. 그렇게 본다면, 발현이라는 것은 '본래적으로 그와 같이 됨'이라는 근원적인 사태의 지시와 함께, '사건 중의 사건', '최대 최고의 사건',[99] '있을 수 있는 모든 것 중에서 가장 엄청난 사건'이라는 것을

---

97) ID25, US258, SD21 등 참조.

98) "발현들의 다양성…"(BP470) 참조.

99) 실제로 하이데거는 "일어난 최고의 일"(das größte Geschehen)이라는 표현을 사용하고 있다. 이 말은 사건들(Begebenheiten)이나 작위들(Machenschaften)

의미할 수도 있다. 표현의 폭을 약간만 넓혀서 이해해준다면, 실제로 그렇게 말할 수 있는 여지는 분명히 있다. '존재'야말로 바로 그러한 최고의 '사건'인 것이다.

② "이 존재 그 자체가 다름 아닌 발현으로서(als Ereignis) 본질현전한다."(26) "존재는 발현으로서 본질현전한다."(30) "존재는 발-현이다."(470)

이 점은 발현과 존재100)의 관계를 단적으로 지시한다. '발현으로서의 존재'라는 사실은 《기여》의 가장 기본적인 전제의 하나로서 그 전편에 걸쳐 거듭 강조되고 있다. '발현으로서의 존재'라는 것은 "존재가 발현 속에서 사라진다"는 훗날의 발언과 연결된다. 이 말에는 "존재라는 것이, 지금껏 존재자성이라는 모습 안에서 가장 일반적인 것, 가장 보통의 것이었으나, [이제] 발현으로서 가장 유일한 것이자 가장 낯선 것이 된다"(177)는 의미가 포함된다. 물론 '사라진다'는 말은 다분히 오해의 소지가 있다. 그러나 그것은 존재 자체의 소멸도 존재 의의의 부정도 아니다. 존재는 어디까지나 발현에 '속하는' 것으로서 여전히 그 의미가 유지되고 있음을 잊지 말아야 한다.

그것은 다만, '발현'이라고 하는 더욱 포괄적인, 더욱 근원적인, 더욱 우선적인 사태가 하이데거의 사유적 시야에 들어왔음을 보여준다. 그 점은 분명해 보인다. 만일 '현'(現)이라는 말이 '존재'를 포괄적으로 의미할 수 있다면 '발현'은 거기에 '발'(發)이라는 즉 '본래적', '본연적', '고유적', '근원적'(vom Grund aus 내지 erbringend 내지 eigentlich)이

에 대치(對置)된다(BP57).

100) 《기여》에서는 '존재'가 'Seyn'으로 표기된다. 여기서의 'y'(윕실론)은 'Wesung'(본질현전)이라는 동사적인 측면을 대변한다. 그 때문에 일본에서는 이를 '심오한 존재'로 번역하기도 하나, 여기서는 번거로움을 피하기 위해 그냥 '존재'로 옮긴다. 그 의미를 감안해서 읽어주기 바란다.

라는 의미를 추가할 수 있다. 하이데거는 존재라는 말만으로는 다 표현할 수 없는 이러한 성격을 '발현'을 통해 특별히 강조하고 싶었다고 보인다. 그렇게 나는 해석한다.

'으로서'(als)라는 말은 관계를 지시한다. 그것은 결코 존재와 발현이 서로 다른 별개의 것이 아니라, 서로 일치하는 것임을 분명히 알려준다.101) 다만 그것이 '존재로서의 발현'이 아니라 '발현으로서의 존재'라고 말함으로써 그는 존재에 대한 '발현의 우위'를 시사하고 있는 것이다. 그러나 그것은 어디까지나 '개념적인 우위'일 뿐이며, '사태적인 우위'를 뜻하지는 않는다. 존재는 결코 발현보다 못하거나 덜 중요한 현상이 아니다.

③ 《기여》에는 '발현'과 더불어 Ereignung, Ereignen, Er-eignen, ereignen, er-eignen, sich ereignen, eignen, Eignung, Eigenheit, Eigentum, Eigentumschaft, Aneignung, zueignen, übereignen, ein-eignen, enteignen, ureigen, das Ereignete 등 다양한 형태의 관련 단어들이 등장한다.

이 점은, 사태의 미묘한 측면들을 지시해 보여주기 위해서 그가 얼마나 고심했는지를 잘 알려준다. 이 단어들 하나하나의 언어적 의미를 천착하는 것은 여유가 없어 부득이 생략할 수밖에 없으나, 관련된 전문연구가 최근 발표되었으므로 이를 참고해주기 바란다(渡邊二郎의 앞의 책). 단, 이 모든 표현들의 핵심에 'eig'(自/本/固)라는 의미가 공통적으로 놓여 있다는 것, 'eignen'(고유하게 한다는 것)이 그 의미의 기본을 이룬다는 것, 그리고 er-를 비롯한 zu-, über-, an-, ein-, ent-, ur-, ver- 등의 전철들이 각각 독특한 의미들을 반영하고 있다는 것 등을 주의하면서, 아울러 다음과 같은 사용례도 주목해두기로 하자.

---

101) "그러나 존재는 동시에 여기서 발-현으로서 파악되고 있다. 양자는 공속하고 있다"는 말을 참조(BP318).

"고유함을 보내-줌(Zu-eignung)의 궤도와 영역 및 '보냄'(Zu)과 '자기'(Sich)의 근원의 궤도와 영역, 그러한 것으로서의 자기성(Selbstheit)은, 존재에 대한 귀속의 근거이며, 이 귀속은 그것 자체 안에 고유함의 맡겨-줌(Über-eignung)(내존적인)을 포함하고 있다. 고유함을 맡겨줌은 다만, 미리, 그리고 항상적으로 고유함을 보내줌이 있는 경우뿐. 그러나 양자는 발현의 발-현함(Er-eignung)으로부터."(317)

"자기성은 현-존재의 본질현전으로서, 현-존재의 근원에서 발원한다. 그리고 자기의 근원은 '고유-령'(Eigen-tum)이다. 이 말은 여기서는 제후-령(Fürsten-tum)과 마찬가지로 받아들여진다. 발현에 있어서의 고유화(Eignung)의 지배. 고유화는 특히 고유함을 보내줌(Zueignung)과 맡겨줌(Übereignung)이다. 현-존재가 발현에 청종하는 자로서 '스스로의' 고유함으로 보내-주어지고 있는 한에서, 현존재는 자기 '자신에' 다다르는데, 그러나 결코 자신이 이미 현전적인, 단지 지금까지 달성되지 않았던 존립인 것처럼[그렇게 되는 것]은 아니다. … 고유화의 지배로서의 고유-령은 그것 자체 안에서 접합된, 고유함을 보내줌과 맡겨줌의 사건(Ge-schehnis)이다."(319f)

" '자기-이다'(Selbst-sein)라는 것, 이것으로써 우리가 우선 언제나 의미하는 것은 자기 스스로 행위하고(Tun), 용인하고(Lassen), 처리하는(Verfügen) 것이다. 그러나 이 '자기 스스로'(Von sich aus)는 혼란을 일으키는 전경이다. '자기 스스로'라는 것은 단순한 '자의'(Eigensinn)일 수 있다. 이 자의로부터는 고유함을 보내줌과 고유함을 맡겨줌이 발현으로부터 떠나간다."(321)

"고유함을 맡겨줌이라는 것은, 우리가 그때그때의 존재자 그것 자체를 그것에 적합한 명령에 따라 얻어내고, 제작하고, 창작하고, 지키고, 작용시키고, 그렇게 해서 밝힘/트임(Lichtung)을 정초하기 위해서라는, 그런 식으로만 [이루어진다]."(348f)

이 인용들은 '발현'에 대한 개념적 설명의 일단을 제공한다.

④ "존재는 발현으로서 본질현전(west)한다."(30, 344) " '본질현전'(Wesung)은 발현을 의미한다."(288)

이 점은 발현과 본질현전의 관련을 알려준다. '본질현전'의 주제화는 《기여》의 전반에 걸쳐 드러나는 또 하나의 중요한 특징이라고 말할 수 있다. 만일 '발현' 대신 '존재'를 축으로 해서 《기여》를 생각해본다면, 《기여》는 '발현으로서의 존재'라는 결정적인 존재해명을 제공하는 동시에 또한 '본질/본질현전으로서의 존재'라는 존재규정을 추가해주고 있다고 말해도 과언이 아닐 정도다. '본질'은 이미 알려진 대로 하이데거 후기 철학의 한 축을 형성한다. 제29절에서 해명하듯이 하이데거는 '본질'을 단순한 보편성으로 이해하지 않는다. 즉, "존재가 발현으로서 파악될 경우에는, 본질성은 존재 그 자체의 근원성과 유일성으로부터 규정된다. 본질은 보편적인 것이 아니라, 바로 존재자의 그때그때의 유일성과 위계로부터의 본질현전이다"(66)라는 것이다. 그는 본질을 존재 자체의 본질적인 전개 내지 지속[본래 그렇게 생생하게 있고(이고) 있음, 있어(이어) 나감]으로서, 즉 동사적으로 이해한다. (그것을 위해 그는 west라는 식의 문법파괴도 불사한다.) 이런 의미로서의 '본질'을 그는 29절 '원초적 사유(본질에의 물음)'를 비롯, 164절 '존재의 본질현전', 165절 '본질현전으로서의 본질', 166절 '본질현전과 본질', 167절 '본질현전 안으로의 향입경험', 270절 '존재의 본질(본질현전)' 등에서, 그리고 또한 제5장 C. '진리의 본질' 전반을 포함해 130절, 131절, 133절, 135절, 139절, 140절, 141절, 142절, 147절 등에서도, 자세히 주제적으로 논하고 있다. 그는 이른바 '주도적 물음의 영역'과 '원초적 사유'를 대비시키면서, 전자에서의 '보편성'과 후자에서의 '본질현전'을 대치시킨다. 그 핵심을 그는 "모든 본질은 본질현전이다"(alles Wesen ist Wesung)(66)라는 말로 압축한다.

'본질현전'(Wesung)이라는 말은 사실상 'sein'의 과거분사 'gewesen'
에 나타나는 동사적인 의미와 '본질'(Wesen)이라는 의미가 중첩되어
있는 것으로 보아야 한다.102) 존재는 그저 아무렇게나 '있는' 혹은 '그
러한' 어떤 것이 아니라, 분명히 본질적인 존재전개 내지 존재지속의
모습을 보여주고 있는 어떤 것이다. 하이데거는 그 점을 주목하여 이와
같은 형태로 강조하고 있는 것이다.

⑤ "이 발현은 존재의 진리(Wahrheit)이다."(27) "그 존재의 진리
(Wahrheit)는 발현이다."(258)

이 점은 발현과 진리의 근본적인 연관성을 말하고 있다. 이 둘은 서
로 교환된다. 이 '진리'에 대한 관심 또한 《기여》의 한 축을 이루는 근
본사실에 속한다. 다음과 같은 발언들이 그 점을 확인시켜준다.

　　" '또 다른 원초'에 있어서는 진리가 존재의 진리로서 인식되고 또한
　　정초되며, 존재 그 자체는 진리의 존재로서, 다시 말해 '그것 자체 안에
　　서 전향적인 발현'으로서, 인식되고 또한 정초된다."(185)
　　"존재의 진리는 발현이다. 진리란, 거기에 있어서 그리고 그 자체로서
　　존재의 본질현전이 스스로를 열면서 감추는 것이다. 그리고 이 발현은,
　　동시에 진리 그 자체의 본질현전이다. 발현의 전향 속에서, 진리의 본질
　　현전은 동시에 본질현전의 진리이다."(258)
　　"발현이 진리를 발현한다."(288)
　　"진리가 본질현전하고, 진리가 '됨'으로써 발현은 진리가 된다. 발현이
　　발현한다는 것은 발현이 그리고 발현만이 진리가 '된다'고 하는 것에 다
　　름 아니다. 그것은 발현에 속하는 것이 되는 것이며, 그렇게 해서 바로
　　진리는 본질적으로 존재의 진리인 것이다."(349)

---

102) "그러나 본질은, '무엇'(Was)과 '어떻게 있는가'(Wiesein)의 결합, 따라서
　　보다 풍성한 표상정립일 뿐만 아니라, 그 양자의 더욱 근원적인 통일이다."
　　(BP289)라는 말로 하이데거는 이 점을 확인시켜준다.

'진리'는 《기여》의 138절, 139절, 184절을 비롯하여, 제5장 C. '진리의 본질', E. '간직함(Bergung)으로서의 진리의 본질현전' 전체의 주제로서 중요하게 다루어진다. '진리'는 《존재와 시간》 이래 하이데거 철학 전체를 관통하는 주요 관심사 내지 핵심주제이며, 특히 이 진리의 개념에 대한 통찰을 계기로 전후기 사유의 이른바 '전회'가 이루어졌다는 것은 주지의 사실이다. 《기여》에서의 진리론은 그 통찰의 핵심을 반영하는 것이다.

  무엇보다도 주목해야 할 것은 '진리'에서의 '밝힘'과 '감춤'이라는 측면이다. 이미 앞에서도 보았지만, 이 두 가지 성격이 '진리'를 규정한다. 즉, "진리의 본질은 발현의 밝히는 감춤이다."(344) 이러한 견해는 《기여》의 곳곳에서 그 모습을 나타낸다. 바로 그 '밝힘'과 '감춤'이 '발현'에 속하는 것이다.103) 이는 '명명백백히 그러하(wahr)면서도 왜 그러한지 누가/무엇이 그렇도록 하는지는 알려지지 않는다, 분명하지 아니-하다(un-wahr)'고 하는 존재의 기묘한 양면성을 지시한다. 그것은 발현 자체에서의 '발현'과 '탈현'이라는 양면성과 대응한다고 보아도 좋다. 발현과 진리가 서로 다른 별개의 것이 아니라 서로 상통하는, 서로 교차하는, 서로 중첩되는 동일현상의 다른 측면이기 때문이다. 그렇게 나는 해석한다.

  ⑥ "인간은 현-존재(Da-sein)로서, 발현으로서의 존재에 의해 발-현하고 그리고 그렇게 해서 발현 그 자체에 귀속하게 된다."(256) "발현이 그 자체에 있어서 현-존재를 정초한다. 현존재가 발현을 정초한다."(261)

  이 점은 발현과 인간 현-존재의 관계를 알려준다. '발현과 현-존재'는 역시 《기여》의 한 중심테마로서 그 전역에 걸쳐 광범위하게 모습을 드

  ---

  103) "밝힘과 감춤, 이 양자는 둘이 아니다. 하나 즉 진리 자체의 본질현전이다."(BP349)

러내며 깊이 논의되고 있다. 특히 그것은 《기여》의 11절, 128절, 134절, 135절을 비롯하여, 제5장 A. '현-존재와 존재의 기투', B. '현-존재' 전체의 주제를 이루고 있으며, 206절, 207절, 229절, 251절, 252절, 271절, 272절도 동일한 논의의 연결선상에 있다. 하이데거의 다음과 같은 발언들은 '발현'과 '현존재'의 관련에 대한 그의 생각의 기본방향을 알려준다.

"현존재는 발현과 그 전향 안에 근원을 갖는다."(31)

"현존재는 도래할 역사의 근본생기이다. 이 생기는 발현에서 발원하며, 인간에 대한 결정의 가능적인 순간장이 된다."(32)

"발현과 현존재는 그 본질에 있어서, 즉 역사의 근거로서의 그 귀속에 있어서 아직 완전히 감추어져 있으며 또한 오래도록 낯설다."(32)

"발현으로서의 존재의 본질현전, 이것은 그 자체 안에 현-존재의 발현을 포함하고 있다. 따라서 … 존재에 대한 현-존재의 관련에 관한 말은, 존재가 '그 자체로' 본질현전하고, 현-존재는 존재에 대한 관계를 받아들인다고 하는 생각이 품어지는 한, 오도되고 만다. 존재에 '대한' 현-존재의 관련은 존재 그 자체의 본질현전에 속하고 있다, … [다시 말해] 존재는 현-존재를 필요로 하고, 이 발현함 없이는 결코 본질현전하지 않는다."(254)

" '현-존재'란 존재의 본질로서의 발현에 있어서의 발현을 말한다. 그러나 현-존재를 근거로 해서만 존재는 진리에 이른다."(293)

"인간은 현존재로서 발현으로부터 규정된다."(407)

"현-'존재'란 바로 발현으로서의 존재의 진리를 정초하는 것이기 때문'이다.' "(455)

"현-존재, 그것은 발현에 있어서 발현된 것이다. 그리고 그러한 본질로부터 비로소, 현-존재는 자신의 고유한 바를, 즉 … 거절의 지킴이 역을, 갖는다."(487)

현존재는, 주지하다시피 《존재와 시간》 이래 '인간'을 지칭하는 말로 사용된다. 인간이란 '존재'(Sein)가 거기서(Da) 드러나게 되는 바로 그 '장'(Da)이기 때문이다. 그래서 현존재는 인간을 대체할 수 있었다. 그것이 《기여》에서는 더욱 강조되면서 부각된다.

" '인간의 현존재' ― 여기서 말해지는 '인간의'라는 말은, (사물적 존재로서의) '현존재' 일반의 한 종류라는 의미에서의 한정이나 특수화가 아니라, '저' 존재자의 유일성을, 즉 현-존재가 그것에만 '고유화'하고 있는 바로 그 인간을, 의미하고 있다. 현-존재― 인간을 그 가능성에 있어서 부각시키는 존재, 그래서 '인간의'라고 하는 추가는 더 이상 전혀 필요치 않다. … 그 최고의 가능성, 즉 스스로 진리를 정초하는 자이자 지키는 자라고 하는 그 가능성"(300f)

이 언급은 그 점을 분명히 알려준다.

⑦ "인간은 현-존재로서, 발현으로서의 존재에 의해 발-현하고 그리고 그렇게 해서 발현 그 자체에 귀속하게 된다(wird zugehörig)."(256)

이 점은 발현에 대한 인간의 귀속성[= 들으며 종속함]을 말해주고 있다. '귀속성'이라는 이 사실은 공식적인 주제로서 제목에 내걸리지는 않지만, 실질적인 주제로서 《기여》의 전역에 등장하고 있다. 다음의 인용들이 그 개요를 알려준다.

"도래할 자들은 호소를 통해 각성된, 발현과 그 전향 안으로의 귀속을 넘겨받아 수호하고, 이렇게 해서 궁극적 신의 눈짓 앞에 서게 된다." (82)

"존재의 '진리'는, 따라서 또한 진리의 본질은, 현-존재에 있어서의 내적 긴박성 안에서만, 즉 발현의 호소에 대한 청종적 귀속으로부터 현의 안으로 던져 넣어져 있다고 하는 피투성의 경험 안에서만, 본질현전한

다."(233)

"존재에 의해 현-존재를 발-현하는 것과 현-존재 안에 존재의 진리를 정초하는 것 — 발현에 있어서의 전향은, 호소(존재결장)의 안이나, 귀속(존재이탈) 안에 각각 단독으로 포함[결정]되어 있는 것이 아니며, 또한 쌍방에 공동으로 포함되어 있는 것도 아니다. 왜냐하면 이 공동이나 쌍방 그 자체가, 발현 안에서 비로소 움직여 나가기 때문이다."(262)

"만일 현-존재가 발현에 귀속하는 자로서만 본질현전하는 것이라면, 최초의 저 명명과 함께 이미, 저 지시가 수행되지 않으면 안 된다. 즉, 그 힘에 의해 현-존재가 인간임의 근거의 단순한 형식적 규정과는 본질적으로 다른 것이라는 그런 지시가."(308f)

'귀속'(Zugehörigkeit)이라는 이 말에도 'zuhören'(청취한다)과 'gehören'(종속한다)이라는 서로 다른 두 의미가 복합적으로 겹쳐져 있다. 이는 발현이라는 근원적 현상과 인간과의 관계, 혹은 발현에 대한 인간의 태도를 말해준다. 귀속이라는 이 말로써 하이데거는 발현의 능동적인 호소성과 그에 대한 인간의 수동적인 (단, 적극적 수동성인) 응대성을 한꺼번에 지시하고자 한다. 이 귀속이라는 것은 하이데거 후기의 이른바 '사유'론과도 내용적으로 밀접하게 연관된다. 하이데거는 이 발현에 대한 귀속을 통해 우리 인간이 신의 눈짓 앞에 서게 되는 가능성까지도 시사하고 있다.

⑧ 이상의 여러 가지 점들과 더불어, 하이데거의 《기여》는 우리에게 '발현'의 갖가지 측면들을 다양한 연관 개념을 통해 보여주고 있다. 이 개념들은 각각 그 나름의 문맥에서 발현이 어떠한 것인지를 알려준다. 따라서 이 개념들의 충분한 이해가 온전한 발현의 이해를 위한 전제가 된다. 그러나 이 개념들에 대한 상세한 논의는 한 권의 책으로도 모자랄 것이므로 여기서는 다만 대표적인 언급들을 통해 그 방향을 가늠해

보는 것으로 만족할 수밖에 없다. 우리는 《기여》에서 '발현'과 관련된 다음과 같은 사실들을 확인할 수 있다.104)

1) 가장 문제적인 것(das Fragwürdigste) 397 참조 (이하 '참조' 생략) 발현은 가장 물을 만한 (물을 가치 있는) 것이라는 것.

2) 각축(der Streit) 34, 69, 280, 356, 371, 392, 399, 413, 470, 477, 479, 482, 483, 484, 485, 497

도래할 자들은, 이 각축을 벌이는 가운데 발현을 쟁취하고, 최대의 창조된 것을, 존재의 충실한 일회성과 유일성에 있어서 상기하리라는 것(399). 응대하면서 발현함으로부터, 그리고 발현과 더불어 발원하는 '사이'의 감춤과 밝힘 속에서, 세계와 대지의 각축이 성립한다는 것 (477).

3) 간직함(Bergung) 392

간직함이란 각축 벌임을 통해 발현을 지키는 것(Bewahrung)이라는 것.

4) 거절(Verweigerung)/퇴-거(Ent-zug) 248, 249, 482 / 140, 158, 228, 240, 241, 244, 247, 280, 405, 406, 411, 412, 448, 474, 475, 487

현-존재에 기초하여 비로소 존재 그 자체는 '거절'로서, 따라서 발-현으로서 알려지게 된다는 것(140). 발현은 거절 안에서 스스로를 인간에게 보낸다는 것(228). 거절은 고요 안에 편입하는 퇴거로서 발현한다는 것(241).

5) 결-단(성)(Entscheidung/Entschiedenheit) 102, 274, 298, 470, 471

결단에서 이미 발현에의 귀속성이 성립된다는 것(102). 발현이란 항상 발-현, 결-단, 응-대, 경-이(驚-移, Ent-setzung), 퇴거, 단순성, 고독성으로서의 발현을 의미한다는 것(471).

---

104) 이 개념들의 나열 순서는 단순히 한글 번역어의 가나다 순으로 했다. 내용적인 선후를 매기는 것은 불가능할뿐더러 또한 무의미하기 때문이다.

6) 과도(Übermaß) 249

발현의 과도[초월적 헤아림]가 발현 그 자체에 속하여 있다는 것. 그것은 마치 과-도 없이도 발-현이 자기일 수 있는 것처럼, 성질로서 속하고 있는 것은 아니라는 것. 과-도는 초-감성적인 것의 피안도 아니며, 발-현으로서, 존재자를 강요한다는 것.

7) 관계 지음(Beziehen)[신들과 인간의 사이라는] 470f

발-현은 관계 지음이라는 것. 이 관계 지음은, 관계 지어져 있는 것을 비로소 그 자체로 가져오고, 이렇게 해서 응-대하는 것으로, 분정(分定)되어 있는 것들 안으로, 이것들이 갖는 곤궁과 파수역을 부여한다는 것.

8) 구별 지음(Unterscheidung)[존재와 존재자의] 273

'구별 지음'은 존재를 진리 안에서, 즉 진리가 갖는 간직함의 안에서, 본질현시하는 이 발현 영역을 일컫는다는 것.

9) 근거(Grund) 247, 307, 346, 380, 383, 407, 466, 470

근거는, 거절로서의 발-현이라는 것(247). 진리가 이 근거이며, 이 근거는 존재의 본질현전으로서의 발현 그 자체라는 것(346). 근거는, 발현을 감당하면서 솟게 하는 것으로서만, 정초한다는 것(380).

10) 근원(Ursprung) 383, 507

'근거'는 존재보다 더 근원적이 아니라, 발현을 도약적으로 열게 하는 것으로서, 근원이라는 것(383). 근원 '그 자체'는 본질 그 자체가 역사적으로 발현의 성격을 띠고 있다는 의미에서, 항상 역사적이라는 것(507).

11) 근본기분(Grundstimmung) 256, 396

[신과 인간의] 향하여 맞춰짐(kehrige Verfügung)은, 삼감의 근본기분 속에서, 기분적으로 조절되어 있으며, 기분 짓는 것은 발현이라는 것(256). 근본기분은, 어떤 기분 속에 있음이라는 것을 포함한다는 것, 즉 발현을 기분지어지면서-아는 의지로서의 용기라는 심정을 포함한다

는 것(396).

12) 기초-열기(Er-gründung) 308, 322

발현의 기초-열기[= 근거를 현전케 함, 근거의 발현]에 있어서만, 현-존재의 내존성이 성취된다는 것(308). 현-존재는 원초에 있어서는 발현의 정초 안에 서 있고, 존재의 진리를 기초 연다는 것(322).

13) 기-투(Ent-wurf) 80, 231, 447, 448, 451, 452, 479, 488

존재의 기투를 위해서는 존재가 발-현으로서 고유-화하는 순간이, 즉 현-존재의 순간이, 필요하다는 것(447). 기투 그 자체가 어디까지나 존재의 '본질'이며, 즉 발-현으로서의 기투라는 것(451). 기투의 본질도 또한, 존재의 '발-현의 성격'으로부터 규정되어야 한다는 것(452).

14) 내던짐(der Loswurf) 453, 455

내던짐[= 풀어 보내줌]은, 피투적인 것으로서, 발-현(역사의 근원)이라는 것(453). 내던짐은, 인간의 단순한 충동이나 흉금 열기로부터는, 결코 제대로 되지 않으며, 이 던짐은 발-현의 약동 안에서 피투적이라는 것(455).

15) 눈짓함(Erwinken) 385

말하지 않음[= 언술 거부]은, 발현의 원초적인 본질로서 '눈짓함'이며, 그것은 원초적으로 또 다른 원초에 있어서 이루어진다는 것.

16) 도약(der Sprung) 235, 237, 278

발현에 대한 귀속의 준비는 도약적으로 열린다는 것(235). 도약은, 발현을 지시하는 말 안에 간직함을 도약적으로 여는 저 최초의 것이라는 것(237). 발현으로서의 존재 안으로 도약하는 것이 결정적이며, 여기서부터 비로소 터져 열림이 개명된다는 것(278).

17) 뛰어넘음(Überspringen) 251

뛰어넘음은 존재의 진리의 근거를 기초 여는 것인 도약에 의해, 즉 현-존재의 발현으로 뛰어들기(Einsprung)에 의해, 함께 일어난다는 것.

18) 마주/대립(das Gegen) 264

이러이러한 것이 우선 먼저 있고, 그리고 그 반대-부분도 있어서, 양자가 공속함이 중요하다는 것이 아니라, 이미 대립이 맞진동으로서 있을 경우에는, 발현으로서 있다는 것.

19) 맞진동(der Gegenschwung)[존재와 현존재의] 262, 263, 264, 287, 304, 346, 351

발현에 있어서, 발현 그 자체가 [존재와 현-존재의] 맞진동이라는 방식으로 약동하고 있다는 것(262). 발현은 결코 직접 대상적으로 표상되어서는 안 되며, 발현은 인간과 신들 사이의 맞진동이라는 것(263).

20) 말하지 않음(Versagnis/Versagung/versagen) 24, 268, 380, 382, 385, 388, 411, 475

발현에는 '망설이면서 말하지 않음'이라는 성격이 있다는 것(268). 이 말하지 않음은 발현의 원초적인 본질로서의 '눈짓함'이며 그것은 원초적으로 또 다른 원초에 있어서 행해진다는 것(385).

21) 빠짐(Berückung) 384

빠짐[= 매혹]은 발현의 공간 비우기[= 공간 주기]이며, 이탈(Verlassenheit)은 물러섬을 통해 확인-정립된, 어디까지나 감내되어나가야 할 것이라는 것.

22) 사유-해냄(Er-denken) 463

존재를 사유-해냄은 단순한 존재자로부터의 해방을 쟁취하며, 그 해방은, 사유를 존재로부터 규정하는 것을 위해 고유-화된 것으로 만든다는 것. 사유-해냄은 역사 안에서의 갖가지 '발현'이 발-현 그 자체의 갖가지 돌발에 다름 아닌 그런 역사 안으로 밀어내둔다는 것.

23) 사이(Zwischen) 285, 312, 460, 470, 476, 477, 479, 484, 485, 488

'사이'는 '발현'에게 순간과 장을 제공하고 그렇게 해서 존재에게 귀속하게 될 수 있다는 것(285). 인간은 '사이' 안에 다리가 되어 서 있으며, 발-현은, 그 '사이'로서 인간을 현-존재에 응답적으로 인도함으로써, 신들의 궁경을 인간의 지킴이 역으로 건네준다는 것(488).

24) 삼감(Verhaltenheit) 80

삼감이 '말'이 되어 나올 때, 언시된 것은 항상 발현이라는 것. 이 언시를 이해한다는 것은 앎의 기투와 뛰어듦을 발현 안으로 수행하는 것이라는 것.

25) 세계(Welt) 275

'지상적'이며, 대지이기도 하며, 역사에 관계 지어져 있기에 자연보다도 '더욱 근원적'인 '세계'는 '역사형성적'이며, 그렇게 해서 발현에 가장 가까이 있기 때문에, 단순히 '창조된 것'보다도 높다는 것.

26) 수호(Verwahrung) 495

존재를 수호하는 것은 발현의 역사에 즉하여 있다는 것. 왜냐하면, 존재자의 안에서 '진리에' 이르고, 신들이 그 자신에 의해 어디까지나 기분 지어져, 존재가 사라지는 일 없이, 작열하고 소진하기 때문이라는 것.

27) 순간(Augenblick) 260, 323, 354, 385, 415, 447

발현에는 불의에 돌발적으로 출현하고, 그렇게 해서 비로소 확산을 얻는 장의 순간성, 그러한 순간성에 있어서의 유일성과 낯설게 하는 작용이 속한다는 것(260). 역사적인 순간은 전향의 발현이며, 이 전향에 있어서 존재의 진리는 진리의 존재에 이른다는 것(415).

28) 시간과 공간(Zeit und Raum) 381

공간과 시간 양자는 각각 발현으로서 본질현전한다는 것.

29) 시-공간(Zeit-Raum)/순간장(Augenblicksstätte) 30, 32, 323, 354, 371, 372, 375, 405, 409, 486

시-공은 진리의 결합부분들로서, 근원적으로는 발현의 순간-장이라는 것(30). 순간장은 발현이 거기서 진리가 되는 위대한 고요의 고독에서 발원하며, 시-공은 그 본질에 있어서 발현의 순간장으로서 전개된다는 것(323). 시-공은 순간-장으로서 발현의 전향으로부터 생긴다는 것(354). 시-공은 발현으로서의 존재가 본질현시된다는 의미의 진리에 속한다는 것(372).

30) 신/신들(Gott/Götter) 70, 228, 235, 241, 279, 280, 411, 454, 477, 484, 485

궁극적 신의 눈짓에 있어서 존재 그 자체가, 발현 그 자체가, 비로소 보인다는 것(70). 발-현으로서의 존재는 신을 증거함에 있어서 불가피한 것이라는 것(228). 궁극적 신의 최대의 가까움은, 발현이, 망설이면서 행하는 스스로의 말하지 않음으로서 '거절'로 높아질 때라는 것(411).

31) 심연(der Abgrund/Abgründung/abgründig(keit)/das Abgründige) 185, 278, 331, 380, 381, 390, 430, 470, 482, 485, 488, 489, 500

발현에는 터져 열림의 내적인 돌출성과 심연이 속한다는 것(185). 터져 열림을 알기 위해 우리는 심연을, 발현에 귀속하는 자로서 경험하지 않으면 안 된다는 것(278). 현-존재란 진리의 정초 그 자체이며, 존재(발현)에 의해 던져지고 감당되어 있는 심연이라는 것(500).

32) 아니(Nicht) 388

망설이면서 이루어지는 말하지 않음 안에서는, 하나의 '아니'가 본질현전한다는 것. 그것은 근원적인 '아니'이며, 그것은 존재 그 자체에, 따라서 발현에 속한다는 것.

33) 아프리오리(Apriori) 222

'이행' 안에서는 '아프리오리'가 단지 '외견상으로'만, 여전히 '문제'라는 것, 즉 존재와 존재자의 관련은, 발현 쪽으로부터 파악된다면, 완전히 다른 양상이라는 것.

34) 언어(Sprache) 497, 510

언어는 발현에 속하는 반향이며, 그 반향 속에서 발현은 싸움을 쟁취하는 것으로서, 대지와 세계 안에서 스스로를 증여한다는 것. 언어는 가장 내적이자 가장 넓은 것에 있어서의 척도-설정이며, 접합권능과 그 접합지의 본질현시(발현)로서의 척도-설정이라는 것.

35) 역사(Geschichte) 227, 228, 242, 399, 430, 431, 446, 453, 463, 464, 476, 479, 492, 494, 495, 507

존재의 역사는, 그 자체에 있어서는 순간에 불과한 긴 시공 속에서, 여러 가지 드문 발현들을 알고 있다는 것(227). 존재 그 자체가 발-현으로서 모든 역사를 처음으로 짊어지고, 그로 해서 결코 산출할 수 없다고 하는 의미에서, 사유는 역사적이라는 것(242). 발-현으로서의 존재는 역사라는 것(494).

36) 예술(Kunst) 505, 506

예술은 하나의 발현으로서 스스로를 열어 보인다는 것. 우리는 이 근원적인 발현을 현-존재라 일컬으며, 이 현-존재의 내적 긴박성으로부터, 존재자의 우위의 분쇄가 준비되고, 그것을 통해, '예술'의 또 다른 근원의 심상치-않은 것과 부-자연한 것이 준비된다는 것.

37) 원초(Anfang) 57, 58

최대의 발현이란 언제나 원초라는 것. '원초'는 발현으로서의 '존재 그 자체'이고, 존재자 그 자체의 진리의 근원의 감추어진 지배이며, 그리고 존재는 발현으로서 원초라는 것.

38) 응-대(Ent-gegnung) 470, 471, 477, 479, 484

결-단으로서의 발-현은, 분기된 자들에게, 응-대를 초래한다는 것(470). 존재는 신들과 인간의 발-현으로서, 그것들의 응-대를 위해, 본질현전한다는 것. 응대하면서 발현함으로부터, 그리고 발현과 함께 발원하는 '사이'의 감춤과 밝힘 속에서, 세계와 대지의 각축이 성립한다는 것(477).

39) 인간(Mensch) 17, 26, 32, 228, 248, 256, 298

인간은 현-존재로서, 발현으로서의 존재에 의해 발-현되며, 그렇게 해서 발현 그 자체에 귀속하게 된다는 것(256). 인간이란, 스스로가 존재에 발현되어 있는 자, 존재의 본질현전으로서의 발현에 자신이 귀속되고 있음을 아는 자라는 것(298).

40) 자기성(Selbstheit) 319f (위의 3)을 참조)

41) 전향(Kehre) 261, 262, 269, 311, 320, 342, 351, 354, 372, 380, 381, 407, 409, 413, 414, 415

하나의 전향이, 아니 전향 '그 자체'가 존재 그 자체의 본질을, 바로 그 자체 안에서 대향적으로 약동하는 발현으로서 고지한다는 것(261). 발현은 그 가장 내적인 생기와 그 가장 넓은 파악을 전향 속에 갖는다는 것(407).

42) 제작성/작위(Machenschaft) 134

제작성과 체험의 상호접근은, 그 자체 안에, 존재의 감춰진 역사 내부에서의 유일한 발현을 포함하고 있다는 것.

43) 존재이탈(Seinsverlassenheit) 114, 133, 228, 372, 410

존재이탈은 발현이 쫓겨나고 거부금지되는 것이라는 것(114). 발현으로서의 눈짓은, 존재자를 그 극한의 '존재이탈' 속에 두고, 동시에 존재의 진리를 가장 친밀한 빛남으로서, 빈틈없이 비춘다는 것(410).

44) 죽음(Tod) 283

인간의 현-존재에 있어서의 죽음의 유일성은, 현-존재의 가장 근원적인 규정에, 즉 존재 그 자체에 의해 발-현되고 그 진리(스스로를 감춤의 공개성)를 정초한다고 하는 규정에 속한다는 것.

45) 집합(Sammlung) 97

발현 안에서 근원적인 집합이 준비된다는 것. 이 집합에 있어서, 그리고 집합으로서, '민족'이라고 불려야 할 것이 역사적으로 된다는 것. (단, 이 '민족' 개념에 대한 언급은, 히틀러와 무관할 수 없었던 당시의 독일 분위기로서는 이해되는 바가 아주 없지는 않으나, 오늘날의 관점에서 보면 이 단어에 대한 언급 자체가 하이데거의 한 결점일 수도 있다고 평가된다.)

46) 터져-열림(Erklüftung/Klüftung/Zerklüftung) 185, 237, 278, 279, 280, 321

발현에는 터져 열림의 내적인 돌출성과, '심연'이 속한다는 것(185). 터져 열림을 그 결합조성에 있어서 알기 위해, 우리는 심연을, 발현에 귀속하는 자로서 경험하지 않으면 안 된다는 것(278).

47) 호소/부름(Zuruf/Anruf) 31, 64, 342, 372, 380, 385, 407, 408

발현은 현존재를 필요로 하지 않을 수 없으며, 현존재를 필수로 하면서 현존재를 호소 안으로 놓고, 그렇게 해서 궁극적 신의 스쳐감에 직면시킨다는 것(407). 호소는 발현의 비밀 안에서 생기는 돌발적 출현과 결여라는 것(408).

발현의 관련 모습들은 대략 이상과 같다. 여기에 언급된 내용들은 각각 그 자체의 고유한 문맥에서 각 개념과 발현과의 밀접한 관련을 알려준다. 비록 모든 자료들을 총망라한 완벽한 논의는 아니더라도, 이것들을 통해 이제 '발현'의 여러 가지 모습들이 어느 정도는 입체적으로 조명되었으리라고 여겨진다.

(4) 매듭

우리가 살고 있는 이 세계는 우리 자신인 인간을 포함해서 놀라운 신비들로 가득 차 있다. 아니, 있다는 것 자체가, 어떠어떠하다는 것 자체가, 사실은 신비 그 자체라고 해도 과언이 아니다. 이 '있음'의 세계가, 그리고 그 안의 온갖 근본적 현상들이 얼마나 놀랍고 두려운 것인가 하는 것을 일상 속의 우리는 잘 깨닫지 못한다. 우리는 대개 주어지는 '삶의 여러 가지 일들' 속에 매몰되어 경황없이 살아가고 있다. 자연의 세계가 점점 작아지고 인간의 세계가 점점 더 커져 모든 것을 삼켜버릴 듯한 우리의 이 시대에는 그러한 경향이 극에 달하고 있다. '존재가 이미 떠나간' 그러한 상황 속에서는 모든 것이 '만들어진' 것으로 이해되고, 그것에 대한 인간 중심의 대상적인 '체험'이 강조된다. 그러나 우리는 언젠가 몸을 돌려 그 신비한 존재현상들의 '울림'을 듣고, 그 '송달'을 받고, 그 '기초'를 확인하고, 그것으로 '도약'하는, '도래'할 자의 한 사람이 되어, 궁극적 '신'의 스쳐감을 언뜻 엿볼 수가 있게 될 것이다. 그것은 '또 다른 시초'로의 '이행'이 된다. 하이데거라는 철학자는 우린 인간들에게 그러한 방향을 지시해 보여주고자 온 정성을 다하고 있다. 그러한 지적, 사유적, 성찰적 노력을 그는 '철학에 대한 진정한 기여'(Beiträge zur Philosophie)라고 생각한다. 그러한 방향으로 난 길을 걸음으로써 우리 인간은, '존재'라고 하는 '진리'가 '본질적으로 현전'하는, 즉 만유가 본래적으로 그와 같이 되고 있는 '발현'의 모습이 스스로를 드러내는(감추면서 밝히는), 그러한 하나의 근본적인 '장'(존재의 장[場])으로서 비로소 자신의 존엄을 지닐 수가 있게 될 것이다. '경악스러움'과 '두려움'과 '삼감'이라는 이른바 '근본기분'이 우리를 그러한 경지로 안내할 것이다. '발현'이라는 현상은 어디까지나 '그 자체에 있어서 움직이는 영역'이었다. 그것은 자연 앞에서 잘난 척 설쳐대는 인간의 인위 내지 작위를 근본적으로 초월하는 것이었다. 그러한 어떤 절대적인 영역 내지 현상을 확인함으로써 우리 인간은 모든 존재에 대한 인간의 부당한, 그리고 위험한 들볶음을 '단념'하지 않으면 안 된다. 존재 내지 발현의 엄중한 '호소' 내지 부름, 그러한 성격에 겸허히 귀를 기울이면서 귀속하는 '청종'적인 태도 내지 자세, 그리고 '내맡김', 그것은 하이데거의 존재론이 우리 인간들에게 권유하는 철학적 덕목이기도 했다. 바로 이러한 것들이 이른바 하이데거의 후기 사유가 (특히 《기여》가) 우리에게 보여주고자 했던 내용이었다. 그 핵심에, 혹은 근저에, 혹은 정점에 바로 '발현'이라는 것이 있었다. 그것은, 결코 한갓된 '사건'이나 '뉴스'가 아니었다. 그것은, 알 수 없는 어떤 근본으로부터 본래적으로 그와 같이 고유한 상태로 되고 있는, 되어가고 있는, 그러면서 우리 인간들에게 그 모습을 드러내면서 우리에게 응대할 것을 호소하는, 그러한 어떤 최근원적인 존재의 모습이었다. 그것을 우리는 바로 지금, 바로 여기서, 확인할 수 있다. 보라, 여기 이 모든 것들이 이와 같이 발현적으로 그 있음과 그 그러함과 그 그리 됨을 펼쳐가고 있지 않은가.

4. 정리

지금까지 우리는 '존재'와 '시간'이라고 하는 핵심 개념에 초점을 맞추고 하이데거 철학이라고 하는 거대한 사유의 세계를 탐험해왔다. 이세계는, 한마디로 말해, '존재의 세계'라고 할 수 있지만, 그것이 너무나도 치밀하게, 너무나도 풍부하게, 너무나도 복잡하게 구성되어 있어서, 경우에 따라서는, 그 속에서 미아가 되어버릴 수도 있기 때문에, 굳이 그 가장 중심적인 과제라고 할 수 있는 '존재'와 '시간'의 핵심적인 내용을 파악해보고자 했던 것이다. 말하자면 숲의 모습도 그 숲을 이루는 나무의 모습도 놓치지 않으려 노력한 셈이다.

그러기 위해, 우선 제1부에서는, 전기의 대표작인 《존재와 시간》에 나타난 그 내용을 고찰해보고, 이어서 후기의 대표작인 〈시간과 존재〉에 나타난 그 내용을 고찰해보았다. 그런 다음에, 이 양자 사이의 미묘한 차이와, 그럼에도 불구하고 변치 않는 내용을 생각해보았다. 그런데 이 점은 하이데거 철학의 전개를 둘러싸고 연구자들 사이에서 많이 논란된 소위 '전환'의 문제와도 관련되어 있기에, 그것을 둘러싼 여러 견해들도 살펴보았다.

이 과정에서 우리는, 우선 《존재와 시간》과 〈시간과 존재〉의 의의 및 관계, 그리고 《존재와 시간》에서 그가 취한, 주제로의 접근방법으로서의 '현상학' 및 '해석학' 그리고 '현존재 분석론'의 내용과 의의도 논했다. 그리고 '존재'의 진상에 다가갔다. 거기서 우선, '존재'란 추상에 의해 탐구될 수 있는 것이 아니고, 단순한 논리학적 최고 류 개념도 아니고, 존재자도 아니라는 것, 그러나 어디까지나 존재자의 존재라는 것, 그리고 실제로는 여러 의미로 이해되고 있다는 것, 구체적으로는 사물적 존재자의 존재, 도구적 존재자의 존재, 그리고 현존재(인간)의 존재로서 이해되고 있음을 보았다. 특히 우리는 《존재와 시간》의 실질적 주제인 현존재의 존재를, 일상성의 차원과 근원성의 차원에서 각각 상세히 살펴보았다. 우선 일상성의 차원에서, 세계내존재, 개시성, 신경씀의 내실을 보고, 그리고 근원성의 차원에서, 전체존재, 본래적 존재, 본래적인 전체존재가능, 현존재의 존재의 의미로서의 시간성, 역사성 등의 내실을 살펴보았다.

그리고 그것과 함께, '존재'가 현존재를 통해서 나타날 수 있다는 것, 자기현시하는 현상으로서의 성격을 갖는다는 것, 진리로서의 성격을 갖는다는 것, 문제적인 것이라는 것, 시간이라는 지평에서 밝혀질 수 있는 것이라는 것 등을 살펴보았다.

바로 이 마지막 사실에서, 우리는 '시간'의 해명으로 옮겨갔다. 거기서 우리는, 하이데거가 생각하는 현존재의 '시간성'과 '세계시간' 및 '지금-시간'의 내실을 살펴보았다.

그러고 나서 우리는 〈시간과 존재〉에서 그가 제시하고 있는 내용, 즉 우선, '존재'가, 현존이고, 시간 속에 있는 시간적 사물이 아니라, 하나의 문제사태이고, 공허하고 추상적인 것이 아니라는 것을 확인했다. 그리고 그것이 단적으로 '주어진 것'이라는 것을, '주는 것'과 주는 '그것'의 의미를 통해서 살펴보았고, 그리고 그것이 궁극적인 '발현의 일종'이라는 것을, 그 발현의 성격해명을 통해서 살펴보았다.

그러고 나서 우리는 '시간'으로 관심을 옮겨, '시간'이, 우선, 존재와 마찬가지로 시간적인 사물이 아니라, 하나의 문제사태임을 살펴보았고, 그리고 그것이 어디까지나 존재와의 관련에서, 즉 '현존성'의 그 '현재'로서 이해되고 있음을 확인했다. 그리고 그 '현존'의 '존'이, 존속, 체류라는 것, '현존'의 '현'이, '인간에 대한 관련'을 의미한다는 것도 살펴보았다. 그리고 그 '인간에 대한 관련'이, 기재, 도래, 현존이라는 세 가지 방식으로, 즉 세 가지 '차원'에서 이루어진다는 것도 확인했다. 그리고 이 세 가지 차원은, 각각 독립된 것이 아니라, 각각이 서로 자기를 다른 것들에게 건네는 '통일적'인, 본래적 시간으로서, 사차원적인 것으로서, 건네준다는 것도 확인했다. 그리고 그 통일로서 건네줌에는, 두 개의 성격, 즉 세 가지 각각이 서로서로 관련한다는 것과, 세 가지 각각이 서로서로 거절한다는 것이 있음을 살펴보았고, 그리고 그 통일과 함께 드러나는 '시간-공간'을 살펴보았고, 그리고 그 '시간-공간'의 선공간적인 장소성을 살펴보았고, 그리고 시간이 애당초 발현에 있어서 [즉 본디 그러함이라는 형태로] 건넨다는 것을, 발현의 해명을 통해서 살펴보았다.

그런 다음에는, 《존재와 시간》과 〈시간과 존재〉 사이에 있는 미묘한 차이를 검토했다. 우선, 전자에서는 현존재에 결부되어 있던 존재가 후자에서는 존재자 없이 사유된다는 것, 그리고 전자에서는 존재가 명백한 주제고 또 목표였는데 후자에서는 존재가 발현 안에서 소실된다는 것, 그리고 전자에서는 시간이 현존재의 시간성이었는데 후자에서는 그것이 현존성 그 자체와 결부되어 있다는 것, 그리고 전자에서는 시간이 존재이해를 위한 지평관계였는데 후자에서는 애초에 존재와 결부된 사태 그 자체의 관계라는 것 등을 살펴보았다.

그리고 이상과 더불어 우리는, 양자에 있어서, '존재'와 '시간'에 대한 관심이 기본적으로 다르지 않다는 것, 후자에 의해서 전자가 훼손되는 일은 없다는 것도 함께 주의해두었다.

그런데 그 양자의 관계에 대한 논의는, 연구자들 사이에서 논란이 된 '전환' 문제와도 관련되어 있어서, 우리는 그 논의도 개관해보고, 그 문제의 발단과, 전환의 네 가지 의미, 즉 ① 《존재와 시간》의 당초 구상 안에 포함된, 제1부 제3편 '시간과 존재'로의 방향전환, ② 《존재와 시간》에서 그 후의 후기 사색으로의 방향전환, ③ 존재망각에서 존재사유로의, 즉 하이데거로의 전환, ④ 존재라는 문제 그 자체에 내재하는 근본사태로서의 '전향', 이라는 네 가지 의미를 밝혔다. 그리고 그 네 가지 각각의 의의도 논정했다.

그러나 이러한 논의 진행 방식은, 하이데거적 문제의 가장 핵심적인 부분을 두드러지게 하기 위해 그의 사유를 과도하게 단순화했을지도 모른다는 우려에서, 그 단순화를 보충하고자 우리는, 또한 제2부에서, 그의 이른바 '초기'와 '후기'에서의 핵심적인 사상을 추적해보았다. 그 과정에서 우리는 우선, 존재에 대한 그의 관심 형성의 몇 가지 계기로서, 그가 태어나 자란 환경과, 브렌타노와 브라이크와 후설과 슈나이더와 리케르트와, 그 외 간접적으로, 니체, 키에게고, 도스토예프스키, 헤겔, 셸링, 릴케, 트라클, 딜타이, 휠덜린, 가이저, 핑케, 그리고 아리스토텔레스가 있었음을 언급해두었다.

그리고 우리는, 우선 그의 〈실재성 문제〉에서, 그가 '실재성'을 긍정적으로 보고자 함으로써 반심리주의적 경향을 갖고, 또 그것이 반주관적 경향을 가짐으로써 어렴풋한 형태로 존재에 대한 지향이 시작되고 있다는 것을 보았고, 그리고 '학위논문'에서, 그가 존재의 전 영역에 대한 해명을 최종목표로 하고 있다는 것과, 판단에서의 존재의 의미를 묻고 그것이 '타당한 것'이라고 답하고 있는 것을 보았고, 그리고 '교수자격논문'에서, '범주'를 다룸으로써 간접적으로 존재를 언급하고 있으며, '존재'를, 대상영역 일반의 총체적 의미, 대상적인 것 안에 일관된 요인, 범주의 범주, 대상인식 일반의 가능성의 조건, 궁극의 것, 최고의 것, 초월 개념, 대상성 일반, 인식되는 것 일반, 온갖 대상적인 것 일반, 보편적인 무언가 일반 등으로 해명하고 있으며, 존재와 관련해서, 일(一), 진, 말 등, 후에 존재의 주요양상으로서 깊이 논의되는 것에 이미 언급하고 있으며, '존재양상'과 관련해서, '인식에 있어서만 대상은 알려진다'고 말하며, 《존재와 시간》의 기본적인 입장에 연결되는 흔적을 제시하고 있으며, 특히 그 '결론'의 장에서, 존재를 주제로 하는 '형이상학'에 대한 지향이 강하게 보인다는 것 등을 살펴보았다. 그리고 〈시험강의〉에서, 이미 '시간'에 대한 관심이 보인다는 것과, 후의 세계시간과 무관하지 않은 '물리학적 시간'이 언급되어 있다는 것과, 역사학적 시간이라고 하는 특이한 시간 개념이 제시되고 있다는 것을 보았다. 그리고 《시간의 개념》에서, 《존재와 시간》과 거의 일치하는 내용이 소박한 형태로 언급되어 있다는 것도 보았다. 그러나 이러한 초기의 제반 내용은, 물론 그 나름의 의의는 분명히 있지만, 아직 어디까지나 서남학파의 영향권 내에 있는 학문적, 논리적인 것으로, 그 자신의 고유한 사상은 희박하다는 것도 주의해두었다.

이러한 초기 사상의 해명을 통해 《존재와 시간》의 이해를 보다 확실히 한 후에, 우리는 또, 《존재와 시간》 이후 〈시간과 존재〉에 이르기까지의 과정에서 전개된 그의 중기 내지 후기 사유의 주요한 내용들을 고찰해보았다. 그때, 우선 후기 사유의 두드러진 방법론 내지는 일반적으로 존재에 연관된 인간의 관련방식으로서 그가 강조한 '사유'와 '시작', 그리고 전체로서의 존재자를 넘어서 묻는 초월로서의 '형이상학'이 어떤 것인지를 해명해두었다. 또한 존재를 대하는 우리 인간의 마땅한 태도로서 '내맡김'과 '되돌아-감'의 의의도 아울러 언급했다.

그러고 나서, 좀 더 구체적인 주요문제들로 좁혀 들어갔다. 이 과정에서 우리는, '존재의 장막으로서의 무', '이중태', '배정', '진리', '로고스', '퓌시스', '문제사태', '운명', '역사', '근거', '사물화', '존재의 집으로서의 말', '단순한 것-가까운 것-동일한 것-오래된 것-이미 있던 것-항상적인 것-위대한 것' 등을 핵심적 내용으로 보고 그 내실을 해명했다.

하이데거의 이 후기 사유에서 밝혀진 '존재'의 모습은, 우선, 불안에서 나타나는 '무' 자체의 무화, 그 무화에 의해서 지시되는, '하여간 무가 아니라 존재하고 있는 전체로서의 존재자'라는 것, 그리고 그리스어의 '에온'이 나타내고 있는, 존재와 존재자가 둘이면서 하나를 이루고 있는 '이중태', 즉 존재는 존재자의 존재이고 존재자는 존재에 있어서의 존재자라는 것, 다시 말해 존재자와 존재는 완전히 하나도 아니고, 완전히 다른 것도 아니라는 것, 그리고 존재와 존재자의 차이라는 점에서 나타나는 도래와 도착의 구별로서의 '배정', 다시 말해 양자를 그 따로따로와 서로서로라고 하는 성격에서의 각각으로 있게 하는 것, 그리고 현성, 밝히는 것, 탈피, 자기출현, 해방 등의 성격과, 또한 동시에, 자기은폐, 간직함, 물러섬 등의 성격을 함께 갖는 '진리-알레테이아-비은폐성'이라는 모습을 갖는다는 것, 그리고, 수집하는 통치로서의 '로고스', 즉 스스로 앞에 가로놓인 것을 그 가로놓임 속에 단순히 함께 앞에 가로놓는 것, 다시 말해, 현존자를 비은폐 상태로 나타나게 하여 존재시키는 것, 현존자를 그 현존으로 출현시키는 것으로서의 로고스라는 모습을 갖는다는 것, 그리고 자기를 출현하는 것, 나타나는 것, 비은폐태 안으로 나타나오는 것, 더욱이 그때, 자기은폐하는 것, 그러한 한, 나타나 지배하는 체류로서의 '퓌시스'라고 하는 모습을 갖는다는 것, 그리고 그 자신 문제적인 것, 즉 사유를 곤란케 하고, 사유를 자기에게로 끌어당기는, '사유의 문제사태'라는 성격을 갖는다는 것, 그리고 우리에게 자기를 보내오는 것, 더욱이 그때, 그 현성에서 자기를 거둔다고 하는, 자기송부와 자기퇴거를 함께 가진 '운명'(보내기), 즉 주어지는 것이면서 동시에 주는 것 자신이기도 한, '에스 깁트 자인'(Es gibt Sein)의 그 '에스 깁트'(Es gibt)의 성격을 갖는다는 것, 그리고 운명처럼 우리에게 자기를 보내오는 동시에, 그 현성에 있어서 이미 자기를 거둔다고 하는 의미에서의 '역사'(Geschichte), 더욱이 본질적인 사유자의 말함 속에서 말이 되어 나타나 전개되는, 그러한 역사의 모습을 갖는다는 것, 그리고 그것은 또, 그 자신으로부터 근거가 되는 것이라고 하는 의미에서의 근거, 즉 왜 그것이 있는가라고 하는 것은 알 수 없고, 단지 그것이 그렇게 있기 때문에 그렇게 있다고 말할 수밖에 없는 의미에서의 '자기근거'라는 것, 그리고 그러한 한에서, '심연', '유희'라는 절대적 성격을 갖는다는 것, 그리고 X 표시의 존재가 나타내고 있는 것처럼, 천, 지, 신, 인이라고 하는 사자가 서로 마주 보고 단일체를 이루고 있는 '사자체'에서, 서로 관련하는 '사화', 그런 의미에서의 '사물의 사물화', '세계의 세계화', 그것들의 '반영, 작용, 반영적 작용, 윤무, 사슬의 원환'이라고 하는 절대적, 본연적인 모습, 즉 사자를 본연화시키면서 그것들의 단일체[사자체]의 빛 속으로 밝히는 것, 빛나면서 사자를 사방팔방으로 열고 그것들의 본질의 수수께끼 속으로 고유화시키는 것이라고 하는 궁극적, 자성적인 모습을 갖는다는 것, 그리고 존재의 집인 '말'의 세계에서, 즉 '말'이라는 장(場)에서 자기 모습을 나타내고, 인간에게 말을 걸고, 인간으로 하여금 말로 응하게 하는, 그런 의미에서, 인간과 관련된다는 것, 그리고 결코 특수한 무언가가 아닌, '단순한 것', 인간에게 있어서 '가까운 것', 자기 자신으로 자족적인 '동일한 것', '가장 오래된 것-이미 있는 것-항상적인 것-위대한 것'이라는 성격을 갖는다는 것, 바로 이러한 것들이, 후기의 하이데거가 사유한 존재의 내실이었던 것이다.

이러한 여러 모습들을 확인한 후, 우리는 그의 후기 사유가 '발현'(Ereignis: 본래 그리 됨)이라고 하는 궁극의 주제로 승화되는 것을 살펴보고, 그게 어떤 것인지 그 내실을 확인했다. 그 과정에서 우리는 이 '발현'이 하이데거 사유의 궁극적인 귀착점으로서, 어떠한 경위로 전개되어왔는가 하는 것, 그리고 그 기본적인 의미가, 여러 가지 있지만, 하여간, '고유의 상태'라고 하는 '아이겐'(Eigen)과 '가져온다, 건넨다, 허용한다'고 하는 '에어'(er-)의 결합으로서 생각되는 경향이 강하다는 것, 그리고 '에어-오이그넨'(er-äugnen)이라는 고어와 관련하여, 인간의 눈앞에, 인간에게 연관되어온다는 의미로 생각되는 경향도 강하다는 것을 확인했다. 그리고 이어서, 에어아이크니스에서, '무엇을', '무엇이', '어떻게', 에어아이그넨하는가(본래 그리 되는가)라는 것을 추적해보았다. 그 과정에서 우리는, 에어아이그넨되는 것으로서의, 본래 고유의 것, 고유의 상태, '현존하는 것과 부재하는 것', '시간'과 '존재', 그것들의 '공속', 세계라고 하는 사자체, 존재와 인간의 공속, 지시로서의 말 등을 확인했고, 발현함을 담당하는 주체는 드러나지 않는다는 것, 다시 말해 발현에는 본래 자기는 물러선다고 하는 의미에서의 탈현(Enteignis: 자기퇴거[뒤로 빠짐])가 속한다는 것을 확인했고, 그리고 발현 자체의 전개 방법으로서, 에스 깁트(Es gibt: 그것이 준다, 있다) 내지 '보낸다', '건넨다', '고유케 한다'(Eignen 또는 Vereignen) 및 '하게 한다'고 하는 성격을 확인했고, 동시에, '인간에 대한 관련'이라는 성격도 확인했다. 그리고 마지막으로, 이러한 에어아이크니스를 발언하는 것의 기본적인 의미가 어디에 있는가 하는 것을, 즉 '그것에 의거하여, 그것을 향하여, 그것을 말하는 것'이 그 궁극의 의미이고 또한 존재모습이라는 것도 확인했다. 그리고 그 원형을 《기여》에서도 확인했다.

이렇게 해서, 하이데거가 전개한 존재사유의 핵심 내지 본류를 파악하고자 한 우리의 긴 탐험은 일단 마무리되었다.

5. 닫는 말

이상, '존재'에 대해 그리고 '시간'에 대해 하이데거가 어떻게 생각하고 무슨 말들을 했는지 비교적 소상하게 살펴보았다. 이제, 무엇이 더 말해야 할 것으로 남겨져 있는 것일까? 이 책의 의도는 애당초 하이데거의 존재 개념과 그에 관련된 시간 개념을 명확히 하는 것이었다. 아울러 하이데거 철학 전체의 뼈대를 명확히 그려내는 것이었다. 그것은 이미 본문에서 어느 정도 달성되었다고 할 수 있을 것이다.

그러나 우리의 이 논의는, 이미 그 출발점에서 선언한 대로, 방대한 하이데거 철학의 많은 주제들을 괄호쳐둘 수밖에 없었다. 그중에서도 특히, 그 나름의 중요한 의미를 가질 수 있는, 하이데거의 이른바 존재사적 연구(그의 서양철학사론)나, 횔덜린 등의 시작에 대한 해명, 그리고 존재망각의 사정 내지 현대기술문명의 비판 등에 관해서는, 극히 간단한 지시가 있었을 뿐, 그 체계적인 연구와 규명이 행해지지 않았다. 그것은 아쉬움으로 남는다.[105] 그리고 그의 철학이 다른 분야에 미친 영향의 조사라든지, 다른 주요철학들과의 비교연구 등이 이루어지지 않은 것도 또한 아쉽다. 그와 같은 작업은 별도의 형태로 수행하여 완결되지 않으면 안 될 것이다. 그의 사후 출간된 전집판의 연구도 마찬가지다.

그러나 아무튼, 다음과 같은 몇 가지만은 여기서 마지막으로 언급해두고 싶다.

---

105) 졸저, 《하이데거 ─ 그의 물음들을 묻는다》 및 아낙시만드로스, 파르메니데스 등 관련논문들(한국하이데거학회의 《현대유럽철학연구》)에서 보완적인 연구를 한 바가 있으니 참고하기 바란다.

우선 첫째는, "하이데거의 사유는 하나의 길로서 이해되지 않으면 안 될 것이다. … 하나이자 유일한 사상으로 국한하는 길로서"라고 푀겔러도 말한 것처럼, 하이데거의 철학은, 결국, '하나의 [일관된] 길'(ein Weg)로서 이해할 수가 있다는 것이다. '존재'(Sein)를 향한 길이다. 실제로 그 자신, 《내맡김》(Gelassenheit)에서, "나는, 하나의 긴 길에서, 고향이 나에게 준 모든 것에 대해 감사한다"(Gl11)는 말로, 그의 전 철학적 생애를 '한 줄기의 긴 길'에 비유하고 있다. 그뿐만이 아니다. "길과 저울 / 오솔길과 말 / 하나의 걸음 안에서 찾아내고 / 가서 짊어지라 / 과오와 물음 / 그대의 하나의 소로를 따라서"(ED75)라는 말, "모든 것은 길이다"(US198)라는 말, 《이정표》(Wegmarken)라는 그의 저서명 등도 이 사실을 뒷받침해주는 것이라고 말할 수 있다. 그는 이 외길을 한결같이 걸으며, 거기에서 이탈하는 일이 없었던 것이다. 물론 그 자신 여러 가지 변양을 통해 그의 주제를 전개했고, 실제로 전환이 논란되었고, 그 스스로 "길들이지 — 작품이 아니다"(Wege — nicht Werke)라든가, "숲길들"(Holzwege)이라며 이것을 복수의 형태로 표현하기도 하지만, 그것은 어디까지나 하나의 숲 내부를 가로지르는 많은 오솔길들이지, 하나의 숲 그 자체, 즉 하이데거의 유일한 주제의 틀을 벗어난 것은 아니라고 봐야 할 것이다. 그러면, 그 한 줄기의 길이란 어떠한 길인가? 단적으로 말해 그것은, '존재탐구의 길'이다. '존재이해의 길'이다. 단, 이것은 결정적인 두 가지를 동시에 말하고 있다. 하나는 그 주제, 그 내용이 '존재'라는 것이고, 하나는 그 주제에 대한 대응방법이 '현상학' 내지, 존재의 말걸음(요구)에 대한 반응(응답)으로서의 '사유' 또는 '시작'이라는 것이다. 물론, 전기의 '현상학'은 좀 다르지 않겠느냐고 말할 수도 있지만, 그러나 전기의 현상학도 역시 '자기를 내보이는 것'으로서의 '현상'을, 그 자신 쪽에서 보이게 하는 것이었던 이상, 그것은 후기의 '사유'와 근본적으로 다른 것일 수 없고, 실제로 그 자신, 후기의 《사유의 문제로》에서, '현상학적 태도는 여전히 변함이 없다'고 하는 취지의 이야기를 하고 있다. 그리고 그 주제가 유일하다는 것은, 이미 본문이 그것을 확인해줄 터이고, 또, "하나의 별을 향해 가는 것, 오직 이것뿐"(Auf einen Stern zu gehen, nur dieses)(ED76)이라는 그 자신의 말도 그것을 뒷받침해준다. 이런 한, 여러 가지로 복잡하게 보이기는 하지만, 실은, 하이데거의 철학만큼 단순명료한 철학도 없는 셈이다.

그리고 둘째는, 이러한 하이데거의 철학이 우리가 보기로는 세 갈래 구조로 되어 있다는 것이다. 그 세 갈래란, 이미 본문에서 본 헤벨의 비유에 나타나 있던 '태양'과 '달'과 '지구'(특히 그 밤)와 같은 것이 그의 철학의 가장 기본적인 세 계기로서 그의 철학 전체를 구성하고 있다는 것이다. 하이데거가 말하는 존재, 진리, 근거, 세계, 로고스, 퓌시스, … 내지 발현은 이 비유의 태양과 같은 것이고, 그가 말하는 현상학, 현존재 분석, 사유, 시작, 철학, 성찰, … 등은 이 비유의 달과 같은 것이며, 또 그가 말하는 존재망각, 가난한 시대, 원자시대, … 등은 이 비유의 지구(그 밤)와 같은 것이다. 물론, 여기서 태양, 즉 존재 자체가 우위를 갖는다는 것,[106] 그리고 사유 내지 인간 없이는 태양의 빛도 없다는 점에서, 그것을 결코 무시할 수 없다는 것, 그리고 밤, 존재망각에는 존재 자체의 자기은폐도 강하게 작용한다는 것, 이 세 가지 점을 각별히 유의하지 않으면 안 된다. 이러한 점에 유의하면서 그의 철학을 세 갈래 구조로서 이해할 때, 그의 철학 전체가 보다 명료하게 우리 눈에 들어올 수 있을 것이다.

그리고 셋째는, 비멜이, "하이데거에게 문제가 될 수 있는 것은 물론 우리에게도 문제가 되지 않으면 안 된다"고 말한 것처럼, 중요한 것은

---

106) 이 점을 필자는, '하이데거 철학에서의 아프리오리즘'으로서 논한 적이 있다. 東京大學 文學部 哲學研究室, 《論集》 II, pp.157-167을 참조 바람.

결국, 하이데거의 지시에 따라서, '그와 함께' 그것을 봐야 한다는 것이다. 왜냐하면, 하이데거가 그의 사유를 통해서 보여준 '존재'라는 것은, 그야말로 최고의 비밀이고, 최고의 신비이고, 최대의 문제인, 바로 '이 것'이기 때문이다. 지금도 우리 앞에 펼쳐져 있는, 그리고 펼쳐지고 있는, 그리고 앞으로도 영원히 그러할 바로 '이것'이다.

그 죽음으로써 이 존재에 대한 관련에 끝맺음을 고하기는 했지만, 하이데거는 아마 지금도 이 존재의 저편에서 진지한 목소리로 계속 이야기하고 싶을 것이다.

"존재는, 그 자신이 인간에게 있어서 사유할 가치가 있는 것이 되기를 지금도 기다리고 있다."(UH12)

라고.

한국에서의 하이데거 연구[1]

1. 서론: 하이데거의 의의

이 논문은 '한국에서의 하이데거 연구'를 일목요연하게 정리하는 것을 목적으로 삼는다. '한국의 하이데거 연구사'[2]인 셈이다. 《존재와 시간》 발간 90주년, 한국하이데거학회 결성 25주년[3] 기념으로 의미가 있을 것이다.

한국 철학계에서는 일종의 '하이데거 현상'이라고 부를 만한 것이 있다. 그는 적어도 100명이 넘는 철학사의 주도적 철학자들 중에서도 좀 특별한 주목의 대상이 되고 있다는 것이다. 그 양상은 무엇보다도 그에

---

1) 이 논문은 당초 한국현대유럽철학회의 《현대유럽철학연구》 제51집에 게재된 것을 전재한 것이다. 책에 맞도록 일부 수정을 가했다.
2) 단, 기본적으로는 외양적인 전개양상을 위주로 하며 내적, 질적 평가는 되도록 자제한다.
3) 2017년 집필이므로 25주년에 해당한다.

대한 예사롭지 않은 관심의 양으로 나타난다. (NDSL 검색으로 전체 독일 철학자 중 칸트에 이은 2위, 현대 독일 철학자 중에서는 1위인 846건의 연구논문) 왜일까? 그 이유로는 대략 다음과 같은 것을 손꼽을 수 있다.

-- '존재'라고 하는 그의 원초적, 궁극적 주제
-- '인간'(현존재)의 탐구
-- '세계'의 해명
-- '현상학, 해석학, 해체, 기초존재론, 현존재 분석론, 형이상학-초월, 사유, 시작해명, 내맡김, 되돌아-감, 성찰' 등 독특한 방법론
-- 존재를 둘러싼 '시간, 무, 전향, 이중태, 배정, 진리-비은폐성-알레테이아, 로고스, 퓌시스, 크레온, 사태, 운명-에스기프트, 역사-존재사, 근거, 사물, 사방, 언어, 기술-시대, 신, 발현(에어아이크니스)' 등 문제 자체에 대한 전방위적 사유
-- '철학사'와의 진지한 대결, 깊은 이해
-- 압도적인 영향력

이 중 무엇보다도 결정적인 것은 철학의 근본주제인 '존재'와의 철저한 대결이다.

2. 하이데거와 한국과의 특별한 관계

서양철학의 역사에는 적어도 100명 이상의 주도적인 철학자들이 등장한다.[4] 특히 19세기 이후의 현대철학에서 하이데거는 특별한 위치를 차지하고 있다. 그 하이데거와 한국 사이에는 예사롭지 않은 인연이 존재한다. 그것은 그에 대한 한국인들의 압도적인 관심과 성과로 나타나

---

4) 졸저, 《편지로 쓴 철학사 I, II》, 〈에피파니〉를 참조.

게 된다. 직접 사사, 직접 방문, 연구, 프라이부르크 방문 등, 그 구체적인 내용은 이 논문의 전체를 통해서 여실히 확인될 수 있다.5) 단, 하이데거와 한국의 이 애정관계는 한국의 일방적인 것으로, 한국에 대한 하이데거의 관심은 [특히 이웃 중국이나 일본에 대한 그의 철학적 관심6)에 비해] 한국의 방문자들을 환대하는 단순한 호의의 선을 넘지 못했다. 한국이 불교철학과 유교철학 등에서 괄목할 업적을 지닌다는 사실을 감안하면, 이는 아쉬운 점이 아닐 수 없다. (인터넷 상에는 그가 한국의 이른바 《천부경》에 대해 특별한 관심을 가졌다는 기사가 유포되어 있으나, 이 기사는 독일과 프랑스를 혼동하는 등 문장의 맥락에도 문제가 있고, 그것을 전했다는 박종홍 본인의 하이데거 방문기에도 관련 언급이 전혀 없어, 그 신뢰할 만한 근거를 확인할 길이 없다. 이 기사는 터무니없는 것으로 추정된다.)

---

5) 일본에서는 쇼와 초기(전쟁 이전)부터, 九鬼周造, 三木清, 和辻哲郎 등, 교토학파(京都学派)와 인연이 깊은 철학자들이 하이데거 현상학의 영향을 받았다. 梅原猛도 하이데거를 20세기 최대의 철학자로 간주하고 비평의 대상으로 삼는다. 전후 마르크스주의 사상 기타의 융성 등으로 그 영향은 퇴조하였지만, 사르트르와 메를로-퐁티 등으로 대표되는 실존주의와의 연관에서 읽히는 경우도 많다. 그 소개자로서는 木田元 등이 유명하다. 그리고 1980년대의 이른바 '신좌파' 붐(浅田彰, 中沢新一 등)에서도, 니체나 데리다, 들뢰즈 등의 저작과 관련해서 알려지는 기회도 많아졌다. 浅田彰 등의 영향을 받은 세대로서는, 東浩紀나 國分功一郎 등이, 하이데거를 대륙철학 최대의 철학자로 삼고("하이데거로서 대륙철학은 이미 할 일을 다 했다"), 그 세련된 사상을 독일적 농부적 이데올로기로부터 해방시켜야 한다고 말한다. Wikipedia 참조.

6) 널리 알려진 대로 그는 《노자》에 대해 특별한 관심을 갖고 그 번역을 시도한 적도 있으며, 일본에 대해서는 《언어로의 도상》에서 쿠키 슈조를 언급하는 등 구체적인 논의를 전개하기도 했다. 졸고, "Heidegger and Laotzu: the echt meaning of the 'and'," in 《현대유럽철학연구》 55집 참조.

3. 한국에서의 하이데거 연구

한국에서의 하이데거 연구를 살펴보기 위해 우선 그 전경(前景)을 간략히 소묘해보자. 그것은 대략 다음과 같다.

❑ 한국과 서양철학7)

한국에서의 서양철학은 대략 다음과 같은 과정을 거치며 도입, 정착, 발전해왔다. 이해를 위해 간략한 표로 정리한다.

-- 1631년, 정두원(鄭斗源), 〈영언려작(靈言蠡勺)〉[철학 언급]이 포함된 《천학초함(天學初函)》 도입
-- 1724년, 신후담(愼後聃), 《서학변(西學辨)》 저술, 〈영언려작(靈言蠡勺)〉을 언급

---

7) 조요한, 〈한국에서의 서양철학 연구의 어제와 오늘〉, 《사색》 숭실대, 1972.
  이광래, 후지타 마사카쓰 편, 《서양철학의 수용과 변용》, 경인문화사, 2012, 6. 15, 참조.
  조경란, 〈서구 철학사상의 유입과 그 평가(1): 중국과 일본의 서양철학 수용〉, 《철학사상》 제4권, 서울대학교 철학사상연구소, 1994, pp.151-176.
  이훈, 〈서구 철학사상의 유입과 그 평가: 연구를 위한 자료의 통계적 분석〉, 《철학사상》 제4권, 1994.
  백종현, 〈독일철학의 유입과 수용 전개 (1900-1960년)〉, 《철학사상》 제5권, 1995. 12, pp.107-134.
  백종현, 〈서양철학 수용과 한국의 철학〉, 《철학사상》 제5권, 1995. 12.
  백종현, 〈독일철학 수용과 한국의 철학(1980/90년대)〉, 《철학사상》 제7권, 1997, pp.1-50.
  백종현, 《(독일철학과) 20세기 한국의 철학》, 철학과현실사, 1998.
  박영식, 〈인문과학으로서의 철학의 수용 및 그 전개과정〉, 《인문과학》 26집, 연세대학교 인문과학연구소.

-- 1892년, 유길준(兪吉濬), 《서유견문(西遊見聞)》에서 '철학' 소개
-- 1905년, 평양의 숭실학당(崇實学堂) 대학부에서 논리학, 심리학 강의
-- 1908년, 김중세(金重世), 일본, 독일 유학, 귀국 후 경성제대(京城帝國大學)에서 고전학 강의
-- 1912년, 이인재(李寅梓), 《철학교변(哲學攷辨)》 저술
-- 1910-1945년, 일본의 침략 지배, 1945-1950년 해방 후의 사회혼란, 1950-1953년의 한국전쟁 등으로 원천적인 연구기반 상실
-- 1921년, 이관용(李灌用), 스위스의 취리히 대학에서 한국 최초의 철학박사
-- 1926년, 경성제대(1924년 대학 설립)에 '철학과' 설치, 적지 않은 영향. 아베 요시시게(安部能成), 미야모토 와키치(宮本和吉), 타나베 주조(田邊重三) 등 교수진의 기여. 박종홍(朴鍾鴻), 고형곤(高亨坤) 등 후일의 대철학자 배출. 연세대, 고려대 등으로의 확산.
-- 1953년, 7월 27일 휴전 이후 본격적 연구활동
   한국철학회 1953년 10월 1일 발족, 1955년 학회지 《철학》 발행
   철학연구회 1963년 발족, 《철학연구》 발행
   대한철학회 1963년 발족, 《철학연구》 발행 (대구)[8]
   새한철학회 1983년 발족, 《철학논총》 발행 (대구)
   범한철학회 1986년 발족, 《범한철학》 발행 (광주)
   대동철학회 1998년 발족, 《대동철학》 발행 (부산)
   한국동서철학회 1983년 발족, 《동서철학연구》 발행
   등 전국 규모 철학회, 그리고
   한국철학사상연구회(1989년 발족, 《시대와 철학》 발행), 한국영

---

8) 1963년 한국칸트학회(경북대 중심) → 1965년 한국철학연구회 → 1983년 대한철학회로 확대 개편. 1987년 별도 출범.

미철학회, 한국프랑스철학회(2005), 한국논리학회, 한국윤리학회, 한국미학회, 한국철학교육연구회, 한국과학철학회, 한국기독교철학회, 한국중세철학회, 한국생명윤리학회, 한국칸트학회, 한국헤겔학회, 한국니체학회, 한국현상학회, 한국하이데거학회, 한국해석학회, 한국화이트헤드학회 등 무수한 전문학회의 활동.
-- 3대 인문학 중 하나로서 철학의 정착, 일반으로의 확산

이 과정에서 무수한 철학 전문가들이 배출되어 각자의 전문분야에서 착실하게 활동하는 한편, 특히 김태길(1920-2009), 김형석(1920-), 안병욱(1920-2013)[9] 등이 철학의 대중화에 기여하기도 했다. [근래 들어서는 김용옥(1948-), 탁석산(1956-), 강신주(1968-)] 한편, 박종홍, 이규호, 김형효, 김재권, 박이문, 김우창, 이수정 등이 자신의 고유한 철학을 형성하고자 노력했다. (이른바 '현실의 철학 및 창조의 논리', '사람됨의 철학', '평화의 철학', '심신수반론', '둥지의 철학', '심미적 이성주의', '본연의 현상학-사물론-인생론' 등)

❏ 한국과 독일 철학

서양철학이 한국에 정착하는 과정에서 독일 철학(근현대 포함)은 프랑스 철학이나 영미 철학에 비해 특별한 관심의 대상으로 부각되었다. 적어도 초창기에는 두드러졌다. 그 과정은 대략 다음과 같이 정리될 수 있다.

-- 1930년대 이후 경성제국대학 철학과, 특히 독일 철학에 조예가 깊

---

9) 가나다 순.

었던 아베 요시시게(安部能成), 미야모토 와키치(宮本和吉), 타나베 주조(田邊重三)의 영향(3인 모두 칸트에 조예). 이러한 경향이 서울대학교 철학과로 계승됨.10)

-- 1960년대의 실존철학, 1970년대의 칸트 철학, 헤겔 철학, 분석철학, 1980년대의 프랑크푸르트학파를 비롯한 사회철학 (1990년대는 포스트구조주의를 앞세운 프랑스 철학 열풍)

-- 1970년대까지의 철학연구논문 중 독일 철학이 압도적으로 많음 (총 650편 중 200편)

-- 1985년 이후 독일 유학생의 귀국에 의한 전문분야의 착실한 발전. 1978년 한국현상학회, 1987년 한국칸트학회, 1990년 한국헤겔학회, 1992년 한국하이데거학회, 1993년 한국니체학회, 1993년 사회와철학연구회, 1994년 한국해석학회 등(모두 독일 철학 관련)

---

10) 〈서울대학교 철학과의 역사〉 참조. "해방 후 경성대학 철학과는, 안호상(安浩相), 김두헌(金斗憲), 박종홍(朴鍾鴻) 등 3명의 교수와 김계영(金奎栄) 조수가 취임해, 구 경성제국대학 철학과와 예과에 재학 중이었던 학생 수명과 편입생 등으로 학과를 구성했다. 당시 강의의 내용은 독일 철학 일색이었는데, 그것은 독일에서 박사학위를 취득한 안교수 외, 김교수와 박교수도 각각 동경제대와 경성제대에서 독일 철학을 수학한 인물이었기 때문이다. 서울대학교 철학과가 설립된 1946년에는, 동양철학 전공의 민태식(閔泰植) 교수와 헤겔 철학 전공의 김계숙(金桂淑) 교수가, 그리고 1947년에는 하이데거 철학 전공의 고형곤(高亨坤) 교수가 부임했다. 1950년 초에는 교육철학 담당의 이인기(李仁基) 교수가 취임했다. 그러나 학과의 교과내용은 여전히 독일 철학이 중심이었다."

경성제대 법문학부

安部能成　　　　　宮本和吉　　　　　田邊重三

❑ 한국과 하이데거

이미 말했듯이 한국에서의 하이데거는 특별했다. 그 첫 인연은, 최두선(崔斗善)의 수강(1923년 마르부르크대학)에서 시작된다. 단, 하이데거에 대한 그의 학문적 관심은 아쉽게도 그 이후 지속되지 못했다. 그는 귀국 후 학계, 교육계를 떠나 경성방직주식회사 사장, 동아일보사 사장, 박정희 정부 국무총리, 대한적십자사 총재 등을 역임하며 철학과는 다른 길을 걸었다.

그러나 다른 인연이 이어졌다. 철학연구의 초창기부터 박종홍, 고형곤, 박치우가 하이데거에 관심(논문 및 기고)을 기울였다. 박종홍은 한국인 최초로 하이데거 철학에 관한 연구논문을 발표했다. (① 〈ハイデッガーにおけるゾルゲについて〉(하이데거에서의 조르게에 대하여), 1933(경성제대 철학과 졸업논문); ② 〈ハイデッガーに於ける地平の問題〉(하이데거에서의 지평의 문제),《理想》, 1935; ③ 〈ダス・ンの自己否定的発展〉(다스 만의 자기부정적 발전), 1941; ④ 〈ハイデッガーに於ける超越の内面的可能性について〉(하이데거에서의 초월의 내면적 가능성에 관하여), 미발표논문.

한편, 박종홍(朴鍾鴻), 이문호(李文鎬),[11) 서동익(徐同益),[12) 강신호(姜信浩)[13)가 1956년에,[14) 그리고 조가경(曹佳京)이 1957년에,[15) 김준

11) 의사, 서울대 교수 지냄.

12) 서동익(徐同益, 1921-1972)은 주로 칸트와 헤겔을 연구한 철학자다. 전남 광주에서 출생하였고, 일본 나가사키고등학교, 교토제국대학을 거쳐 서울대학 문학부 철학과를 졸업했다. 1952-1965년 전남대학 문리대 철학교수로 봉직하였으며, 독일 하이델베르크대학 철학과에 유학 후(독일 대학 최초의 한국인 철학박사. 두 번째는 백종현) 중앙대, 총신대 등에서 교수했다. 한국철학연구회 회장, 대학생선교회 이사, 신흥종교 연구위원으로 활약했고 새순교회를 개척, 장로로 봉직했다.

13) 동아제약 회장, 당시 독일 유학 중.

14) 《사상계》 1957년 10월호, 284쪽 〈하이덱가아 교수를 찾아서〉 및 《세계의 대사상: 하이데거》(대양서적)에 방문기 게재.

15) 조가경, 〈나의 학문 편력〉 참조. "1952년 봄 이한빈 선배의 주선으로 미국공보원에서 몇 달 일하던 중 서독 정부 장학생을 뽑는다는 얘기가 들려왔습니다. 구두시험 결과 물리, 화학, 의학, 철학에서 각 한 명이 선출되었습니다. 우리는 젖은 눈시울로 아직도 격전이 벌어지고 있는 조국 땅을 창문으로 내려다보며 유학의 길에 올랐습니다.

(그해) 가을 꿈에도 그리던 하이델베르크에 와서 첫 세미나의 교재로 부딪친 것은 칼 뢰비트 교수가 지도하는 하이데거의 《존재와 시간》(1927)이었습니다. 그 다음 학기에는 한스-게오르크 가다머와 칼 뢰비트가 공동으로 지도하는 하이데거 세미나에서 《근거의 본질에 관하여》(1929)를 읽었습니다. 두 교수는 하이데거 밑에서 같은 해에 학위를 받은 수제자로서 인간적으로 서로 가깝기는 하여도 스승의 사상을 해석함에 있어서는 거의 극단적으로 대립돼 있었습니다.

가다머에게서는 은사에 대한 깊은 해석학적 이해와 열성적인 추종을 쉽게 엿볼 수 있었으나 뢰비트는 은근한 존경에도 불구하고 스승의 사상적 불투

섭(金俊燮)이 1971년에, 각각 하이데거를 방문하여 직접 면담했다.16) 단, 박종홍, 조가경 외에는 하이데거 철학과 직접 관련이 없었으며 훗날의 연구로도 연결되지 못했다. 이는 아쉬운 점이 아닐 수 없다.

1953년에는 한국철학회의 윤독회에서 《휴머니즘 서간》을 읽었다.

1980년대 이후, 하이데거 연구를 위한 프라이부르크 유학(최상욱, 신상희, 정은해, 한충수 등) 및 연구체류(성진기,17) 이기상, 이수정, 박찬국 등)가 이어졌다. (프라이부르크대학에서의 하이데거 전공은 최상욱, 신상희가 최초이다.)

또한, 프라이부르크 이외 다른 독일 대학에서의 하이데거 연구18)(이기상, 강학순, 윤병렬, 전동진, 신승환, 박찬국, 김재철, 오희천 등 학회 멤버 대부분)도 줄을 이었다.

그리고 독일 철학 연구논문 중 하이데거는 칸트에 이은 2위, 현대 독일 철학자 중에서는 1위(NDSL)였으며, 2019년 현재, 최소한 50명이 넘는 전문가가 있고, 109권이 넘는 연구서, 해설서(학회지 55권을 포함하면 164권 이상)가 출간되었다.

한편, 하이데거에 대해 각별했던 일본보다 더 빨리 하이데거학회가 결성되었고(1992년 결성, 일본은 2006년), 2015년 프라이부르크대학 하이데거 교좌(Lehrstuhl) 폐지사태 때도 일본보다 더 빨리 신속하게 대응하기도 했다.

명성과 정치적 과오에 대한 신랄한 비판을 끝까지 견지했습니다. 뢰비트는 60세를 맞이한 직후 하이델베르크 학술원 회원으로 추대되면서 〈나의 편력〉이란 회고강연을 한 일이 있습니다."

16) http://news.joins.com/article/1437656 기사 참조. 김준섭은 주로 분석철학, 과학철학, 논리학 분야에서 활약했으며 아쉽게도 이 만남이 특별한 학문적 의미를 갖지는 못했다.

17) 전남대 교수 지냄. 주로 니체 연구.

18) 하이데거 전공 이외의 체류자는 훨씬 더 많음.

[하이데거와 만난 한국인들]

최두선

박종홍

이문호

서동익

강신호

조가경

김준섭

박종홍 일행과 하이데거 부부

강신호와 하이데거

조가경과 하이데거

김준섭과 하이데거

❑ 1945년까지의 사정: 선구자들

한국에서의 하이데거 연구는 경성제대, 서울대에서 발아하였다. 그 첫 장을 연 역사적 인물들로 박종홍, 고형곤, 박치우가 있었다. 이들의 인적 사항과 연구업적은 다음과 같다.

■ **박종홍**(朴鍾鴻, 1903-1976, 서울대 박사, 서울대 교수 지냄)
〈ハイデッガーにおけるゾルゲについて〉(하이데거에서의　조르게에 대하여), 1931; 〈ハイデッガーにおける地平の問題〉(하이데거에서의 지평의 문제), 《理想》, 1935; 〈ダス・マンの自己否定的発展〉(다스 만의 자기부정적 발전), 1941; 〈ハイデッガーに於ける超越の内面的可能性について〉(하이데거에서의 초월의 내면적 가능성에 관하여), 연도불명.19)

■ **고형곤**(高亨坤, 1906-2004, 서울대 박사, 서울대 교수 지냄)
〈하이데거의 《횔덜린과 시의 본질》과 그의 철학〉, 1941; 〈'선(禪)'의 존재론적 연구〉, 1970; 〈禪에서 본 M. Heidegger의 존재 현전성〉, 《선(禪)의 세계》, 1971.

■ **박치우**(朴致祐, 1909-미상, 경성제대 학사, 숭의실업전문학교 교수를 거쳐 조선일보 사회부 기자, 월북)
〈불안의 철학자 하이데거 1-8〉, 《조선일보》, 1935. 11. 3-12.

이들의 연구는 하이데거의 문제들 중 특별한 일부를 주목하는 정도로 아직 그 근본과 전체를 포착하기에는 이르지 못하였으나 나름의 진지함과 문제의식은 충분히 지니고 있었다. 이들은 한국 현대철학의 시

---

19) 《박종홍 전집》, 민음사, 1982에 모두 수록되어 있음.

발점에 있었던 만큼 한국철학, 불교철학 등 각자의 철학적 영역을 개척하는 데 힘썼으며 하이데거 전문가의 길로 나아가지는 않았다. 특히 박치우는 월북 후 그 철학적 명맥이 묘연해졌다.

[하이데거 연구의 선구자들]

박종홍   고형곤   박치우

❏ 1945년 해방 이후 1980년대 말까지의 사정: 하이데거 연구에 기여한 주요 인물과 주요 논문[20]

(저서 및 역서는 뒤에서 따로 소개. 단, 이 인물들의 경우, 1990년대 이후 업적도 포함)

1945년 해방 이후, 이하와 같은 다양한 인물들이 각자의 시각에서 하이데거에 대한 다양한 관심을 드러냈다. 그 주제 선정의 특징은 특별한 한계를 넘어선 자유분방함에 있으며 그 논의의 수준도 본격화, 전문화되어갔다.

단, (하이데거를 주제로 한 학위논문 혹은 전문저서 혹은 현저한 양의 하이데거 관련 논문을 기준으로) '하이데거 전공자'라 할 수 있는 것은 김기태, 이영춘, 안상진, 조가경, 김병우, 소광희, 이정복, 정명오,

---

20) 출생년도 순, 동일 연도는 가나다 순.

[학회 결성(1992) 이전의 하이데거 전공자들]

김기태

이영춘

안상진

조가경

김병우

소광희

이정복

정명오

박문정

서해길

신오현

이상백

최양부

조규철

박문정, 서해길, 신오현, 이상백, 최양부, 조규철(출생년도 순) 등 그 수가 아주 많은 편은 아니었다.

특히 소광희의 경우, 박사논문의 주제는 하이데거가 아닌 '아우구스티누스와 후설의 시간론'이나, 석사논문은 하이데거이며, 이후 연구와 실질적 교육활동을 통해 하이데거 연구사에서 절대적 의미를 갖게 된다. (다수의 하이데거 전공자 배출)

그리고 이 시기에 이루어진 성과들 중 〈하이데거: 그의 철학의 길〉(Heidegger: Wege-nicht Werke)[토론자 F. -W. von Herrmann, 車仁錫, 《哲學》, 제14집, 1980(1979년 프라이부르크에서의 대담)]은 주목할 만한 특집으로 평가된다.

전공자들을 포함, 이 시기에 활동한 관련 학자들과 그들의 주요 업적은 대략 다음과 같다. 간편한 이해를 위해 서술 대신 표의 형태로 정리한다.

- **한명수**(韓明洙, 1918-1997, 튀빙겐대 박사, 경북대 교수 및 총장 지냄)
-- 〈하이데거의 역사성과 존재역사의 문제〉, 대한철학회 《철학연구》 제2집, 1965.
- **김규영**(金奎榮, 1919-2016, 동국대 박사, 동국대/서강대 교수 지냄)
-- 〈Husserl의 時間構成에 있어서의 志向性과 視線〉, 동국대 박사논문, 1973.
-- 〈Heidegger의 시간론의 한계〉, 《가톨릭대학교 논문집》 3, 1977.
-- 《하이데거의 철학사상》(공저), 서광사, 1978.
- **김기태**(金基台, 1920-미상, 경북대 박사, 경북대 교수 지냄)
-- 〈Heidegger에 있어서의 역사의 문제〉, 경북대 박사논문, 1975, 《철학연구》 21, 1975.

-- 〈Heidegger에 있어서의 超越의 問題〉, 경북대 석사논문, 1958.

-- 〈하이데거에 있어서의 사고와 시작의 문제〉, 경북대 《논문집》 1961.

-- 〈Heidegger의 Hegel론〉, 계명대 《철학회지》 1, 1966.

-- 〈Heidegger에 있어서의 기독교 신앙과 존재에의 물음〉, 《철학연구》 24, 1977.

-- 〈현대 철학에 있어서의 세계의 문제: Heidegger에 있어서의 세계의 문제(1)〉, 경북대 《논문집》 25, 1978.

-- 〈Heidegger에 있어서의 형이상학의 근본문제와 전회(轉回)에 대한 고찰〉, 《인문논총》 7, 1982.

-- 〈Heidegger가 말하는 진리의 본질과 자유〉, 대구교대 초등교육연구소 《논문집》 1, 1988.

■ 이영춘(李永春, 1921-1985, 충남대 박사, 충남대/제주대 교수 지냄)

-- 〈하이데거의 신의 문제: 횔더린과의 관계에 있어서〉, 충남대 박사논문, 1966.

-- 〈하이데거의 존재에 관한 연구〉, 충남대 《논문집》 3, 1963.

-- 〈M. Heidegger의 후기 존재〉, 《최재희 박사 환력기념 논문집》, 1975.

-- 〈하이데거에 있어서의 존재와 시(詩)와 신(神)〉, 《철학연구》 1, 1966.

-- 〈Heidegger의 신의 문제 (1) (2)〉, 대한철학회 《철학연구》 4, 5, 1967/1968.

-- 〈Hölderlin의 Halbgott〉 철학연구회 《철학연구》 7, 1972.

-- 〈하이데거와 기독교의 한 비교〉 《神學展望》 18, 1972.

-- 〈횔데를린, 하이덱거, 基督敎의 神觀에 關한 연구〉, 《神學展望》 30, 1975.

-- 〈Heidegger에 있어서 physis(자연)의 문제〉, 철학연구회 《철학연구》 14, 1979.

-- 〈Heidegger의 시작적(詩作的) 사고〉, 제주대 《논문집》 12, 1981.

-- 〈存在의 世界(I)〉, 제주대 《논문집》 17, 1984.

■ **이종후**(李鍾厚, 1921-2007, 서울대 학사, 영남대 교수 지냄)

-- 〈하이덱가에 있어서의 神의 問題〉, 박종홍박사 회갑기념 연구발표회, 1963. 8. 19.

-- 〈하이덱가적 사유에의 입문을 위한 초보적 시론(試論)〉, 영남대 《논문집》(인문과학편) 6, 1972.

■ **김종호**(金淙鎬, 1922-1997, 독일 박사[출신대 불명], 경북대/성균관대 교수 지냄)

-- 〈Heidegger에 있어서의 세계 개념〉, 성균관대 《논문집》 23, 1977.

■ **채수한**(蔡洙翰, 1924-2007, 영남대 박사, 영남대 교수 지냄)

-- 〈K. Marx의 人間觀과 歷史觀에 대한 研究: Buddha의 '세간' 개념과 Heidegger의 '세계' 개념과의 비교연구〉, 영남대 박사논문, 1974.

-- 〈佛陀의 空과 Heideggerr의 Nichts와의 比較研究〉, 경북대 석사논문, 1952.

-- 〈Buddha의 Loka(世間) 概念과 Heidegger의 Welt(世界) 概念의 比較研究〉, 영남대 《논문집》 8, 1971.

-- 〈인간의 두 가지 존재양상에 대한 Buddha의 교설과 Heidegger의 분석론의 비교연구〉, 대한철학회 《철학연구》 28, 1979.

■ **이양기**(李洋基, 1925-2006, 고려대 학사, 영남대 교수 지냄)

-- 〈Heidegger에 있어서의 存在의 二重性의 문제〉, 영남대 《논문집》, 1968.

■ 정의채(鄭義采, 1925, Pontificia Univ. Urbaniana, 가톨릭대/서강
   대 교수 지냄)
-- 〈Martin Heidegger 哲學에 있어서의 存在와 神 問題〉,《하이데거
   의 철학사상》, 서광사, 1978.
■ 최동희(崔東熙, 1925-2014, 고려대 박사, 고려대 교수 지냄)
-- 〈愼後聃, 安鼎福의 西學批判에 관한 研究〉, 고려대 박사논문,
   1976.
-- 하이데거의 《형이상학이란 무엇인가》, 볼노의 《실존철학》 외 번
   역.
-- 〈하이뎃가에 있어서의 人間存在와 時空〉, 고려대 석사논문, 1954.
-- 〈하이데거의 기초 존재론에 나타난 사람과 말〉,《자아와 실존》,
   민음사, 1987.
■ 안상진(安相鎭, 1926-2013, 서울대 박사, 서울대/한림대 교수 지냄)
-- 〈Martin Heidegger의 실존적 사유와 존재의 사유〉, 서울대 박사논
   문, 1979.
-- 〈하이덱가의 時間性〉, 서울대 석사논문, 1961.
-- 〈M. Heidegger의 진리 문제〉,《성곡 논총》 7.
-- 〈세계와 역사에 관한 소고: M. Heidegger를 중심으로〉, 서울대
   《논문집》, 1972.
-- 〈M. Heidegger의 기본 존재론〉,《철학논구》 3, 1975.
-- 〈M. Heidegger에 있어서 형이상학〉,《철학연구》 10, 1975.
-- 〈M. Heidegger의 시론(詩論)〉,《철학논구》 6, 1978.
-- 〈하이데거에 있어서 존재와 진리〉,《철학논구》 7, 1979.
-- 〈M. Heidegger의 《존재와 시간》에 관한 연구(上-1)〉, 서울대《인
   문논총》 10, 1983.
-- 〈하이데거에 있어서 Kant와 형이상학〉,《철학논구》 11, 1983.

-- 〈M. Heidegger의 휴머니즘〉, 《철학논구》 13, 1985.
-- 〈Heidegger에 있어서의 인간 회복의 문제〉, 한림대 《논문집》 3 (인문사회과학편), 1985.
-- 〈실존과 존재〉, 《하이데거 철학의 근본문제》, 철학과현실사, 1996.

■ 이규호(李奎浩, 1926-2002, 튀빙겐대 박사, 연세대 교수 지냄)
-- 〈현대 철학에 있어서의 해석학: 딜타이와 하이데거를 중심으로〉, 《문과》(文科) 15, 1963.

■ 전두하(全斗河, 1927-2001, 広島대 박사, 국민대 교수 지냄)21)
-- 〈??〉(논문제목 불명), 히로시마대 박사논문, 1979.
-- 〈思索의 森林길: 하이데까論〉, 《인생과 사색》, 1961.
-- 〈Heidegger의 '존재'와 율곡의 '이기'(理氣)와의 비교〉, 《철학연구》 2, 1967.
-- 《존재와 理氣: 하이데까와 율곡의 비교연구》, 선명문화사, 1967.
-- 〈하이데까의 後期의 存在와 栗谷의 宇宙論에 있어서의 理氣의 比較〉, 《철학연구》 2, 1967.
-- 〈'로고스' 및 '니수스'로서의 하이데까의 後期의 存在와 栗谷의 宇宙論에 있어서의 理氣의 比較〉, 한국철학회 연구발표회, 1967.
-- 〈하이데까 철학 후기에 있어서의 존재의 함축〉, 국민대 《논문집》, 1977.
-- 〈이율곡과 하이데까의 비교연구〉, 히로시마철학회 연구발표회, 1978.
-- 〈하이데까 철학 전기에 있어서의 존재의 구조 및 이른바 전회의 의의〉, 국민대 《한국학 논총》, 1991.

---

21) 연구논문이 여러 편 있으나, 율곡과의 비교연구가 많음.

■ **조가경**(曺佳京, 1927, 하이델베르크대 박사, 서울대 교수 지냄, 뉴욕주립대[Buffalo] 교수)

-- "Einheit von Natur und Geist"(자연과 정신의 일치), 하이델베르크대 박사논문, 1956.

-- 《실존철학》, 박영사, 1961.

-- 《존재론》(윤명로, 최명관과 공저), 미네르바출판사, 1965.

-- "Heidegger, the Man and His Thought", in 《사상계》, vol. 6, 1958.

-- "Historical Foundations of the Existential Man", in 《사상계》, vol. 10, 1959.

-- "Sartre contra Heidegger", in 《세계》, vol. 1, 1960.

-- "Heidegger as a Matter of Fact", in 《세계》, vol. 3, 1960.

-- "The Myth of Modern Man's Existence", in 《사상계》, vol. 5, 1960.

-- "Two Trends within Existentialism, in Modern Thought Series," vol. 1, 동양출판사, 1960.

-- "Martin Heidegger", in *Modern Thought Series*, vol. 9, 동양출판사, 1961.

-- "The Problem of 'Logic' in Heidegger's Philosophy", in *Essay in Honor of Professor Chong Hong Park*, Seoul National University Press, 1963.

-- 〈Heidegger와 言語에 관한 물음〉, 서울대학교 언어교육원, 《어학연구》 5(2), 1969.

-- "Ecological Suggestibility in Heidegger's Later Philosophy", first presented to the General Society of Philosophy in Germany, 1983.

-- "Ökologische Ansätze in Heideggers Reflexionen über die Technik", in *Allgemeine Zeitschrift für Philosophie*, Stuttgart, 1985.

-- *Bewußtsein und Natursein*, Karl Alber: Freiburg/München 1987.

-- "Heidegger und die Rückkehr in den Ursprung", in *Zur philoso-phischen Aktualität Heiddegers*, Klostermann Verlag, 1992.

-- "Der Abstieg über den Humanismus: West-Östliche Wege im Denken Heideggers", in *Europa und die Philosophie*, vol. 2 of Martin Heidegger Society Theses Series, 1993.

-- 〈ハイデガーにおける東西思索の道〉(Eastern and Western Path of Thinking in Heidegger's Philosophy), in 《思想》, 1993.

-- "A Contribution to the Theme: Heidegger and the Asian Thought", So Wu Foundation Lecture, published by So Wu Foundation, 1996.

-- "Heidegger and Lao Tzu", in Zhang Xianglong (ed.) *Listen Lectures in Beida*, vol. 7. (Chinese translation of an original English colloquy lecture presented at the Department of Philosophy, Peking University, on October 18, 2001)

■ 김병우(金炳宇, 1928, 충남대 박사, 숭전대/한남대 교수 지냄)

-- 〈現代에 있어서의 形而上學의 定礎問題〉, 충남대 박사논문, 1974.[22]

-- 〈Heidegger의 存在에 關하여〉, 서울대 석사논문, 1961.

-- 〈하이데거의 시론적 세계〉, 충남대 인문과학연구소 《논문집》, 1976.

---

22) 남아 있는 자료가 없어 내용 확인 불가. 국립중앙도서관, 국회도서관, 충남대 도서관 어디에도 없음.

-- 〈하이데거의 존재사유의 경험〉, 《하이데거의 철학사상》, 서광사, 1978.

-- 《존재와 상황: 하이데거와 야스퍼스 연구》 한길사, 1981.[23]

-- 〈실존과 존재〉, 철학연구회, 《철학연구》 19, 1984.

■ **정진**(鄭鎭, 1928, 서울대 박사, 서울대 교수 지냄)

-- 〈칸트 《순수이성비판》의 존재론적 해석: 하이데거 해석을 중심으로〉, 서울대 박사논문, 1979.[24]

■ **박이문**(朴異文, 1930-2017, 서던캘리포니아대 박사, 포항공대 교수 지냄)[25]

-- 〈노장과 하이데거〉, 《문학과 지성》 24, 1976.

-- 〈시와 사유〉, 《하이데거의 존재사유》, 철학과현실사, 1995.

■ **박정옥**(朴正玉, 1932, 경북대 박사, 대구대 교수 지냄)[26]

-- 〈Heidegger 존재론의 현상학적 방법론〉, 대한철학회 《철학연구》 제21집, 1975.

-- 〈Heidegger의 진리론, 대구대 인문과학연구소 《인문과학연구》 3, 1985.

■ **소광희**(蘇光熙, 1932, 서울대 박사, 서울대 교수 지냄)

-- 〈시간과 시간의식: Augustinus와 Husserl을 중심으로〉, 서울대 박사논문, 1977.

-- 〈M. Heidegger에 있어서의 存在와 思惟〉, 서울대 석사논문, 1961.

-- 〈M. Heidegger의 '세계' 개념〉, 서울대 《논문집》(인문사회과학),

---

23) 제1회 열암학술상 수상작.
24) 주로 칸트 연구. 1959년 서울대 석사논문도 〈Kant의 先天的 綜合論〉.
25) 학위논문은 The Ontological Interpretation of the Concept of 'Expression' in Meau-Ponty, 1970. (본명 박인희)
26) 주로 칸트 전공. 1981년 경북대 박사논문도 〈Kant의 純粹悟性概念의 先驗的 演繹에 관한 一論考〉.

1969.

-- 〈Heidegger 철학의 형성 과정(上)〉, 철학연구회 《철학연구》 4,
1969.

-- 〈'세계'의 개념〉, 서울대 《논문집》, 1969.

-- 〈현상학적 자아론: 그 존재적 해석의 한 시도〉, 《현상학이란 무엇
인가?》, 심설당, 1983.

-- 〈현상학적 시간론과 거기에 의거한 존재론적 기초의 획득〉, 철학
연구회 《철학연구》 20, 1985.

-- 〈타자의 문제: 인식론적, 존재론적 고찰〉, 《현상학과 개별과학》,
대학출판사, 1986.

-- 〈진리론의 존재론적 정초〉, 철학연구회 《철학연구》 25, 1989.

-- 〈논리의 언어와 존재의 언어〉, 《하이데거의 언어사상》, 철학과현
실사, 1998.

■ 이정복(李貞馥, 1932-2018, 뮌헨대 박사, 충남대/한양대 교수 지
냄)

-- "Die Problematik des Grundgedankens in der alten chinesischen
Philosophie"(중국 고대철학에 있어서 근거사상의 문제성: 하이데
거의 존재론적 차이에의 접근), 뮌헨대 박사논문, 1970.

-- "Die ontologische Grundstruktur des alten chinesischen Denkens:
Ein Versuch zur philosophischen Methodik"(哲學的 方法論의 한
試圖 李正浩 敎授 回甲記念으로 드림. 古代 中國思惟의 存在論
的 根本構造), 충남대 《논문집》 11, 1972.

-- 〈하이데거의 《현상학과 신학》에 있어서 근원 현상 지평에 대하
여〉, 철학연구회 《철학연구》 21, 1986.

-- 〈후설의 현상에 대한 하이데거의 비판〉, 제3회 한국 철학자 연합
학술대회 대회보(별쇄본), 1990.

■ **정명오**(鄭明五, 1934-1985, 동국대 박사, 경북대/외대/인하대 교수 지냄)

-- 〈M. Heidegger에 있어서 존재의 사유와 진리의 본질〉, 동국대 박사논문, 1982.

-- 〈本質的 思惟와 言語의 問題〉, 서울대 석사논문, 1961.

-- 〈진리의 본질에 대한 존재론적 구명〉, 철학연구회 《철학연구》 7, 1972.

-- 〈Heidegger 시론(詩論)의 연구: 시(詩)의 본질에 대한 존재론적, 실존론적 구명(求明)〉, 철학연구회 《철학연구》 8, 1973.

-- 〈무의 형이상학〉, 철학연구회 《철학연구》 10, 1975.

-- 〈하이데거의 실존철학〉, 인하대 《논문집》 12, 1975.

-- 〈Heidegger 시간론의 연구〉, 인하대 인문과학연구소 《논문집》 4, 1978.

-- 〈M. Heidegger에 있어서의 존재와 사유의 본질〉, 인하대 인문과학연구소 《논문집》 8, 1982.

■ **진쾌현**(陳快鉉, 1934, 건국대 박사, 부산교대/동아대 교수 지냄)

-- 〈實存哲學의 敎育學的 意義에 관한 硏究〉, 건국대 박사논문, 1978.[27]

-- 〈Heidegger의 思想攷〉, 건국대 대학원 《논문집》, 1976.

-- 〈Heidegger 현존재의 교육학적 이해에 대한 가능성 시사〉, 부산교대 《논문집》, 1980.

■ **박문정**(朴汶政, 1935-1993, 전남대 박사, 조선대 교수 지냄)

-- 〈하이데거의 존재사유와 인간존재〉, 전남대 박사논문, 1989.

-- 〈Heidegger의 現存在 分析에 관한 論考〉, 건국대 석사논문, 1979.

---

27) 주 논문의 일부와 부 논문에 하이데거 포함. 그러나 교육학적 관점의 논문이므로 하이데거 전공으로 간주하기는 한계가 있다.

-- 〈하이데거의 Das Man에 대한 고찰〉, 목포교대 《논문집》 8, 1972.

-- 〈'Sein und Zeit'에 대한 실존론적 고찰〉, 목포교대 《논문집》 9, 1973.

-- 〈진리에 대한 존재론적 고찰〉, 목포교대 《논문집》 13, 1975.

-- 〈Heidegger의 현존재 분석에 관한 고찰〉, 조선대 《외국문화연구》, 1978.

-- 〈Heidegger의 진리론에 관한 고찰〉, 조선대 《인문과학연구》, 1980.

-- 〈하이데거의 존재 사유에 있어서 인간의 연구〉, 조선대 인문과학연구소 《논문집》 10, 1988.

■ **장일조**(張日祚, 1935, 연세대 석사, 한신대 교수 지냄)

-- 〈마르틴 하이덱거의 理解의 槪念〉, 연세대 석사논문, 1967.

-- 〈하이데거 철학의 신학적 함축성〉, 《기독교 사상》, 218(8) 1976.

■ **진교훈**(秦敎勳, 1937, 빈(Wien)대 박사, 서울대 교수 지냄)

-- 〈하이데거의 인간관〉, 《하이데거의 철학사상》, 서광사, 1978.

■ **김종두**(金鐘斗, 1938, Technische Univ. München 박사, 한세대 교수 지냄)[28]

-- 〈Heidegger의 존재개념(I), 총신대 《신학지남》, 1988.

-- 〈Heidegger의 존재개념(II), 총신대 《신학지남》, 1990.

■ **서해길**(徐海吉, 1938-2001, 충남대 박사, 충남대 교수 지냄)

-- 〈형이상학적 지평에서의 시간과 역사성〉, 충남대 박사논문, 1977.

-- 〈Heidegger의 哲學에 있어서의 Stimmung과 Geschick〉, 충남대 석사논문, 1965.

-- "Über der Zeitlichkeit in der Philosophie bei M. Heidegger"

---

28) 종교철학 전공.

(Heidegger에 있어서의 時間性에 關한 硏究), 충남대 대학원《논
문집》1, 1968.

-- 《Heidegger에 있어서의 시간의 제문제》, 선명출판사, 1993.

-- 《Heidegger에 있어서의 시간의 문제(1)》, 인쇄문화사, 1993.

-- 〈존재와 존재자의 존재론적 이해〉, 충남대《논문집》12, 1973.

-- 〈Heidegger에 있어서의 시간의 한계〉, 충남대《인문과학연구소
논문집》10, 1976.

-- 〈Husserl과 Heidegger에 있어서의 시간의 문제〉, 충남대《논문
집》14(2), 1987.

■ **신오현**(申午鉉, 1938, 서울대/미시간대 박사, 경북대 교수 지냄)29)

-- "Ontologische Erhellung der Struktur der Transzendenz: am
Leitfaden des Wegs Heideggers"(초재구조의 존재론적 해명:
Heidegger를 중심으로), 서울대 박사논문, 1965.

-- "Ontologische Erhellung der Struktur der Transzendenz: am
Leitfaden des Wegs Heideggers"(독문), 서울대 석사논문, 1961.

-- 〈Heidegger에 있어서 行의 개념〉, 철학연구회《철학연구》3, 1968.

-- 〈현상학과 실존철학: 현상학적 존재론의 자아 개념〉,《현상학이란
무엇인가?》, 심설당, 1983.

-- 〈실존과 실천: 실존의 현상학에서 실천의 변증법에로〉, 철학연구
회《철학연구》19, 1984.

-- 〈자유의 현상학: 노자와 Heidegger를 중심으로〉, 단국대《東洋

---

29) "[신오현은] 하이데거에 대한 초보적인 관심에서 출발해 분석철학으로 박사
학위를 받고 사르트르에 기울고 마르크스를 파헤치고 불교의 유식철학에 매
료되며 하이데거를 되씹는 과정을 통해 자신의 철학을 세우기 위해 고민해
온 사상적 편력"을 갖는다고 평가된다. 우듬지, 〈한국에서의 서양철학〉참
조.

學》, 1989.

■ **이영호**(李英浩, 1938, 서울대 석사, 성균관대 교수 지냄)[30]

-- 〈Nichts 개념에 대한 해명: M. Heidegger의 형이상학을 중심으로〉,《개신(開新)》 12, 1971.

■ **심상태**(沈相泰, 1940, 튀빙겐대 박사, 수원가톨릭대 교수 지냄)[31]

-- 〈해석학사에서의 하이데거〉,《하이데거의 철학사상》, 서광사, 1978.

■ **이상백**(李相伯, 1940, 고려대 박사, 건국대 교수 지냄)

-- 〈《존재와 시간》의 목표와 방법〉, 고려대 박사논문, 1988.

-- 〈하이데거의 진리론〉, 건국대 석사논문, 1979.

-- 〈하이데거와 현상학〉, 고려대《철학연구》 7, 1982.

-- 〈하이데거의 現象學的 方法에 關하여〉, 전주대《논문집》 10, 1982.

-- 〈하이데거의 方法概念:〈存在와 時間〉을 중심으로〉 건국대 중원 인문연구소, 1987.

-- 〈존재론적 세계 이해의 문제〉,《자아와 실존》, 민음사, 1987.

-- 〈존재史와 기술의 문제〉, 고려대《철학연구》 16, 1991.

-- 〈기분, 불안, 無〉,《이성과 반이성》 지성의 샘, 1995.

-- 〈하이데거의 세계개념〉, 건국대《중원인문논총》 15, 1996.

-- 〈실존론적 죽음의 문제〉, 건국대《중원인문논총》 17, 1998.

-- 〈하이데거가 본 헤겔의 경험개념〉, 건국대《동화와 번역》, 2001.

-- 〈하이데거와 논리학〉, 고려대《철학연구》 25, 2002.

-- 〈하이데거의 시간개념〉, 건국대《인문논총》 21, 2003.

---

30) 석사논문은 〈Wille zur Macht의 구조적인 고찰〉, 1967.

31) 박사논문은 "Glaube und Heil: Eine Untersuchung zur Theorie von den anonymen Christen Karl Rahners", 1975.

■ **서배식**(徐培植, 1941, 충남대 박사, 청주대 교수 지냄)[32]

-- 〈Kant에 있어서의 이성과 자유의 문제(2): Heidegger의 Kant 해석을 중심으로〉, 대한철학회 《철학연구》 27, 1979.

-- 〈Kant에 있어서의 이성과 자유의 문제(3): Heidegger의 Kant 해석을 중심으로〉, 대한철학회 《철학연구》 28, 1979.

-- 〈하이데거에 있어서의 칸트의 形而上學〉, 대한철학회 《칸트철학과 현대사상》, 1984.

-- 〈實存哲學에 있어서 人間學的 次元에 關한 硏究(I)〉, 동서철학연구회 《동서철학연구》 2, 1985.

-- 〈實存哲學에 있어서 人間學的 次元에 關한 硏究(II)〉, 동서철학연구회 《동서철학연구》 6, 1987.

■ **서숭덕**(徐崇德, 1941, 경북대 석사, ??대[33] 박사, 경북대 교수 지냄)[34]

-- 〈Heidegger에 있어서 역사성의 문제〉, 대한철학회 《철학연구》 18, 1974.

■ **김영근**(金永根, 1942, 연세대 석사, ??대[35] 박사, 연세대(원주) 교수 지냄)[36]

-- 〈Heidegger의 실존철학에 있어서 인간의 문제〉, 철학연구회 《철학연구》 15, 1980.

■ **최양부**(崔良夫, 1942, 충남대 박사, 청주대 교수 지냄)

-- 〈Heidegger의 존재물음의 구조계기에 의한 정초과정에 관한 연

---

32) 주로 칸트 전공.
33) 출신교 확인 불가.
34) 석사논문 이후 주로 칸트 연구.
35) 출신교 확인 불가.
36) 철학적 인간학 주로 연구.

구〉, 충남대 박사논문, 1987.

-- 〈후기 Heidegger의 존재사상 탐구〉, 충남대 석사논문, 1969.

-- 〈Heidegger의 존재에 관한 연구(1): Aletheia와 Logos를 중심으로〉, 대한철학회 《철학연구》 40, 1985.

-- 〈Heidegger의 형이상학론(1): 존재의 회상을 중심으로〉, 한국동서철학연구회 《동서철학연구》 2, 1985.

-- 〈Tillich신학에 나타난 철학적 이성의 존재론적 구조분석〉, 목원대 석사논문, 1985.

-- 〈Heidegger에 있어서 무의 존재론적 해명〉, 한국동서철학연구회 《동서철학연구》 3, 1986.

-- 〈Heidegger의 존재론에 있어서 기초적 문제에 관한 고찰〉, 《민동근교수 회갑논문집》, 1987.

-- 〈Heidegger에 있어서 존재사유의 길(I): 기초존재론적 사유를 중심으로〉, 청주대 《인문과학논집》 7, 1988.

-- 〈Heidegger에 있어서 존재사유의 길(II): 무적존재론의 길〉, 청주대 《인문과학논집》 8, 1989.

-- 〈1923년경 Heidegger에 있어서 현존재의 사실성의 해석학으로서의 존재론〉, 청주대 《인문과학논집》 10, 1991.

-- 〈Heidegger에 있어서 근거의 본질에 대한 해석〉, 한국동서철학연구회 《동서철학연구》 9, 1992.

-- 〈Heidegger에 있어서 형이상학의 근거에로의 회귀〉, 청주대 《인문과학논집》 11, 1992.

-- 〈Heidegger에 있어서 인본주의를 넘어선 사유와 언어의 본질에 대한 해석〉, 《유남상교수 정년기념논문집》, 1993.

-- 〈Heidegger에 있어서 탈 인본주의와 에토스의 존재론적 해석〉, 《한단석교수 정년기념논문집》, 1993.

-- 〈Heidegger에 있어서 역사의 본질에 대한 해석〉, 청주대 《인문과학논집》 12, 1993.

-- 〈Heidegger에 있어서 Hölderlin 시의 본질에 대한 존재론적 해석〉, 청주대 《인문과학논집》 13, 1994.

-- 〈Heidegger에 있어서 철학의 본질에 대한 그리스적 존재론적 해석〉, 청주대 《인문과학논집》 16, 1996.

-- 〈Heidegger에 있어서 윤리, 자연 그리고 기술에 대한 존재론적 해석〉, 청주대 《인문과학논집》 17, 1997.

■ **조규철**(曺圭哲, 1944, 연세대 박사, 울산대 교수 지냄)

-- 〈하이데거의 진리론 연구〉, 연세대 박사논문, 1992.

-- 〈M. Heidegger에 있어서 眞理의 存在論的 意味〉, 연세대 석사논문, 1970.

-- 〈M. Heidegger의 존재론적 진리 해명〉, 울산공대 병설 공업전문대 《논문집》, 5(2), 1980.

-- 〈존재개시의 방식으로 본 사유, 언어, 그리고 시〉, 울산대 《논문집》, 1982.

-- 〈존재와 시간을 통해서 본 Heidegger의 시간론〉, 울산대 《논문집》, 18(1), 1987.

-- 〈현존재의 고유성에 대한 연구〉, 울산대 《논문집》, 1995.

-- 〈하이데거 해석학에서 본 이해론〉, 울산대 《논문집》, 1998.

-- 〈하이데거와 근거해체적 사유〉, 울산대 《논문집》, 2000.

-- 〈하이데거의 사유근원과 현존재의 본래성〉, 새한철학회 《철학논총》, 2002.

-- 《마르틴 하이데거와 존재사유》, 울산대 출판부, 2004.

■ **이상대**(李相大, 19??, 동국대 석사, ??대 박사, 동국대 교수 지냄)[37]

-- 〈Heidegger에 있어서의 形而上學의 問題 : 存在를 中心으로〉, 동

국대 석사논문, 1971.

-- 〈Heidegger와 存在의 解釈学的 基礎〉, 한국철학회, 《철학》 14, 1980.[38]

■ **오춘희**(吳春姬, 1958, 연세대 박사, 아세아연합신학대 교수 지냄)[39]

-- 〈Heidegger의 진리론에 관한 一考察〉, 《교육연구》 49, 1980.

■ **최정식**(崔晶植, 1958, Paris 4(소르본)대 박사, 경희대 교수)[40]

-- 〈Martin Heidegger에 있어서의 存在와 Φύσις〉, 서울대 석사논문, 1983.

-- 〈Martin Heidegger에 있어서의 存在와 Φύσις〉, 한국철학회, 《철학》 19, 1983.

-- 〈《존재와 시간》에 있어서의 역사성〉, 서울대 철학과, 《철학논구》 12, 1984.

-- 〈베르크손과 하이데거〉, 경희대 《경희철학》 1, 2006.

한편 이들을 포함하여, 이 시기에 적지 않은 하이데거 관련 석사논문들이 제출되었다. 그 인물들은 다음과 같다. (그 논문들의 제목과 요지는 RISS, NDSL, DBpia 등에서 확인 가능하므로 여기서의 제시는 생략한다.)

---

37) 조사하였으나 확인 불가. 이하 '??'로 표시된 부분도 동일.
38) 한국철학회 《철학》지에 발표된 첫 하이데거 관련 논문.
39) 하이데거학회 결성 이후 전문가 집단에 속하나, 결성 이전에 하이데거 관련 논문 발표
40) 하이데거학회 결성 이후 전문가 집단에 속하나, 결성 이전에 하이데거 관련 논문 발표. 최화로 개명.

■ 1980년대 말까지의 하이데거 관련 석사논문(연도 순, 동일 연도는 가나다 순)

채수한(경북대 1952), 최동희(고려대 1954), 김기태(경북대 1958), 김병우(서울대 1961), 소광희(서울대 1961), 신오현(서울대 1961), 안상진(서울대 1961), 정명오(서울대 1961), 김용무(서울대 1965), 서해길(충남대 1965), 길희성(서울대 1967), 장일조(연세대 1967), 최양부(충남대 1969), 조규철(연세대 1970), 이상대(동국대 1971), 민형원(서울대 1977), 박문정(건국대 1979), 이상백(고려대 1979), 김성동(서울대 1981), 김삼환(한국외대 1982), 김영필(연세대 1982), 이수정(동경대 1982), 한상철(서울대 1982), 김상현(서울대 1983), 최정식(서울대 1983), 한경희(충남대 1983), 심재식(전남대 1984), 염재철(서울대 1984), 이재돈(가톨릭대 1984), 최상욱(한신대 1985), 최신일(부산대 1985), 권순홍(연세대 1986), 김향선(이화여대 1986), 류제기(서울대 1986), 오명동(연세대 1986), 정철하(서울대 1986), 김인석(숭실대 1987), 이동현(서울대 1987), 이형권(서울대 1987), 양정례(고려대 1988), 김웅기(원광대 1989), 김정옥(경북대 1989), 손영삼(부산대 1989), 송재우(경북대 1989), 오정섭(서울대 1989), 오창렬(광주가톨릭대 1989)

(총 47명, 서울대 18명)

이상을 통해 1950년대, 1960년대, 1970년대에 하이데거 연구의 기반이 다져지고 1980년대에 들어 급격히 그 저변이 확대되었음을 알 수 있다.

❏ 1990년대(특히 한국하이데거학회 결성) 이후의 사정: 주요 인물과 학위논문[41] (혹은 대표 업적)

1990년대 이후 국내외로부터 전문가군이 등장하여 본격적인 활동을 펼쳐나간다. (이는 이웃 일본보다는 상당히 늦은 출발이다. 그러나 박사논문 및 연구의 양적, 질적 수준은 부분적으로 일본을 능가하게 된다. 특히 독일 현지에서의 학위취득은 일본을 압도한다.) 이 시기의 하이데거 연구를 이끈 주도적 연구자와 그들의 업적은 대략 다음과 같다. (하이데거 연구로 학위 취득. 대부분 한국하이데거학회의 주 활동 멤버)[42]

- **이기상**(李基相, 1947, Hochschuhle für Philosophie München대 박사, 한국외대 교수 지냄)
" 'Sein und Zeit' als strenge Wissenschaft: M. Heideggers Neubegrüdung wissenschaftlicher Philosophie durch Phänomenologie", 1985.[43]
- **이왕주**(李王住, 1952, 경북대 박사, 조선대/부산대 교수 지냄)
〈하이데거에 있어서 존재의 진리와 예술의 본질〉, 1988.
- **강학순**(姜学淳, 1953, 마인츠대 박사, 안양대 교수 지냄)

---

41) 이하의 학위논문들은 후학들의 하이데거 연구에 크게 활용되지 못하고 있는 아쉬움이 있다. 특히 1980년대 이후 해외 박사들의 논문은 그 접근의 어려움으로 인해 거의 사장되고 있다시피 한 것이 현실이다. 그 번역, 소개 혹은 최소한의 취합에 의한 접근가능성의 확보가 향후의 연구, 발전을 위한 절실한 과제라 할 수 있다.

42) 출생년도 순, 동일 연도는 가나다 순. 학위취득 학교, 주 근무처만 소개. 2018년 기준. 전임은 직급표시 없이 모두 '교수'.

43) 〈M. 하이데거의 현상학적 방법: 《존재와 시간》에 나타난 현상학적 분석의 세 단계〉, 한국철학회, 《철학》 24, 1985 외 다수의 논문 발표.

"Die Bedeutung von Heideggers Nietzsche-Deutung im Zuge der Verwindung der Metaphysik", 1990.

■ 이성환(李聖煥, 1953, 경북대 박사, 경상대 교수 지냄)

〈Heidegger의 '실존' 개념〉, 1989.

■ 윤병렬(尹炳熱, 1954, 본(Bonn)대 박사, 홍익대 교수)

"Der Wandel des Wahrheitsverständnisses im Denken Heideggers: Untersuchung seiner Wahrheitsauffassung im Lichte des husserlschen und griechischen Denkens", 1996.

■ 황애숙(黃愛淑, 1954, 부산대 박사, 동아대 강사)

〈하이데거의 해석학적 논리학 연구〉, 1991.

■ 이수정(李洙正, 1955, 도쿄대 박사, 창원대 교수)[44]

〈ハイデガーにおける'存在'と'時間'〉, 1990.

■ 전동진(全東震, 1955, 뷔르츠부르크대 박사, 가천대 교수)

"Ursprünglichkeit und Gelassenheit", 1993.

■ 김인석(1956, 보훔대 박사, 숭실대 강사)

"Phänomenologie des faktischen Lebens: Heideggers formal anzeigende Hermeneutik(1919-1923)", 1996.

■ 오희천(吳凞天, 1956, 쾰른대 박사, 서울신학대 교수)

"M. Heidegger: Ontologische Differenz und der Anfang des Wissens", 2001.

■ 심광섭(沈光燮, 1957, Kirchliche Hochschule Bethel대 박사, 감리교신학대 교수)

"Der nachmetaphysische Gott: Überlegungen zur Problematik des Verhältnisses von Gott und Metaphysik in den Entwürfen von

---

44) "Zeitkritik bei Heidegger," in *Rätzel des Begriffs*, Dunker & Humblot(F. W. von Herrmann 교수 퇴임기념 논집)에 한국 대표로 기고.

Martin Heidegger, Wilhelm Weischedel und Berhard Welte", 1990.

■ 김향선(金香善, 1958, 경희대 박사, 신한대 사회복지학과 교수)
〈하이데거의 존재와 기술의 문제〉, 2002.

■ 신승환(申承煥, 1958, 레겐스부르크대 박사, 가톨릭대 교수)
"Metaphysik-Kunst-Postmoderne: Martin Heideggers Rationalitätkritik und das Problem der Wahrheit", 1995.

■ 염재철(廉在哲, 1958, Osnabrück대 박사, 서울대 강사)
"Heideggers Verwandlung des Denkens", 1993.

■ 최상욱(崔相郁, 1958, 프라이부르크대 박사, 강남대 교수)
"Sein und Sinn: die Hermeneutik des Seins hinsichtlich Und-Zusammenhanges", 1992.

■ 한상철(韓尙哲, 1958, 서울대 박사, 서울대 강사, 작고)
〈하이데거와 리꾀르의 해석학적 사유〉, 1994.

■ 박찬국(朴贊国, 1959, 뷔르츠부르크대 박사, 서울대 교수)
"Die seinsgeschichtliche Überwindung des Nihilismus im Denken Heideggers", 1993.

■ 배학수(裵学洙, 1959, 서울대 박사, 경성대 교수)
〈전통적 존재론의 한 해체작업으로서의 하이데거의 칸트 해석〉, 1992.

■ 손영삼(孫永三, 1959, 부산대 박사, 부산대 교수)
〈하이데거에 있어서 존재와 초월에 관한 연구〉, 2000.

■ 이선일(李善一, 1959, 서울대 박사, 서울대 강사)
〈하이데거의 기술의 문제〉, 1994.

■ 권순홍(権純洪, 1960, 연세대 박사, 군산대 교수)
〈하이데거의 빛의 형이상학과 근원적 시간의 문제〉, 1997.

■ 김종욱(金鍾旭, 1960, 서울대 박사, 동국대 교수)

〈하이데거에서 존재론적 차이와 형이상학의 문제〉, 1998.

■ **신상희**(申尚憙, 1960-2010, 프라이부르크대 박사, 건국대 연구교
  수 지냄)

"Wahrheitsfrage und Kehre bei M. Heidegger: Die Frage nach der
Wahrheit in der Fundamentalontologie und im Ereignis-Denken",
1992.

■ **여종현**(呂鍾賢, 1960, 서울대 박사, 서울대 강사)

〈시간지평에서의 '세계'이해: 후설과 하이데거의 현상학을 중심으
로〉, 1993.

■ **윤석빈**(尹石彬, 1960, 레겐스부르크대 박사, 충북대 객원교수)

"Zur Struktur der Mitmenschlichkeit mit Blick auf Husserl,
Heidegger und Buber", 1995.

■ **이동수**(李東秀, 1960, 밴더빌트대 박사, 경희대 교수)

"Praxis in Temporality: the Heideggerian Interpretation of Praxis",
1998.

■ **황경선**(1960, 한국외대 박사, 증산도 연구원)

〈동일성과 차이에서 본 하이데거의 존재 진리〉, 1997.

■ **김재철**(金載哲, 1961, 마인츠대 박사, 경북대 교수)

"Leben und Dasein. Die Bedeutung Wilhelm Diltheys für den
Denkweg M. Heideggers", 2000.

■ **류제기**(柳帝基, 1961, 서울대 박사, 서울대 강사, 작고)

〈논리학에 대한 하이데거의 존재론적 비판〉, 1996.

■ **송재우**(1961, 마인츠대 박사, 경기대 강사)

"Licht und Lichtung: Martin Heideggers Destruktion der Lichtmeta-
physik und seine Besinnung auf die Lichtung des Seins", 1997.

■ **이승종**(李勝鍾, 1961, 뉴욕주립대(Buffalo) 박사, 연세대 교수)[45]

"Wittgenstein's Attitude Toward Contradiction", 1993.

《크로스오버 하이데거》, 생각의나무, 2010.

■ **정은해**(鄭恩海, 1961, 프라이부르크대 박사, 성균관대 객원교수)

"Die Geschichtlichkeit des Menschen und die Geschichte des Seins", 1997.

■ **이유택**(李裕澤, 1962, 아우구스부르크대 박사, 계명대 교수)

"Vom Seinkönnen zum Seinlassen: Heideggers Denken der Freiheit", 2000.

■ **최성희**(崔成熙, 1962, 부산대 박사)

〈하이데거의 존재 윤리에 관한 연구: 휴머니즘 비판에 근거하여〉, 2012.

■ **김동훈**(金東勳, 1963, 브레멘대 박사, 한예종 강사)

"Subjekt oder Dasein: Heideggers Auseinandersetzung mit Descartes und Kant in bezug auf die Subjektivität des Subjekts in der modernen Philosophie", 2004.

■ **안혜경**(安惠卿, 1963, 부산대 박사, 영산대 간호학과 교수)

〈여성노인의 상실체험: 하이데거의 해석학적 현상학 연구〉, 1997.

■ **하제원**(河齊垣, Peter Ha, 1963, 루뱅대 박사/펜실베이니아대 포닥, 경희대 교수)

"The Concept of Self in Heidegger's Fundamental Ontology: On the Relation between the inauthentic and authentic Self", 1999.

■ **서동은**(徐東恩, 1964, 도르트문트대 박사, 경희대 교수)

"Heideggers Wahrheitsbegriff im Hinblick auf 'und-Denken' und 'ist-Denken' ", 2004.

---

45) 하이데거 전공은 아니나 관련 저서가 있음.

■ **이진오**(李珍吾, 1964, 튀빙겐대 박사, 경희대 교수)

"Wissen und Glauben bei Kant und Jaspers", 2004.

■ **김유중**(金裕中, 1965, 서울대 박사, 서울대 교수)[46]

〈1930년대 후반기 한국 모더니즘 문학의 세계관 연구〉

《김수영과 하이데거》, 민음사, 2007.

■ **이병철**(李秉哲, 1965, 고려대 박사, 고려대 강사)

〈하이데거의 존재사유와 기술에의 물음〉, 2007.

■ **구연상**(具然祥, 1966, 한국외대 박사, 숙명여대 교수)

〈공포와 두려움 그리고 불안. 하이데거의 기분분석을 바탕으로〉, 2001.

■ **김대환**(金大煥, 1966, 서울대 박사)

〈어린이 속의 시인에서 시인 속의 어린이로: 하이데거로 해석한 워즈워스의 시적 경험〉, 2004.

■ **문동규**(文銅奎, 1966, 건국대 박사, 순천대/전남대 강사)

〈하이데거에 있어서 존재와 인간〉, 2000.

■ **이서규**(李瑞奎, 1966, 뷔르츠부르크대 박사, 제주대 교수)

"Existenz und Ereignis. Eine Untersuchung zur Entwicklung der Philosophie Heideggers", 1999.

■ **홍순희**(洪順姬, 1966, 서울대 박사, 계명대 [비교문학] 교수)

〈김수영 시에 나타난 하이데거의 '시적 진리'에 관한 연구〉, 2015.

■ **김형찬**(金亨燦, 1967, 계명대 박사, 계명대 교수)

〈Heidegger의 세계개념에 대한 해석학적 연구〉, 2006.

■ **배상식**(裵相植, 1967, 경북대 박사, 대구교대 교수)

〈하이데거의 언어개념〉, 2001.

---

46) 하이데거 전공은 아니나 관련 저작이 있음. 하이데거학회의 주 활동 멤버.

■ **손아영**(孫亞英, 1967, 이화여대 박사, 수원대 강사)
〈후기 하이데거의 언어관 연구: 언어의 본질 규명을 통한 새로운 인간 존재의 가능성 모색〉, 2005.

■ **정진우**(鄭晉宇, 1967, 경희대 박사, 서울시립대 [산디과] 교수)
〈사물에 나타난 키치의 현상학적-실존론적 해석에 관한 연구: 마르틴 하이데거를 중심으로〉, 2015

■ **한상연**(韓相淵, 1967, 보훔대 박사, 가천대 교수)
"Schleiermachers Religionsbegriff und die Philosophie des jungen Heideggers", 2005.

■ **이성천**(李星天, 1968, 경희대 박사, 경희대 [현대시] 교수)
〈황동규 시의 존재론적 의미 연구: 하이데거 존재 사유를 중심으로〉, 2005.

■ **이승헌**(李昇憲, 1968, 부산대 박사, 동명대 [실내건축학과] 교수)
〈건축에서 지역성의 의미와 표출기법에 관한 연구: 하이데거의 "개방성"(Openness)과 "틈새내기"(Rift-design) 사유를 바탕으로〉, 2004.

■ **홍진기**(洪振基, 1968, 연세대 박사, 가톨릭관동대 강사)
〈니힐리즘의 철학적 극복: 비트겐슈타인, 하이데거, 니체의 형태학적 이해〉, 2011.

■ **임현진**(林玹辰, 1969, 이화여대 박사)
〈업신여김의 현상학: 하이데거의 종교현상학과 기초존재론의 기독교 윤리학적 이해〉, 2016.

■ **한민희**(1969, 뉴욕주립대[Binghamton] 박사)
"Heidegger: The Subject and the Finitude of Being", 2005.

■ **김동규**(金東奎, 1971, 연세대 박사, 연세대 강사)
〈시짓기와 사유하기 사이〉, 2003.

■ **김완종**(金完鍾, 1971, 연세대 박사, 연세대/Georgia Christian University 강사)

〈불안과 현존재의 본래적 자기성〉, 2015.

■ **김진태**(金鎭泰, 1971, 경북대 박사, 경북대 강사)

〈논리학에 대한 하이데거의 기초존재론적 해석〉, 2017.

■ **이은주**(李恩珠, 1971, 한국외대 박사, 한국외대 강사)

〈하이데거에 있어서 현존재와 죽음의 의미〉, 2008.

■ **서영화**(徐永和, 1971, 서울대 박사, 서울대 강사)

〈하이데거의 존재론적 차이와 무의 관계에 대한 연구〉, 2013.

■ **박유정**(朴有貞, 1973, 부산대 박사, 대구가톨릭대 교수)

〈하이데거에 있어서 언어의 문제〉, 2004.

■ **이은정**(1973, 연세대 박사, 경희대 객원교수)

〈'이방인'들의 공동체: 인간과 공동체에 대한 하이데거와 레비나스의 사유〉, 2009.

■ **이관표**(李官杓, 1974, 연세대/드레스덴대 박사, 한세대 교수)

〈부정성을 통한 신-인-관계의 재구성: M. 하이데거의 '죽음'과 '무'의 역설적 성격과 관련하여〉, 2011.

"Paradoxien in Philosophie und Religion. Kritische Untersuchungen zur christlichen Kenosis und zum zen-buddhistischen Sunyata", 2014.

■ **조형국**(趙亨国, 1974, 한국외대 박사, 선문대 교수 지냄, 세계일보 팀장)

〈하이데거의 현사실성의 해석학: 삶과 염려 그리고 본래성 개념 분석을 바탕으로〉, 2009.

■ **박현정**(朴賢貞, 1976, 서울대 박사, 한신대 강사)

〈하이데거 존재 사유에서 유한성의 문제〉, 2012.

■ **박일태**(朴鎰台, 1978, 프랑크푸르트대 박사, 강원한라대 교수)

"Rufen, Hören und Sprechen beim frühen Heidegger. Die Begründung der stimmlichen Welterschließung", 2015.

■ **설민**(1979, 부퍼탈대 박사, 부산대 교수)

"Das Ansichsein der Natur in der Weltoffenheit bei Heidegger", 2013.

■ **한충수**(韓忠洙, 1979, 프라이부르크대 박사, 이화여대 교수)

"Erfahrung und Atmung bei Heidegger", 2015.

■ **임지혜**(1980, 경북대 박사, 경북대 강사)

〈하이데거의 더불어 있음에 대한 사회존재론적 해석: 배려와 공감의 사회를 향한 우리-존재론의 가능성 모색〉, 2017.

■ **박서현**(朴舒玄, 1981, 서울대 박사, 서울과기대 강사)

〈하이데거의 언어 사유와 역사 개념의 관계에 대한 연구〉, 2015.

■ **강일남**(충남대 박사)

〈Heidegger에 있어서 존재의미로서의 시간성과 역사성에 관한 연구〉, 1995.

■ **김양원**(전남대 박사)

〈하이데거의 발현(Ereignis) 사상에 대한 고찰〉, 2005.

■ **김진희**(계명대 박사)

〈하이데거의 형이상학적 근본기분에 관한 연구: 고독으로서의 권태를 중심으로〉, 2009.

■ **문석남**(동아대 박사)

〈M. Heidegger 실존사상의 교육학적 전용에의 한계〉, 1993

■ **양갑현**(전남대 박사)

〈M. Heidegger의 '실존론적 인간학'에 관한 연구〉, 1994.

■ **유제열**(고려대 박사)

〈헌법연구방법으로서의 기초존재론적 헌법사유: 하이데거의 사유방법을 기초로 하여〉, 1991.

■ **이옥재**(건국대 박사)

〈상호 교차적 관점에 근거한 장소성 형성요인에 관한 연구: 하이데 거와 노자의 사유를 중심으로〉, 2016.

■ **임윤혁**(충남대 박사)

〈니체의 예술 철학에 관한 하이데거의 존재론적 해석과 진리론〉, 2001.

이 시기 하이데거 연구의 중심무대로 확고히 자리 잡은 한국하이데 거학회의 활동을 간략히 정리하자면 대략 다음과 같다.

❑ **한국하이데거학회의 활동**

-- 1976년 한국현상학회 결성, 창립대회. 하이데거 연구자 포함
-- 1992년 9월 26일 한국하이데거학회 결성, 창립대회(초대 회장 서 울대 소광희 교수 선출)
    (역대 회장 : 1대 소광희, 2대 강학순, 3대 이수정, 4대 전동진, 5대 윤병렬, 6대 최상욱, 7대 정은해, 8대 신승환, 9대 박찬국, 10대 김 재철, 11대 하피터, 12대 오희천)
-- 2019년 제62회 대회 개최
-- 이 과정에서 소광희의 역할과 의미는 절대적이었다.
-- 학회 임원은 아니나 이기상의 위상은 특별했고, 그 역할과 의미도 작지 않았다.
-- 원전 번역 및 연구에서 신상희의 기여도 특기할 만했다. 그의 이 른 별세는 학회의 큰 손실이었다.
-- 1995년 5월 5일 학회지 《하이데거연구》 제1집 발행 (이후 2019 년 현재까지 매년 수차례 대회 개최, 학회지 발행)

[한국하이데거학회 역대 회장]

초대 소광희

2대 강학순

3대 이수정

4대 전동진

5대 윤병렬

6대 최상욱

7대 정은해

8대 신승환

9대 박찬국

10대 김재철

11대 하피터

12대 오희천

《하이데거의 존재사유》《하이데거연구》　《존재론연구》　《현대유럽철학연구》

이기상　　　　신상희

-- 학회지의 형태

　제1집-제7집　《하이데거의 존재사유》 등 단행본 형태

　제8집-제21집　《하이데거연구》

　제22집-제37집《존재론연구》(제호 변경)

　제38집-2020년 현재《현대유럽철학연구》(한국해석학회와의 통합
　에 따라 확대 재편)

-- 2015년 5월 제53차 학술발표회

-- 2015년 5월 학회지《존재론연구》제37집 발행

-- 2015년 6월 한국해석학회(1994년 결성)와의 통합 결의. 한국현대
　유럽철학회로 확대 재편.

-- 2015년 7월 통합학회지《현대유럽철학연구》제38집 발행(연4회)

-- 2019년 11월 제64차 학술발표회
-- 2020년 1월 통합학회지 《현대유럽철학연구》 제56집 발행(연4회)
-- 기타 수차례의 윤독회
  1995년 《세계상의 시대》
  2017년 《검은 노트》
  2019년 〈시간과 존재〉

이상과 같이 이 학회는 명실 공히 한국 하이데거 연구의 중추적 역할을 담당했으며 2020년 현재도 그 역할을 충실히 수행하고 있다.

❑ 1990년대 이후, 하이데거 관련 연구에 직간접으로 기여한 그 밖의 인물들(가나다 순)

기본적으로는 앞서 별기한 하이데거 전공 박사학위 취득자들이 이 시기의 하이데거 연구를 주도했다. 그 외에도 학회의 외곽에서는 약 410명에 이르는 다음 인물들이 나름의 문제의식에서 하이데거 연구에 기여하기도 했다. 이들의 연구 업적은 역시 관련 사이트에서 쉽게 확인 가능하므로[47] 여기에서는 생략한다.

강기수, 강동수, 강성민, 강성중, 강웅식, 강용수, 공병혜, 곽영근, 구승희, 권기호, 기수진, 김경미, 김경옥, 김경자, 김경호, 김광기, 김광식, 김권일, 김기봉, 김길웅, 김남시, 김대순, 김대환, 김덕기, 김덕순, 김동빈, 김동훈, 김령희, 김문덕, 김미영, 김미정, 김병덕, 김병선, 김병옥, 김

---

47) 다음 사이트 참조. NDSL(National Digital science Library, 국가과학기술정보센터: http://www.ndsl.kr/index.do), RISS(한국교육학술정보원 학술연구정보서비스: http://www.riss.or.kr/index.do), 디비피아(http://www.dbpia.co.kr/).

삼환, 김상구, 김상록, 김석, 김석완, 김석원, 김선옥, 김선희, 김성숙, 김성우, 김성호, 김수미, 김승욱, 김승철, 김영건, 김영래, 김영민, 김영진, 김영찬, 김영한, 김완종, 김용근, 김용태, 김원명, 김유석, 김윤상, 김윤정, 김익현, 김인석, 김인성, 김재현, 김재희, 김정옥, 김정주, 김정현, 김종기, 김종대, 김종두, 김종미, 김종술, 김종엽, 김주언, 김주연, 김주완, 김지형, 김진, 김진석48), 김진태, 김진택, 김진호, 김진희, 김창래, 김창현, 김천일, 김태양, 김태연, 김태훈, 김항, 김향선, 김현숙, 김현진, 김형주, 김형찬, 김형효, 김홍준, 김홍중, 김희봉, 나소미, 남궁찬, 노양진, 노정해, 노태구, 노희직, 도재현, 류성훈, 류의근, 류재훈, 맹주만, 문병조, 문창옥, 문혜원, 민규홍, 박강, 박겸숙, 박남철, 박남훈, 박남희, 박미경, 박민수, 박병준, 박서현, 박선영, 박순영, 박승인, 박승억, 박승인, 박영옥, 박영욱, 박용주, 박우수, 박원빈, 박이문, 박인정, 박인철, 박정근, 박정옥, 박정자, 박종규, 박종식, 박준상, 박진, 박진영, 박찬효, 박치완, 박필배, 박혁순, 박현정, 박형준, 박형진, 박혜경, 박휘근, 반성택, 배대화, 배상식, 배우순, 배의용, 배철영, 백승영, 백종현, 변경원, 변태호, 변찬복, 변찬우, 복도훈, 서길승, 서도식, 서동욱, 서배식, 서상문, 서영식, 서용석, 서유경, 서정아, 서준섭, 성정민, 성홍기, 소광혁, 손금선, 손윤희, 손화영, 손화철, 송백희, 송영배, 송원선, 송재우, 송주성, 송주영, 송지영, 송진석, 송태효, 신교남, 신국원, 신문수, 신방흔, 신응철, 신인섭, 신충식, 심재호, 심혜련, 안세웅, 안효성, 양국현, 양대종, 양명수, 양선미, 양영임, 양태규, 양한옥, 양한진, 양해림, 엄기홍, 엄태동, 엄필선, 연효숙, 염승섭, 오승성, 오은영, 오정진, 오주리, 왕천, 유경회, 유영만, 유현주, 유혜령, 윤금자, 윤동구, 윤동민, 윤영광, 윤용아, 윤원준, 윤준성, 이경민, 이경배, 이경옥, 이경희, 이광모, 이기언, 이남인, 이덕형, 이도흠,

---

48) 니체 전공이나 하이데거학회 결성에 적극 기여.

이동건, 이동성, 이동수, 이동언, 이동현49), 이동희, 이만식, 이미경, 이
미숙, 이병승, 이봉호, 이상엽, 이상옥, 이상진, 이상현, 이상화, 이섭, 이
성림, 이성천, 이성화, 이성환, 이성훈, 이소명, 이소영, 이솔, 이수정, 이
승자, 이승헌, 이승현, 이승훈, 이연희, 이영남, 이영덕, 이영헌, 이영훈,
이옥재, 이윤일, 이은정, 이재성, 이재영, 이재호, 이재훈, 이정숙, 이종
관, 이종주, 이종희, 이준석, 이진교, 이진남, 이진우, 이찬희, 이창우, 이
태형, 이택광, 이학준, 이호연, 이희용, 임건태, 임동확, 임부연, 임선희,
임연, 임윤혁, 임지혜, 임태평, 임헌규, 임홍배, 장윤석, 장은미, 장춘익,
전광식, 전봉주, 전석환, 정기철, 정낙림, 정달용, 정덕희, 정명순, 정영
수, 정우석, 정윤석, 정태용, 정해국, 정헌이, 정현철, 정홍상, 정화열, 조
강석, 조관성, 조광제, 조규철, 조규홍, 조극훈, 조성란, 조성우, 조성환,
조영아, 조은비, 조재인, 조정원, 조정훈, 조호영, 주광순, 주완식, 진태
원, 차건희, 채경화, 채수한, 천명주, 최갑수, 최경섭, 최금진, 최동호, 최
문규, 최성도, 최성희, 최소인, 최영아, 최윤식, 최윤미, 최재식, 최정식,
최종고, 최주영, 최태관, 최태연, 최희승, 피종호, 하성호, 하영준, 한동
원, 한석환, 한순미, 한용재, 한자경, 한정선, 함재봉, 허경, 허발, 허연
정, 홍경실, 홍기숙, 홍병선, 홍성민, 홍성하, 홍순희, 홍영기, 홍일희, 홍
진기, 홍진후, 황경선, 황덕형, 황보용, 황수아, 황애숙, 황지선, 황필호
등 (표시한 이는 학회 유관 인사)

이들은 각자의 관심에서 최소한 1편 이상의 하이데거 관련 연구논문
을 학회지 등에 발표했다.

한편 이 시기에는 하이데거 관련 석사논문들도 본격적으로 제출되었
다. 명단은 다음과 같다. (1990년대 이전은 앞서 따로 표시)

---

49) 학회 결성 초기, 간사로서 크게 기여함.

■ 1990년대 이후 하이데거 관련 석사논문(가나다 순)

강윤자(홍익대 2015), 강태성(한국외대 1994), 고도선(서울교대 2011), 구민범(서울대 2006), 구연상(한국외대 1995), 권의섭(계명대 1002), 권준태(경북대 2013), 권혁봉(한국외대 1990), 기은영(경인교대 2011), 길혜연(건국대 2007), 김강호(서강대 2002), 김경배(충남대 2016), 김다애(이화여대 2016), 김도훈(경북대 2001), 김동성(인천가톨릭대 2014), 김동한(경북대 2017), 김명희(한세대 2009), 김미숙(홍익대 2007), 김미향(계명대 1992), 김민정(이화여대 2002), 김병수(홍익대 1995), 김상균(부산가톨릭대 2002), 김선규(중앙대 2002), 김세빈(대전가톨릭대 2004), 김세희(경희대 2015), 김영미(이화여대 2003), 김영완(경기대 2007), 김온누리(부산대 2013), 김용근(제주대 2007), 김우진(건국대 2016), 김율(서울대 1996), 김은정(홍익대 2001), 김은정(고려대 2017), 김이진(이화여대 2012), 김인자(이화여대 2004), 김자운(교원대 2002), 김정길(동아대 1992), 김정오(중앙대 1998), 김종국(가톨릭대 2016), 김종욱(서울대 1991), 김지연(전북대 2009), 김지현(강남대 2007), 김태연(숭실대 2015), 김태홍(가톨릭대 2001), 김하림(이화여대 2001), 김현래(명지대 2015), 김현직(서강대 2015), 김현진(이화여대 2003), 김형란(성균관대 1999), 김혜연(대진대 2009), 김혜영(서강대 2001), 김혜영(고려대 2010), 나병천(춘천교대 2004), 남민지(경희대 2011), 남수진(영남대 2016), 남정훈(건국대 2000), 류령주(경원대 2006), 류희구(수원가톨릭대 2007), 문덕균(경원대 2010), 문동규(건국대 1992), 문상영(서울시립대 2017), 문윤정(이화여대 1995), 문정수(고려대 2011), 문정현(경희대 2009), 문종배(대구가톨릭대 1998), 문효진(가톨릭대 2016), 민규홍(성균관대 2008), 박근배(서강대 2012), 박겸숙(홍익대 2004), 박경주(이화여대 1995), 박대규(감리교신학대 1991), 박미숙(연세대 2006), 박보경(성균관대 2015), 박서현(서울대 2015), 박선애(부산대 2006), 박성희(한국외대 2011), 박영민(고려대 2013), 박영진(이화여대 2002), 박우남(상명대 2009), 박유정(부산대 1999), 박유진(홍익대 2011), 박은정(서울대 2009), 박일태(연세대 2005), 박정호(한남대 2003), 박정희(광신대 2012), 박종성(연세대 2013), 박종환(연세대 1995), 박준영(서강대 2006), 박지영(이화여대 2005), 박진석(성결대 2012), 박진영(고려대 2017), 박진희(신라대 2011), 박창용(창원대 2009), 박창후(경북대 2009), 박태홍(서강대 2005), 박현정(서울대 2003), 박희준(이화여대 1999), 배상식(경북대 1995), 배우리(홍익대 2016), 배인석(대전대 1991), 변금윤(이화여대 2002), 변원경(연세대 2001), 서보임(경북대 1993), 서수진(한국외대 2011), 서영화(한신대 1998), 서용원(이화여대 2005), 서정연(중앙대 2005), 서정자(조선대 2014), 서진희(이화여대 2002), 선민아(고려대 2009), 설민(서울대 2008), 성정훈(장로회신학대 2007), 성지현(추계예술대 2016), 성창호(동아대 2007), 손영선(서울대 2016), 손영주(서원대 2001), 손아영(이화여대 1991), 송유진(이화여대2011), 송현아(경북대 2015), 송현종(연세대 2003), 신동희(서울대 2006), 신제임(건국대 2000), 신지현(이화여대 2014), 신호근(한국교원대 2008), 심연경(이화여대 2012), 심유진(서울대 2009), 안미선(한국상담대 2017), 안영아(이화여대 2004), 안유미(울산대 2005), 안현(고려대 2016), 안희정(원광대 2009), 양예은(이화여대 2005), 양정자(충남대 1990), 염창대(원광대 2016), 오경용(동아대 1992), 오명순(인천가톨릭대 2011), 오승일(강남대 2003), 오중완(서울대 1990), 오지연(한국교원대 2017), 오훈열(총신대 2015), 우명애(홍익대 2015), 원재윤(이화여대 2011), 원형준(부산가톨릭대 2010), 유리(부산대 2007), 유수진(한신대 2014), 윤경민(공주대 2008), 윤단비(가톨릭대 2016), 윤동민(서강대 2010), 윤삼석(고려대 2007), 윤선인(고려대 2010), 윤성례(성균관대1994), 윤유담(목원대 2017), 윤충구(연세대 2012), 이경하(연세대 2003), 이관표(연세대 2004),

이교혁(경북대 2014), 이동기(고려대 2007), 이명규(광운대 2015), 이명덕(한신대 2003), 이민희(한국외대 1991), 이방연(전남대 2004), 이병철(고려대 1990), 이상은(장로회신학대 2005), 이상헌(고려대 2010), 이섭(가톨릭대 2008), 이성민(서울시립대 2016), 이소영(대구교육대 2010), 이수경(부산대 2015), 이수미(경성대 1996), 이승규(고려대 2011), 이시효(명지대 2008), 이영지(강원대2005), 이요한(광주가톨릭대 2005), 이유택(계명대 1992), 이은미(협성대 2009), 이은정(홍익대 2001), 이은혜(감리교신대 2016), 이은희(고려대 2006), 이재훈(고려대 2006), 이정태(중앙대 2016), 이종주(서울대1998), 이주연(계명대 1993), 이주영(건국대 2013), 이주은(서울시립대 2010), 이중우(연세대 1992), 이지혜(이화여대 2004), 이진오(서울대 1996), 이진주(가톨릭대 2016), 이찬희(성균관대 2015), 이창업(서울시립대 2015), 이태환(충남대 1996), 이혜정(한국외대 1991), 이화신(중앙대 2002), 이효인(경북대 2013), 이훈(서울대 2007), 이희용(연세대 1997), 임대순(충남대 1995), 임도연(한국외대 2014), 임범준(한국외대 1997), 임수랑(한신대 2011), 임정석(가톨릭대 2012), 임정수(연세대 1996), 임현진(이화여대 1999), 임형택(성균관대 2009), 장동현(한신대 2010), 장민승(중앙대 2012), 장승규(고려대 1999), 장신용(침례신학대 1995), 장우인(홍익대 2006), 장인애(한국교원대 2013), 장지훈(동아대 2002), 장창훈(경원대 2012), 전경일(광신대 2011), 전미선(세종대 2014), 전선영(이화여대 2003), 정덕희(서강대 2006), 정아경(서울대 2017), 정연희(덕성여대 2003), 정은해(서울대 1990), 정인수(경북대 1992), 정일신(전남대 2010), 정재연(이화여대 1992), 정정문(한국교원대 2007), 정현경(중앙대 2006), 정현경(경북대 1997), 정훈(서울대 2007), 정희중(연세대 2014), 제갈선(이화여대 2012), 조낭희(경북대 2011), 조아름(한국교원대 2015), 조은비(부산대 2014), 조정훈(경남대 2004), 조정훈(부산대 2005), 조호영(연세대 2011), 조홍준(고려대 2006), 조형국(한국외대 2001), 주영실(연세대 2003), 채효정(경희대 2001), 최경순(효성여대 1993), 최모인(이화여대 2005), 최영환(서울대 2015), 최원빈(성균관대 2013), 최윤식(한양대 1990), 추기연(한국외대 2001), 하만웅(한국외대 2000), 하승희(부산대 1993), 한산동(인천가톨릭대 2008), 한요한(연세대 2012), 한충수(서울대 2007), 한해식(한신대 2000), 한혜연(서울대 2017), 한희수(연세대 1994), 허남미(고려대 2003), 홍지흔(한국외대 1999), 황긍섭(경상대 1994), 황수아(서강대 2016), 황신원(성균관대 1998), 황애진(성균관대 2006), 황은미(추계예술대 2015), 황지은(명지대 2012), 황창연(수원가톨릭대 1992) (총 272명, 이 중 서울대 20명)

이상의 석사논문들의 주제와 그에 대한 분석은 생략하지만, 1990년대 이전의 논문들이 주로 서울대에 의해 주도된 반면, 1990년대 이후는 그 저변이 전국적으로 확대되었음을 확인할 수 있다.

한편 이 시기의 하이데거 관련 연구논문들에게는 《철학》,50) 《철학연구》, 《철학논총》, 《철학과현상학연구》, 특히 《하이데거연구》(《존재론연구》, 《현대유럽철학연구》)가 그 결정적 무대가 되어주었다.

구체적인 연구 내용은 논문 검색 사이트(NDSL: National Digital science Library: http://www.ndsl.kr/index.do, RISS: http://www.riss.or.kr/index.do)와 한국연구재단의 '한국연구자정보'(http://www.kri.go.kr/kri2) 및 이하의 '주된 연구 성과' 목록을 참조하면 된다.51)

---

50) 1980대 말까지 하이데거 관련 논문은 단 3편밖에 없음(이상대, 이기상, 최정식). 1990년대에는 1992년의 38집에 한상철의 논문 〈하이데거에서의 시간성〉이 있음.

51) 2018년 1월 현재 NDSL에서는 '하이데거' 검색어로 석사논문 포함 총 2,004편 검색. RISS에서는 총 4,558편 검색. 단, 하이데거와 거리가 먼 자료들도 너무 많이 포함되어 있어 이것을 정확한 숫자로 볼 수는 없다.

한편, 연구논문 이외에 다음 인물들의 업적도 특기해둘 필요가 있다.

[번역 관련] 앞서 언급한 주요 인물들 외
전광진, 정순철, 최재희(1990년 이전) / 강태성, 김경미, 김광식, 김영선, 박민수, 박휘근, 서유경, 송규만, 송석랑, 신충식, 오병남, 윤인숙, 이강희, 이경창, 이경현, 임규정, 장정제, 전대호, 전양범, 전영백, 조관홍, 황은덕, 황태연 등

[저술 관련] 앞서 언급한 주요 인물들 외
김대환, 김동훈, 김병우, 김영한, 김종대, 김종두, 김종엽, 김진, 김형효, 류형식, 박승억, 박이문, 송석랑, 송주성, 안혜경, 엄태동, 윤용아, 이남인, 이승훈, 이재성, 이종영, 이학준, 임선희, 전두하, 조극훈, 최경호, 최성희, 최윤식, 황수아, 황지현 등

이상을 통해, 1990년대 이후 하이데거 연구자의 다변화, 전문화가 확인된다.

이 중 하이데거 관련 논문을 적어도 5편 이상 발표한 이는, (NDSL 및 RISS 검색 결과) 강학순, 구연상, 권순홍, 김동규, 김재철, 김종욱, 문동규, 박유정, 박일태, 박찬국, 배상식, 배학수, 서동은, 설민, 신상희, 신승환, 오희천, 윤병렬, 이기상, 이남인, 이상옥, 이서규, 이선일, 이수정, 이승종, 이유택, 이종관, 전동진, 정은해, 조관성, 조형국, 최상욱, 하피터, 한상연 등으로, 모두 한국하이데거학회(및 한국현상학회)의 핵심 멤버였다. 이로써 한국하이데거학회가 1990년대 이후 한국의 하이데거 연구에서 결정적인 역할을 하였음이 다시 한 번 확인된다.

김영건, 변찬복, 손영삼, 김유중, 김인석, 김종두, 등도 복수의 하이데거 관련 논문을 발표했다.

❑ 주된 연구 성과(번역, 저술, 논문 순)

1945년 이전 초창기부터 2018년 현재까지 하이데거에 관한 주요 연구 성과는 대략 다음과 같다. 역시 간편한 이해를 위해 서술 대신 표의 형태로 정리한다.

(1) 번역작업

[원전의 번역]

번호	제목	출판사	저자/역자	출판년도
1	휴매니스트에의 편지	동양출판사	소광희	1960
2	휴머니즘론	박영사	최재희	1961
3	진리란 무엇인가[초역]	신조문화사	사회과학 연구회	1968
4	형이상학이란 무엇인가	불명	소광희	1969
5	시와 철학[휠더린 시의 해명]	박영사	소광희	1972
6	존재와 시간52)	대양서적	정명오 정순철	1972
7	형이상학이란 무엇인가	서문당	최동희	1974
8	존재와 시간	청산문화사	이규호	1976
9	하이데거(세계의 대사상14)[초역] 〈철학, 그것은 무엇인가〉 〈진리의 본질〉 〈형이상학입문〉 외	휘문출판사	최동희 안상진 이영춘	1978
10	하이데거의 시론과 시문(탐구신서210)[초역]	탐구당	전광진	1979
11	시간과 존재(청하신서13)	청하	문학과사 회연구소	1986
12	존재와 상황(오늘의사상신서29)[초역]	한길사	김병우	1990
13	예술작품의 근원	경문사	오병남	1990

35	존재론: 현사실성의 해석학 GA63	서광사	이기상 김재철	2002
36	진리의 본질에 대하여	까치	이기상	2004
37	이정표 1(그레이트북스065) GA9	한길사	신상희	2005
38	이정표 2(그레이트북스066) GA9	한길사	이선일	2005
39	횔덜린의 송가 〈이스터〉(문예신서301) GA53	동문선	최상욱	2005
40	철학입문 GA27	까치	이기상 김재철	2006
41	강연과 논문(이학문선03) GA7	이학사	이기상 신상희 박찬국	2008
42	사유의 사태로(코기토총서17) GA14	길	문동규 신상희	2008
43	숲길(한국학술진흥재단 학술명저번역총서 229) GA5	나남	신상희	2008
44	횔덜린 시의 해명(대우고전총서023) GA4	아카넷	신상희	2009
45	횔덜린의 송가 〈게르마니엔과 라인강〉 GA39	서광사	최상욱	2009
46	시간의 개념	누멘	서동은	2009
47	니체 1(코기토총서19) GA6-1	길	박찬국	2010
48	니체 2(코기토총서20) GA6-2	길	박찬국	2012
49	빌헬름 딜타이의 탐구작업과 역사적 세계관: 마르틴 하이데거의 카셀 강연 GA	누멘	김재철	2010
50	아리스토텔레스에 대한 현상학적 해석 GA61	누멘	김재철	2010
51	회상(나남신서1508) GA52	나남	신상희 이강희	2011
52	종교적 삶의 현상학 GA60	누멘	김재철	2011
53	근본개념들(코기토총서22: 세계사상의고전) GA51	길	박찬국 설민	2012
54	언어로의 도상에서(한국연구재단 학술명저 번역총서336) GA12	나남	신상희	2012
55	사유의 경험으로부터(코기토총서26) GA13	길	신상희	2012

56	시간개념(코기토총서28) GA64	길	김재철	2013
57	사유란 무엇인가 GA8	길	권순홍	2014
58	철학에의 기여 GA65	새물결	이선일	2015
59	논리학의 형이상학적 시원근거들 GA26	길	김재철 김진태	2017
60	철학의 근본 물음 GA45	이학사	한충수	2018

이상의 성과들에 대해서는 다음과 같은 평가가 가능하다.

-- 전집의 번역이 체계적이지 못한 큰 아쉬움이 있다.

-- 양적으로도 아직 부족하다.

-- 선집 형태의 부재도 아쉽다.

-- 초창기의 일역으로부터의 중역도 문제다.

-- 그러나 1990년대 이후 충실한 번역(소광희, 이기상, 최상욱, 신상희, 박찬국, 김재철, 이선일 등)은 다행이다.

[연구서의 번역]

번호	제목	출판사	저자/역자	출판년도
1	사유와 존재 : 마르틴 하이데거의 길과 신학의 길	연세대학교 출판부	Heinrich Ott 김광식	1985 2009
2	실존철학과 형이상학의 위기 : 하이데거 철학의 이해를 위해	서광사	Max Müller 박찬국	1988
3	헤겔에서 하이데거로 (삼성문화문고70)	삼성미술 문화재단	Arthur Hübscher 김여수	1989

---

52) 하이데거 주저의 이 번역은 1970년대 이후 가장 폭넓게 읽힌 것 중의 하나이나, 일본어 번역의 중역이므로 그 학문적 의미를 평가하기에는 아예 대상이 되지 않는다.

53) 이 번역서 역시 위의 6과 마찬가지로 일반에게 널리 읽혔으나 일본어 번역의 중역이므로 그 학문적 의미를 논할 수 없다.

4	루카치와 하이데거 (까치글방 17)	까치	Lucien Goldman 황태연	1990
5	하이데거의 사유의 길	문예출판사	Otto Pöggeler 이기상 외	1993
6	마르틴 하이데거와 토마스 아퀴나스	시간과 공간사	John D. Caputo 정은해	1993
7	하이데거와 선(禪)	민음사	Hans Peter 이기상 외	1995
8	하이데거의 존재의 역사와 언어의 변형	자작 아카데미	Robert Bernasconi 송석랑	1995
9	헤겔과 하이데거: 존재개념의 비교연구	이문출판사	G. Schmitt 조관홍 외	1996
10	하이데거	지성의샘	G. Steiner 임규정	1996
11	극단의 예언자들: 니체, 하이데거, 푸코, 데리다	새물결	앨런 Mcgill 정일준	1996
12	하이데거의 예술철학	문예출판사	F. W. von Herrmann 이기상 외	1997
13	하이데거 (한길 로로로005)	한길사	Walter Biemel 신상희	1997
14	하이데거의 존재와 시간을 찾아서	한길사	F. W. von Herrmann 신상희	1997
15	아렌트와 하이데거	교보문고	Dana R. Villa 서유경	2000
16	하이데거사유의 도상에서	철학과 현실사	Richard Wisser 강학순 외	2000
17	하이데거, 하버마스 그리고 이동전화 (ICON BOOKS)	EJbooks	조지 마이어슨 김경미	2003
18	하이데거와 나치	HJbooks	제프 콜린스 이경현	2004
19	30분에 읽는 하이데거 (30분에 읽는 위대한 사상가 Series 31)	랜덤하우스 코리아	마이클 와츠 전대호	2006
20	하이데거와 기독교 (시리우스총서05)	한들 출판사	존 맥쿼리 강학순	2006
21	하이데거 (하룻밤의지식여행50)	김영사	제프 콜린스 김민훈	2008

(2) 저술작업

[연구서 / 해설서]

번호	제목	출판사	저자	출판년도
1	존재와 理氣: 하이데까와 율곡의 비교연구	의명문화사	전두하	1967
2	하이데거의 철학사상	서광사	그리스도교 철학연구소	1978
3	존재와 상황: 하이데거와 야스퍼스 연구	한길사	김병우	1982
4	현대 철학과 신학: 하이데거, 현상학과 신학	종로서적	이정복 (편저)	1987
5	하이데거에서 리쾨르까지	박영사	김영한	1989
6	하이데거의 실존과 언어	문예출판사	이기상	1991
7	하이데거의 존재와 현상	문예출판사	이기상	1992
8	하이데거에서 가다머로	조명문화사	최윤식 외	1992
9	하이데거 철학에의 안내	서광사	이기상	1993
10	하이데거의 존재사유 (《하이데거연구》 1)	철학과 현실사	한국하이데 거학회	1995
11	생산양식과 존재양식: 하이데거의 역사유물론적 비판	백의	이종영	1995
12	하이데거 철학의 근본문제	철학과 현실사	안상진 외	1996
13	하이데거의 철학세계 (《하이데거연구》 2)	철학과 현실사	한국하이데 거학회	1997
14	하이데거: 존재사유의 길	문경출판사	최양부	1997
15	후기 하이데거와 자유현상학 (《해석학연구》 3)	지평문화사	한국 해석학회	1997
16	간호학의 하이데거의 해석학적 현상학 접근	춘해간호 전문대학	안혜경	1997
17	《존재와 시간》 용어해설	까치글방	이기상	1998
18	하이데거의 언어사상 (《하이데거연구》 3)	철학과 현실사	한국하이데 거학회	1998

78	하이데거 철학	서광사	이서규	2011
79	선과 하이데거: 이승훈 평론집	황금알	이승훈	2011
80	만화 하이데거 《존재와 시간》 (서울대선정인문고전50선 46)	주니어 김영사	임선희 최복기 (그림)	2011
81	하이데거의 존재물음에 대한 강의 (사이의 사무침 2)	채륜	구연상	2011
82	존재와 공간: 하이데거 존재의 토폴로지와 사상의 흐름 (한길신인문총서 20)[54]	한길사	강학순	2011
83	하이데거에게 묻다: 황지현 시집	시계	황지현	2011
84	하이데거의 《존재와 시간》 입문	서광사	한상연	2012
85	(휴머니즘 비판에 근거한) 하이데거의 존재 윤리	부산대학교 출판부	최성희	2012
86	하이데거: 존재의 의미	종문화사	오희천	2012
87	행복한 시지푸스의 사색: 하이데거 존재론과 예술철학	마티	김동훈	2012
88	원효와 하이데거의 대화	동국대학교 출판부	김종욱	2013
89	하이데거의 《존재와 시간》 읽기 (세창명저산책 13)	세창미디어	박찬국	2013
90	현상학과 해석학: 후설의 초월론적 현상학과 하이데거의 해석학적 현상학 (서울대학교 인문학연구총서 23)	서울대학교 출판부	이남인	2013
91	들길의 사상가 하이데거 (그린비인물시리즈 9)	그린비 라이프	박찬국	2013
92	하이데거의 《존재와 시간》 강의	문예출판사	소광희	2013
93	하이데거의 [형이상학이란 무엇인가] 읽기 (세창명저산책 20)	세창미디어	김종엽	2014
94	미술은 철학의 눈이다 : 하이데거에서 랑시에르까지 현대철학자들의 미술론 (현대의 지성 155)	문학과 지성사	서동욱	2014
95	하이데거 읽기 (세창사상가산책 6)	세창미디어	박찬국	2014
96	존재와 예술: 하이데거의 예술사상	서울대학교 출판부	염재철	2014
97	하이데거의 《존재와 시간》 강독 (철학의 정원 19)	그린비 라이프	박찬국	2014

98 하이데거의 존재와 현존재 : 후기 하이데거의 자기해석에 기초한 존재와 시간의 재조명 (기독교 인문 시리즈 4)	새물결 플러스	김종두	2014
99 철학의 모비딕 (위대한 순간 3: 예술존재 하이데거)	문학동네	김동규	2014
100 하이데거 철학 삐딱하게 읽기	계명대학교 출판부	이재성	2015
101 함께 읽는 성서: 프로이트, 헤겔, 니체, 하이데거, 도스토옙스키, 지젝, 라캉, 횔덜린, 실러, 셸링, 이글턴, 바디우, 아감벤, 지라르, 엘리아데와	우물이 있는집	송주성	2015
102 하이데거의 '신은 죽었다'는 니체의 말 읽기 (세창명저산책 49)	세창출판사	박찬국	2016
103 니체와 하이데거 (철학의 정원 20)	그린비 라이프	박찬국	2016
104 하이데거와 교육: 인간다움과 교육적 삶	교육과학사	엄태동	2016
105 마음과 시간: 불교 견성론의 현상학적 해명	서울대학교 출판문화원	정은해	2016
106 시간의 지평에서 존재를 논하다	철학과 현실사	강학순	2016
107 동양과 서양의 만남: 노자와 공자, 그리고 하이데거까지 (박이문 인문학 전집 특별판 3)	미다스북스	박이문	2017
108 하이데거 어린 왕자를 만나다 (탐 철학 소설 29)	탐	황수아	2017
109 삶은 왜 짐이 되었는가: 서울대 박찬국 교수의 하이데거 명강의	21세기북스	박찬국	2017
110 하이데거 ― '존재'와 '시간'	철학과 현실사	이수정	2020

위와 같이, 다양한 관점에서 쓴 다양한 저서가 나왔으며, 이 중 특히 소광희, 이기상을 비롯한 여러 학회 임원들의 저서는 하이데거 이해를 위해 지도적 역할을 한 것으로 주목을 끈다.

---

54) 열암학술상 수상작.

(3) 논문작업

이상에서 확인되듯이, 하이데거에 관해서는 열거가 불가능할 만큼 방대한 양의 논문이 발표되었다. 특히 전공자들의 경우는 전체를 열거하기도 어려울 정도다.

앞서도 언급했듯이, 이 중 하이데거 관련 논문을 적어도 5편 이상 발표한 이는, [NDSL 및 RISS 검색 결과] 강학순, 구연상, 권순홍, 김동규, 김재철, 김종욱, 문동규, 박유정, 박일태, 박찬국, 배상식, 배학수, 서동은, 설민, 신상희, 신승환, 오희천, 윤병렬, 이기상, 이남인, 이상옥, 이서규, 이선일, 이수정, 이승종, 이유택, 이종관, 전동진, 정은해, 조관성, 조형국, 최상욱, 하피터, 한상연 등으로, 모두 한국하이데거학회(및 한국현상학회)의 핵심 멤버이다. 이로써 한국하이데거학회가 1990년대 이후 한국의 하이데거 연구에서 결정적인 역할을 하였음이 확인된다.

(소광희, 이상백, 최양부, 조규철 등 앞 세대의 발표도 이 시기에 계속 이어졌다.)

김영건, 변찬복, 손영삼, 김유중, 김인석, 김종두, 등도 복수의 관련논문을 발표했다.

위에 소개된 학위논문 포함, 그 구체적인 내용은 NDSL(National Digital Science Library: http://www.ndsl.kr/index.do), RISS(http://www.riss.or.kr/index.do), 한국연구재단의 '한국연구자정보'(http://www.kri.go.kr/kri2) 및 '국립중앙도서관', '국회도서관' 사이트에서 검색이 가능하다. 관련 논문은 너무 많아 여기서는 일반 온라인 서점에서 구매가능한 것만 일단 소개한다.

52	하이데거에게서 자립성으로서의 자기동일성 개념 《철학논집》 제24호	서강대학교 철학연구소	하피터	2011
53	칸트의 존경심과 하이데거의 존재론적 기분 《철학논집》 제33호	서강대학교 철학연구소	박유정	2013
54	시간과 정의: 벤야민, 하이데거, 데리다 《철학논집》 제34호	서강대학교 철학연구소	진태원	2014
55	데카르트의 제1철학: 하이데거의 존재론적 해석에 대한 반론 《철학논집》 제43권	서강대학교 철학연구소	이재훈	2015
56	하이데거의 예술 철학 《예술연구》 6집	신라대학교 예술연구소	염재철	2000
57	하이데거의 존재신론 비판과 신학-철학의 문제들 《누리와 말씀》 제25호	인천가톨릭 대학교 복음화 연구소	김승욱	2009
58	Tectonic과 Carlo Scarpa 건축에서의 디테일에 대한 존재론적 이해에 관한 연구: Heidegger의 실존 현상학적 사유방식을 중심으로 《건축역사연구》 제11권 1호	한국건축 역사학회	이상진 변태호	2002
59	기술의 본질에 대한 현대건축의 인식조건에 관한 연구: Heidegger의 실존 현상학적 사유방식을 중심으로 《건축역사연구》 제11권 1호	한국건축 역사학회	변태호	2002
60	노베르그 슐츠(C. Norberg-schulz)의 '장소성' 이론에 대한 비판적 고찰: 하이데거의 '개방성'(Openness)과 '틈새내기'(Rift-design) 사유를 근거로 《건축역사연구》 제12권 3호	한국건축 역사학회	이승헌 이동언	2003
61	M. Heidegger 진리관의 실존론적 구명 《교육사상연구》 제2집	한국교육 사상연구회	문?남	1993
62	M. Heidegger "In-der-Welt-Sein"의 학문적 연역 《교육사상연구》 제2집	한국교육 사상연구회		1993
63	M. Heidegger 역사성의 실존론적 이해 《교육사상연구》 제4집	한국교육사 상연구회	이상현 강기수	2005
64	인간 해명의 실존적 근거: M. Heidegger 현존재 개념의 실존적 의미를 중심으로 《교육사상연구》 제15집	한국교육 사상연구회	이상현 강기수	2005
65	하이데거의 존재론에 나타난 '본래성'의 의미와 그 교육적 함의 《교육사상연구》 제29권 제3호	한국교육 사상연구회	신교남 이병승	2015

66 교육의 실존론적 이해를 위한 토대로서   한국교육   서상문   2012
   Heidegger 《존재와 시간》을 통해 본 '세계'   사상연구회
   개념 분석
   한국교육사상연구회 2012년 하계 학술발표회

67 교육내용으로서의 과학과 사고: 하이데거의   한국교육   서용석   2016
   교육이론 《교육사상연구》 제30권 제4호   사상연구회

68 하이데거의 실존 수행과 알레테이아, 그리고   한국교육   엄태동   2005
   교육 《교육원리연구》 제10권 제2호   원리학회

69 하이데거의 존재 사유와 교육: 한국교육   엄태동   2010
   반신(半神)으로서 시인의 시작(詩作)과   원리학회
   현존재들 사이의 진리 공유
   《교육원리연구》 제15권 제2호

70 하이데거의 "휴머니즘에 관한 편지"(Brief über 한국교육   김영래   2009
   den Humanismus)에 대한 교육학적 성찰   철학회
   《교육철학》 제38집

71 하이데거의 존재론에 나타난 죽음의 현상학적   한국교육   신교남   2013
   의미와 죽음교육 《교육철학》 제50집   철학회   이병승

72 하이데거의 철학과 존재론적 교육   한국교육   임태평   2016
   《교육철학》 제58집   철학회

73 하이데거 언어 사유의 교육적 의미와 교사의   한국교육   이소영   2015
   역할 《교육철학》 제57집   철학회

74 하이데거의 '초연한 내맡김'으로서의 사유와   한국교육   이소영   2016
   그 교육적 함의 《교육철학》 제60집   철학회

75 Heidegger's Analysis of Modern   한국교육   김현숙   2000
   Technology(Heidegger의 현대 기계문명의   철학회
   분석) 《교육철학》 제18집

76 하이데거의 '전회'가 갖는 철학적인 의미의   한국신학   오승성   2011
   신학적인 수용   연구소
   《신학사상》 153집(2011년 여름호)

77 마르틴 하이데거의 탈형이상학적 하나님   한국신학   심광섭   1992
                                 연구소

78 레비나스와 그의 하이데거 비판   한국신학   이성림   2004
   《신학사상》 124집(2004년 봄호)   연구소

79 인간, 죽음을 향한 존재   한국신학   양명수   2016
   《신학사상》 175집(2016년 겨울호)   연구소

80 김춘수 시의 존재론과 Heidegger와의   한국어문   김용태   1990
   거리(기1) 《睡蓮語文論集》 Vol. 17   교육학회

   김춘수 시의 존재론과 Heidegger와의   한국어문   김용태   1990
   거리(기2) 《어문학연구》 제12집   교육학회

81	하이데거의 휠덜린 해석 《외국문학연구》 제19호	한국외대 외국문학 연구소	노희직	2005
82	The Idea of Greece and Poetry in Friedrich Hölderlin, Martin Heidegger and John Keats (휠덜린, 하이데거, 키츠가 본 이상으로서의 그리스와 시의 개념) 《외국문학연구》 제42호	한국외대 외국문학 연구소	박미경	2011
83	칸트의 '존재 테제' 해석을 통한 하이데거 존재물음의 구체적 확증 《인문학연구》 1집	한국외대 철학과문화 연구소	황경선	1996
84	마틴 하이데거에서 '존재의 문제'와 '신의 문제'에 대하여 《인문학연구》 2집	한국외대 철학과문화 연구소	코레트, 에머 리히	1997
85	하이데거에 있어서 형식지시적 해석학 《인문학연구》 2집	한국외대 철학과문화 연구소	김인석	1997
	후기 하이데거: 하이데거에 있어서 형식지시적 해석학 《해석학연구》 3집	한국 해석학회	김인석	1997
86	하이데거의 종교 현상학 《인문학연구》 5집	한국외대 철학과문화 연구소	김재철	2000
87	하이데거의 세계이해와 거주함의 의미 《인문학연구》 9집	한국외대 철학과문화 연구소	조형국	2005
88	하이데거의 삶의 해석학 《철학과 문화》 15집	한국외대 철학과문화 연구소	조형국	2007
89	생활세계와 철학함에 관한 한 생각: 하이데거와 열암 박종홍의 철학 이해를 중심으로 《철학과 문화》 24집	한국외대 철학과문화 연구소	조형국	2012
90	시학의 근본개념: 그 하이데거적 해석 《철학과 문화》 25집	한국외대 철학과문화 연구소	김유중	2012
91	하이데거의 죽음 개념 위에 피어난 아렌트의 탄생성 《철학과 문화》 31집	한국외대 철학과문화 연구소	정해국	2015
92	묘오론과 하이데거 시론의 비교 《한국문학논총》 제25집	한국문학회	박남훈	1999

93	현대미술과 후기 현대미술에 나타나는 시간성의 이해: 하이데거와 들뢰즈의 시간관을 중심으로 《미술교육논총》 제14권	한국미술 교육학회	엄기홍	2002
94	표상인식과 생멸심 《불교연구》 제39집	한국불교 연구원	김종욱	2013
95	하이데거의 해체(destructive)시학 《비평과 이론》 제1권	한국비평 이론학회	김영민	1996
96	하이데거와 토니 모리슨 함께 읽기: 《빌러비드》에 나타난 거주의 문제 《비평과 이론》 제8권 제2호	한국비평 이론학회	조성란	2003
97	죽음과 죽음욕동의 담론들: 프로이트, 라캉, 하이데거 《비평과 이론》 제17권 2호	한국비평 이론학회	김성호	2012
98	마르틴 하이데거의 차이의 틈새의 형이상학과 토머스 핀천의《중력의 무지개》 《영미어문학(TAEGU REVIEW)》 제74호	한국영미 어문학회	김상구	2005
99	Heidegger의 '현존재'(Da-Sein)가 학교교육목표 설정에 주는 함의 《한국산학기술학회논문지》 제17권 제10호	한국산학 기술학회	성정민	2016
100	하이데거 존재론에 비추어 본 전문성 의미 탐색 《Andragogy Today》 제20권 제1호	한국성인 교육학회	류재훈 최윤미 김령희 유영만	2017
101	영성관광의 진정성에 관한 연구: 하이데거의 존재론을 중심으로《관광연구》 제27권 제6호	대한관광 경영학회	변찬복	2013
102	존재와 시간: 만화로 읽는 동서양 고전철학 58	태동출판사	드림 아이	2009
103	전식득지(前識得知) 개념과 선구적 결의성에 대한 비교철학적 연구 《불교학연구》 제27호	불교학 연구회	정은해	2011
104	초기 하이데거의 불안 개념에 대한 비판적 고 찰 《가톨릭신학과 사상》 제62호	신학과 사상학회	박찬국	2008
105	하이데거의 숲 외 1편 《작가들》 2014년 가을호(통권 50호)	인천작가 회의	박강	2014
106	하이데거의 '릴케論'아! 외 《창작과 비평》 제26권 제2호(통권 100호)	창비	박남철	1998
107	예술작품의 근원 그리고 진실: 하이데거의 미학이론에 대한 한 연구 《프랑스학연구》 제29권	프랑스학회	박정자	2004
108	하이데거의 동적 언어관 《한글》 207호	한글학회	허발	1990

이 밖에도 일일이 열거하기 힘들 만큼 많은 하이데거 관련 연구논문들이 그동안 발표되었다. 그것들은 대부분 온라인 논문검색 사이트인 NDSL, RISS, DBpia 등에서 검색가능하며 구입도 가능하다.

이상의 목록에서 알 수 있듯이 90년 가까이(1931-2020) 이어져온 한국에서의 하이데거 연구는, 양적으로도 질적으로도, 이제 전 세계 하이데거 연구의 한 축을 이루는 본격적인 궤도에 들어섰다고 평가될 수 있다.55)

4. 마무리

이상에서 1930년대부터 2020년 현재까지 한국에서의 하이데거 연구가 어떻게 시작되었고 어떻게 전개되었으며 어떤 성과를 이루었는지, 그리고 한계는 무엇인지, 그 전체상을 조망해보았다. 박종홍(및 고형곤, 박치우)에서 시작된 그 철학적 관심은 소광희, 이기상을 거쳐 현재의 한국하이데거학회에 이르기까지 그 양적, 질적 측면 모두에서 장족의 발전을 이루어왔다. 이상에서 제시된 여러 자료들을 통해 우리는 그 특별한 관심과 깊은 인연을 충분히 확인할 수 있을 것이다.

이 과정들 및 업적들을 면밀히 들여다보면 한국에서의 하이데거 연구는 결코 단순한 '서양에의 호기심'에 의한 것이 아님을 알 수 있다. 무엇보다 그 문제 자체에 대한 공명이 그 근저에 깔려 있는 것이다. 따라서 이 문제 자체가 그 공간적, 시간적 보편성을 잃지 않는 한, 하이데거 철학에 대한 관심과 연구는 앞으로도 계속 심화, 발전할 것으로 기대된다.

단, 우려가 없는 것은 아니다. 체계 없는 번역의 난맥상도 그렇지만,

---

55) 조만간 일본에서 출간 예정인 《ハイデガー事典》(하이데거 사전)에도 '韓国語圏のハイデガー'(한국어권의 하이데거) 항목이 이수정의 집필로 수록된다.

무엇보다 문제인 것은 시대의 분위기다. 이미 누구나가 아는 바대로 이 시대는 자본의 폭주로 인한 다른 가치들의 총체적인 몰락으로 특징지어진다. 철학을 포함한 인문학의 전반적인 쇠퇴도 예외가 아니다. 그런 시대적 탁류 속에서 연구의 지반인 대학의 철학과는 폐과의 위기로 내몰리고, 철학서들도 외면 혹은 경원시된다. 철학 자체가 이미 사회적 영향력을 상실한 채 '그들만의 리그'로 전락한 양상이다. 철학 자체가 이럴진대 하이데거인들 예외일 수 있겠는가. 하이데거라는 이름만으로 사람들의 시선을 끌던 시대는 이미 한참 전에 지났다.

그래서 이젠 새로운 철학의 형식을 개발하는 데도 노력을 기울이지 않으면 안 된다. 사람들의 '어두운 눈', '어두운 귀', '어두운 가슴'으로 통할 수 있는 새로운 통로를 개척할 필요가 있는 것이다. 그것은 문학이어도 좋고 영상이어도 좋다. 불교식으로 말하자면 '방편'이 필요한 것이다.

단, 그 문제의 기반을 버려서는 안 된다. 하이데거와 그의 주제인 '존재'를 (그리고 '사유'를) 변질시켜서는 안 되는 것이다. 카르납 식의 '사이비 운운'도, 데리다 식의 '해체'도, 파리아스 식의 '매도'도,[56] 온당한 길은 아니다. 기본의 견지는 영원히 필요한 것이다. 그것을 위해서도 하이데거 철학의 사유화(Aneignung)가 필요하다. 그러나 그 사유화는 하이데거 철학 그 자체에 대한 철저한, 정확한 이해, 그리고 '따라-함께-더 사유하기'(Nachdenken-Mitdenken-Weiterdenken), '되돌아-가기'(Schritt-zurück), '귀향'(Heimkehr), '응답-물음-해체'(Entsprechung-Fragen-Destruktion) 등을 통해서만 가능한 것임을 우리는 잊지 말아야 한다. '존재 그 자체와의 일대일 대결'을 실천하는 일이 무엇보다 중요한 것임을 명심해야 한다. 존재 그 자체는 하이데거의 사유 앞에 있었

---

56) 물론 하이데거의 나치 관련 시비는 그것대로 충분한 의미가 있다. 그러나 행적과 철학(공과 과)은 분리하여 평가하는 것이 바람직하다.

던 것과 완전히 똑같은 모습으로 지금 우리의 사유 앞에도 있고 또 미래의 모든 사유 앞에도 있어서 끊임없이 우리를 부를 것이기 때문이다. 그런 점에서 하이데거의 철학은 언제까지나 유효할 것이다. 독일뿐만 아니라 이곳 한국에서도.

이수정

일본 도쿄대 대학원 인문과학연구과 철학전문과정 수사 및 박사과정을 수료하고 하이데거 연구로 문학박사 학위를 취득했다. 한국하이데거학회 회장, 국립 창원대 인문과학연구소장 · 인문대학장 · 대학원장, 일본 도쿄대 연구원, 규슈대 강사, 독일 하이델베르크대 · 프라이부르크대 객원교수, 미국 하버드대 방문학자 및 한인연구자협회 회장, 중국 베이징대 · 베이징사범대 외적교수 등을 역임했다. 월간 《순수문학》을 통해 시인으로 등단했고 현재 창원대 철학과 교수로 재직 중이다. 저서로는 *Vom Rätzel des Begriffs*(공저), 《하이데거 — 그의 생애와 사상》(공저), 《하이데거 — 그의 물음들을 묻는다》, 《본연의 현상학》, 《인생론 카페》, 《진리 갤러리》, 《인생의 구조》, 《사물 속에서 철학 찾기》, 《공자의 가치들》, 《생각의 산책》, 《편지로 쓴 철학사 I · II》, 《시로 쓴 철학사》, 《알고 보니, 문학도 철학이었다》, 《국가의 품격》 등이 있고, 시집으로는 《향기의 인연》, 《푸른 시간들》이 있으며, 번역서로는 《현상학의 흐름》, 《해석학의 흐름》, 《근대성의 구조》, 《일본근대철학사》, 《레비나스와 사랑의 현상학》, 《사랑과 거짓말》, 《헤세 그림시집》, 《릴케 그림시집》, 《하이네 그림시집》, 《중국한시 그림시집 I · II》, 《와카 · 하이쿠 · 센류 그림시집》 등이 있다.

하이데거 — '존재'와 '시간'

1판 1쇄 인쇄	2020년 4월 20일
1판 1쇄 발행	2020년 4월 25일
지은이	이 수 정
발행인	전 춘 호
발행처	철학과현실사
출판등록	1987년 12월 15일 제300-1987-36호

서울특별시 종로구 동숭동 1-45
전화번호 579-5908
팩시밀리 572-2830

ISBN 978-89-7775-835-3   93160
값 20,000원